Außenpolitik und Wirtschaftsinteresse

Moderne Geschichte und Politik

herausgegeben von
Prof. Dr. Anselm Doering-Manteuffel, Prof. Dr. Udo Sautter, Universität Tübingen
Prof. Dr. Andreas Wirsching, Universität Augsburg

Band 19

PETER LANG

Frankfurt am Main · Berlin · Bern · Bruxelles · New York · Oxford · Wien

Ione Oliveira

Außenpolitik und Wirtschafts- interesse

In den Beziehungen zwischen Brasilien
und der Bundesrepublik Deutschland
1949-1966

PETER LANG
Europäischer Verlag der Wissenschaften

Bibliografische Information Der Deutschen Bibliothek
Die Deutsche Bibliothek verzeichnet diese Publikation in der
Deutschen Nationalbibliografie; detaillierte bibliografische
Daten sind im Internet über <http://dnb.ddb.de> abrufbar.

Zugl.: Augsburg, Univ., Diss., 2003

Gedruckt mit Unterstützung der
Albert-Leimer-Stiftung Augsburg
und der Kurt-Bösch-Stiftung Augsburg.

Gedruckt auf alterungsbeständigem,
säurefreiem Papier.

D 384
ISSN 0170-9127
ISBN 3-631-54293-3
© Peter Lang GmbH
Europäischer Verlag der Wissenschaften
Frankfurt am Main 2005
Alle Rechte vorbehalten.

Josef Becker gewidmet

.

Inhaltsverzeichnis

Vorwort

Diese Arbeit über die Beziehungen zwischen Brasilien und der Bundesrepublik Deutschland in den Jahren von 1949 bis 1966 geht auf mein Interesse für die wirtschaftlichen, politisch-diplomatischen und kulturellen Faktoren sowie für die Geschichte der Verhältnisse zwischen den Industrie- und Entwicklungsländern zurück. Sie ist das Resultat eines langjährigen Engagements nicht nur für die deutsche Zeitgeschichte, sondern auch für die Geschichte Brasiliens. Diese Untersuchung ist integriert in den Forschungsschwerpunkt «Geschichte der internationalen Beziehungen» an der Universität Brasilia – Brasilien, an der ich als Dozentin vor allem für Studierende im Magisterstudiengang tätig bin.

Dem Betreuer meiner Arbeit, Herrn Prof. Dr. Dr. h.c. Josef Becker, möchte ich an erster Stelle meinen besonderen Dank aussprechen. Er ist mir in den vergangenen Jahren mit Rat und Tat zur Seite gestanden und hat mich stets mit großer Hilfsbereitschaft unterstützt.

Diese Arbeit wäre ohne die Hilfe der Mitarbeiter vieler Institutionen nicht möglich gewesen. Mein Dank gilt im besonderen: Dem Politischen Archiv und dem Historischen Referat des Auswärtigen Amts in Bonn; dem Bundesarchiv in Koblenz; dem Institut für Zeitgeschichte in München; dem Archiv für Christlich-Demokratische Politik der Konrad-Adenauer-Stiftung in Bonn; dem Ibero-Amerikanischen-Institut in Berlin; dem Staatsarchiv in Augsburg; dem Goethe-Institut in München; der Bibliothek der Universität Augsburg; dem Arquivo Histórico do Itamaraty in Rio de Janeiro; dem Arquivo do Ministério das Relações Exteriores in Brasilia, dem Arquivo Osvaldo Aranha beim Centro de Pesquisa e Documentação de História Contemporânea in Rio de Janeiro; dem Arquivo da Câmara de Comércio e Indústria Brasil-Alemanha in São Paulo; der Biblioteca Central da Universidade de Brasília; der Biblioteca do Banco do Brasil und dem Instituto Brasileiro de Geografia e Estatística, beide in Brasilia.

Für die informativen Gespräche bedanke ich mich bei Herrn Ernst Günther Lipkau, ehemaliger Vertreter der Dresdner Bank AG und der Deutsch-Südamerikanischen Bank AG in Brasilien, Direktor der Deutsch-Brasilianischen Industrie- und Handelskammer zwischen 1960 und 1966 in São Paulo und deren Präsident von 1969 bis 1974.

Für die Anregungen in vielen Gesprächen möchte ich den Kollegen bei der Universidade de Brasília Dank sagen, besonders Herrn Prof. Dr. Luiz Amado Cervo, Herrn Prof. Dr. Estevão Chaves de Rezende Martins, Herrn Prof. Dr. Antônio José Barbosa und Frau Prof. Dr. Diva do Couto Gontigo Muniz.

11

Herrn Prof. Dr. Walther Bernecker an der Universität Erlangen–Nürnberg und Herrn Dr. Manfred Wöhlcke an der Stiftung Wissenschaft und Politik in Ebenhausen danke ich für die wertvollen Hinweise. Bei der ehemaligen wissenschaftlichen Mitarbeiterin von Herrn Prof. Dr. Dr. h.c. Josef Becker, Frau Ursula Maidl, M.A., möchte ich mich für ihre Freundlichkeit und Hilfe bei der sprachlichen Durchsicht des Manuskripts bedanken.

Zu danken habe ich ferner für die finanzielle Unterstützung der Universidade de Brasília, dem Deutschen Akademischen Austauschdienst (DAAD) und der Coordenação de Aperfeiçoamento de Pessoal de Nível Superior (CAPES), die mir ein Promotionsstipendium gewährte. Sowohl der Kurt-Bösch-Stiftung als auch der Albert-Leimer-Stiftung und ihrer Präsidentin Frau Hannelore Leimer danke ich für den gewährten Druckkostenzuschuß, der die Veröffentlichung dieser Arbeit wesentlich erleitet hat.

Meinem Mann Luiz Gonçalves Neto, der mich stets in großzügiger Weise unterstützte, danke ich herzlich.

Einleitung

1. Zum Forschungsstand

Obwohl die Beziehungen zwischen Deutschland und Brasilien im 20. Jahrhundert in der Forschung in den letzten drei Jahrzehnten zunehmende Aufmerksamkeit erfuhren, lag der Schwerpunkt auf der Periode des Nationalsozialismus und auf der Frage der deutschen Auswanderung am Ende des neunzehnten und Anfang des zwanzigsten Jahrhunderts nach Lateinamerika. Insbesondere die Periode von 1930 bis 1942 fand historisches Interesse. Dieser Zeitabschnitt wurde in den Darstellungen vorwiegend unter besonderer Berücksichtigung der ideologischen und politischen Faktoren oder unter Betonung der Rivalität zwischen Deutschland und den Vereinigten Staaten in Lateinamerika untersucht.

Die Mehrheit der Forschungsbeiträge über die bilateralen Beziehungen zwischen Deutschland (bis 1945) bzw. der Bundesrepublik Deutschland und Brasilien befassen sich mit den politischen und wirtschaftlichen Verflechtungen beider Länder. Zur Geschichte der politischen und wirtschaftlichen Beziehungen zwischen Brasilien und der Bundesrepublik Deutschland gibt es drei Interpretationsmodelle.

Aus der Perspektive brasilianischer Politikwissenschaftler, von Historikern und eines Teils der diplomatischen Vertreter waren die Verbindungen zwischen Westdeutschland und Brasilien nach 1945 «ideal» und «ergänzend».[1]

Grundlegend für diese Analytiker ist die Tatsache, daß nach dem Zweiten Weltkrieg die Bundesrepublik Deutschland das einzige Industrieland war, das weder Kolonien noch ein großes an Naturschätzen reiches Territorium besaß wie etwa die Vereinigten Staaten. Im Gegensatz dazu hatte Brasilien ein riesiges Territorium mit vielen natürlichen Ressourcen. Es verfügte auch im Laufe der vierziger Jahre über eine positive Handelsbilanz auf Grund des hohen Exportes von Rohstoffen. Auf diese Weise konnte Brasilien die Bundesrepublik mit Rohstoffen und

---

1 Vgl. L. A. Moniz Bandeira, Das deutsche Wirtschaftswunder und die Entwicklung Brasiliens. Die Beziehungen Deutschlands zu Brasilien und Lateinamerika (1949-1994), Frankfurt a. M. 1995; Francisco Thompson-Flôres Netto, Relações Brasil-Alemanha, in: Gélson Fonseca Júnior (Hg.), Temas de política externa brasileira II, São Paulo 1994, S. 103-115; Samuel Pinheiro Guimarães und L. A. Moniz Bandeira (Hgg.), Brasil e Alemanha. A construção do futuro, São Paulo 1995; Wolf Grabendorff, Brasil y la República Federal de Alemania. ¿Un modelo para las relaciones entre el Primer y Tercer Mundo?, in: Estudios Internacionales, Santiago 1982, Bd. 57, S. 39-59 und Stanley Hilton, Lateinamerika und Westeuropa. Die politischen Beziehungen bis zum Ende des Zweiten Weltkrieges, in: Wolf Grabendorff und Riordan Roett (Hgg.), Lateinamerika – Westeuropa – Vereinigte Staaten. Ein atlantisches Dreieck?, Baden-Baden 1985, S. 21-58.

Agrarprodukten versorgen. Im Gegenzug hatte die Bundesrepublik die Möglichkeit, Brasilien mit Industrieprodukten zu beliefern und mit Kapitalinvestitionen auszustatten.

Auf der einen Seite argumentieren diese Forscher, daß die Konkurrenz zwischen den westlichen Industrieländern (Großbritannien, Frankreich, USA und der Bundesrepublik Deutschland) den Verhandlungsspielraum der brasilianischen Regierung vergrößerte. Der Wettbewerb der Industrieländer, der neue Märkte erschloß, sowie alternative entwicklungsnotwendige Bezugsquellen für Kapital und Technologie eröffnete, stärkte Brasiliens internationale Autonomie im Rahmen der Weltpolitik.

Auf der anderen Seite waren die bilateralen Beziehungen zwischen der Bundesrepublik und Brasilien nach dem Zweiten Weltkrieg fester Bestandteil der westdeutschen Außenpolitik. Dies betraf insbesondere die Ausfuhr von Kapital und Technologie und den Import von Rohmaterialien. Westdeutschland strebte ebenfalls nach politischer Selbstbestimmung und ökonomischem Wachstum, deswegen waren diese bilateralen Beziehungen für Deutschland wichtig. Außerdem hatte Brasilien die besondere Funktion einer lateinamerikanischen Regionalmacht.

Das zweite Interpretationsmodell beschäftigt sich mit den Verbindungen zwischen der Bundesrepublik Deutschland und dem gesamten lateinamerikanischen Raum. Die westdeutschen Geschichts- und Politikwissenschaftler sind kaum an den bilateralen Beziehungen zwischen der Bundesrepublik und Brasilien in diesem Zeitraum interessiert. Abgesehen von einigen Arbeiten forschen sie auf dem Gebiet der Verbindungen zwischen der Bundesrepublik und Lateinamerika.[2] Im Gegensatz zu den brasilianischen Studien gingen die westdeutschen Forscher von der Voraussetzung aus, daß die Beziehungen zwischen der Bundesrepublik und Lateinamerika ohne Bedeutung für Westdeutschland im Hinblick auf Sicherheit und

---

2 Vgl. Dieter Oberndörfer, Lateinamerika als Bezugsfeld westdeutscher Außenpolitik, in: Hans-Peter Schwarz (Hg.), Handbuch der deutschen Außenpolitik, München u. a. 1975, S. 348-354; León Bieber, Brasil e Europa. Um relacionamento flutuante e sem estratégia, in: Amado Luiz Cervo (Hg.), O desafio internacional. A política exterior do Brasil de 1930 a nossos dias, Brasília 1994, S. 209-261; Helmut Kalbitzer, Entwicklungsländer und Weltmächte, Frankfurt a. M. 1961; Natalya Karthaus, Lateinamerika als Bezugsfeld der (Bundes-) deutschen Außenpolitik, in: Manfred Mols und Christoph Wagner (Hgg.), Deutschland-Lateinamerika. Geschichte, Gegenwart und Perspektiven, Frankfurt a. M. 1994, S. 51-78; Klaus Bodemer, Europa occidental – América Latina. Experiencias y desafíos, Barcelona 1987; Juan Carlos Puig, Die Vereinigten Staaten und Westeuropa. Ihre Rolle in der internationalen Politik Lateinamerikas, in: Grabendorff und Roett (Hgg.), Lateinamerika – Westeuropa – Vereinigte Staaten. Ein atlantisches Dreieck?, S. 265-279 und Gerhard Drekonja-Kornat, Die Wiederentdeckung Lateinamerikas durch Westeuropa, in: Grabendorff und Roett (Hgg.), Lateinamerika – Westeuropa – Vereinigte Staaten. Ein atlantisches Dreieck?, S. 77-93.

politische Zusammenarbeit seien. Relevant sei der Subkontinent nur als Handelspartner.

Nach dem Jahre 1949 hatte die Bonner Außenpolitik enge Beziehungen zu den Vereinigten Staaten, zu ihren westeuropäischen Nachbarstaaten, zur NATO und zu den Anliegerstaaten des Mittelmeerraums. Für die westdeutsche Außenpolitik waren andere Regionen einschließlich Brasilien sekundär. Nach diesem Interpretationsmodell war die Grundlage der westdeutschen Außenpolitik gegenüber Lateinamerika, in allen diplomatischen Handlungen und Kontaktaufnahmen im Konsens mit der US-Außenpolitik zu stehen. Diese Untersuchungen betrachten die politische Stabilität und die wirtschaftliche Zusammenarbeit in Lateinamerika primär als Aufgabe der Vereinigten Staaten. Infolge der geographischen Nähe, der politisch-wirtschaftlichen Abkommen und der bestehenden kulturellen Verbindungen zwischen Anglo- und Lateinamerika sollten die USA Lateinamerika während der fünfziger und sechziger Jahre vor dem kommunistischen Lager und vor regionaler oder interner Instabilität schützen.

Da nach dem Zweiten Weltkrieg die USA die amerikanische Hemisphäre dominierten, hatte die westdeutsche Außenpolitik in Lateinamerika bzw. in Brasilien auch kein politisch-wirtschaftliches Gewicht. Die USA unterhielten eine Art politisches Monopol in den lateinamerikanischen Staaten. Sie boten die überwiegenden Bezugsquellen für Kapital, Märkte und Technologie. Als Folge des Aufstiegs der US-Macht in der westlichen Welt glaubte die lateinamerikanische Elite, insbesondere diejenige Brasiliens, daß sich die Lage auf dem ganzen Kontinent verbessern würde. Die Zusammenarbeit zwischen der brasilianischen Regierung und den Vereinigten Staaten, wie sie bereits während des Zweiten Weltkrieges stattgefunden hatte, setzte sich fort. Aus diesem Grund orientierte sich die brasilianische Außenpolitik in erster Linie an der Außenpolitik Washingtons.

Eine dritte Gruppe von Politikwissenschaftlern, Historikern und Volkswirtschaftlern gehen von der Annahme aus, daß das Verhältnis zwischen der Bundesrepublik Deutschland und Lateinamerika seit dem Zweiten Weltkrieg fast keine Rolle für die westdeutsche Entwicklung gespielt hätte, aber bedeutungsvoll gewesen sei für den lateinamerikanischen Entwicklungsprozeß. Für Brasilien seien im Wesentlichen die westdeutschen Beziehungen beim Projekt der Industrialisierung und bei der Bewertung der politisch-diplomatischen Gewichtung im internationalen Zusammenhang wichtig gewesen.[3]

---

3 Vgl. Rubens Ricupero, A diplomacia do desenvolvimento, in: João Pereira Araújo, Três ensaios sobre diplomacia brasileira, Brasília 1989, S. 193-209; M. Regina Soares de Lima und Gerson Moura, A trajetória do pragmatismo. Uma análise da política externa brasileira, in: DADOS – Revista de Ciências Sociais, Rio de Janeiro 1982, Bd. 23, S. 349-363; Hermann

Da Brasilien von 1942 an mit den alliierten Ländern zusammengearbeitet und die USA in ihrer Außenpolitik gegenüber Lateinamerika unterstützt hatte, war die brasilianische Diplomatie in den ersten Jahren nach Kriegsende von der besonderen Tragweite ihrer eigenen Politik auf der Weltbühne überzeugt. Brasilien hatte Teil an den internationalen Organisationen. Die Beziehungen zu den USA spielten im Vergleich mit den brasilianischen Beziehungen zu anderen Ländern eine dominierende Rolle, und die Regierung Brasiliens glaubte, Einfluß auf die internationalen Zusammenhänge ausüben zu können.

Während es nach 1945 schwierig war, die Vorteile aus der Kriegszeit in den Handelsbeziehungen mit den USA beizubehalten, wurden für die brasilianische Regierung Veränderungen in ihren Beziehungen zu den übrigen Entwicklungsländern erforderlich. Dazu betrieb die Regierung in Rio de Janeiro eine Strategie wie ein Entwicklungsland, überschätzte aber ihren vermeintlichen Verhandlungsspielraum im internationalen System. Dafür versuchte die brasilianische Regierung, die Diversifizierung ihres Handelsaustauschs mit anderen kapitalistischen Ländern, einschließlich der Bundesrepublik, auszubauen.

In diesem Zusammenhang erläuterten diese Forscher, daß die Verhandlungen zwischen Brasilien und den Industriestaaten nur möglich gewesen seien, da ab Ende der fünfziger Jahre das westliche Europa, insbesondere die Bundesrepublik Deutschland, ins internationale Wirtschaftsleben zurückkehrte. Demzufolge konnte hauptsächlich Westdeutschland für das brasilianische Industrialisierungsprojekt in Frage kommen.

Kellenbenz, Deutsche Unternehmer in Brasilien im 19. und 20. Jahrhundert, in: Lateinamerika Studien 4 – Aktuelle Perspektiven Brasiliens, München 1979, S. 55-79; Henrique Bahiana, Aspectos da política exterior alemã, Rio de Janeiro 1964; Paulo Roberto de Almeida, A economia da política externa. A ordem internacional e o progresso da nação, in: Revista Brasileira de Política Internacional, Rio de Janeiro 1996, Bd. 39, S. 110-119; Paulo Vizentini, Relações internacionais e desenvolvimento. O nacionalismo e a política externa independente (1951-64), Petrópoles 1995; Walter de Góes, Brasiliens Annäherung an Westeuropa. Veränderte Perspektiven, in: Grabendorff und Roett (Hgg.), Lateinamerika – Westeuropa – Vereinigte Staaten. Ein atlantisches Dreieck?, S. 111-139; Geschäftsberichte der Deutsch-Brasilianische Industrie- und Handelskammer in São Paulo zwischen 1948 und 1966, São Paulo 1949ff.; Julius Zimmermann, 50 Jahre Deutsch-Brasilianische Industrie- und Handelskammer in São Paulo, in: Staden-Jahrbuch, São Paulo 1973-1974, Bd. 21/22, S. 189-191; Theotônio dos Santos, Integração latino-americana. Forças políticas em choque, experiências e perspectivas, in: Revista Brasileira de Ciência Política, Rio de Janeiro 1989, Bd. 1, S. 71-90; Pedro Malan, Relações econômicas internacionais do Brasil (1945-1964), in: Boris Fausto (Hg.), História geral da civilização brasileira, São Paulo, 1984, Bd. 11, S. 51-106 und Hans-Christoph Jerofke, Der Wiederaufbau der deutschen Wirtschaftsbeziehungen mit Südamerika nach dem Zweiten Weltkrieg. Die Genesis der vertraglichem Rahmenbedingungen 1949 bis 1958, Frankfurt a. M. 1993.

Gemäß dieser dritten Forschungstendenz wurde das Modell der «automatischen Ausrichtung» von dem einer «pragmatischen Ausrichtung» der brasilianischen Außenpolitik abgelöst. Grundlegend hierfür waren intensive Beziehungen zwischen den USA und Brasilien. Sowohl die politisch-wirtschaftlichen Beziehungen als auch der militärische Austausch waren damit gemeint. Die «pragmatische Ausrichtung» bestimmte die enge politische, wirtschaftliche und militärische Zusammenarbeit Brasiliens mit den anderen Ländern, seitdem diese Kooperation von der brasilianischen Regierung als vorteilhaft beurteilt wurde.[4]

Die Beziehungen zwischen der Bundesrepublik und Brasilien wurden von Grund auf durch politische Entscheidungen der brasilianischen Regierung gefördert, die seit den fünfziger Jahren das „pragmatische Modell" einleiteten, um die notwendigen Mittel für ihr Entwicklungsprojekt zu erlangen. Brasilien ergriff die Initiative für Handelsbeziehungen mit den westlichen Besatzungszonen Deutschlands, und später stand die westdeutsch-brasilianische Wiederannäherung im Zusammenhang mit den Bemühungen der brasilianischen Regierung, ihre Außenpolitik und ihren Außenhandel zu fördern. Nach dem Jahre 1956 wurde westdeutsches Kapital intensiv und in einem ausreichenden Volumen in Brasilien investiert, um die US-Vorherrschaft zu neutralisieren und die brasilianische Dependenz auf mehrere Staaten zu verteilen.

2. Fragestellung und Zielsetzung

Diese Arbeit analysiert die bilateralen Beziehungen zwischen Brasilien und der Bundesrepublik Deutschland im Zeitraum zwischen 1949 und der Mitte der sechziger Jahre, wobei sowohl die innenpolitische Situation beider Länder als auch deren internationale Lage berücksichtigt und ihre Wechselwirkungen untersucht werden. In dieser Periode suchten die brasilianischen Regierungen in ihrer Innen- wie Außenpolitik die wirtschaftliche Entwicklung ihres Landes voranzutreiben. Diese Orientierung führte zu größeren Eingriffen des Staates in die Wirtschaft, zu einer stärkeren Beteiligung des nationalen Privatkapitals und staatlicher Gelder am Industrialisierungsprozeß sowie zur Investition ausländischen Kapitals. Brasilien förderte nicht nur Finanzierungen und industrielle Technologie, es setzte sich bei internationalen Organisationen für die Stabilität der Rohstoffpreise und auch für die Verstärkung der Koordination von bilateralen Beziehungen ein. Als Ideologie einer eigenständigen Entwicklung im Rahmen des kapitalistischen Systems

---

4 Vgl. Hélio Jaguaribe, O nacionalismo na atualidade brasileira, Rio de Janeiro 1958 und Gerson Moura, As razões do alinhamento. A política externa brasileira no após-guerra, in: Revista Brasileira de Política Internacional, Rio de Janeiro 1985, Bd. 28, S. 37-50.

erklärten die brasilianischen Regierungen Reichtum und nationale Größe, soziale Stabilität und politische Sicherheit zu ihren Zielen.

Ziel der Arbeit ist, die verschiedenen Facetten dieser Beziehungen zu umreißen und dabei aufzuzeigen, daß diese auf der staatlichen Ebene für die beiden Länder nur eine Nebenrolle gespielt haben. Die Untersuchung weist auf den Grad des politischen Interesses, auf Spannungen, Kooperationen, Dialoge, Gesten und auf Rückschritte zwischen den Akteuren dieser Beziehungen hin. Sie verfolgt die Bewertung der politisch-diplomatischen, wirtschaftlichen und kulturellen Faktoren und deren Einfluß auf die Verhandlungen und Entscheidungen im Verhältnis beider Staaten.

Im Vordergrund der Fragestellung steht die Analyse des wirtschaftlichen, politisch-diplomatischen und kulturellen Geschehens: Wie hat sich die brasilianische Regierung der Bundesrepublik Deutschland politisch genähert? Welchen Stellenwert hatte Brasilien in den politischen und strategischen Überlegungen der Bundesrepublik Deutschland? Welchen Nutzen zog Brasilien aus seinen Beziehungen zur Bundesrepublik Deutschland? Wie reagierte Brasilien auf die westdeutsche Entwicklung? Welche Rolle spielte die Diplomatie als Instrument der Kontrolle dieser Beziehungen? Arbeiteten die brasilianische und westdeutsche Diplomatie ständig unter Berücksichtigung ihrer wirtschaftlichen Verhältnisse? Erschwerte die Diplomatie wegen der zweitrangigen Rolle dieser Beziehungen die politischen und wirtschaftlichen Verhandlungen beider Länder? Warum gab es einen nur schleppenden Fortgang bei der Behandlung bilateraler Themen? Welche Rolle spielte die Wiederbelebung der westdeutsch-brasilianischen Kulturbeziehungen? Welche Priorität hatten diese Kulturbeziehungen in der Regierung Konrad Adenauers? Waren eigene Traditionen und kulturelle Werte oder Ideologietransfer von Bedeutung? Wie kümmerte sich die brasilianische Regierung um die kulturellen Beziehungen zur Bundesrepublik? Gab es im Rahmen der westdeutschen Kulturpolitik Unterschied zwischen kultureller Pflege durch Schulen und Kulturveranstaltungen für die Deutschen und Deutschstämmigen in Brasilien und der kulturellen Weiterbildung für die Brasilianer?

Die Epoche zwischen der diplomatischen Wiederannäherung beider Länder bis zur Mitte der sechziger Jahre zeigte keine rapide oder bedeutsame Entwicklung dieser Beziehungen, wie auch ein Teil der Darstellungen zu diesem Thema aufzeigt. Die Annahme, daß das Modell der «pragmatischen Ausrichtung» der brasilianischen Außenpolitik ausreichend sei, um die westdeutsch-brasilianischen Beziehungen zu erklären, ist widerlegbar. In diesem Zusammenhang wird weder die These, daß Brasilien eine eigene Richtung seiner Außenpolitik hätte realisieren können, noch die Behauptung, daß das brasilianische Außenministerium eine wichtige Rolle für das brasilianische Entwicklungsmodell gespielt hätte, vertreten.

Da Westdeutsche und Brasilianer in den ersten Jahren nach dem Zweiten Welt-krieg keine politischen oder wirtschaftlichen Verbindungen hatten, wurden erste Kontakte durch kulturelle Vereine und soziale Gruppen hergestellt. Mit der Wie-deraufnahme der diplomatischen Beziehungen zwischen der Bundesrepublik Deutschland und Brasilien aktualisierten die Botschafter und diplomatischen Ver-treter den Gedanken der Solidarität und Kooperation zwischen dem brasiliani-schen und dem deutschen Volk.

In der Zeit des Wachstums der Weltwirtschaft und bei gleichzeitigem Mangel an bilateralen Beziehungen zwischen beiden Ländern blieb die Diplomatie das Ver-bindungselement zwischen den Regierungen. Dies war auch bei anderen Akteuren in multilateralen Organisationen der Fall. Die westdeutsche und brasilianische Diplomatie verloren trotzdem ihre Bedeutung, da sie an vielen schwierigen, ja unlösbaren Problemen arbeiten mußten, wie zum Beispiel an der Frage der be-schlagnahmten deutschen Vermögen. Während die Diplomatie eine fast unsicht-bare Arbeit leistete und langwierige Verhandlungen über Abkommen führte, die nicht immer in die Tat umgesetzt werden konnten, verhandelten die Vertreter der Privatwirtschaft mit den internationalen Akteuren über andere Fragen: Über die Anlage ihres Kapitals in der westlichen Welt, sowohl in den Industrieländern als auch in Entwicklungsländern wie Brasilien.

Während die Resultate der diplomatischen Dialoge zwischen den Außenministe-rien beider Länder auf schwachen Füßen standen, war das Ergebnis der Verhand-lungen zwischen den Vertretern der Wirtschaft solider. Nach der Ausdehnung multinationaler Investitionen und wegen der brasilianischen Steuervergünstigun-gen für ausländische Industriebetriebe floß nach dem Wiederaufbau der Bundes-republik ab 1956 ein Teil der westdeutschen Auslandsinvestitionen nach Brasi-lien. Aber der Kapitalexport Westdeutschlands nach Brasilien blieb im Vergleich zu dem der USA immer gering.

Die staatlichen westdeutschen Beiträge für den brasilianischen Entwicklungspro-zeß waren irrelevant. Ausschlaggebend war in diesem Zeitraum das Engagement westdeutscher Firmen und ihrer Vertreter in Brasilien. Die Handelsabkommen zwischen den Ländern waren auch nicht bedeutungsvoll. Nach der Recherche in primären Quellen kann man behaupten, daß die Wirkung staatlicher brasiliani-scher Aufträge an westdeutsche Industriekonzerne in erster Linie dem Einsatz der westdeutschen Unternehmer auf dem brasilianischen Markt zu verdanken war. Die privaten Wirtschaftsinteressen operierten in jedem Fall sehr erfolgreich, auch wenn es politisch-diplomatische Rückschläge zwischen den beiden Ländern gab. Als die innenpolitische Lage Brasiliens schwieriger wurde, investierten die deut-schen Firmen und ihrer Vertreter weniger in Brasilien. Man kann den Erfolg der Privatunternehmen in Brasilien mit der westdeutsch-brasilianischen Partnerschaft nicht gleichsetzen. Die Interessen westdeutscher Direktinvestitionen, besonders die der privaten Banken und die der Schwer- und Grundstoffindustrien, ragten aus den Beziehungen zwischen der Bundesrepublik Deutschland und Brasilien im Laufe der fünfziger und sechziger Jahre hervor.

Um die Lücke in den politisch-diplomatischen Funktionen beider Länder zu füllen, entwickelten die Regierungen den Gedanken der Kooperation und frischten die bereits existierenden Kulturverbindungen zwischen beiden Gesellschaften auf. Im wesentlichen beruhte diese Kooperation auf der jeweiligen Einschätzung der politischen Bedeutung von Brasilien und der Bundesrepublik auf ihren entsprechenden regionalen Bühnen. Für die politisch-diplomatischen Beziehungen beider Länder war diese gegenseitige Bewertung maßgeblich.

Der Begriff «Beziehungen» wird in dieser Arbeit für drei verschiedene Tendenzen verwendet: Politisch-diplomatische Beziehungen, außenwirtschaftliche Beziehungen und kulturelle Beziehungen. Die begriffliche und politisch-institutionelle Trennlinie zwischen diesen Bereichen ist häufig sehr schmal.

Im internationalen Zusammenhang enthält der Gegenstand der wissenschaftlichen Untersuchung über «Beziehungen» drei Verbindungsformen: die Beziehungen zwischen den Staaten, die nichtstaatlichen oder transnationalen Beziehungen und die Interaktionsbeziehungen des gesamten Systems, die zwischen internationalen Akteuren – internationalen Organisationen, Staaten, sozialen Gruppen, juristischen Personen – stattfinden können.[5] Die internationalen Beziehungen beziehen sich auf den Prozeß außenpolitischer Aktionen und Reaktionen. Der Begriff «internationale Beziehungen» ist abstrakt, mehrdeutig und unpräzise. Wegen der zu allgemeinen Definitionen kann man mit dem Begriff kaum konkrete Vorstellungen verbinden.[6]

Die Außenpolitik umfaßt begrenzte Aspekte innerhalb der internationalen Beziehungen. Im engeren Sinn wird Außenpolitik als außenpolitische Aktivität zwischen Staaten und durch staatliche Akteure verstanden. Der Staat bzw. die Regierung behalten die zentrale Stellung im außenpolitischen Entscheidungsprozeß bei. Der klassische Bereich der Außenpolitik ist von dem Engagement der Außenministerien und/oder Präsidentschaften abhängig. Sie artikulieren ihre Aktionen durch die Pflege politischer, diplomatischer, konsularischer und kultureller Beziehungen, durch Staatsbesuche, Vertragsabschlüsse und durch gegebenenfalls Sicherheitspolitik.

---

5 Vgl. Fred Halliday, Repensando as relações internacionais, Porto Alegre 1999, S. 15-36.
6 Vgl. Ernst-Otto Czempiel, Internationale Beziehungen. Begriff, Gegenstand und Forschungsabsicht, in: Manfred Knapp und Gert Krell (Hgg.), Einführung in die Internationale Politik, 3. Aufl. München 1996, S. 3.

Im weiteren Sinn bedeutet Außenpolitik auch Außenwirtschafts-, Verteidigungs-, Wissenschafts-, Technologie- und Entwicklungshilfepolitik. Sie umfaßt auch die nichtstaatlichen Außenbeziehungen – wie private Direktinvestitionen – und die nichtstaatlichen Akteure – wie transnationale Unternehmen. Überdies umfaßt Außenwirtschaftspolitik unterschiedliche Sachprobleme wie Außenhandel, Währungs- und Finanzfragen, Investitionen, Auslandshilfe, Rohstoffversorgung, Energiepolitik usw. In neuerer Zeit beinhaltet sie auch Welternährungs- und Umweltprobleme.

Die Geschichte der internationalen Beziehungen ist, wie alle wissenschaftlichen Gebiete, zwei Gefahren ausgesetzt: sie kann Ereignisgeschichte ohne theoretische und erklärende Überlegungen oder Theorie ohne historische Analysen sein. Diese Arbeit versucht, die beiden Gefahrenbereiche zu umgehen. Sie gliedert sich in sechs Abschnitte, die einer vom anderen abhängig sind. Das erste Kapitel befaßt sich mit dem deutsch-brasilianischen Verhältnis von den dreißiger Jahren bis 1942, als die brasilianische Regierung dem nationalsozialistischen Deutschland den Krieg erklärte. Der Rückblick auf die Zeit vor und während des Zweiten Weltkrieges dient dazu, darzulegen, daß die deutsch-brasilianischen Beziehungen einige Impulse erhielten. Die Steigerung des Außenhandels beider Länder förderte wesentlich die politisch-diplomatischen Beziehungen. Im Jahre 1936 errichteten die Regierungen Botschaften in Berlin und in Rio de Janeiro. Trotz dieser guten Verbindungen waren sie nicht intensiv genug, um politisch-diplomatische Spannungen und Auseinandersetzungen zu vermeiden. Die politische Situation Brasiliens wurde in internationalem Zusammenhang skizziert.

Das zweite Kapitel beschäftigt sich mit der brasilianisch-westdeutschen Wiederannäherung nach dem Zweiten Weltkrieg. Die Regierung Brasiliens kümmerte sich um die ersten politischen Kontakte zu den westalliierten Besatzungsmächten und nahm den Handelsverkehr wieder auf. Nach der Gründung der Bundesrepublik Deutschland eröffneten beide Regierungen im Jahre 1951 wieder ihre Botschaften, aber die Zusammenarbeit zwischen der Bundesregierung und Brasilien war im Bereich der Außenwirtschaftspolitik, des kulturellen Austauschs und der politisch-diplomatischen Aktionen noch gering. Der Beurteilung der brasilianischen Rolle auf der Weltbühne dient eine Analyse in diesem Abschnitt.

Das dritte Kapitel befaßt sich mit den wirtschaftlichen Beziehungen zwischen der Bundesrepublik und Brasilien in den fünfziger Jahren. In diesem Zeitraum entwarfen die brasilianischen Regierungen ein Modell für die Wirtschaftsentwicklung des Landes. Nach ihrer Ansicht war die Wirtschaftsentwicklung eine Aufgabe der Außenpolitik. In diesem Fall heißt brasilianische Außenpolitik in erster Linie Außenwirtschaftspolitik. So verstärkte Brasilien seine politisch-diplomatischen Beziehungen, die vor allem den Wirtschaftskontakten dienten. In diesem Rahmen versuchte die Regierung in Rio de Janeiro, die westdeutschen Beziehungen anzukurbeln. Die internationale Wirtschaftslage erlaubte aber die brasilianische Wirtschaftsentwicklung nur durch die Internationalisierung der industriellen Produktion.

Das folgende, vierte Kapitel behandelt die politisch-diplomatischen Beziehungen auf der staatlichen Ebene beider Länder in den fünfziger Jahren. Das Kapitel bietet eine Untersuchung der Außenpolitik Brasiliens im Rahmen des Ost-West-Konflikts. Außerdem berücksichtigt es die Rolle der Diplomatie in den Beziehungen beider Länder.

Das Ziel des fünften Kapitels ist, die politischen und ökonomischen Beziehungen beider Länder Anfang der sechziger Jahre zu klären, wobei vier Komponenten der westdeutsch-brasilianischen Beziehungen besondere Aufmerksamkeit geschenkt wird: der Entwicklungshilfepolitik, der Wirtschaftsentwicklung Brasiliens, dem Privatkapital und der Entspannungspolitik im Bereich des Ost-West-Konfliktes.

Schließlich beschäftigt sich das sechste Kapitel mit dem westdeutsch-brasilianischen Kulturaustausch. Für die Bundesregierung sollten auswärtige Kulturpolitik und wirtschaftliche Interessen in enger Verbindung stehen. Die kulturellen Aktivitäten waren insbesondere durch die ideologischen Überlegungen im Zusammenhang mit dem Ost-West-Konflikt geprägt. Die brasilianische Regierung war der Ansicht, daß die Bundesrepublik eine hochentwickelte Kultur besaß und erwartete deswegen kulturelle Unterstützung von der Bundesregierung.

3. Zu den Quellen

Diese Arbeit basiert im wesentlichen auf deutschen und brasilianischen Archiv-Quellen.

An erster Stelle sind das Politische Archiv und das Historische Referat des Auswärtigen Amts in Bonn (PA-AA) zu nennen. Die Unterlagen wurden aus den Beständen der Politischen Abteilung (Abteilung 2), der Länderabteilung (Abteilung 3), der Kulturabteilung und im Referat 306 (Politische Abteilung – Länderreferat Mittel- und Südamerika) sowie im Referat 415 (Handelspolitische Abteilung – Südamerika) ausgewählt.

Im Archiv des Auswärtigen Amts waren die allgemeinen Instruktionen für die Botschafter der Bundesrepublik in Brasilien von besonderer Bedeutung. Ebenfalls zentral sind die Dokumente über die beschlagnahmten Guthaben in Brasilien, über die bilateralen Abkommen zwischen der Bundesrepublik Deutschland und Brasilien, über die brasilianische Einstellung zur Europäischen Wirtschaftsgemeinschaft, über die deutsche Auswanderung nach Brasilien und über das Thema der westdeutschen Entwicklungs- und Kapitalhilfe für Brasilien. Alle Quellen illustrieren u. a. die politischen Schwierigkeiten zwischen beiden Staaten.

Die Unterlagen über den westdeutsch-brasilianischen Kulturaustausch spielen eine besondere Rolle. Einerseits handelt es sich um die kulturelle Arbeit des Goethe-Institutes, des Deutschen Akademischen Austauschdienstes, der Deutschen Auslandsbeziehungen und der Alexander-von-Humboldt-Stiftung in Brasilien. Andererseits umfassen sie die bundesdeutsche Unterstützung für die brasilianischen Stiftungen und Institute wie „Pro Arte", Goethe-Gesellschaft *(Sociedade Goetheana)* und Hans-Staden-Institut.

Das brasilianische Außenministerium besitzt zwei Archive: Das Historische Archiv von Itamaraty[7] in Rio de Janeiro (AHRJ) und das Archiv des Außenministeriums in Brasilia (MRE-DAR-SCE).[8] Für die Beistände gibt es keine Findbücher, und die Aktenbände wurden nach verschiedensten Themen zusammengestellt. Die Unterlagen behandeln meistens die Frage der Kaffeeausfuhr, die Wirtschaftskonkurrenz zwischen der Bundesrepublik und den USA, die brasilianische Beurteilung der westdeutschen Außenpolitik, die Frage des deutschen Kriegsvermögens in Brasilien, die Problematik der Kooperation der Bundesrepublik mit Brasilien und die bilateralen und multilateralen Abkommen. Die monatlichen amtlichen Mitteilungen sind von Bedeutung, um die bundesdeutsche Außenpolitik aus der Sicht Brasiliens bewerten zu können.

Aus dem Bundesarchiv in Koblenz (BA) wurde Aktenmaterial der verschiedensten Bestände herangezogen: des Bundeswirtschaftsministeriums, des Bundesverkehrsministeriums, des Bundeskanzleramts und des Bundesministeriums für wirtschaftliche Zusammenarbeit. Für die Bestände des Bundeswirtschaftsministeriums und des Bundesverkehrsministeriums existierten zum Zeitpunkt meiner Forschungen in Deutschland noch keine Findbücher. Ausgewertet wurden Materialien des Bundesarchivs, in denen folgende Angelegenheiten behandelt werden: Auswanderungsfragen, deutsches Vermögen in Brasilien, Beziehungen Brasiliens

---

7 Das brasilianische Außenministerium ist auch als Itamaraty oder Itamarati bekannt.

8 Der RISE/1987 (Regimento Interno da Secretaria de Estado das Relações Exteriores) erläutert, daß die Dokumente mit Daten ab 1970 in dem historischen Sektor des Archivs des Außenministeriums in Brasilia aufbewahren sollten, und die vor diesem Datum in dem historischen Archiv in Rio de Janeiro. Obwohl es diese Bestimmung gibt, bewahrt das Archiv in Brasilia vertrauliche Schreiben auf, die vor dem Jahr 1970 entstanden. Ebenfalls sind andere Urkunden ab 1960 in Brasilia zu finden. Vgl. dazu Brasil. Ministério das Relações Exteriores. Serviço Exterior e Organização Básica, Brasília 1987.

zu den USA, bilaterale Abkommen zwischen der Bundesrepublik Deutschland und Brasilien, deutsche Entwicklungs- und Kapitalhilfe für Brasilien, Granow Missions (1962/1963), Handelspolitik, Industrieprojekte und Niederlassungen der westdeutschen Firmen in Brasilien, Kulturfragen und wissenschaftlicher Austausch sowie See- und Luftverkehrsfragen beider Länder.

Im Osvaldo Aranhas Archiv (OA) beim CPDOC (*Centro de Pesquisa e Documentação de História Contemporânea do Brasil*) in Rio de Janeiro werden bedeutsame Unterlagen über die Rolle der brasilianischen Außenpolitik gegenüber den USA aufbewahrt, so zum Beispiel über die Forderung der brasilianischen Regierung nach einer uneingeschränkten Hilfe der US-Regierung nach dem Zweiten Weltkrieg. Wichtig ist der Briefwechsel zwischen dem ehemaligen Außenminister (1938-1944) und Finanzminister (1953-54) Osvaldo Aranha und dem brasilianischen Botschafter in Bonn, Luís Faro Júnior (1951-1955).

Einige Erkenntnisse verdanke ich auch dem Archiv für Christlich-Demokratische Politik der Konrad-Adenauer-Stiftung und dem Archiv der Deutsch-Brasilianischen Industrie- und Handelskammer in São Paulo (*Câmara de Comércio e Indústria Brasil-Alemanha*).

Unter den publizierten Quellen sind zu erwähnen: zeitgenössische Veröffentlichungen wie Tageszeitungen, Zeitschriften, Jahresberichte brasilianischer und deutscher Institutionen. Eine Darstellung der Beziehungen Bundesrepublik-Brasilien findet sich vorwiegend im *Jornal do Comércio* und *Correio da Manhã* – Rio de Janeiro. Die sieben *Geschäftsberichte der Deutsch-Brasilianischen Industrie- und Handelskammer in São Paulo* zwischen 1950 und 1965 und *Coletânia de Legislação Federal e Marginália* (LEX) bieten ebenfalls wesentliche Aufschlüsse. Als wichtigste einschlägige Sammlung publizierter Quellen hat sich die zehn Bände umfassende Edition der *Akten zur auswärtigen Politik der Bundesrepublik Deutschland* erwiesen, die inzwischen den Zeitraum von 1949 bis 1966 abdecken.

Die statistischen Angaben über die Handelsbeziehungen und die westdeutschen Investitionen in Brasilien beruhen vor allem auf dem *Statistischen Jahrbuch für die Bundesrepublik Deutschland* von 1952 bis 1967 und den brasilianischen Bänden der IBGE *(Instituto Brasileiro de Geografia e Estatística)*, wie *Estatísticas históricas do Brasil. Séries econômicas, demográficas e sociais de 1550 a 1988* und *Anuário Estatístico do Brasil*.

1. Die brasilianisch-deutschen Beziehungen im Laufe der dreißiger Jahre bis zum Zweiten Weltkrieg

1.1 Die Außenpolitik Brasiliens in den dreißiger Jahren

Im Jahre 1930 gab es in Brasilien eine politische Bewegung, durch die der damalige Präsident Washington Luis abgesetzt wurde und Getúlio Vargas an die Spitze der Regierung trat. Diese sogenannte „Revolution von 1930" und die Besonderheit der brasilianischen Staatsform zwischen 1930 und 1945 wurden unter verschiedenen Aspekten erforscht.[9] Im Zentrum stand dabei die Frage nach der Verschiedenheit der politisch-gesellschaftlichen Kräfte, die gegeneinander oder miteinander nach hegemonialem Einfluß in den Machtstrukturen der Gesellschaft und Politik Brasiliens gestrebt haben.

Die Einschätzung der Rolle der Akteure, die die dreißiger und vierziger Jahre beeinflußt haben, ist mit Schwierigkeiten verbunden wegen der Divergenz zwischen den Interpretationsmodellen für den revolutionären Prozeß und den tatsächlichen sozialen, politischen und wirtschaftlichen Änderungen nach dem Jahr 1930. In den verschiedenen wissenschaftlichen Darstellungen dieses Zeitabschnitts gibt es nur einen Konsens in bezug auf das Muster des Staates, das sich durch den politischen Kampf gegen das oligarchische politische System der Ersten Republik (1889-1930) entwickelte. Die Revolution von 1930 habe die sozialpolitische Hegemonie der Kaffeeoligarchie abgeschafft. Aber es habe keine neue führende Gesellschaftsschicht gegeben, die sich bereit fand oder in der Lage war, die Macht zu übernehmen und die politischen Institutionen Brasiliens umzugestalten. Die ver-

---

9 Zur Revolution von 1930 vgl. u. a. Barbosa Lima Sobrinho, A verdade sobre a revolução de outubro, São Paulo 1933; Boris Fausto, A revolução de 1930. Historiografia e história, São Paulo 1972; Edgar Carone, Revoluções no Brasil Contemporâneo (1922-1938), São Paulo 1975; Maria Cecília Spina Forjaz, Tenentismo e a Aliança Liberal (1927-1930), São Paulo 1978; Ana Maria de Lima Brandão (Hg.), A revolução de 1930 e seus antecedentes, Rio de Janeiro 1980; Edgar de Decca, 1930. O silêncio dos vencidos, São Paulo 1981; Manuel Correia de Andrade, 1930. A atualidade da revolução, São Paulo 1980; Hélgio Trindade, Revolução de 30. Partidos e imprensa partidária (1928-1937), Porto Alegre 1980; Revolução de 30: seminário internacional, Brasília 1983. Zur brasilianischen Staatsform zwischen 1930 und 1945 vgl. u. a. Simon Schwartzman (Hg.), Estado Novo. Um auto-retrato, Brasília 1983; Angela de Castro Gomes, Getulhismo e trabalhismo, São Paulo 1989; Lúcia Lippi Oliveira, Estado Novo. Ideologia e poder, Rio de Janeiro 1982; Fernando Henrique Cardoso, O modelo político brasileiro, São Paulo 1973; Eli Diniz, Empresário, estado e capitalismo no Brasil (1930-1945), Rio de Janeiro 1977; Peter Michael Huf, Die Entwicklung des bundesstaatlichen Systems in Brasilien, Frankfurt a. M. u. a. 1991; Octavio Ianni, Estado e planejamento econômico no Brasil, 4. Aufl., Rio de Janeiro 1986 und Jorge Ferreira (Hg.), O Brasil republicano. O tempo do nacional-estatismo, Rio de Janeiro 2003.

schiedenen oligarchischen Gruppen, die industriellen Gruppen, die heterogenen städtischen Mittelschichten und die Arbeiterschichten seien wegen der Uneinigkeit innerhalb jeder sozialen Gruppe unfähig gewesen, ein bestimmtes politisch-gesellschaftliches Modell zu realisieren. Wegen der Unfähigkeit jeder sozialen Gruppe in Brasilien, die Macht im Staat auszuüben, hätten ab 1930 ein politisches Vakuum und ein „Staat des Kompromisses" existiert. [10]

Vor diesem Hintergrund muß die Entwicklung der brasilianischen Innen- und Außenpolitik zwischen 1930 und 1945 gesehen werden. Grundlegend für diese Interpretation ist die Tatsache, daß alle gesellschaftlichen Gruppen, die an der Revolution beteiligt waren, eine tiefgreifende Veränderung im politischen Leben Brasiliens angestrebt hatten. Die Kritik an der Ersten Republik endete mit der politischen Neugestaltung, aber es existierte kein Plan in einer Umgestaltung der geltenden sozio-ökonomischen Lage. Im Grunde genommen waren die politischen Beziehungen im Laufe der dreißiger Jahre geregelt worden, ohne daß es Strukturänderungen gegeben hatte: Die revolutionären Gruppen unter der Führung von Vargas hatten es sich nicht leisten können, die gesellschaftliche und politische Macht der traditionellen Eliten zu zerstören. [11]

Ausgehend von dieser Beurteilung eines „Staates des Kompromisses" divergieren die Historiker, Politikwissenschaftler und Wirtschaftswissenschaftler nach wie vor in der Bewertung der Einzelheiten. Ein Teil geht davon aus, daß es eine Weichstellung in Richtung auf eine neue Finanz- und Wirtschaftspolitik der Regierung Vargas nicht gegeben habe. Der andere Teil gründet seine Interpretationen darauf, daß einige Maßnahmen bedeutungsvoll gewesen seien, um ein neues soziales, wirtschaftliches und politisches System in Kraft zu setzen. Hierzu gehörten insbesondere die Forderungen nach einer Zentralregierung, einer strengen Kontrolle der Arbeiterschaft und einem Industrialisierungsprojekt.

Die zahlreichen Untersuchungen und die verschiedenen Interpretationen zu diesem Thema spiegeln die Komplexität der brasilianischen Gesellschaft in der ersten Hälfte dieses Jahrhunderts wider. Trotz der Schwierigkeiten der Regierung Vargas, ein neues Regierungssystem zu entwickeln, ergriff sie Maßnahmen, die in

---

10 Vgl. Boris Fausto, A revolução de 1930. Historiografia e história.
11 Mit dem Dekret vom 11.11.1930 wurde die „Provisorische Regierung" offiziell installiert und die Verfassung von 1891 außer Kraft gesetzt. Darüber hinaus wurden der Nationalkongreß und die Parlamente der Bundesstaaten aufgelöst und die meisten Gouverneure abgesetzt. Die neue Verfassung trat 1934 in Kraft und brachte keine grundsätzliche Veränderung des politischen Systems trotz der Vorstellungen der beteiligten Abgeordneten. Vgl. dazu Angela de Castro Gomes, Confronto e compromisso no processo de constitucionalização (1930-1935), in: Boris Fausto (Hg.), História geral da civilização brasileira, São Paulo 1983, Bd. 10, S. 7-75.

späteren Jahren unwiderruflich geworden sind – dies sowohl im Bereich des Produktionsprozesses als auch in dem der Institutionen.

Nach der Revolution von 1930 und im Laufe der Ersten Regierung Vargas (1930-1945) wurde die politische Lage seiner Regierung instabil wegen der Aktivität politischer Gruppen mit verschiedenartigen Zielsetzungen. Präsident Vargas wurde von einer parteipolitischen Allianz heterogener Kräfte unterstützt.[12] Diese politischen Kräfte wollten durch Steuervergünstigungen der Agrarproduktion zu einer größeren Diversifizierung verhelfen und die Basis der Außenwirtschaftspolitik stärken. Infolge dieses Wandels erhielt die brasilianische Außenpolitik im Verlauf der dreißiger Jahre eine besondere Prägung: Außenpolitik bedeutete für die Regierung Vargas in erster Linie Außenwirtschaftspolitik (Devisen-, Handels- Währungs-, Zoll-, Außenhandelsfinanzierungspolitik usw.). Die diplomatischen Beziehungen sollten vor allem dem Anknüpfen von Wirtschaftsverbindungen nützen; daneben gab es kaum außenpolitische Entscheidungsmöglichkeiten.[13]

In dieser politisch-wirtschaftlichen Situation brach die Weltwirtschaftskrise nach dem Börsenkrach im Oktober 1929 aus; sie erschütterte die gesamte brasilianische Wirtschaft wegen der Verminderung ihrer Exportchancen. Dadurch bildeten sich ab 1931 große Überschüsse an landwirtschaftlichen Erzeugnissen; es mangelte an Devisen für die Bezahlung notwendiger Einfuhren, und die Arbeitslosigkeit nahm erheblich zu. Der Einfluß der Wirtschaftskrise auf die Finanz- und Devisenpolitik in Brasilien war wegen der externen Verschuldung verständlich. Sowohl die politische Uneinheitlichkeit der Revolution von 1930 und hauptsächlich der ersten Phase der Regierung Vargas als auch die Wirtschaftskrise prägten die Orientierung seiner Politik: zur Vermeidung einer Rezession förderte das brasilianische Kabinett eine Erweiterung der Rolle des Staats in der Ökonomie.[14]

Obwohl der Schutz der Kaffeeproduktion nach wie vor aufrechterhalten blieb, gab es wichtige ökonomische Veränderungen gegenüber der vorherigen Epoche. Seit dem Jahr 1930 stand ausländisches Investitionskapital nicht mehr zur Verfügung, und die Behörden Brasiliens waren gezwungen, hinsichtlich der weiterlaufenden Finanzverpflichtungen in verstärktem Maße Inlandskredite aufzunehmen. Die brasilianische Bundesregierung sprach ihr Machtwort gegenüber den Gliedstaaten und schuf ein Modell des staatlichen Wirtschaftsinterventionismus. Sie war durch die Lage gezwungen, politische Wege einzuschlagen, die in der Produktion zu

---

12 Vgl. Marilena Chauí, Ao leitor benevolente, in: Marilena Chauí (Hg.), Ideologia e mobilização popular, Rio de Janeiro 1978, S. 19-30.

13 Vgl. Flávio Mendes de Oliveira Castro, História da organização do Ministério das Relações Exteriores, Brasília 1983, S. 283-290 und Amado Cervo und Clodoaldo Bueno, História da política exterior do Brasil, Brasília 1992, S. 215.

14 Vgl. Octavio Ianni, Estado e planejamento econômico no Brasil, S. 54-69.

einer größeren Mannigfaltigkeit und im Handel zum Versuch führten, neue Absatzmärkte für diese Waren zu erschließen.

Erschwerend gewirkt hatten nicht nur die bis in die erste Hälfte der dreißiger Jahre bestehenden Schwierigkeiten bei den Auslandsschulden, sondern auch die binnenwirtschaftlichen Entwicklungshemmnisse.[15] In seinen Reden über die Wirtschaftspolitik betonte Vargas oft die Notwendigkeit, Hilfe für die Agrarprodukte gewähren zu müssen, da das Fundament der brasilianischen Ökonomie die Landwirtschaft sei.[16] Die brasilianische Regierung behielt eine Agrarpolitik bei, die verbunden war mit der Hoffnung, das ehemalige Außenhandelsniveau wieder zu erreichen, und die die Einfuhr beschränkte, um die Handelsbilanz auszugleichen. Trotzdem war die Importbeschränkung eine Maßnahme, die die finanziellen Dispositionsmöglichkeiten vergrößerte, führte sie doch zu Vorteilen für einige Sektoren der brasilianischen Wirtschaft wie zum Beispiel für die Konsumgüter- und Metallindustrie, die nur den internen Markt versorgten.[17]

Die Finanzpolitik der Regierung Vargas stand im Zusammenhang mit der internationalen Finanzlage, die durch Mangel an Kapital gekennzeichnet war. Die fehlenden Devisen verursachten für Brasilien ein riesiges Handels- und Finanzdefizit während der ganzen dreißiger Jahre und waren so der wichtigste Anlaß der Spannungen zwischen Brasilien und seinen Handels- und Finanzpartnern.[18] Da die internationale Marktsituation völlig verworren war, in der die traditionellen brasilianischen Handelspartner nicht in der Lage waren, noch mehr brasilianische Rohstoffe zu kaufen, war Brasilien gezwungen, den Export von Rohstoffen, die zu jedem Preis auf den Markt geworfen wurden, zu forcieren.

---

15 Der Preisverfall bei wichtigen Rohstoffen von Juni 1929 bis Ende 1930 hatte verheerende Folgen für den Export, die Löhne und die Reserven der Banco do Brasil (Brasilianische Bank). Brasilien sowie andere Entwicklungsländer verloren den Zugang zu den Kreditmärkten und erhielten keine Unterstützung durch eine antizyklische Verstärkung des langfristigen Kapitalexports. Vgl. dazu Charles Kindleberger, Die Weltwirtschaftskrise, Nördlingen 1973, S. 151-152.

16 Vgl. Getúlio Vargas, A nova política do Brasil, Rio de Janeiro 1938.

17 Die Wirtschaftspolitik Brasiliens nach 1930 war auf eine Verteidigung der Kaffeeproduktion ausgerichtet. Zu diesem Zweck gewährleistete der Staat Darlehen an die Produzenten, kaufte große Mengen Kaffee auf und verbot die Anlage weiterer Kaffeeplantagen. Während die innere Verschuldung Brasiliens zunahm, wertete die Regierung die Währung ab, und der Außenhandel erholte sich erst im Anschluß an die Stabilisierung des Welthandels und die Lösung der Frage der Auslandsschulden gegenüber den Vereinigten Staaten und Großbritannien im Jahr 1935. Vgl. dazu Werner Baer, A industrialização e o desenvolvimento econômico do Brasil, 7. Aufl., Rio de Janeiro 1988, S. 16-17.

18 Vgl. Pedro Hastedt, Deutsche Direktinvestitionen in Lateinamerika, Göttingen 1970, S. 73.

Vor 1930 waren die brasilianischen Wirtschaftsbeziehungen zu den Vereinigten Staaten immer mehr zu einem entscheidenden Faktor der Zahlungsbilanz Brasiliens geworden. Seit Anfang der dreißiger Jahre waren die USA der größte Konsument brasilianischer Produkte und der wichtigste Lieferant für Importe nach Brasilien geworden.[19] Ab 1934 wurde die nordamerikanische Handelspolitik von einem Programm liberaler Handelsabkommen bestimmt, in dem für die lateinamerikanischen Länder eine Sonderstellung vorgesehen war.[20] Und im Gegensatz zu Großbritannien und Frankreich spielte das Außenhandelsinteresse für die US-Regierung die wichtigste Rolle.[21] Da der US-Außenhandel von zentraler Bedeutung für den brasilianischen Handel war, hatte die US-Regierung einen realen Verhandlungsspielraum gegenüber Brasilien erreicht. Aus diesem Grund verstärkte sie den Druck auf die brasilianische Regierung. So wurden die Verhandlungen zwischen Brasilien und den USA beschleunigt, die auf einen Abschluß von Handelsverträgen zwischen beiden Ländern auf der Grundlage der Meistbegünstigungsklausel ausgerichtet waren.

Trotz der Relevanz des US-Handels für Brasilien mußte die brasilianische Regierung neue Handelspartner finden. Mit der ab 1930 einsetzenden Suche nach neuen Märkten nahmen die Handelsbeziehungen zwischen Brasilien und vielen anderen Ländern einen Aufschwung.[22] Das Ziel war, die Ausfuhr von Baumwolle, gefro-

---

19 Die Vereinigten Staaten waren am Anfang der dreißiger Jahre der wichtigste Abnehmer der brasilianischen Produktion, vor allem von Kaffee und Kakao, und der wichtigste Lieferant für die brasilianische Einfuhr. Vgl. dazu Ianni, Estado e planejamento econômico no Brasil, S. 28.

20 Charles Kindleberger betont: „Der Reciprocal Trade Agreement Act von 1934 wurde mit dem Beschäftigungsargument verkauft [...]. Das Gesetz war ein Versuch, zu dessen Erfolg aufeinander abgestimmte separate Verhandlungen mit den einzelnen Ländern notwendig waren. [...] Entstanden zu einer Zeit, als sich gerade erste schwache Zeichen der Erholung zeigten, bleibt das Gesetz von 1934 ein bemerkenswerter und überraschender Schritt zur Umkehr des Trends in der Weltwirtschaft. Ein Großteil der Zollsenkungen im Rahmen des Programms bestand im Abbau überflüssiger oder unwirksamer Zölle. Von den ersten im Rahmen dieses Gesetzes zustande gekommenen Vereinbarungen betraf die Hälfte lateinamerikanische Länder, deren Exporte in die Vereinigten Staaten hauptsächlich in zollfreien tropischen Produkten und Rohstoffen bestanden." Siehe hierzu C. Kindleberger, Die Weltwirtschaftskrise, S. 246-247.

21 Im wesentlichen war die Devisenpolitik für Großbritannien und Frankreich am wichtigsten. Vgl. dazu Marcelo de Paiva Abreu, O Brasil e a economia mundial (1929-1945), in: Boris Fausto (Hg.), História geral da civilização brasileira, São Paulo 1984, Bd. 11, S. 21.

22 Zu Beginn der dreißiger Jahre schloß die brasilianische Regierung 27 Handelsverträge mit verschiedenen Ländern. Das Handelsabkommen zwischen Deutschland und Brasilien wurde am 22. Oktober 1931 unterzeichnet. Es war auf Grundlage allgemeiner und uneingeschränkter Meistbegünstigung nach Muster des Wirtschaftsausschusses des Völkerbundes abgeschlossen worden. Vgl. dazu ADAP, Serie B, Bd. XVIII, Dok. Nr. 195, Ministerialdirektor Dieckhoff an die Gesandtschaft in Rio de Janeiro (19.9.1931). Schon im Jahr 1935 brach das Außenministerium die meisten Abkommen, als es beobachtet hatte, daß die Verträge ihre

renem Fleisch, Reis, Ölfrüchten, Kautschuk, Leder, Kakao, Tabak und hauptsächlich Kaffee zu erleichtern. Der Versuch der Regierung, ihre Rohstoffprodukte auf mehr Märkte zu bringen, traf beim Deutschen Reich auf die drastischen Einschränkungen in dessen Außenhandel sowie auf den Devisenmangel Deutschlands. Deutschland begann, im Jahre 1934 die Importe wichtiger Nahrungsmittel und Rohstoffe sowie die Exporte von Fertigwaren durch sogenannte Kompensationsabkommen zu steigern. Diese Handelsmethode sollte die Devisenreserven schonen und bezweckte im Kern die Bilateralisierung des Außenhandels. Um dieses Ziel zu erreichen, wurde ein bilaterales Verrechnungssystem eingerichtet, dessen Grundlage das *Ausländer-Sonderkonto für Inlandszahlung* (ASKI) war, welches nur für Geschäfte in Deutschland benutzt werden durfte.[23]

Mit den deutsch-brasilianischen Handelsabkommen von 1934[24] und 1936[25] wurde mit der Einführung des Ausgleichsprinzips und des Quotensystems eine Handelspolitik gegenseitiger Konzessionen festgelegt. Der Zahlungsverkehr im deutschbrasilianischen Außenhandel war infolge der in Deutschland und in Brasilien eingeführte Devisenbewirtschaftung der Not gehorchend Thema besonderer Regelungen. 1937 kam es zwischen den beiden Regierungen zu intensiven Verhandlungen, die sich allerdings als schwierig erwiesen, da die Nordamerikaner gegen die Erneuerung des Vertrages starken Druck ausübten.[26] Bereits 1934 hatte die Regierung in Washington begonnen, ihrer Besorgnis angesichts der deutschbrasilianischen Annäherung im Handel Ausdruck zu verleihen, als nämlich die US-Verwaltung feststellen mußte, daß Deutschland auf dem besten Wege war, im

Ziele nicht erreicht hatten. Vgl. auch dazu Brasil. MRE. Relatório. Apresentado ao Presidente da República, Rio de Janeiro 1940, Bd. I, S. 102-111.

23 Vgl. Klaus Hildebrand, Das Dritte Reich, München u. Wien 1979, S. 12 und Hans-Jürgen Schröder, Das Dritte Reich, die USA und Lateinamerika (1933-1941), in: Manfred Funke (Hg.), Hitler, Deutschland und die Mächte. Materialien zur Außenpolitik des Dritten Reiches, Düsseldorf 1976, S. 359-362.

24 Vgl. ADAP, Serie C, Bd. III-2, Dok. Nr. 492, Aufzeichnung betreffend die Tätigkeit der deutschen Handelsdelegation für Südamerika, Gesandter Otto Carl Kiep an den Staatssekretär in der Reichskanzlei Hans Heinrich Lammers (14.2.1935).

25 Vgl. ADAP, Serie C, Bd. V-2, Dok. Nr. 500, Botschafter in Rio de Janeiro Arthur Schmidt-Elskop an das Auswärtige Amt, Vertrauliches Schreiben (6.8.1936).

26 Die Vereinigten Staaten übten politischen Druck auf ganz Lateinamerika gegen die deutsche Handelspolitik aus. Vgl. dazu Alton Frye, Nazi Germany and the American Hemisphere, London 1967, S. 74-75; ADAP, Serie C, Bd. VI-1, Dok. Nr. 203, Runderlaß des Auswärtigen Amts, Empfänger waren die Botschaften in Rio de Janeiro, Buenos Aires und Santiago sowie die Gesandtschaften in Caracas, Montevideo, Asunción, La Paz, Lima, Quito, Bogotá und Guatemala (15.2.1937) und ADAP, Serie C, Bd. VI-2, Dok. Nr. 428, Botschafter in Washington Hans Dieckhoff an das Auswärtige Amt (15.6.1937).

Außenhandel Brasiliens die nordamerikanische Position dem Umfang nach zu übertreffen.[27]

Als Folge der Innen- und Außenpolitik wurde die Außenwirtschaftspolitik Brasiliens ab 1934/35 aktiver. Vargas und sein Finanzminister, Artur de Sousa Costa, verteidigten die deutsch-brasilianischen Handelsverträge, da der deutsche Markt brasilianische Produkte kaufen könnte, die in die Vereinigten Staaten oder in andere Länder nicht zu exportieren wären.[28] Mit den deutsch-brasilianischen Abkommen erwartete man auch, daß der brasilianische Binnenmarkt bevorzugt werden würde, da die deutschen Industrieprodukte erschwinglich geworden waren. Nach Brasilien exportierte Deutschland vor allem Farben und andere chemische Erzeugnisse, Maschinen, Eisenbahnmaterial, Produkte der Elektroindustrie, Kohle, Zement, Papier und Waffen. Sie wären nicht auf den brasilianischen Markt gebracht worden, wenn Brasilien seinerseits nicht den deutschen Ausfuhren Zugeständnisse gemacht hätte.[29] Darüber hinaus spielte der deutsch-brasilianische Außenhandel in dieser Zeit eine bedeutsame Rolle für die Innenpolitik Vargas. Produkte wie Baumwolle, Leder, Fleisch und Kakao kamen meistens aus dem Nordosten und dem Süden Brasiliens, Regionen der für die Regierung Getúlio Vargas politisch wichtigen Bundesstaaten.

Andererseits äußerte der brasilianische Botschafter (1934-1937) in den USA und spätere Außenminister (1937-1944) Osvaldo Aranha, Kritik an den Verhandlungen zwischen Deutschland und Brasilien. Nach seiner Meinung hatte das finanzielle und wirtschaftliche Verhältnis beider Länder fast keine Bedeutung im Vergleich zu den Beziehungen zwischen den Vereinigten Staaten und Brasilien. Er schien kein Verständnis für die Funktion der deutsch-brasilianischen Verträge im Rahmen der Innenpolitik der Regierung Vargas zu haben.

Die brasilianische Außenpolitik war so orientiert, daß sie das Interesse der verschiedenen Gruppen, die auf die Regierung ihren Einfluß ausüben konnten, befriedigen sollte. Die Handelsbeziehungen zwischen Brasilien und den Vereinigten Staaten einerseits und jene zwischen Brasilien und Deutschland andererseits, begünstigten die Exporteure, die Importeure und die Regierung Vargas, inklusive das Militär, das an der Regierung beteiligt war. Da die Regierung Vargas eine

---

27 Der brasilianische Handel umfaßte 1932 1,25% des gesamten Außenhandels Deutschlands. Der deutsche Handel umfaßte im Jahr 1933 etwa 10% des gesamten Außenhandels Brasiliens. Vgl. dazu Ricardo Seitenfus, O Brasil de Getúlio Vargas e a formação dos blocos (1930-1942), São Paulo 1985, S. 76-86.

28 Vgl. ADAP, Serie C, Bd. VI-2, Dok. Nr. 521, Botschaftsrat Magnus von Levetzow in Rio de Janeiro an das Auswärtige Amt (19.8.1937).

29 Vgl. ADAP, Serie C, Bd. V-2, Dok. Nr. 598, Aufzeichnung des Ministerialdirektors Karl Ritter an die deutsche Botschaft in Rio de Janeiro (14.10.1936).

Zentralisierungspolitik mit dem Fundament einer wachsenden Bürokratie entwickelt hatte, die insbesondere zu Lasten der Funktionen des Außenministeriums wie zur Verstärkung anderer Ministerien und des Präsidentenamtes ging, konnte sie eine wichtige Rolle spielen und ihre Außenwirtschaftspolitik zum Erfolg zu führen.[30]

1.2 Deutschland und Brasilien: Kooperation, Annäherung und Umschwung zur politischen Konfrontation

Zu Beginn der dreißiger Jahre waren die wirtschaftlichen und politischen Beziehungen zwischen Deutschland und Brasilien geringfügig.[31] Die Relevanz Brasiliens für den deutschen Außenhandel setzte zu dem Zeitpunkt ein, als die brasilianische Regierung die Anwendung des deutschen Kompensationsgeschäfts wegen des akuten Devisenmangels akzeptierte. Deutschland bemühte sich ab 1934, den brasilianischen Markt zu gewinnen, da die brasilianischen Rohstoffe mit den nordamerikanischen auf dem Weltmarkt in Wettbewerb traten. So konnte die nationalsozialistische Reichsregierung ausländische Zahlungsmittel sparen, da Brasilien einverstanden war, die ASKI-Mark anzuerkennen. Das gute wirtschaftliche Verhältnis beider Länder förderte intensivere politisch-diplomatische Beziehungen im Jahr 1936, so daß volle diplomatische Vertretungen in beiden Staaten eingerichtet wurden. Arthur Schmidt-Elskop wurde deutscher Botschafter in Rio de Janeiro und Muniz de Aragão brasilianischer Botschafter in Berlin.

Grundlegend bei dieser Entwicklung war die Vorstellung Berlins wie in Rio de Janeiro, daß sich die deutsche und die brasilianische Wirtschaft wechselseitig ergänzten. Auf diese Weise hätte Brasilien Deutschland mit Rohstoffen und Agrarprodukten versorgen können, und im Gegenzug hätte Deutschland die Möglich-

---

30 Vgl. Castro, História da organização do Ministério das Relações Exteriores, S. 286, 317, und 333.

31 Im Rückblick der deutsch-brasilianischen Beziehungen kann man behaupten, daß Deutschland ein unbeträchtlicher Handelspartner für Brasilien war und umgekehrt. Außerdem gab es diplomatische Probleme beider Länder, die aus den Folgen des Ersten Weltkrieges entstanden waren. Diese Belastung kam zustande wegen des brasilianischen Reparationsanspruchs und wegen der Auseinandersetzung beider Länder um einen ständigen Sitz im Völkerbund im Jahr 1926. Vgl. dazu ADAP, Serie B, Bd. XV, Dok. Nr. 224, Aufzeichnung des Ministerialdirektors Walter de Haas (30.9.1930); ADAP, Serie B, Bd. XIX, Dok. Nr. 203, Aufzeichnung des Vortragenden Legationsrats Freiherr von Reiswitz und Kaderzin (21.1.1932) und Eugênio Garcia, A candidatura do Brasil a um assento permanente no Conselho da Liga das Nações, in: Revista Brasileira de Política Internacional, Rio de Janeiro 1994, Bd. 37, S. 5-23.

keit gehabt, Brasilien mit Industrieprodukten und Technologie auszustatten.[32] Diese Einschätzung prägte bis in die Zeit nach dem Zweiten Weltkrieg die Entwicklung des deutsch-brasilianischen Verhältnisses.[33]

Darüber hinaus verfolgte Deutschland nach Hitlers Machtergreifung auch ein politisches Ziel: Seit den zwanziger Jahren des neunzehnten Jahrhunderts lebten in Brasilien deutsche Auswanderer.[34] Ein wichtiges Element der Politik des Dritten Reiches war – im Rahmen der Zielsetzung, zur Weltmacht aufzusteigen – die Unterstützung der Deutschen, die außerhalb des deutschen Territoriums lebten.[35]

Die Einführung eines autoritären Systems in Brasilien mit der Gründung des *Estado Novo* (Neuer Staat) im Jahr 1937[36] hat die Außenwirtschaftsbeziehungen

---

32 Zum „Konzept der Wirtschaftsergänzung" vgl. ADAP, Serie C, Bd. III-1, Dok. Nr. 30, Ministerialdirektor Karl Ritter an die Gesandtschaften in Rio de Janeiro (23.6.1934); Seitenfus, O Brasil de Getúlio Vargas e a formação dos blocos (1930-1942), S. 76-77 und Albene Menezes, Die Handelsbeziehungen zwischen Deutschland und Brasilien in den Jahren 1920-1950 unter besonderer Berücksichtigung des Kakaohandels, Phil. Diss., Hamburg 1987, S. 38-42.

33 BA. B 102, 2285 – Heft 1. Schreiben von Herrn Metzner (30.12.1949) – Anhang der Abschnitte aus einer brasilianischen Zeitung, Correio da Manhã.

34 Vgl. dazu folgende Autoren, durch deren Untersuchungen Mängel in den statistischen Informationen über die deutschen Auswanderer nach Brasilien deutlich werden. Ricardo Seitenfus betont, daß zwischen 1820 und 1937 etwa 222.951 deutsche Bürger nach Brasilien ausgewandert wären und die Zahl der deutschen Auswanderer und ihrer Nachkommen in Brasilien 1937 etwa 900.000 Menschen umfaßt hätte; vgl. dazu Seitenfus, O difícil aprendizado do nacionalismo. As relações brasileiras com a Itália e a Alemanha (1930-1942), in: Revolução de 30: seminário internacional, S. 626. Moniz Bandeira erklärt, daß die Zahl deutscher Immigranten nach 1896 stetig zugenommen habe und 1907 etwa 350.000 erreicht habe. So Moniz Bandeira, Das deutsche Wirtschaftswunder und die Entwicklung Brasiliens, S. 30-31. Im Einverständnis mit dem brasilianischen Außenministerium wanderten zwischen 1884 und 1933 238.602 Reichsdeutsche nach Brasilien aus. Vgl. dazu Castro, História da organização do Ministério das Relações Exteriores, S. 355. Nach Schätzung Ribbentrops lebten im Jahr 1942 über 120.000 Reichsangehörige und 800.000 Volksdeutsche in Brasilien. Siehe hierzu ADAP, Serie E, Bd. II, S. 223.

35 Vgl. Josef Becker, Weltmacht oder Untergang. Der Weg von Hitlers Reich in den Zweiten Weltkrieg, in: Helmut Altrichter und Josef Becker (Hgg.), Kriegsausbruch 1939. Beteiligte, Betroffene, Neutrale, München 1989, S. 33-34.

36 Der Ausdruck Estado Novo (Neuer Staat) wurde zuerst für Oliveira Salazar am Anfang der dreißiger Jahre benutzt, um das autoritäre Regime in Portugal zu bezeichnen. Er wurde später sowohl in der brasilianischen Verfassung von 1937 benutzt, als auch für die Grundlage der Verfassungen des totalitären europäischen Regimes in dieser Zeit. In Anbetracht der politischen Schärfen schloß Vargas am 10. November 1937 den Kongreß und verkündete eine neue anti-liberale Verfassung. Für den Aufbau des Estado Novo (Neuer Staat) hatte Getúlio Vargas die Unterstützung der Streitkräfte; die Errichtung des Estado Novo war wegen des Übergewichts der autoritär-nationalistischen Gruppen im Laufe seiner Regierung möglich.

zwischen dem Hitler-Reich und Brasilien naturgemäß nicht beeinträchtigt. Die Handlungsbeziehungen beider Länder wurden immer intensiver.[37] Die deutsche Quote an der brasilianischen Ausfuhr wuchs von 13,1% im Jahr 1934 auf 19,1% im Jahr 1938; das heißt, daß Deutschland an zweiter Stelle als Konsument der brasilianischen Produktion stand. Der deutsche Anteil an der brasilianischen Einfuhr hatte einen höheren Stellenwert. 1936 nahm er von 14,0% auf 25,0% im Jahr 1938 zu. Anders ausgedrückt, Deutschland lag in dieser Periode an erster Stelle als Lieferant für Brasilien.[38]

Trotz der Beibehaltung und auch Ausdehnung der außenwirtschaftlichen Beziehungen zwischen Deutschland und Brasilien sollte dieses positive Ergebnis nicht überschätzt werden. Der Warenaustausch beider Länder wuchs allmählich wieder auf seinen früheren Umfang; der brasilianische Handel mit Deutschland erreichte im Jahr 1937 etwa 65% des Umfangs von 1929. Es gab also keinen spektakulären Aufschwung nach der Weltwirtschaftskrise.[39]

Der blühende Handel zwischen Deutschland und Brasilien fand vor dem Hintergrund einer weiteren Verstärkung der ökonomischen Konfrontation zwischen Deutschland und den Vereinigten Staaten auf dem brasilianischen Absatzmarkt statt. Die Regierung Roosevelt (1933-1945) sah die Überwindung der Depression

---

Vgl. dazu Eli Diniz, O Estado Novo. Estrutura de poder. Relações de classes, in: Fausto (Hg.), História geral da civilização brasileira, Bd. 10, S. 77-120.

37 Der erste Vertrag mit der Firma Krupp wurde 1937 geschlossen. Mit diesen Verträgen bekam Brasilien militärische Ausrüstungen zur Modernisierung und Bewaffnung der brasilianischen Armee. 1937 lieferte Krupp 100 leichte Feldartilleriegeschütze, hauptsächlich im Tausch gegen Baumwolle. Im ersten Viertel des Jahres 1938 schloß die brasilianische Regierung das zweite Abkommen des brasilianischen Artillerieprogramms mit der Firma Krupp. Brasilien sprach mit Krupp Waffengeschäfte von über 8 Millionen Pfund ab. Im Jahr 1939 schlossen sie einen Kontrakt über die Motorisierung der Artillerie der brasilianischen Armee. Die Verträge waren möglich wegen des Resultates der Speicherung der ASKI-Kompensationsgeschäfte. Jedoch handelte es sich um irrelevante Beträge im Vergleich zu dem umfassenden brasilianischen Artillerieprogramm. Vgl. dazu Paul Cammack, Brasilien, in: Hans W. Tobler und Walther Bernecker (Hgg.), Handbuch der Geschichte Lateinamerikas, Stuttgart 1996, Bd. 3, S. 1089 und Willi Boelcke, Die Waffengeschäfte des Dritten Reiches mit Brasilien, in: Tradition. Zeitschrift für Firmengeschichte und Unternehmerbiographie, München 1971, Bd. 16, S. 182.

38 Vgl. Roberto Gambini, O duplo jogo de Getúlio Vargas. Influência americana e alemã no Estado Novo, São Paulo 1977, S. 106 und auch die Tabellen von Pedro Hastedt, Deutsche Direktinvestitionen in Lateinamerika, S. 251-254.

39 Vgl. ADAP, Serie C, Bd. VI-2, Dok. Nr. 440, Staatssekretär des Auswärtigen Amts Hans Georg von Mackensen an die Botschaft in Washington (29.6.1937); Werner Baer, Lateinamerika und Westeuropa. Die Wirtschaftsbeziehungen bis zum Ende des Zweiten Weltkriegs, in: Grabendorff und Roett (Hgg.), Lateinamerika – Westeuropa – Vereinigte Staaten. Ein atlantisches Dreieck?, S. 69 und Hastedt, Deutsche Direktinvestitionen in Lateinamerika, S. 251-252.

in der US-Wirtschaft als zentrale politische Aufgabe an, die auf dem Multilateralismus des Außenhandels aufbauen sollte. Die deutsche Wirtschaftspolitik, die
sich sowohl in Brasilien als auch im übrigen Lateinamerika entwickelt hatte, gefährdete somit das wirtschaftliche US-Konzept für den lateinamerikanischen Subkontinent. In diesem Sinne nahm Washington Änderungen in der früheren amerikanischen Interventionspolitik vor und förderte die Politik der „guten Nachbarschaft". Diese hatte diplomatische Beziehungen und wirtschaftlich-militärische
Zusammenarbeit zum Inhalt. Aber die US-Politik wollte im wesentlichen jeg-
lichen „fremden" Einfluß, insbesondere den des NS-Reiches, auf dem amerikanischen Kontinent abschwächen und ihre Führungsrolle in Lateinamerika sicherzustellen.[40]

Da die USA nicht die ganze brasilianische bzw. lateinamerikanische Produktion
kaufen und somit den europäischen Einfluß in Lateinamerika nicht eindämmen
konnten, versuchte die Regierung Roosevelt, das panamerikanische Bewußtsein
durch kollektive politische Schritte und Verträge zu unterstützen. In diesem Zusammenhang sollte man die amerikanischen Konferenzen, welche die Vereinigten
Staaten in diesem Zeitraum förderten, sehen. 1936 fand in Buenos Aires die Interamerikanische Friedenskonferenz statt, während der man einen Unterschied zwischen Kriegen innerhalb der Staaten des amerikanischen Kontinents und solchen
außerhalb Amerikas festlegte.[41] 1938 trafen sich die Vertreter aller nord-, mittel-
und südamerikanischen Staaten in Lima zur Achten Panamerikanischen Konferenz: Sie erklärten den gegenseitigen Schutz und Solidarität zwischen den amerikanischen Ländern gegen jeden Angriff von außerhalb des Kontinents.[42]

Gegenüber der Reichsregierung verfolgte die brasilianische Regierung keine Politik, die eine Annäherung dargestellt hätte. Außerdem gab es im Jahr 1938 diplomatische Belastungen wegen den brasilianischen Nationalisierungsmaßnahmen
und wegen des Aufstandsversuches in Brasilien. Seit 1930 hatte die brasilianische
Regierung viele Maßnahmen in Kraft gesetzt, um den Leitgedanken des Nationalismus aufzubauen und den Zentralismus des Staates zu fördern.[43] Während des

---

40 Vgl. ADAP, Serie C, Bd. VI-1, Dok. Nr. 67, Gesandter Freiherr von Weizsäcker an die Botschaft in Buenos Aires (30.11.1936) und Erich Angermann, Die Vereinigten Staaten von
Amerika seit 1917, 6. Aufl. München 1978, S. 200-205.
41 Vgl. Helmuth Rönnefarth und Heinrich Euler (Hgg.), Konferenzen und Verträge, Würzburg
1959, Bd. 4, S. 149-152.
42 Vgl. Federico Gil, Latinoamerica y Estados Unidos. Dominio, cooperación y conflito, Madrid
1975, S. 158-159.
43 Die Regierung Vargas erhob ab 1930 den brasilianischen Nationalismus zur ideologischen
Grundlage ihrer Politik und zur Staatsdoktrin. Das Prinzip dieses Nationalismus, das die Nation einigen sollte, hatte zum Ziel die Begründung eines großen modernen Brasiliens. Vargas
Programm stellte sich, trotz einer starken ethnischen Mischung der Bevölkerung, in der Bildung einer homogenen, kulturell geeinten Nation dar. Die Schaffung eines brasilianischen

Estado Novo (1937-1945) wurde diese zentralistische Verwaltung weitreichend und mannigfaltig.[44] Die Nationalisierungsmaßnahmen Brasiliens sahen unter anderem vor, ein brasilianisches Selbstbewußtsein zu entwickeln und die kulturelle Assimilation der fremdländischen Volksteile zu fördern. Ab 1938 wurden diese Maßnahmen erweitert, und Rundfunksendungen, Zeitungen, Zeitschriften und Unterricht in Fremdsprachen sowie ausländische politische Organisationen auf dem ganzen brasilianischen Territorium verboten.[45]

Derartige politische Maßnahmen wie das Verbot ausländischer Parteien, die Nationalisierung des Schulwesens und die Pressezensur trafen die Außenpolitik des „III. Reiches", die durch die ideologischen Aktivitäten der Nationalsozialistischen Deutschen Arbeiterpartei (NSDAP) und durch andere Organisationen in Südbrasilien oftmals ein aggressives Vorgehen zeigte[46]. Sie behinderten auch autonome Einrichtungen oder Schulen, durch die den deutschen bzw. deutschstämmigen Bevölkerungsgruppen in Brasilien zumindest eine minimale Ausbildung in ihrer Muttersprache vermittelt werden konnte.

Die deutsche Diplomatie hatte ihre Außenpolitik durch Ziele und Methoden der nationalsozialistischen Ideologie erweitert,[47] und diese Veränderung erschwerte die politisch-diplomatische Lage zwischen Deutschland und Brasilien. Am 10. Mai 1938 kam es zu einen Aufstand der pro-faschistischen *Integralisten* gegen die

---

Nationalbewußtseins, das alle Bevölkerungsschichten durchdringen sowie die nationale Identität stärken sollte, wurde Ziel der Bildungspolitik. Außerdem wurde ein autoritärer Zentralstaat aufgebaut. Das Parlament wurde geschlossen, die Parteien wurden verboten und die Repressionsorgane ausgeweitet. Die Bundesländer verloren an Einfluß gegenüber der starken Zentralgewalt. Die Funktion dieses Nationalismus bestand darin, das Auseinanderfallen der Gesellschaft zu kompensieren, wobei durch die Verbindung von Kultur und Staat eine soziale Identifikation ermöglicht wurde. Vgl. dazu Ludwig Lauerhass, Getúlio Vargas e o triunfo do nacionalismo brasileiro, Belo Horizonte 1986 und Robert Levine, The Vargas Regime, New York 1970, S. 159-175.

44   Der brasilianische Zentralstaat basierte auf abhängigen Organisationen (z. B. Brasilianisches Institut für Kaffee, Bundesstaatliche Unternehmungen, Sparkassen, Institute der Sozialversicherung), Räten (z. B. der Nationale Erziehungsrat) und Institutionen, die der Leitung der staatlichen Dienstleistungsbetriebe und auch der Wirtschaftsbereiche dienten. Vgl. dazu Mário Vagner Vieira da Cunha, O Sistema administrativo brasileiro (1930-1959), Rio de Janeiro 1963.

45   Vgl. ADAP, Serie D, Bd. V, Dok. Nr. 599, Botschafter Karl Ritter in Rio de Janeiro an das Auswärtige Amt, Vertrauliches Schreiben (30.3.1938) und Dok. Nr. 602, Aufzeichnung der Kulturpolitischen Abteilung (29.4.1938).

46   Vgl. Käte Harms-Baltzer, Die Nationalisierung der deutschen Einwanderer und ihrer Nachkommen in Brasilien als Problem der deutsch-brasilianischen Beziehungen (1930-1938), Phil. Diss., Hamburg 1970, S. 42-62.

47   Vgl. Klaus Hildebrand, Vom Reich zum Weltreich. Hitler, NSDAP und koloniale Frage (1919-1945), München 1969 und ADAP, Serie D, Bd. V, Dok. Nr. 617, Botschafter Karl Ritter in Rio de Janeiro an das Auswärtige Amt (25.5.1938).

Regierung Vargas in Rio de Janeiro: Er hatte keinen Erfolg. In Verbindung mit der Aufstandsbewegung verbreitete sich die Version, daß die in Brasilien lebenden Deutschen für die *Integralisten*[48] waren und am Putsch teilgenommen hätten. Überdies wurde viele Reichsdeutsche in verschiedenen Regionen des Landes festgenommen.[49]

Durch die eskalierenden Nationalisierungsmaßnahmen Brasiliens gerieten die zerbrechlichen diplomatischen Beziehungen ins Wanken. Der deutsche Botschafter Karl Ritter in Rio de Janeiro protestierte gegenüber der Regierung Vargas gegen diese Innenpolitik; und im Mai 1938 fragte er im Auswärtigen Amt an, ob bei Fortführung dieser Aktionen gegen Deutschland ein Abbruch der diplomatischen Beziehungen überlegt werden solle.[50] Schließlich wurde Ritter im September zur *persona non grata* in Brasilien erklärt.[51] Die Reichsregierung reagierte ähnlich und forderte, daß der brasilianische Botschafter Muniz de Aragão von seinem Posten in Berlin abberufen würde.[52]

Diese diplomatischen Konflikte erschütterten die außenwirtschaftlichen Beziehungen zwischen Deutschland und Brasilien kaum; auch blieben die beiden Botschaften unter der Leitung ihrer Geschäftsträger. Aber man befürchtete dennoch, daß die Entwicklung dieser politischen Auseinandersetzungen die wirtschaftlichen Beziehungen stören könnte.[53] Diese Episode hatte nicht nur ihre Wirkungen auf die Beziehungen zwischen Deutschland und Brasilien, sondern sie war ein zusätzlicher Grund für die brasilianische Regierung, nach engen Beziehungen mit den Vereinigten Staaten zu suchen. Das politisch-diplomatische Verhältnis zwischen Deutschland und Brasilien wurde zwischen Juni und August 1939 mit der Ernen-

---

48 Die integralistische Partei (Ação Integralista Brasileira – AIB) wurde 1932 von Plínio Salgado gegründet, und infolge des Verbotes der politischen Parteien (1937) war auch sie illegal geworden. Vgl. dazu Karl Heinrich Hunsche, Der brasilianische Integralismus. Geschichte und Wesen der faschistischen Bewegung Brasiliens, Stuttgart 1938; Harms-Baltzer, Die Nationalisierung der deutschen Einwanderer und ihrer Nachkommen in Brasilien als Problem der deutsch-brasilianischen Beziehungen (1930-1938), S. 63-94 und Hélgio Trindade, Integralismo. Teoria e práxis política nos anos 30, in: Fausto (Hg.), História geral da civilização brasileira, Bd. 10, S. 297-335.

49 Vgl. ADAP, Serie D, Bd. V, Dok. Nr. 604, 605 und 607, Botschafter Karl Ritter in Rio de Janeiro an das Auswärtige Amt (12.5.1938, 13.5.1938 und 14.5.1938) und Dok. Nr. 606, Staatssekretär Freiherr von Weizsäcker an die Botschaft in Rio de Janeiro (14.5.1938).

50 Vgl. ADAP, Serie D, Bd V, Dok. Nr. 607, Botschafter Karl Ritter in Rio de Janeiro an das Auswärtige Amt (14.5.1938).

51 Vgl. ADAP, Serie D, Bd. V, Dok. Nr. 625, Aufzeichnung des Leiters der Politischen Abteilung Ernst Woermann (21.9.1938).

52 Vgl. ADAP, Serie D, Bd. V, Dok. Nr. 628, Staatssekretär Freiherr von Weizsäcker an die Botschaft in Rio de Janeiro (3.10.1938).

53 Vgl. ADAP, Serie D, Bd. V, Dok. Nr. 629, Aufzeichnung des Gesandten Carl Clodius – Wirtschaftspolitische Abteilung (4.10.1938).

nung der Botschafter wieder normalisiert[54], also bevor der Krieg in Europa ausbrach.

Im Laufe der dreißiger Jahre versuchten die kapitalistischen Staaten, ihre wirtschaftliche Krise zu lösen, indem sie ökonomische Modelle entwickelten oder sich an die Umstände anpaßten. Die brasilianische Regierung hatte zwar eine Außenwirtschaftspolitik definiert und praktiziert; für eine umfassende Außenpolitik jedoch fehlte ihr die politische Autonomie.[55] Ihre Außenwirtschaftspolitik war realistisch und notwendig, um die einflußreichen Gruppen regierungstreu zu halten. Trotzdem konnte sie keine Erweiterung des außenwirtschaftlichen Verhandlungsspielraums gegenüber den nordamerikanischen und den europäischen Regierungen, insbesondere gegenüber der deutschen Regierung, erreichen.

1.3 Brasilien zwischen zwei Tendenzen?

Seit Anfang der dreißiger Jahre, insbesondere dann von 1937 bis 1944, waren Getúlio Vargas und seine Regierung autoritär. Dieses Charakteristikum hatte Ähnlichkeit mit den europäischen Diktaturen. Aber auch wenn beide Regime auf einem autoritären Konzept von Regierung und Gesellschaftsstruktur basierten, waren die zugrundeliegenden politischen Bewegungen und Durchführung der autoritären Regime in Europa und in Brasilien unterschiedlich.[56] Trotz des brasiliani-

---

54 Im Juni 1939 wurde Kurt Prüfer deutscher Botschafter in Brasilien. Ciro de Freitas Vale wurde brasilianischer Botschafter in Berlin im August des gleichen Jahres.

55 Im Gegensatz dazu gingen die folgenden Verfasser einerseits von der Voraussetzung aus, daß die brasilianische Außenhandelspolitik gegenüber den Vereinigten Staaten und Deutschland zweideutig gewesen wäre. Vgl. dazu Cervo und Bueno, História da política exterior do Brasil, S. 228-244 und John Wirth, The politics of Brazilian development (1930-1954), Stanford 1970. Andererseits argumentieren sie, daß die brasilianische Regierung großen Verhandlungsspielraum gegenüber der nordamerikanischen und deutschen Regierung hätte ausnützen können. Vgl. dazu Stanley Hilton, O Brasil e as grandes potências. Os aspectos políticos da rivalidade comercial (1930-1939), Rio de Janeiro 1977 und Gerson Moura, Autonomia na dependência. A política externa brasileira de 1935 a 1942, Rio de Janeiro 1980.

56 Der Estado Novo (Neue Staat) verwirklichte in Brasilien wie die europäischen Regierungen seine politischen Prinzipien durch Gleichschaltung der öffentlichen Meinung, und durch Ablehnung der liberalen politischen Institutionen, der freien Parteienbildung, der freien Wahlen und der Grundrechte. Nach portugiesischem wie italienischem Vorbild entwickelte die Regierung von Getúlio Vargas sich zum autoritären Staat. Außerdem unterschied der Estado Novo sich vom europäischen Faschismus in der Praxis; zum Beispiel: Es gab in Brasilien im Betrachtungszeitraum keine Partei, keine Massenbewegung, kein Plebiszit und keinen Antisemitismus nationalsozialistischer Prägung. Vgl. dazu Lourdes Sola, O golpe de 1937 e o Estado Novo, in: Carlos Guilherme Mota (Hg.), Brasil em perspectiva, São Paulo 1969, S. 256-282.

schen Autoritarismus und der Unterstützung intensiver Beziehungen zwischen Deutschland und Brasilien durch einige politische Gruppen[57] hatte die Regierung Brasiliens wenig Grund, die Zusammenarbeit mit den USA zu vermeiden.

Der Außenhandel zwischen Deutschland und Brasilien war für die brasilianische Elite günstig; aber die Mehrheit der sozialen Gruppen, die auf die Regierung Einfluß hatten, glaubte an die von den USA propagierte Politik der „guten Nachbarschaft", da sie besser zu ihren eigenen Interessen paßte. Sie bejahte die Nationalisierungsmaßnahmen der brasilianischen Regierung, und sie akzeptierte die beiden Ausgangspunkte der Außenpolitik der Regierung Vargas: deren Betonung des Außenwirtschaftshandels und des Panamerikanismus. Allerdings konnte ihr Konzept des Auslandsgeschäftes immer schwerer in Einklang mit den Prinzipien des panamerikanischen Gedankens gebracht werden.

Von der Konferenz von Buenos Aires (1936) und der Achten Panamerikanischen Konferenz (1938) an trat die Regierung Brasiliens auf die nordamerikanische Seite und verteidigte den Abschluß eines Militärpaktes zwischen den amerikanischen Staaten, um die gesamte amerikanische Hemisphäre gegen die mögliche Gefährdung der Welt durch die Ideen des europäischen Faschismus und die drohende Kriegsgefahr zu schützen. Aber nicht ganz Lateinamerika akzeptierte diese Politik. Die argentinische Regierung widersetzte sich dem Konzept der Vereinigten Staaten, und mehrere Staaten Lateinamerikas folgten ihrer Entscheidung. Die Vertreter dieser Staaten waren deshalb auf der Konferenz von 1938 nur mit einer kollektiven Erklärung und mit dem Abschluß eines Konsultativabkommens für den Fall einer Bedrohung des Kontinents einverstanden.[58]

Das Ende der Achten Panamerikanischen Konferenz zeigte die Schwierigkeiten der Vereinigten Staaten, ein neues Verfahren in ihrer Außenpolitik gegenüber Lateinamerika zu initiieren und die panamerikanische Kooperation zu fördern. Der Widerspruch einiger lateinamerikanischer Staaten zur Außenpolitik der Vereinigten Staaten wurde deutlich, als die US-Regierung mit allen lateinamerikanischen Staaten eine gemeinsame Außenpolitik konkret gestalten und diese intensivieren wollte. Um ihre Führung auf dem amerikanischen Kontinent zu sichern und um eine große panamerikanische Gemeinschaft zu bilden, mußte die US-

---

57 Einige Bundesminister und Mitarbeiter von Vargas verteidigten eine Intensivierung der Beziehungen zwischen Deutschland und Brasilien wegen der Ausrüstung, die deutsche Firmen den brasilianischen Streitkräften boten oder hätten bieten können. Vgl. dazu Moura, Autonomia na dependência, S. 62-66.

58 Vgl. Gerson Moura, Sucessos e ilusões. Relações internacionais do Brasil durante e após a Segunda Guerra Mundial, Rio de Janeiro 1991, S. 8 und L. A. Moniz Bandeira, O Brasil e o continente, in: Cervo (Hg.), O desafio internacional. A política exterior do Brasil de 1930 a nossos dias, S. 148.

Regierung über den lateinamerikanischen Beistand auf multilateralen Konferenzen und mittels bilateraler Abkommen mit vielen Staaten verhandeln. In dieser Richtung wurden Vereinbarungen über wirtschaftliche und finanzielle Kooperation, über Waffenlieferungen sowie militärische Zusammenarbeit getroffen.

Die brasilianische Regierung realisierte die bilateralen Verhandlungsergebnisse anfangs durch die sogenannte „Mission Aranhas" im Jahr 1939. Die US-amerikanische Seite stimmte einem Plan zur Verbesserung der wirtschaftlichen und finanziellen Lage Brasiliens zu. Ziel war es, die politische Stabilität Brasiliens zu festigen und den brasilianischen Außenhandel in die nordamerikanische Handelspolitik auf der Basis der Freiheit des Warenaustauschs zu integrieren. Auf brasilianischer Seite standen dringende Forderungen zur Lösung der finanziellen Frage und die militärische Zusammenarbeit im Vordergrund. Trotz der fünf unterschriebenen Verträge vom März 1939 kann man behaupten, daß sie wenig konkrete Ergebnisse hatten, da der nordamerikanische Präsident wegen der Politik der Export-Import-Bank in seiner Handlungsfreiheit eingeschränkt war.[59] Es gilt jedoch als sicher, daß die Mission Aranhas die Beziehungen beider Länder im Rahmen der internationalen Politik verstärken und die Gelegenheit für andere Abkommen bieten sollte.

Trotz der Entspannung der diplomatischen Beziehungen zwischen Deutschland und Brasilien löste der Beginn des Krieges 1939 ein rapides Schrumpfen des deutsch-brasilianischen Außenhandels aus. Mit dem Ausbruch des Zweiten Weltkriegs wurde der Außenhandel zwischen Deutschland und Brasilien und auch zwischen den anderen Staaten Lateinamerikas nahezu beendet. Die britische Seeblockade gegen deutsche Schiffe im Atlantischen Ozean reduzierte den Warenaustausch beider Länder empfindlich. In den ersten sechs Monaten des Jahres 1939 verkaufte Brasilien über 53.000 Tonnen Baumwolle nach Deutschland. In derselben Periode des Jahres 1940 hatte die deutsche Einfuhr an Baumwolle nur noch eine Größenordnung von circa 3.000 Tonnen.[60] Insgesamt verringerte sich der deutsche Anteil an der brasilianischen Ausfuhr von 19,1% im Jahr 1938 auf 2,2%

---

59   Vgl. Abreu, O Brasil e a economia mundial (1929-1945), in: Fausto (Hg.), História geral da civilização brasileira, Bd. 11, S. 39.

60   Trotz des Kriegsausbruchs in Europa behielten die deutsche und die brasilianische Botschaft ihre Handelskontakte bei, an denen die Geschäftsmänner und die Staaten immer noch interessiert waren. In den ersten Monaten nach Kriegsanfang ließen sich noch Warenlieferungen von und nach Brasilien verschiffen. Vgl. dazu Ludwig Dinklage, Die deutsche Handelsflotte (1939-1945). Unter besonderer Berücksichtigung der Blockadebrecher, Göttingen 1971, S. 377-489.

im ersten Jahr nach Kriegsbeginn. Die deutsche Quote am brasilianischen Import sank von 25% im Jahr 1938 auf 1,8% im Jahr 1940.[61]

Schon einen Tag nach dem deutschen Einmarsch in Polen am 1. September 1939 erließ die brasilianische Regierung ein Dekret, das die Neutralität Brasiliens in dem Krieg zwischen den europäischen Staaten festlegte. Infolge des Kriegsausbruches lud der nordamerikanische Präsident Roosevelt die Vertreter aller Regierungen des Kontinents zu einer Panamerikanischen Konferenz in Panama ein. Ziel war das Festhalten an der Neutralität und an der Erhaltung des Friedens auf dem Kontinent, die Sicherstellung der internationalen Handelsabkommen und der Verkehrsverbindungen zwischen den amerikanischen Staaten sowie die Sicherung ihrer kommerziellen Interessen und der wirtschaftlichen Kooperation. Die Vereinigten Staaten erweiterten das Programm durch einen militärischen Verteidigungspakt zwischen Nord- und Südamerika; auf diese Weise wurde die Außenpolitik der meisten Länder Lateinamerikas gegenüber dem europäischen Konflikt im Einklang mit Nordamerika betrieben.[62]

Vor dem Hintergrund des Kriegs und angesichts der britischen Seeblockade hatte Deutschland kaum eine andere Wahl, als die Beziehungen mit Brasilien und dem übrigen Lateinamerika weiter zu fördern. Auf politischer Ebene mußte die deutsche Diplomatie Kontakte mit den lateinamerikanischen Vertretern auf der Panamerikanischen Konferenz herstellen, um den Regierungen in Lateinamerika auf jeden Fall eine Erklärung ihrer Neutralität abzuringen, selbst wenn die USA in den Krieg eintreten würden. Auf wirtschaftlicher Ebene sah das Auswärtige Amt sich gezwungen, durch diplomatische Schritte und durch Propaganda die Anziehungskraft des deutschen Marktes dadurch zu bewahren, daß sie ein schnelles Kriegsende und die möglichst baldige Wiederaufnahme des Warenaustausches versicherte.[63]

Während dieser Zeit drängte die industrielle Elite Brasiliens auf staatliche Intervention zur Unterstützung des industriellen Wachstums. Da sie keine große wirtschaftliche Leistung bringen konnte, um den Industrialisierungsprozeß selbst rasch voranzubringen, versuchte sie, der Regierung einen dauerhaften Plan für die Industrialisierung aufzuzwingen. Tatsächlich beschäftigte die Regierung Vargas sich auch mit der Industrialisierung des Landes: zwischen 1938 und 1940 ver-

---

61 Vgl. Gambini, O duplo jogo de Getúlio Vargas, S. 106; Hilton, O Brasil e as grandes potências, S. 319 und auch die Tabellen von Hastedt, Deutsche Direktinvestitionen in Lateinamerika, S. 251-254. Zwischen 1941 und 1948 wurde keine Statistik der Handelsbeziehungen beider Länder mehr erstellt.
62 Vgl. Gil, Latinoamerica y Estados Unidos, S. 160-161.
63 Vgl. ADAP, Serie D, Bd. VIII, Dok. Nr. 86, Aufzeichnung des Vortragenden Legationsrats Reinold Freytag – Politische Abteilung (18.9.1939).

suchte die brasilianische Regierung, das Fundament des Projekts zur industriellen Modernisierung zu legen. Der wichtigste Teil des Projektes bestand in ihren Augen im Bau eines großen Hüttenwerks. Ursprünglich dachte die Regierung an drei Möglichkeiten zur Finanzierung des Stahlprojekts: Erstens könnte der brasilianische Staat in Verbindung mit dem privaten Kapital agieren; zweitens könnte das brasilianische private Kapital unter die Kontrolle des Staates gestellt werden; und drittens könnte der Staat die Kosten durch einen Kredit der internationalen Märkte oder durch eigene Geldmittel tragen.

Die Regierung Vargas gestattete den verschiedenen Interessengruppen zwar, über das Thema und über die Finanzierungsformen zu diskutieren, aber sie wurden nicht in die Entscheidung miteinbezogen. Die brasilianische Wirtschafts-, Industrie- und Importentwicklung litt in den ersten beiden Jahren nach Kriegsbeginn unter den wenigen Anlagemöglichkeiten des ausländischen Kapitals sowie unter der schwierigen Außenhandelssituation. Der Verlust des deutschen Markts konnte vor 1941 nicht hundertprozentig durch die Zunahme des Exportes nach den alliierten und den neutralen Länder ausgeglichen werden, und die internationale Lage, die ein Defizit in der brasilianischen Handelsbilanz provozierte, vergrößerte das zentrale wirtschaftliche Problem Brasiliens.

Zusätzlich verringerte sich die Ausfuhr von Baumwolle nach England und Frankreich, so daß zu Beginn des Jahres 1940 eine Flaute auf dem brasilianischen Baumwollmarkt herrschte. In dieser Situation wurde die Umsetzung des ökonomischen Plans der Regierung Vargas, der im Januar des gleichen Jahres veröffentlicht wurde, erschwert. Der Plan umfaßte ein brasilianisches Industrieprogramm, einschließlich eines Stahlprojekts, sowie den Bau von Fahrstraßen und Eisenbahnen und den Kauf von Flugzeugen, Schiffen und anderes mehr.

Die Verhandlungserfolge mit ausländischen Firmen und Regierungen waren minimal. Anfangs interessierte sich keine Firma für das brasilianische Industrieprogramm, auch nicht für die Stahlindustrie.[64] Die nordamerikanische Regierung war nicht damit einverstanden, einen Kredit für die Industrialisierung zur Verfügung zu stellen; trotzdem gab es Kooperationsverträge beider Länder im wirtschaftli-

---

64 Im Jahre 1938 waren von Krupp und den Vereinigten Stahlwerken Kostenvoranschläge zur Errichtung eines Stahlwerks in Brasilien angefordert worden. Ein Jahr später waren die Vertreter der brasilianischen Regierung in Europa; wie sie bei der Verhandlung um die Finanzierung bemerkten: Die europäischen Länder hatten kein Interesse an dem Industrialisierungsprojekt Brasiliens gezeigt. 1939 hatte Osvaldo Aranha eine Besprechung mit der US-Firma *United States Steel*, die sich für den Aufbau der Stahlindustrie in Brasilien interessierte, aber im Januar 1940 die brasilianische Regierung doch über ihren Verzicht auf das brasilianische Stahlprojekt in Kenntnis setzte. Vgl. dazu Boelcke, Die Waffengeschäfte des Dritten Reiches mit Brasilien, S. 177-287 und Ítalo Tronca, O exército e a industrialização. Entre as armas e Volta Redonda, in: Fausto (Hg.), História geral da civilização brasileira, Bd. 10, S. 337-360.

chen Bereich. Zunächst diskutierte die brasilianische Regierung in Washington über einen Kredit von der Export-Import-Bank und über weitere Investitionen für die geplante Stahlindustrie, doch letztendlich konnte die brasilianische Mission in den USA die zahllosen Schwierigkeiten in den Verhandlungen nicht überwinden.

Die Kontroversen zwischen Washington und Rio de Janeiro spielten sich seit Kriegsausbruch besonders auf ideologischer und wirtschaftspolitischer Ebene ab. Die US-Regierung richtete ihr Augenmerk auf die Verteidigung gegen eine potentielle militärisch-strategische Bedrohung des amerikanischen Kontinents. Doch konnte erreicht werden, daß die Regierung der Vereinigten Staaten ihre Aufmerksamkeit auch auf die Ausrüstung der brasilianischen Kriegsmarine und den Aufbau der militärischen Häfen in Brasilien lenkte.[65] Die brasilianische Regierung strebte zwar nach Ausrüstung ihrer gesamten Streitkräfte, doch wollte sie ihren Industrieplan nicht aufgeben.

Angesichts der Haltung der USA entschied die Regierung Vargas sich dafür, ein Stahlwerk durch staatliche Investitionen aufzubauen. Dabei mußten die Kosten jedoch durch einen Kredit auf den internationalen Märkten gedeckt werden.[66]

In ihrer Politik gegenüber Brasilien und Lateinamerika bemühte sich die Reichsregierung darum, trotz der britischen Seeblockade den Handelsverkehr aufrechtzuerhalten. Die deutsche Diplomatie profitierte von den langwierigen Verhandlungen über das brasilianische Industrieprojekt zwischen den USA und Brasilien. Hauptargument der deutschen Außenwirtschaftspolitik gegenüber Brasilien war der Hinweis auf die wirtschaftliche Kapazität Deutschlands nach dem Krieg. Interessant erscheint in diesem Zusammenhang das Telegramm des Botschafters in Rio de Janeiro, Kurt Prüfer, an das Auswärtige Amt, vom 18. Juni 1940:

[...] Da Verhandlungen offensichtlich Teilaktion erneut einzuschlagender, gegen Deutschland gerichteter intensiver Wirtschaftsoffensive Nordamerikas, erbitte Drahtermächtigung, Brasilianischer Regierung bzw. Bundespräsidenten folgendes mitteilen zu können:
1.) Wir sind bereit, nach Kriegsende sofort bedeutende Mengen brasilianischer Produkte, namentlich auch Kaffee und Baumwolle, zu kaufen. Gegebenenfalls weitergehend bereit, schon jetzt Kaufabschlüsse vorzunehmen.
2.) Wir sind bereit und in der Lage, Auftrag Stahlwerk innerhalb normaler Lieferfrist auszuführen und prinzipiell einverstanden, dafür brasilianische Erzeugnisse in Zahlung zu nehmen.

---

65 Vgl. ADAP, Serie D, Bd. XI-2, Dok. Nr. 361, Botschafter Karl Prüfer in Rio de Janeiro an das Auswärtige Amt (20.11.1940).
66 Vgl. Moura, Sucessos e ilusões, S. 21.

Mitteilungen sind gleichzeitig geeignet, politische Position Bundespräsidenten gegenüber gegenwärtigen amerikanisch-alliierten Unterhöhlungsversuchen zu festigen.[67]

Der Leiter der Wirtschaftspolitischen Abteilung, Ministerialdirektor E. Wiehl, war mit den Wirtschaftsverhandlungen einverstanden, nachdem sich die brasilianische Regierung weiterhin neutral verhalten hatte. Er versicherte im Laufe der Verhandlungen, daß Lieferungen zum Aufbau der Stahlindustrie und andere Geschäfte als Gegengewicht zu englischen und nordamerikanischen Einflüssen in Brasilien wichtig seien.[68] Aber in Wirklichkeit nutzten die deutsche Kapitalkraft und die deutsche Exportpolitik die verschiedenartigen Möglichkeiten der Kapitalverflechtungen in Brasilien nur in geringem Maße. Die Firmen aus Deutschland hatten nicht die Kapazität, mit den Unternehmen aus den Vereinigten Staaten und aus Großbritannien in Brasilien zu konkurrieren.[69] Ferner dirigierte die Reichsregierung die private Wirtschaft in Deutschland durch den Vorrang der staatlichen Investitionsziele, und sie autorisierte sie nicht, die wirtschaftliche und militärische Mobilisierung für den Krieg so zu verlagern, daß das brasilianische Industrialisierungsprojekt hätte unterstützt werden können.[70]

Schließlich hat die deutsche Regierung nichts gegen die britische Seeblockade im Atlantischen Ozean unternommen, um den Handel mit Brasilien fortzusetzen.[71]

---

67 Vgl. ADAP, Serie D, Bd. IX, Dok. Nr. 470, Botschafter Karl Prüfer in Rio de Janeiro an das Auswärtige Amt (18.6.1940).

68 Vgl. ADAP, Serie D, Bd. IX, Dok. Nr. 498, Leiter der Wirtschaftspolitischen Abteilung E. Wiehl an die Botschaft in Rio de Janeiro (19.6.1940).

69 Vgl. Abreu, O Brasil e a economia mundial (1929-1945), S. 42.

70 Der Botschafter zur besonderen Verwendung im Auswärtigen Amt Karl Ritter betonte, daß Deutschland Brasilien schon während des Krieges bestimmte Waren abnehmen solle. Aber er behauptete: „In diesem Fall muß Präsident Vargas aber darauf hingewiesen werden, daß wegen Finanzierung deutscher Käufe in Brasilien während des Krieges besondere Vereinbarungen getroffen werden müßten, da Deutschland die ihm für Kriegführung zur Verfügung stehenden Devisen nicht für Warenkäufe verwenden wolle, die erst später nach Deutschland eingeführt werden können"; siehe hierzu ADAP, Serie D, Bd. X, Dok. Nr. 41, Botschafter Karl Ritter an die Botschaft in Rio de Janeiro (27.6.1940).

71 Bei Kriegsausbruch hatte der Vertrag von 1938 zwischen Brasilien und der Firma Krupp immer noch Gültigkeit, aber dann wurde die brasilianische Regierung für den Transport verantwortlich. Am 22. November 1940 wurde das brasilianische Schiff *Siqueira Campos* mit Kriegsmaterial der Firma Krupp von England aufgebracht. Zunächst war die Regierung Vargas mit der Haltung Englands nicht einverstanden. Das Schiff und das Material wurden ein paar Tage später unter der Bedingung freigegeben, daß kein weiteres Waffenmaterial per Schiff an Brasilien geschickt werde. Im Januar 1941 wurde auch das Schiff *Bajé* aufgebracht, und nur durch Vermittlung der US-Regierung bekam Brasilien diese Waffenfracht. Inzwischen waren in Rio de Janeiro sieben 8,8 cm-Flakbatterien Waffengeschäft mit Krupp aus dem Jahre 1938 angekommen. Vgl. dazu ADAP, Serie D, Bd. XII-2, Dok. Nr. 612, Vermerk des Leiters der Handelspolitischen Abteilung Wiehl, Geheim (10.6.1941) und Reiner

So zögerte die brasilianische Regierung den Abschluß von Wirtschaftsverträgen mit Deutschland während des Krieges bis zur Aussicht auf dessen Ende hinaus, da im Falle einer längeren Kriegsdauer ihre Finanzierungslage und ihr Verhandlungsspielraum nur schlechter geworden wären.

Deutschland propagierte in Brasilien die Attraktivität seines Marktes nach dem Kriegsende;[72] die brasilianische und die anderen lateinamerikanischen Regierungen blieben indessen unter dem Druck der US-Regierung. Da ab April 1940 die deutschen Streitkräfte immer mehr fremde Länder eroberten, intensivierten die Vereinigten Staaten in Mittel- und Südamerika ihre Arbeit gegen das „Dritte Reich" in der Befürchtung, daß der Krieg den ganzen amerikanischen Kontinent erreichen könnte.[73] Auf Seite der USA war man sich im klaren darüber, daß eine britische Niederlage ihre Sicherheit und Interessen bedroht hätte. Um ihre nationalen Interessen in Lateinamerika sichern zu können, bot die Regierung in Washington auf der Panamerikanischen Konferenz in Havanna an, die ibero-amerikanische Überschußproduktion abzunehmen.[74] Trotz des generellen Widerstands von Argentinien wurde auf der Konferenz erneut eine Resolution über eine interamerikanische ökonomische und finanzielle Kooperation durch den inneren Ausbau und die Entwicklung des Handels gebilligt.

Mit diesem Beschluß akzeptierten die amerikanischen Staaten die liberalen Prinzipien internationalen Handels. Aber angesichts der Schwierigkeiten des Außenhandels in Lateinamerika waren die USA zu einer Handelspolitik bereit, die den Exportpreis der Agrarprodukte und der Rohstoffe aufrechterhielt. In der damaligen Situation waren die USA in der Lage, den Rest des deutschen Wirtschaftseinflusses in Brasilien wie im übrigen Lateinamerika zu liquidieren. Die Auseinandersetzungen zwischen den USA und Brasilien wurden durch das Wirtschaftshilfsprogramm beendet: Im Jahr 1941 unterstützte die US-Regierung das brasilianische Stahlprojekt, das 1945 die Produktion aufnahm,[75] sowie die Ausstattung

Pommerin, Das Dritte Reich und Lateinamerika. Die deutsche Politik gegenüber Süd- und Mittelamerika 1939-1942, Düsseldorf 1977, S. 169.

72 Rudolf Pamperrien behauptete, daß Brasilien für die Versorgung Deutschlands auch nach dem militärischen Kampf besonders wichtig gewesen wäre. Vgl. dazu ADAP, Serie D, Bd. X, Dok. Nr. 178, Aufzeichnung des Legationssekretärs Rudolf Pamperrien in der Wirtschaftspolitischen Abteilung (16.7.1940).

73 Vgl. ADAP, Serie D, Bd. X, Dok. Nr. 92, Runderlaß des Reichsaußenministers Joachim Ribbentrop an sämtliche Missionen in Ibero-Amerika (2.7.1940).

74 Vgl. Angermann, Die Vereinigten Staaten von Amerika seit 1917, S. 218-221 und ADAP, Serie D, Bd. X, Dok. Nr. 127, Geschäftsträger in Washington Hans Thomsen an das Auswärtige Amt (6.7.1940).

75 Zwei Monate nach der Havannakonferenz (sie hatte vom 21. bis zum 30. Juli 1940 stattgefunden) erhielt die brasilianische Regierung von den USA den vor geraumer Zeit erbetenen

der brasilianischen Streitkräfte nach dem Verteidigungsabkommen von 1942. Brasilien durfte auch Kaffee zu einem höheren Preis in die USA verkaufen, und ein großer Anteil an Baumwolle und Fleisch wurde nach England exportiert.[76]

Hinzu kam, daß die Regierung Vargas keine Kooperation mit Deutschland eingehen wollte: Erstens waren die politisch-diplomatischen Beziehungen zwischen Deutschland und Brasilien instabil; zweitens waren die Wirtschaftsbeziehungen und der Warenaustausch beider Länder seit dem Kriegsausbruch praktisch unmöglich geworden; drittens hätten die Vereinigten Staaten Vergeltungsmaßnahmen gegen Brasilien verhängen können, was die Regierung Vargas befürchtete; und viertens hatte die brasilianische Regierung kein Interesse, sich im voraus für die Zeit nach der Kriegswende an Deutschland zu binden.

Zwischen den zwei Möglichkeiten, die Pläne der Reichsregierung für die Zeit nach dem Kriegsende zu konkretisieren oder in der Gegenwart Verhandlungen mit den Vereinigten Staaten aufzunehmen, entschied sich die Regierung Vargas für eine politische, wirtschaftliche und militärische Kooperation mit den USA und mit den Alliierten. In diesem Zusammenhang hielt die Elite Brasiliens eine reale Zusammenarbeit mit den Vereinigten Staaten für möglich, welche die Entwicklung der Industrialisierung und die Ausrüstung der Streitkräfte in Brasilien fördern könnte.[77]

1.4 Der Abbruch der deutsch-brasilianischen Beziehungen

In den ersten Kriegsjahren vertrat die Regierung Vargas die Meinung, daß strikte Neutralität aus innen- wie außenpolitischen Gründen notwendig sei. Die Entscheidung der US-Regierung für die Unterstützung der Stahlindustrie in Brasilien war ein wichtiger Faktor, um die Kooperation beider Länder zu intensivieren. Außerdem waren die Dissonanzen zwischen den USA und Deutschland ab der zweiten Hälfte des Jahres 1940 stärker geworden. Der Druck Großbritanniens und der USA auf die iberoamerikanischen Staaten hatte sich verstärkt, seit der Krieg sich in ganz Europa ausweitete und die Vereinigten Staaten befürchten mußten,

---

Kredit für den Ausbau der Stahlindustrie in Brasilien. Die US-Export-Import-Bank gewährte der Regierung Vargas einen Kredit von 20 Millionen US-Dollar.

76 Marcelo de Paiva Abreu erläutert, daß der brasilianische Außenhandel zwischen 1942 und 1943 etwa zu 75% von den Alliierten abhängig war. Vgl. dazu Abreu, O Brasil e a economia mundial (1929-1945), S. 43.

77 Der militärischen Elite, der finanziellen Fraktion und den Industriellen schien es klar, daß diese Gelegenheit die beste Chance für die wirtschaftliche Entwicklung Brasiliens war. Vgl. dazu Diniz, Empresário, Estado e Capitalismo (1930-1945), S.159-196.

daß sich der europäische Konflikt auf den amerikanischen Kontinent ausdehnen könnte.[78] Deswegen versuchte die US-Regierung, die lateinamerikanischen Länder zu einer Exportüberwachung bei wichtigen Materialien zu veranlassen. Absicht der USA war es, ihre Industrie mit kriegswichtigen Rohstoffen zum Teil aus Lateinamerika zu versorgen und die strategische Ausfuhr zu den Achsenmächten abzuschneiden.

Seit Anfang 1940 hatte die US-Regierung Interesse am Import von Rohstoffen wie Beryll, Chrom, Mangan, Diamant, Quarz, Kautschuk und anderen mehr aus Brasilien. Im Mai 1941 schlossen die beiden Staaten einen Vertrag ab, nach dem die USA für die Dauer von zwei Jahren das Monopol auf strategischen Mineralstoffen und Kautschuk innehatten.[79] Desweiteren gewährleistete die US-Export-Import-Bank einen Kredit von 12 Millionen US-Dollar, damit die Streitkräfte Brasiliens Waffen in den USA kaufen konnten, und schließlich bestärkten die Verhandlungen zwischen Roosevelt und Vargas die Vereinigten Staaten in der Absicht, Truppen nach Brasilien zu schicken. Als Folge dieser Abmachung wurden die Ausfuhr brasilianischer Rohstoffe in die Achsenmächte verboten, der Aufbau einer Verteidigungslinie an der brasilianischen Küste, von Häfen und Flughäfen in Brasilien durch die US-Regierung unterstützt. Außerdem verpflichtete sich die Regierung Brasiliens, die Benutzung nordostbrasilianischer Häfen als US-Marinestützpunkte zu genehmigen.[80]

Obwohl es sich um geheime Vereinbarungen handelte, fühlte sich der brasilianische Außenminister Aranha bereits Ende 1940 gezwungen, diese dem deutschen Botschafter zu erklären, da sie im Widerspruch zur Neutralität Brasiliens standen. Der deutsche Botschafter hatte nicht an das Zustandekommen einer solchen Abmachung geglaubt in der Annahme, Brasilien würde es nicht tolerieren, daß eine andere Macht auf seinem Territorium in Friedenszeiten eine Militärbasis errichtete oder subventionierte. Außerdem behauptete er, die Dialoge zwischen brasilianischen und nordamerikanischen Militärs hätten nur zeitweilig stattgefunden.[81]

Da die brasilianische Regierung an deutschen Waffenlieferungen interessiert war und das Reichswirtschaftsministerium in erster Linie Bedarf an Kautschuk, Ölsaat

---

78 Vgl. ADAP, Serie D, Bd. XII-2, Dok. Nr. 560, Geschäftsträger Thomsen in Washington an das Auswärtige Amt (28.5.1941).

79 Dem Vertrag von 1941 folgend wandten die Vereinigten Staaten sich 1942 an Brasilien, um die Förderung von Kobalt, Nickel, Rizinus u. a. zu erhöhen. Vgl. dazu Moura, Sucessos e ilusões, S.17-18.

80 Vgl. ADAP, Serie D, Bd. XIII-2, Dok. Nr. 450, Botschafter in Rio de Janeiro Kurt Prüfer an das Auswärtige Amt (6.11.1941).

81 Vgl. ADAP, Serie D, Bd. XI-2, Dok. Nr. 361, Botschafter in Rio de Janeiro Kurt Prüfer an das Auswärtige Amt (20.11.1940).

und andere Rohstoffen aus Brasilien hatte, versuchten beide Regierungen, nach wie vor ihre Handelskontakte, an denen die Geschäftsmänner und Staaten immer noch Interesse hatten, aufrechtzuerhalten.[82] Problematisch hierbei war auf der einen Seite, dass die Regierung Brasiliens wegen ihrer außenwirtschaftlichen Abhängigkeit von den USA fast gar nichts riskieren durfte.[83] Und auf der anderen Seite konnte die deutsche Diplomatie nichts gegen den zunehmenden Einfluß der USA in Brasilien unternehmen, da die deutsche außenpolitische und - wirtschaftliche Orientierung auf Brasilien immer mehr an Bedeutung verloren hatte, es also bloß bei leeren Versprechungen blieb.[84]

Während die Bereitschaft Brasiliens zu einem guten Verhältnis mit den USA weiter wuchs, suchte Getúlio Vargas den deutschen Botschafter im Juli 1941 auf, um zu erklären, daß er keineswegs eine innere Wendung seiner Außenpolitik plane, obwohl er gezwungen sei, der US-Regierung in vielen Bereichen Konzessionen zu machen.[85]

Schon vor den Transportproblemen zwischen Brasilien und Großbritannien hatte Deutschland bereits die Lieferung von Waffen nach Brasilien bzw. nach Lateinamerika wegen der besonderen Schwierigkeiten während des Krieges eingeschränkt. Erstens wurden die Transportmöglichkeiten wegen der britischen Seeblockade geringer. Zweitens konnte die deutsche Rüstungsindustrie die Lieferfristen wegen des Zwangs zur Produktion für das eigene Land nicht einhalten. Schließlich waren Waffenlieferungen nur in Ausnahmefällen im deutschen Interesse. Ministerialdirektor Wiehl vom Auswärtigen Amt wies darauf hin, daß die Waffensendungen an südamerikanische Länder nur aus besonderem politischem Anlaß erlaubt würden. Zum Beispiel: um wichtige Rohstoffe zu sichern oder um gegen die Konkurrenz der USA zu kämpfen.[86]

Im März 1941 schlug die Firma Krupp der brasilianischen Militärkommission in Berlin verschiedene Modifikationen des Vertrags über die Lieferung von Kriegs-

---

82 Zwischen 1940 und 1941 liefen drei deutsche Handelsschiffe als Blockadebrecher in brasilianischen Häfen ein und löschten die bestellten deutschen Industrieerzeugnisse. Sie wurden von brasilianischer Seite unterstützt. Vgl. dazu Ernst Günther Lipkau, Brücke zwischen Brasilien und Deutschland, São Paulo 1993, S. 33.

83 Vgl. ADAP, Serie D, Bd. XII-1, Dok. Nr. 202, Botschafter in Rio de Janeiro an das Auswärtige Amt (25.3.1941).

84 Vgl. ADAP, Serie D, Bd. XIII-1, Dok. Nr. 93, Leiter der Handelspolitischen Abteilung Wiehl an die Botschaft in Rio de Janeiro (10.7.1941).

85 Vgl. ADAP, Serie D, Bd. XII-2, Dok. Nr. 601, Botschafter Kurt Prüfer in Rio de Janeiro an das Auswärtige Amt, Geheime Reichssache (7.7.1941).

86 Vgl. ADAP, Serie D, Bd. X, Dok. Nr. 381, Leiter der Wirtschaftspolitischen Abteilung Wiehl an die diplomatischen Vertretungen in Buenos Aires, Santiago, Montevideo und La Paz, Geheim (23.8.1940).

material und über die terminlichen Absprachen vor. Brasilien hatte Vorauszahlungen geleistet, Krupp war dagegen mit seinen Lieferungen im Rückstand.[87] Botschafter Kurt Prüfer gab dem Reichsaußenministerium den Hinweis, daß die weitere Lieferung der Waffen das wichtigste Mittel sei, um Präsident Vargas und die brasilianischen Streitkräfte an das Deutsche Reich zu binden.

Die Vereinbarungen zwischen Brasilien und Deutschland wurden mit dem Überfall auf die UdSSR zu einer Belastung für die deutsche Kriegführung.[88] Dennoch blieb das politische Ziel, Brasiliens Neutralität zu erhalten, für Deutschland von großer Wichtigkeit. Angesichts der Einstellung Deutschlands hat Getúlio Vargas im November 1941 erkennen lassen, er habe nicht an einen Abbruch des Verhältnisses zu Deutschland gedacht, selbst wenn die Vereinigten Staaten ihn dazu hatten drängen wollen. Er habe mit Deutschland in guten Beziehungen bleiben wollen. Während er diese vertrauliche Erklärung dem deutschen Botschafter gab, äußerte sein Außenminister Osvaldo Aranha in einem Interview, daß Brasilien im Falle der Teilnahme eines amerikanischen Landes am Krieg nicht neutral bleiben würde.[89]

Auf diese Weise vermittelte Präsident Vargas den Eindruck, als sei die Außenpolitik der brasilianischen Regierung labil. Aber seit 1937 herrschte in Brasilien ein autoritäres Regime, in dem der Präsident seine Minister und deren Entscidun-

---

87 Die Firma Krupp konnte ihre Verpflichtungen zeitlich nicht erfüllen, da das Oberkommando des Heeres teils die nach Brasilien zu schickenden Kanonen beschlagnahmte, teils ihre Produktion nicht mehr freigegeben wurde. Vgl. dazu Boelcke, Die Waffengeschäfte des Dritten Reiches mit Brasilien, S. 281.

88 Hans Rothfels, Hauptherausgeber der ADAP, wies darauf hin, daß das Telegramm des Leiters der Handelspolitischen Abteilung Wiehl an die Botschaft in Rio de Janeiro (10.7.1941) geändert worden sei. Im Telegramm kann man lesen: „Eine Entscheidung über Krupps Vorschlag [über den Fall Brasiliens] ist indessen erst möglich, wenn gegenwärtige Operation im Osten weiter vorgeschritten sind." Im Muster des Telegramms kann man jedoch so lesen: „nach Abschluß der entscheidenden Operationen im Osten möglich". Vgl. dazu ADAP, Serie D, Bd. XIII-1, Dok. Nr. 93, Leiter der Handelspolitischen Abteilung Wiehl an die Botschaft in Rio de Janeiro (10.7.1941).

89 Vgl. ADAP, Serie D, Bd. XIII-2, Dok. Nr. 520, Botschafter Kurt Prüfer in Rio de Janeiro an das Auswärtige Amt, Geheim (29.11.1941). Außerdem hatte Vargas im Juni 1941 durch einen Mittelsmann die deutsche Botschaft in Rio de Janeiro aufgesucht und hatte fragen lassen, ob es der Reichsregierung opportun sei, wenn er die Einladung von Roosevelt angenommen hätte, in die Vereinigten Staaten zu fliegen, und dort seine Vermittlungstätigkeit aufzunehmen. Reichsaußenminister Ribbentrop wies die Initiative Vargas' zurück und betonte: Der Reichsregierung erschiene ein solches Vorgehen nicht genehm, und bäte ihn, von einem solchen Vorgehen Abstand zu nehmen. Vgl. dazu ADAP, Serie D, Bd. XII-2, Dok. Nr. 601, Botschafter Kurt Prüfer in Rio de Janeiro an das Auswärtige Amt, Geheime Reichssache (7.6.1941) und Dok. Nr. 613, Reichsaußenminister Ribbentrop an die Botschaft in Rio de Janeiro, Geheimvermerk für geheime Reichssachen (11.6.1941).

gen unter Kontrolle hatte. In diesem Sinne spielte die freundliche Haltung Vargas'
gegenüber der Reichsregierung einerseits keine besondere Rolle, da die Erhaltung
guter, unerschütterlicher Beziehungen Brasiliens zu den USA nun einmal schon
beschlossen war. Andererseits hatte man in Berlin damit gerechnet, daß Brasilien
seine Neutralität nur bis zu einem eventuellen Kriegseintritt der USA wahren
werde.

Als die japanische Luftwaffe die US-amerikanische Militärbasis von *Pearl Harbor* angriff, erfolgte vier Tage später – am 11. Dezember 1941 – die Kriegserklärung Deutschlands und Italiens an die Vereinigten Staaten. Einen Tag vor dem
offenen Kriegszustand zwischen den USA und den Achsenmächten informierte
der Reichsaußenminister in ganz Lateinamerika nur die Botschaften in Brasilien,
Argentinien und Chile und die Gesandtschaft in Peru darüber, daß in vierund-
zwanzig Stunden Deutschland die Beziehungen zu den Vereinigten Staaten abbrechen wolle. Gleichzeitig habe Deutschland die politische Kriegsentwicklung analysiert und keine Gründe gesehen, die bisherigen Beziehungen beider Länder in
irgendeiner Weise zu modifizieren.[90]

Natürlich erwartete die Reichsregierung eine Solidaritätserklärung Brasiliens mit
den USA aufgrund der panamerikanischen Verpflichtungen. Die Regierung Vargas erklärte sich mit den Vereinigten Staaten solidarisch; ein Indiz für die engen
Beziehungen zwischen beiden amerikanischen Staaten war die brasilianische Erlaubnis, daß die USA militärische Fachleute zu den brasilianischen Militärbasen
schicken durften. Obwohl ab Dezember 1941 die ersten Marineoffiziere und -
soldaten der USA in Brasilien landeten, verhielt sich die brasilianische Regierung
offiziell noch neutral. Durch eine Exportkontrolle über wichtige Rohstoffe versuchte die US-Regierung, die deutschen und italienischen Unternehmen im Luftverkehr in Brasilien und in Lateinamerika zu eliminieren. Ende 1941 drängten die
USA die Regierung Brasiliens infolge des Spionageverdachts zur Unterbrechung
des Luftverkehrs zwischen Brasilien und Italien und zwischen Brasilien und
Deutschland. Die Flugverbindungen wurden daraufhin eingestellt.[91]

Trotz der Solidaritätserklärung Lateinamerikas für die USA nach *Pearl Harbor*
berief die US-Regierung Anfang 1942 das Dritte Treffen der Außenminister der

---

90 Vgl. ADAP, Serie D, Bd. XIII-2, Dok. Nr. 570, Reichsaußenminister Ribbentrop an die Bot-
    schaften in Buenos Aires, Rio de Janeiro, Santiago de Chile und an die Gesandtschaft in Li-
    ma, Geheimvermerk für geheime Reichssachen (10.11.1941).

91 Eine Tochtergesellschaft der Lufthansa – das Condor-Syndikat – flog ebenso wie die *Viação
    Aérea São Paulo (VASP)* mit Junkers- und Dornier-Maschinen. Vgl. dazu Lipkau, Brücke
    zwischen Brasilien und Deutschland, S. 30-31 und ADAP, Serie E, Bd. I, Dok. Nr. 61,
    Staatssekretär des Auswärtigen Amts Freiherr von Weizsäcker an die Botschaft in Rom
    (29.12.1941).

amerikanischen Republiken in Rio de Janeiro ein. Präsident Roosevelt wollte unter dem Leitgedanken der Notwendigkeit einer Verteidigung des amerikanischen Kontinents erreichen, daß die amerikanischen Staaten auf der Sitzung eine einstimmige Entscheidung über den sofortigen Abbruch ihrer Beziehungen zu den Achsenmächten treffen würden.[92]

Zwischen dem Eintritt der USA in den Krieg und der Panamerikanischen Konferenz standen Getúlio Vargas und seine Regierung unter Druck. Einerseits hätte eine Unterstützung der Vereinigten Staaten durch Brasilien in politischer, wirtschaftlicher und finanzieller Hinsicht von nationalem Interesse sein können. Andererseits richtete der Premierminister von Portugal, Oliveira Salazar, die Bitte an den brasilianischen Präsidenten, Brasilien solle nicht am Krieg auf der Seite der USA teilnehmen.[93] Der deutsche Botschafter Karl Prüfer war der Überzeugung, daß Brasilien gegen den Abbruch der Beziehungen zu den Achsenmächten nur dann hätte optieren können, wenn Argentinien und Chile die gleiche Haltung gegenüber dem US-Vorschlag eingenommen hätten.[94]

Außer jedem Zweifel stand es, daß die Reaktionen der brasilianischen Regierung entschiedene Schritte auf der Seite der Alliierten auslösten. Getúlio Vargas verteidigte die Politik der interamerikanischen Solidarität, und zum ersten Mal nach Kriegsausbruch beschränkte er im Dezember 1941 die finanzielle Handlungsfreiheit der Achsenmächte. Ohne Genehmigung der Regierung durften die deutschen, italienischen und japanischen Geschäftsmänner und ihre Firmen keine Bankgeschäfte tätigen.[95] Zu Konferenzbeginn hielt Vargas dann eine Rede über die Bedeutung des Bewußtseins der Solidarität in Amerika mit der Außenpolitik Roosevelts. Der brasilianische Außenminister, Osvaldo Aranha, wurde zum Leiter der Konferenz gewählt, und er vertrat während der Versammlungen das Interesse der US-Regierung mit großem Engagement.[96]

---

92 Vom 15. bis zum 28. Januar 1942 nahmen 21 amerikanische Außenminister an der panamerikanischen Konferenz in Rio de Janeiro teil. Vgl. dazu Brasil. MRE. Relatório. Apresentado ao Presidente dos Estados Unidos do Brasil pelo Ministro de Estado das Relações Exteriores – 1942. Ata Final da Terceira Reunião de Consulta dos Ministros das Relações Exteriores das Repúblicas Americanas, Rio de Janeiro 1944, S. 131-165.

93 Vgl. L. A. Moniz Bandeira, Presença dos Estados Unidos no Brasil. Dois séculos de história, 2. Aufl., Rio de Janeiro 1978, S. 283.

94 Vgl. ADAP, Serie E, Bd. I, Dok. Nr. 123, Botschafter Prüfer in Rio de Janeiro an das Auswärtige Amt, Geheim (14.1.1942).

95 Vgl. LEX. Coletânea de Legislação Federal e Marginália. Hg. v. Pedro Vicente Bobbio, Regierungsdekret Nr. 3.911 vom 9.12.1941, São Paulo 1941, S. 614.

96 Vgl. Brasil. MRE. Relatório. Apresentado ao Presidente dos Estados Unidos do Brasil pelo Ministro das Relações Exteriores – 1942. Discurso do Ministro Osvaldo Aranha na Primeira

Das eigentliche Ziel des Panamerikanischen Gipfeltreffens wurde wegen der Haltung der Regierungen Argentiniens und Chiles nicht hundertprozentig erreicht.[97] In Wirklichkeit gab es nach dieser Konferenz keine Einheit zwischen den Staaten Amerikas, und nur zum Zwecke der Demonstration der Harmonie zwischen den Ländern des Kontinents wurde ein Antrag gestellt, den Abbruch der Beziehungen zu Deutschland, Italien und Japan zu empfehlen.[98]

Trotz der Haltung der brasilianischen Regierung auf der Panamerikanischen Konferenz waren der Kriegsminister Eurico Dutra und der Generalstabschef Góis Monteiro gegen den Abbruch der Beziehungen zu den Achsenmächten. Dutra schrieb an Vargas und warnte davor, daß Deutschland, Italien und Japan Angriffe gegen die brasilianische Küstenschiffahrt richten könnten und die Armee Brasiliens nicht genügend ausgerüstet sei. Er plädierte gegen einen sofortigen Abbruch der Beziehungen zu diesen Staaten. Doch am 28. Januar 1942 brach Brasilien die diplomatischen und wirtschaftlichen Beziehungen zu Deutschland, Italien und Japan wegen seiner engeren Verflechtung mit den USA und den anderen amerikanischen Staaten ab.[99]

Während der Panamerikanischen Konferenz hatte die deutsche Diplomatie kaum Chancen, Druck auf die Vertreter der Teilnehmer-Staaten auszuüben. Der deutsche Botschafter Prüfer bemühte sich weiter darum, der brasilianischen Regierung zu zeigen, daß die US-Politik sie in Hinblick auf die Bedeutung der Rohstoffe aus Nord- und Nordostbrasilien in den Krieg treiben wolle.[100] Aber die deutschen Diplomaten in Argentinien, Brasilien und Chile waren bereits überzeugt, daß der sich abzeichnende Verlauf der Verhandlungen die Öffnung des Weges zum Kriege darstellen würde.[101]

Sessão Plenária da Terceira Reunião da Consulta dos Ministros das Relações exteriores das Repúblicas Americanas, S. 113-116.

97 Vgl. ADAP, Serie E, Bd. I, Dok. Nr. 195, Staatssekretär des Auswärtigen Amts Freiherr von Weizsäcker an Unterstaatssekretär Gaus, Sofort (2.2.1942).

98 Vgl. Brasil. MRE. Relatório. Apresentado ao Presidente dos Estados Unidos do Brasil pelo Ministro das Relações Exteriores – 1942. Ata Final da Terceira Reunião de Consulta dos Ministros das Relações Exteriores das Repúblicas Americanas, S. 133.

99 Vgl. ADAP, Serie E, Bd. I, Dok. Nr. 183, Die Botschaft der Vereinigten Staaten von Brasilien in Berlin an Reichsaußenminister von Ribbentrop (29.1.1942).

100 Vgl. ADAP, Serie E, Bd. I, Dok. Nr. 159, Unterstaatssekretär Woemann an die Gesandtschaft in Lissabon (23.1.1942).

101 Vgl. ADAP, Serie E, Bd. I, Dok. Nr. 157, Runderlaß des Unterstaatssekretärs Woemann (22.1.1942) und auch Brasil. MRE. Relatório. Apresentado ao Presidente dos Estados Unidos do Brasil pelo Ministro de Estado das Relações Exteriores – 1942. Correspondência recebida da Embaixada da Alemanha no Rio de Janeiro (16.1.1942) – Schreiben des Botschafters Prüfer an den brasilianischen Außenminister Osvaldo Aranha, S. 119.

Daneben versuchte die Delegation der Vereinigten Staaten während der Konferenz, die militärische Stärke Deutschlands herunterzuspielen, mit dem Hinweis darauf, daß die deutschen Truppen an der russischen Front kämpften, ohne zu siegen. Angesichts der US-Propaganda erwähnte der Staatssekretär des Auswärtigen Amts Weizsäcker, daß es sich vielleicht gelohnt hätte, wenn der Heeresbericht die deutsche Mission in Südamerika während der Konferenz mit besseren Nachrichten über die Lage in Rußland versorgt hätte.[102]

Vor der Konferenz in Rio de Janeiro hatte Staatssekretär Weizsäcker für den Fall des Abbruchs der diplomatischen Beziehungen zwischen beiden Staaten Spanien als Schutzmacht vorgesehen. Ende Januar 1942 verließen die deutschen Diplomaten, inklusive dem Botschafter Prüfer, Brasilien. Zur gleichen Zeit brach die brasilianische Vertretung in Berlin ihren Dienst ab; sie wurde von Januar bis Oktober 1942 in Baden-Baden interniert.

Nach dem Konferenzbeschluß der amerikanischen Staaten über den Krieg erreichten die Beziehungen zu Deutschland ein neues Stadium.[103] Die deutsche Außenpolitik gegenüber Lateinamerika wurde nach der Konferenz von Rio de Janeiro von den einheitlichen strategischen Interessen der „Dreierpaktmächte" beeinflußt. Infolge des Abbruchs der Beziehungen verdeutlichte der Reichsaußenminister, kein Interesse an einer Kriegserklärung an die südamerikanischen Staaten zu haben, da er die japanische Auffassung akzeptierte. Die japanische Regierung bestand nämlich auf der Notwendigkeit für ihre Marine, im Falle eines Seekriegs gegen die Vereinigten Staaten neutrale Häfen in Südamerika anlaufen zu können.[104]

---

102 „Einige unserer diplomatischen Vertretungen in Südamerika haben darauf aufmerksam gemacht, daß die Nordamerikanische Delegation auf die Teilnehmer der Rio-Konferenz dadurch Eindruck zu machen suche, daß sie vom russischen Kriegsschauplatz Sowjetsiege melde. Es ist dafür Sorge getragen, daß unsere Missionen bzw. Militär-Attachés in Südamerika für die Dauer der Rio-Konferenz reichlich mit gutem Material über die Kampflage in Rußland versehen werden." Siehe hierzu ADAP, Serie E, Bd. I, Dok. Nr. 132, Aufzeichnung des Staatssekretärs des Auswärtigen Amts Freiherr von Weizsäcker (16.1.1942).

103 Nach der Rio-Konferenz waren in 19 Staaten Beschlüsse über die gemeinsame Verteidigung des amerikanischen Kontinents gefaßt worden, die den Abbruch der Beziehungen zu den Achsenmächten vorsahen. Chile brach zwar am 20. Januar 1943 die Beziehungen ab, erklärte aber nicht den Krieg. Argentinien brach am 26. Januar 1944 die Beziehungen zu den Achsenmächten ab und erklärte am 27. März 1945 den Krieg. Vgl. dazu Pommerin, Das Dritte Reich und Lateinamerika, S. 330-331.

104 Deutschland, Italien und Japan wollten die Neutralität Argentiniens und Chiles nicht belasten, da sie ein strategisches und politisches Interesse an der weiteren neutralen Haltung dieser Länder hatten. Vgl. dazu ADAP, Serie E, Bd. I, Dok. Nr. 172, Reichsaußenminister von Ribbentrop an die Botschaft in Rom (27.1.1942) und Dok. Nr. 193, Vorlage des Gesandten Leitner, Geheime Reichssache (2.2.1942).

Der Abbruch der Beziehungen zwischen Deutschland und Brasilien war folgerichtig. Denn die Regierung Vargas gab seit der Interamerikanischen Friedenskonferenz von Buenos Aires (1936) der panamerikanischen Politik für Sicherheit und wirtschaftliche Zusammenarbeit Vorrang, obwohl sie auch Deutschland sowie andere europäische Länder als Handelspartner hatte. Ende der dreißiger Jahren versuchte die Regierung Brasiliens, eine „politische, internationale Ausrichtung" zu finden, in der sie ihr Konzept der wirtschaftlichen Entwicklung hätte verwirklichen können. Anfang der vierziger Jahre standen die US-amerikanische und die brasilianische Regierung in einer intensiven Kooperation, von der die Regierung Vargas eine längere Dauer erwartete. Der Außenhandel und die wirtschaftlichen Berührungen mit den Vereinigten Staaten spielten eine wichtige Rolle für das Entwicklungsmodell Brasiliens, und im Laufe des Krieges wirkte die brasilianische Diplomatie als Verteidiger der US-Außenpolitik gegenüber Lateinamerika. Wegen ihrer politischen Allianz mit den USA waren Präsident Vargas und die politischen Eliten vom kontinentalen Prestigegewinn Brasiliens überzeugt.[105]

1.5 Die brasilianische Kriegserklärung an Deutschland

Angesichts der neuentstandenen Schwierigkeiten hatte der Abbruch der Beziehungen zwischen Deutschland, Italien und Japan einerseits und Brasilien andererseits sofort wirtschaftliche und politische Folgen in Brasilien. Die wirtschaftlichen und finanziellen Beziehungen zwischen Rio de Janeiro und Washington intensivierten sich ebenso wie die militärische Zusammenarbeit zwischen den Regierungen von Vargas und Roosevelt.[106] Dementsprechend schwächten sich die bisherigen Kontakte zwischen Deutschland und Brasilien erheblich ab. Im Gegenzug erschienen der Reichsregierung Repressalien gegen die wirtschaftliche Kooperation zwischen den Vereinigten Staaten und Brasilien der einzige Weg der Reaktion

---

105 Angesichts der Haltung Argentiniens und Chiles gegenüber dem Krieg standen die beiden Länder unter starkem Druck sowohl der USA als auch der brasilianischen Regierung. Wegen der Aufrüstung Brasiliens entstand auch ein gespanntes Verhältnis zwischen Argentinien und Brasilien. Vgl. dazu Stanley Hilton, Brasil-Argentina. A disputa pela hegemonia na América do Sul, in: Revista Brasileira de Política Internacional, Rio de Janeiro 1982, Bd. 25, S. 77-90.

106 Als Folge der brasilianischen Haltung auf der Konferenz von 1942 wurden in Washington Handels-, Finanz- und Militärverträge zwischen Brasilien und den USA unterschrieben. Vgl. dazu R. A. Humphreys, Latin America and the Second World War, London 1982, Bd. 2, S. 64-65. Als Folge der Verträge von Washington wurde der brasilianische Export von Kaffee und Kakao nach den USA gesichert, selbst wenn die Produkte nicht hätten transportiert werden können. Desweiteren belieferte die US-Regierung Brasilien mit über 332 Millionen US-Dollar teuerem Kriegsmaterial. Auf Anregung des Präsidenten Getúlio Vargas schickte die US-Regierung 1942 eine technische Kommission nach Brasilien, um bei der Umsetzung der wirtschaftlichen Pläne Brasiliens zu helfen.

auf den Abbruch der Beziehungen zu sein. Die Handelspolitische Abteilung des Auswärtigen Amts empfahl die Störung des Schiffsverkehrs zwischen Nord- und Südamerika als eine mögliche Gegenmaßnahme, um die kommerziellen Beziehungen zu behindern.[107]

Zu Beginn des Jahres 1942 griffen deutsche U-Boote Handelsschiffe vor der nordamerikanischen Küste an und versenkten im Februar 1942 drei brasilianische Schiffe. Nach der Torpedierung wandte die brasilianische Regierung sich an die Regierung Portugals, damit Portugal dem deutschen Reich den brasilianischen Protest übermittelte. Von Anfang an war die Einstellung Deutschlands die, auf Proteste von Staaten, mit denen es im Kriege stand oder mit denen es keine Beziehungen hatte, nicht zu antworten. Obwohl in der brasilianischen Mitteilung Gegenmaßnahmen angedroht wurden, blieb die Protestnote unbeantwortet.[108]

Zunächst gab es kaum Abwehrmaßnahmen zum Schutz der brasilianischen Handelsschiffe zwischen der US-amerikanischen und der brasilianischen Küste. Erst die regelmäßige Offensive der deutschen U-Boote führte die Regierung Vargas im März dazu, nicht nur die Sicherheitsmaßnahmen an der brasilianischen Küste zu verschärfen, sondern auch den deutschen Unternehmen und der deutschen Bevölkerung in Brasilien mit Gegenmaßnahmen zu drohen. Was die Sicherheitsmaßnahmen anbelangt, bat Vargas die US-Regierung, eine strenge Kontrolle der Seefahrt zwischen beiden Staaten durchzuführen und die von Brasilien bestellten Waffen zu liefern. Danach wurde die Stärke der nordamerikanischen Truppen in Brasilien vergrößert, und die US-Armee begann, in Nordostbrasilien Militärbasen zu bauen.

Nach der Torpedierung von fünf Handelsschiffen setzte die brasilianische Regierung im März 1942 das Dekret Nr. 4.166 in Kraft, in dem sie die Reichsregierung der Versenkung ihrer Schiffe beschuldigte. In diesem Dekret zur Beschlagnahme hieß es, daß wegen der Zugehörigkeit zu den „Dreierpaktmächten" auch Italien und Japan schuldig gewesen seien. Auf diese Weise wurden die deutschen, italienischen und japanischen Staatsangehörigen in Brasilien für die materiell angerichteten Schäden verantwortlich gemacht.[109] 10-30% ihrer Vermögenswerte mußten als Abgaben an die *Banco do Brasil* (Brasilianische Bank) abgeführt werden. Diese Gebühren stiegen auf 100%, falls der Besitzer des Vermögens seinen Wohnsitz außerhalb Brasiliens hatte oder es sich um Besitztum des deutschen Staates handelte. Die Beschlagnahme des deutschen Vermögens sollte die Garantie für die

107 Vgl. Pommerin, Das Dritte Reich und Lateinamerika, S. 326.
108 Vgl. ADAP, Serie E, Bd. I, Dok. Nr. 291, Aufzeichnung des Unterssekretärs Woermann (26.2.1942).
109 Vgl. LEX. Coletânia de Legislação Federal e Marginália 1942, Regierungsdekret Nr. 4.166 vom 11.3.1942, S. 114-116.

brasilianische Regierung sein, daß die haftpflichtigen Staaten sie wegen Schäden an Leib und Leben sowie wegen Sachverlusten sicher entschädigte.[110]

Ferner wurden deutsche Geheimagenten in Brasilien ausgehoben, und im Rahmen der Spionageaffäre erlaubte Getúlio Vargas, daß Deutsche und Deutschbrasilianer inhaftiert werden konnten.[111] Außerdem dehnte Brasilien das Verbot des Handels mit deutschen, italienischen und japanischen Firmen auch auf Unternehmen aus, die verdächtig waren, den Interessen der Achsenmächte zu dienen.[112]

Auf die Vergeltungsmaßnahmen der brasilianischen Regierung folgten Proteste Deutschlands. Es wurde auch diskutiert, ob Deutschland Gegenmaßnahmen gegen die brasilianischen Staatsangehörigen in Deutschland ergreifen sollte. Aber Reichsaußenminister Ribbentrop wies darauf hin, daß die deutschen Vermögen in Brasilien sich auf etwa 113 Millionen Reichsmark beliefen, das brasilianische Vermögen in Deutschland aber nur 700.000 Reichsmark betrage. Er meinte, Deutschland hätte die brasilianischen Interessen in den besetzten Gebieten und in Deutschland als Druckmittel benutzen können, um die Haltung Brasiliens gegenüber den Reichsangehörigen zu ändern, obwohl die brasilianische Regierung empfindliche Gegenmaßnahmen hätte ergreifen können.[113]

Während die militärische Zusammenarbeit zwischen Brasilien und den Vereinigten Staaten sich fortsetzte und die brasilianische Kriegsmarine die Handelsschiffe durch Geleitschutz sicherte, plante das deutsche Oberkommando der Kriegsmarine in Verbindung mit dem Reichsaußenminister Ribbentrop weitere Angriffe gegen brasilianische Kriegs- und Handelsschiffe.[114] Attacken gegen das brasiliani-

---

110 Vgl. LEX 1942, Erlaß Nr. 5.408 vom 28.4.1942, S. 41-45.
111 Vgl. ADAP, Serie E, Bd. II, Dok. Nr. 131, Botschaftsrat Meynen (Buenos Aires) an das Auswärtige Amt, Geheim (12.4.1942).
112 Großbritannien erließ durch eine Verordnung vom 18. September 1939 das Verbot des Handels mit dem „Feinde", und führte etwa 278 neutrale Firmen auf, davon über 100 in Lateinamerika. Die britischen Schwarzen Listen ausländischer Firmen wurden am Anfang in Lateinamerika ignoriert. Im Juli 1941 setzte Präsident Roosevelt das System „Schwarzer Listen" in Amerika in Kraft und empfahl den lateinamerikanischen Ländern diese Listen anzuerkennen. Vgl. dazu Wilhelm Grewe, Der Dritte Wirtschaftskrieg, Berlin 1940 und Pommerin, Das Dritte Reich und Lateinamerika, S. 337.
113 Siehe dazu Lohmanns Telegramm Sonderzug Nr. 437 vom 14.4.1942, in: ADAP, Serie E, Bd. II, S. 223.
114 Im Telegramm des Oberkommandos befahl er: „Sofortiger warnungsloser Waffeneinsatz gegen alle erkennbar bewaffneten Schiffe südamerikanischer Staaten, die Beziehungen zu uns abgebrochen haben (d. h. alle mit Ausnahme Argentiniens und Chiles) sie! ... wird freigegeben". Vgl. ADAP, Serie E, Bd. II, Dok. Nr. 175, Runderlaß des Reichsaußenministers von Ribbentrop, Geheime Reichssache (29.4.1942) und Dok. Nr. 222, Das Oberkommando der Kriegsmarine an das Auswärtige Amt, Geheime Reichssache. Anlage – Marinenachrichtendienst an Befehlshaber der Unterseeboote Dönitz (15.5.1942).

sche Territorium und auf brasilianische Häfen kamen nicht in Frage, um ein eventuelles Solidaritätsgefühl Argentiniens und Chiles mit Brasilien zu vermeiden.[115]

Als Reaktion auf die Angriffe auf brasilianische Kriegs- und Handelsschiffe blieben deutsche Staatsangehörige in Brasilien inhaftiert, und die Regierung Vargas drohte jenen Deutschen, die Angehörige in Brasilien hatten, mit Festnahme. Auf die Forderung der Reichsregierung, die Reichsdeutschen freizulassen, gab das brasilianische Außenministerium keine Antwort.[116] Dem spanischen Botschafter in Rio de Janeiro teilte Osvaldo Aranha mit, daß die Verhaftung Deutscher nach den Angriffen der U-Boote auf brasilianische Schiffe zum Schutz der öffentlichen Sicherheit geschehen sei.[117]

Die folgende Versenkung brasilianischer Schiffe (bis zum 19. August insgesamt 15 Handelsschiffe und 4 Passagierschiffe) entrüstete die Regierung und die Bevölkerung Brasiliens. Angesichts der allgemeinen Empörung fanden in den Städten, insbesondere in der Hauptstadt, Proteste gegen die Torpedierung der Schiffe statt.[118] Die Demonstranten forderten eine Kriegserklärung gegen die Achsenmächte, und nach Meinung der Regierung waren wegen der deutschen U-Boot-Operationen an der brasilianischen Küste die Souveränität und die Sicherheit des Landes in Gefahr.

Die enge militärische Verbindung zwischen den Vereinigten Staaten und Brasilien blieb weiter bestehen, und am 21. August 1942 erklärte der brasilianische Außenminister den „Zustand der Kriegführung" als Vorsichtsmaßregel gegenüber Deutschland und Italien.[119] Ende August erklärte die Regierung Brasiliens Deutschland und Italien den Krieg.[120] Nach deutscher Ansicht hatte die US-Regierung auf den öffentlichen Kriegseintritt Brasiliens gedrängt, um von der

---

115 Vgl. ADAP, Serie E, Bd. II, Dok. Nr. 259, Unterstaatssekretär Woermann an Botschafter z. b. V. Ritter (1.6.1942).

116 Vgl. ADAP, Serie E, Bd. III, Dok. Nr. 2, Gesandter Schroetter (Madrid) an das Auswärtige Amt (16.6.1942); Dok. Nr. 9, Aufzeichnung des Gesandten I. Klasse Schmidt (18.6.1942) und Dok. Nr. 10, Reichsaußenminister von Ribbentrop an die Botschaft in Madrid (18.6.1942).

117 Vgl. ADAP, Serie E, Bd. III, Dok. Nr. 86, Gesandter Schroetter (Madrid) an das Auswärtige Amt (14.7.1942).

118 Die Nationale Studenten Union in Brasilien (*União Nacional dos Estudantes – UNE*) förderte die Demonstrationen gegen Nationalsozialismus und Faschismus und für die brasilianische Sicherheit sowie für die Alliierten. Vgl. dazu Fausto (Hg.), História geral da civilização brasileira, Bd. 11, S. 626.

119 Vgl. ADAP, Serie E, Bd. III, Dok. Nr. 206, Gesandter Schroetter (Madrid) an das Auswärtige Amt, (20.8.1942).

120 Die Kriegserklärung an Deutschland und Italien wurde durch das Regierungsdekret Nr. 10.358 vom 31. August 1942 bekanntgemacht. Vgl. dazu Castro, História da organização do Ministério das Relações Exteriores, S. 363.

brasilianischen Ostküste aus auf kürzestem Weg Westafrika zu erreichen. Aber schon vor diesem Plan hatte Brasilien mit den militärischen US-Projekten kooperiert. Bereits seit Dezember 1941 lagerten in Nordost- und Nordbrasilien beispielsweise Kriegsmaterial, Truppen, Schiffe, Flugzeuge und Techniker der USA. Amerikaner bauten Häfen und Flughäfen in Brasilien.

Um die Verluste auszugleichen und um Repressalien gegen Deutschland und Italien zu verwirklichen, überführte die brasilianische Regierung durch eine Reihe von Sondergesetzen jene deutschen und italienischen Schiffe, die in brasilianischen Häfen ankerten, direkt in das brasilianischen Staatsvermögen.[121] Gleichzeitig widerrief sie Genehmigungen für Banken[122] und Versicherungsgesellschaften[123] der beiden Staaten. Außerdem wurde das Vermögen der deutschen Banken, der Versicherungen, der Lufthansa und vieler kultureller und karitativer Vereine ebenfalls in das Staatsvermögen einverleibt. Die brasilianische Kriegsgesetzgebung führte zur Konfiszierung der Filialen der Deutschen Bank und der Dresdner Bank, genannt Deutsch-Überseeische Bank AG *(Banco Alemão Transatlântico)* und Deutsch-Südamerikanische Bank AG *(Banco Germânico para a América do Sul).*[124] Weiter erlaubte die brasilianische Regierung, daß Gebäude, die deutsches Eigentum waren, konfisziert werden konnten.

Schließlich autorisierte der Präsident Vargas die Liquidation einiger Firmen und die Überführung ihrer Werte in den Entschädigungsfonds, eine Auswirkung des Dekretes Nr. 4.166 vom 11.3.1942. Er gab folgende deutsche Firmen zum Liquidationszweck frei. *Acumuladores Varta do Brasil Ltda, Alfred H. Schutte & Companhia Ltda, Aliança Comercial de Anilinas Ltda, Aparelhos de Oxigênio Sociedade Draeger Ltda, Química Bayer Ltda, Bromberg & Companhia, Carl Zeiss – Sociedade Ótica Ltda, Companhia Industrial Amazonense S.A., Companhia Química Merck do Brasil Ltda, Fábrica Guenther Wagner Ltda, Fábrica de Máquinas Raimann Ltda, Raimann & Companhia Ltda, Fogões Junker & Ruh Ltda, J. D. Riedel – E. de Haan & Companhia Ltda, Ozalid Brasil, Fábrica Nacional de Papéis Hiliográficos Ltda, Pettersen & Companhia Ltda, Schaeffer & Companhia, Schering Produtos Químicos e Farmacêuticos S.A., Casa Rosito (Simonini, Toschi & Guidi), Graficor Concentra Hartmann Irmãos S.A., Sociedade Técnica Bremensis Ltda, Stahlunion Ltda, Aços Roechling-Buderus do Brasil Ltda* u. a. Die liquiden Werte wurden in der brasilianischen Bank hinterlegt, um entwe-

121 Vgl. LEX 1942, Regierungsdekret Nr. 4.611 vom 24.8.1942, S. 114-116.
122 Vgl. LEX 1942, Regierungsdekret Nr. 4.612 vom 24.8.1942, S. 365.
123 Vgl. LEX 1942, Regierungsdekret Nr. 4.636 vom 31.8.1942, S. 371-372.
124 Vgl. LEX 1944, Regierungsdekret Nr. 6.393 vom 31.3.1944, S. 117.

der an den Entschädigungsfonds *(Fundo de Indenização)* abgeführt zu werden oder anderweitig zur Verfügung brasilianischer Behörden zu bleiben.[125]

Nach der Kriegserklärung Brasiliens verschlimmerten sich die Umstände der Deutschen und der Sympathisanten Deutschlands.[126] Patente, Warenzeichen und Gebrauchsmuster der deutschen Staatsangehörigen wurden auch mit dem Dekret Nr. 6.915 vom 2.10.1944 zugunsten des brasilianischen Staates beschlagnahmt.[127]

Als die brasilianische Regierung gegen die Achse den „Zustand der Kriegführung" erklärte, leitete das Reichsaußenministerium die ersten Maßnahmen ein, um Kriegsoperationen gegen Brasilien zu ermöglichen[128] und um gleichzeitig die Rückwirkungen in den Ländern Lateinamerikas sowie in Portugal so gering wie möglich zu halten. So wurde die deutsche Sprachregelung für die Propaganda über die Lage in Brasilien vorbereitet:

> Die brasilianische Wehrmacht darf nicht beleidigt oder herabgesetzt werden. Es ist ein Unterschied zu machen zwischen dem Volk, dem gegenüber das deutsche Volk keinerlei feindselige Gefühle hegt, und den Kriegstreibern in der Regierung, die sich zum Instrument der nordamerikanischen Kriegshetzer gemacht haben. Zwischen der Masse der Bevölkerung, der Armee und den deutschfreundlichen Elementen einerseits und der Politik der Regierung andererseits sowie gegenüber den USA ist Mißtrauen zu säen [...]. Die Hauptgewicht ist auf die nordamerikanische Erpressung und Ausbeutung zu legen, sowie Sorge um Brasiliens Zukunft, Selbständigkeit und den Verlust der europäischen Absatzmärkte nach dem Kriege zu erregen. [...] Die Versenkungen brasilianischer Schiffe, zu denen nur die eine Seite gehört wurde und für die die Verantwortung ausschließlich das unneutrale Verhalten Brasiliens trifft, war nur ein Vorwand, sich als angegriffen hinzustellen, da in Wirklichkeit Brasilien

---

125 BA. B 102, 57669. Abschrift der Übersetzung. Auszug aus dem *Diário Oficial* vom 4.10.1943. Dekret Nr. 13.560 (1.10.1943) und LEX 1943, Regierungsdekret Nr. 13.560 vom 4.10.1943, S. 376.

126 „Verhaftungen und Internierung erfolgten hauptsächlich wegen des Verdachts politischer Umtriebe oder des Gebrauchs der deutschen Sprache, zum Teil aber auch offenbar aus Konkurrenzneid oder persönlicher Schikane. Viele Verhaftete werden bald wieder auf freien Fuß gesetzt, nachdem die zu Grunde liegenden Denunziationen sich als falsch oder bedeutungslos erwiesen haben. Von über 100.000 Reichsdeutschen in Brasilien werden schätzungsweise 2-3.000 in Haft oder interniert sein. Frauen – von einigen Ausnahmen abgesehen – sind nicht belästigt worden." Zit. nach Hans-Jürgen Prien, Evangelische Kirchwertung in Brasilien. Von den deutsch-evangelischen Einwanderergemeinden zur Evangelischen Kirche Lutherischen Bekenntnisses in Brasilien, Gütersloh 1989, S. 504.

127 Vgl. LEX 1944, Regierungsdekret Nr. 6.915 vom 2.10.1944, S. 338-339.

128 Über eine Ausweitung der Operationen gegen Brasilien wäre zwischen dem Auswärtigem Amt und dem Oberkommando ein Beschluß zu fassen gewesen. Vgl. dazu ADAP, Serie E, Bd. III, Dok. Nr. 223, Aufzeichnung des Staatssekretärs des Auswärtigen Amts Freiherr von Weizsäcker (24.8.1942).

schon vorher uneingeschränkt England und USA gegen die Achsenmächte zur Verfügung stand.[129]

Trotz des brasilianischen Kriegszustandes mit Deutschland wurden diese deutschen Maßnahmen gegen Brasilien nicht in Kraft gesetzt.[130] Die Lage der deutschen Streitkräfte veränderte sich ab September 1942 in Nordafrika und an der
Ostfront. Das Schlachtfeld Atlantik zwischen Deutschland und den USA war
wichtiger, und außerdem drängten die Alliierten die deutsche Armee immer stärker in die Abwehr. Deutschland mußte darauf verzichten, seine U-Boot-Operation
vor den brasilianischen Häfen und innerhalb eines 20-Seemeilen-Radius vor der
Küste Brasiliens durchzuführen.[131]

Der Kriegszustand Brasiliens steigerte einerseits das Prestige des Präsidenten
Vargas, dessen Regierung ihre Arbeit unter das Motto „Nationale Union" gegen
die Achse stellte. Andererseits verwirklichte der Krieg das Projekt der militärischen Zusammenarbeit mit den Vereinigten Staaten, und ihr gemeinsames Wirken
war zu diesem Zeitpunkt am engsten. Für die Haltung der militärischen Kreise
Brasiliens wäre dies die beste Gelegenheit für ein offizielles Zusammengehen mit
den Vereinigten Staaten gewesen, um die brasilianischen Streitkräfte mit moder-
nem Kriegsgerät auszustatten und ihren Soldaten eine Ausbildung an diesen Waffen zu geben.[132] Im Rahmen dieser Politik wurde im September 1942 die brasilianische Marine in Nordostbrasilien unter Kontrolle der US-Marine gestellt, und ab
November arbeiteten beide gemeinsam an der Verteidigung der Küste Brasiliens.
Die brasilianischen Expeditionskorps (*Força Expedicionária Brasileira*) wurden
von der Fünften US-Armee ausgerüstet, und auf diese Weise wurde die nationale
Armee verstärkt.[133]

---

129 Vgl. ADAP, Serie E, Bd. III, Dok. Nr. 222, Vortragender Legationsrat von Schmieden an das
     Auswärtige Amt (24.8.1942).

130 Vgl. ADAP, Serie E, Bd. III, Dok. Nr. 246, Aufzeichnung des Legationsrats von Grote, Ge-
     heime Reichssache (30.8.1942).

131 Trotz der Verteidigung der brasilianischen Küste und des Südatlantik versenkten deutsche U-
     Boote zwischen September 1942 und Oktober 1943 zwölf brasilianische Schiffe, die Rohstof-
     fe nach den USA transportierten. Vgl. dazu Castro, História da organização do Ministério das
     Relações Exteriores, S. 364.

132 Die brasilianische Armee, die Marine sowie die Luftwaffe und die Luftabwehr waren veral-
     tet. Zusätzlich wollte die Bundesarmee eine Vorrangstellung gegenüber den Polizeikräften
     der Bundesstaaten erreichen. Vgl. dazu A revolução de 30. Textos e documentos, Brasília
     1982, Bd. 2, S. 165-210.

133 Im *Estado Novo* (1937-1945) wurde die Stellung der Armee innerhalb des brasilianischen
     Staatsapparats und gegenüber der zivilen Gesellschaft in der brasilianischen Innenpolitik we-
     sentlich gestärkt. Vgl. dazu Edmundo Campos, Em busca de identidade. O exército e a políti-
     ca na sociedade brasileira, Rio de Janeiro 1976, S. 97-119.

Außerdem hegte die militärische und politische Elite Brasiliens den Wunsch nach einer umfassenden Teilnahme am Krieg. Sie verband damit das Ziel eines größeren Verhandlungsspielraums in den internationalen Friedensverhandlungen nach dem Krieg, einer solideren politisch-wirtschaftlichen Allianz mit den Vereinigten Staaten und einer Steigerung des brasilianischen Prestiges auf dem lateinamerikanischen Subkontinent. Ende des Jahres 1942 hielt Präsident Vargas eine Rede vor den Streitkräften und äußerte, daß sie wahrscheinlich außerhalb des Kontinents für die Sicherung des brasilianischen Lebens kämpfen müßten. Brasilien – so Vargas – sollte nicht nur symbolisch am Krieg teilnehmen, sondern mit Truppen in den Kampf eingreifen. Zwischen 1942 und 1944 bereiteten sich die Streitkräfte Brasiliens auf den Waffengang vor, und ab Juni 1944 waren brasilianische Truppen in Italien unter dem Kommando der Fünften US-Armee stationiert.[134]

Während zwischen Deutschland und Brasilien keine politischen und wirtschaftlichen Kontakte bestanden, wurden die Beziehungen zwischen den Vereinigten Staaten und Brasilien weiter intensiviert. Die Restriktionen, die den brasilianischen Außenhandel – Export- wie Importmarkt – betrafen, hatten die Abhängigkeit Brasiliens von den USA zur Folge.[135] Auf brasilianischer Seite war diese Verbindung unerläßlich, um den Außenhandel zu entwickeln und das Industrieprojekt zu verwirklichen. In diesem Zusammenhang rechnete die brasilianische Regierung damit, daß die Importschwierigkeiten und die staatlichen Subventionen während des Kriegs ein industrielles Wachstum Brasiliens fördern würden und daß es notwendig sei, die wirtschaftliche Allianz mit den USA zu stärken.[136]

---

134 Die Vereinigten Staaten hatten seit 1941 die Absicht, Brasilien in ihre militärischen Unternehmungen zu integrieren. Aber es gab eine diplomatische Diskussion zwischen den USA und England über die brasilianische Beteiligung am Krieg. Die britische Regierung war gegen ein Engagement Brasiliens. Die Frage wurde dadurch gelöst, daß die alliierten Truppen in Italien gestärkt wurden. Dies gelang durch Franzosen, Polen, Brasilianer, Italiener und eine jüdische Brigade. Die brasilianischen Streitkräfte sandten 25.000 Soldaten nach Italien. Sie nahmen bei Firenze und bei Bologna an Kampfhandlungen teil. Vgl. dazu Humphreys, Latin America and the Second World War, S. 59-75.

135 Während des Zweiten Weltkriegs wurden die deutschen Investitionen in Brasilien enteignet und nach dem Krieg wurden zahlreiche britische und französische Investitionen verstaatlicht. Die US-Investitionen in Brasilien und in Lateinamerika hatten schon während des Krieges begonnen und der Zusammenbruch der Wirtschaft in Europa nach dem Krieg bedeutete für Brasilien und für Lateinamerika, daß die Vereinigten Staaten praktisch der einzige Geldgeber in der westlichen Welt waren. Vgl. Malan, Relações econômicas internacionais do Brasil (1945-1964), in: Fausto (Hg.), História geral da civilização brasileira, Bd. 11, S. 58.

136 Vgl. OA. 47.3.18, Rolo 23-0456, Schreiben an Osvaldo Aranha, New York (18.3.1947); Angermann, Die Vereinigten Staaten von Amerika seit 1917, S. 204; Carlos Escudé, La Argentina vs. las grandes potencias. El precio del desafío, Buenos Aires 1984, S. 8-9 und Samuel Baily, The United States and the Development of South America, New York 1976, S. 133-134.

Auf der anderen Seite förderte die US-Regierung im Laufe des Krieges einen Teil dieses politischen und wirtschaftlichen Ziels der brasilianischen Regierung. Sie wollte mehr Einfluß auf die brasilianische Wirtschaft und Politik gewinnen. Außerdem suchten die Vereinigten Staaten ihre wirtschaftliche und politische Macht über den ganzen amerikanischen Kontinent auszubreiten.[137] Damit trugen sie zu der Vorstellung bei, daß Brasilien aufgrund der US-Außenpolitik eine besondere Rolle in Lateinamerika spielen könnte.[138] Deswegen waren die brasilianische Außenpolitik und die Entwicklungsplaner Brasiliens damit einverstanden, daß der deutsche Wirtschaftseinfluß in Brasilien eingedämmt wurde.

---

137 Vgl. Dick Steward, Money, marines and mission, Boston 1980, S. 83-84.
138 Vgl. Moura, Sucessos e ilusões, S. 66-67

2. Die brasilianisch-westdeutsche Wiederannäherung nach dem Zweiten Weltkrieg

2.1 Die Rolle Brasiliens auf der Weltbühne nach dem Zweiten Weltkrieg

Die diplomatischen Konferenzen, die 1941 von den Großmächten – den Vereinigten Staaten und England, und dann der Sowjetunion und China – abgehalten wurden, hatten zwei Beweggründe: Die Diskussion der Kriegsstrategie und die der Friedensordnung der Nachkriegszeit.[139] Die Umgestaltung der Welt nach dem Zweiten Weltkrieg wurde durch die Debatten über wirtschaftliche und finanzielle Probleme[140] und über politische Entscheidungsprozesse im Bereich der globalen Sicherheit in Gang gesetzt.[141]

Vom Standpunkt der internationalen Ordnung aus betrachtet, bedeutete das Ende des Zweiten Weltkrieges noch nicht die Konsolidierung der wirtschaftlichen und politischen Vorrangstellung der USA in der „westlichen Welt".[142] Aber auf militärisch-politischer Ebene hatten die Vereinigten Staaten das Nuklearmonopol und mehrere strategisch-militärische Vorteile im Vergleich zu den anderen Ländern.[143] Während der Konferenz von *Bretton Woods* im Jahr 1944 wurde ein Finanzsystem beschlossen, das auf dem Muster des Golddevisenstandards basierte.[144] Dieses System gab der nordamerikanischen Währung die Position einer internationalen Währung. Darüber hinaus besaßen die USA am Ende des Zweiten Weltkrieges eine große Menge von Rohstoffen, Nahrungsmitteln, Devisenreserven und industrieller Produktion.[145]

---

139 Vgl. Angermann, Die Vereinigten Staaten von Amerika seit 1917, S. 249-267.
140 Im Juli 1944 fand die Konferenz von *Bretton Woods* statt. Am Ende der Konferenz wurden ein Internationaler Währungsfonds und eine Internationale Bank für Wiederaufbau und Entwicklung gebildet. Vgl. Carlos Lopes, 1944-1994. 50 anos de *Bretton Woods*, in: Terceiro Mundo, dezembro 1993.
141 Vgl. Helmut Volger, Geschichte der Vereinten Nationen, München 1995, S. 1-28.
142 Der Begriff „westliche Welt" bezeichnete die westlichen Staaten, die liberaldemokratische und kapitalistische Systeme hatten. Im Bereich der Ideologie bestand die „bürgerliche Freiheit" in Gegensatz zu „totalitärer Herrschaft" in der „östlichen Welt". Der Gebrauch des Begriffes von „westlicher Welt" und „östlicher Welt" ging über den geographischen Sinn hinaus. Vgl. dazu Werner Link, Der Ost-West Konflikt. Die Organisation der internationalen Beziehungen im 20. Jahrhundert, Stuttgart 1980, S. 61.
143 Vgl. Celso Furtado, A hegemonia dos Estados Unidos e o subdesenvolvimento da América Latina, 3. Aufl., Rio de Janeiro 1978, S. 28.
144 Vgl. Elmar Altvater, Die Weltwährungskrise, Frankfurt a. M. 1969, S. 45-50.
145 Vgl. Celso Furtado, Transformação e crise da ecomonia mundial, Rio de Janeiro 1987, S. 12-15.

Nach dem Krieg entwickelte die US-Regierung ihre Vorstellung vom Aufbau der Organisation der Vereinten Nationen. Auf der Konferenz von *Dumbarton Oaks* vom 21. August bis zum 9. Oktober 1944 erarbeitete man einen Statutenentwurf und Vorschläge zur Errichtung einer Allgemeinen Internationalen Organisation. Die Abmachungen von *Dumbarton Oaks* zeigten die Legitimität von regionalen Vereinbarungen im Interesse der Sicherheit innerhalb der allgemeinen Weltfriedensorganisation und schufen die Basis für die Gründungskonferenz der Vereinten Nationen in San Francisco, auf der man die Einberufung der Gipfelkonferenz der „Großen Drei" in Jalta im Februar 1945 vereinbarte.[146]

In diesem Zusammenhang bemühte sich die US-Regierung, die Länder Lateinamerikas in die Vereinten Nationen zu integrieren[147] und auch darum, ihre panamerikanische Politik in der Nachkriegszeit weiter zu entwickeln. So engagierte sich die brasilianische Regierung gegen Kriegsende für diese internationale Organisation. Der brasilianische Staat und die anderen lateinamerikanischen Staaten erwarteten von den USA die Aufrechterhaltung ihrer hegemonialen Militärmacht in Südamerika.[148] Diese Länder nahmen an der internationalen Organisation teil, um Einfluß auf die internationalen Beziehungen ausüben und materielle Unterstützung erhalten zu können.[149]

Als die Konferenz von Chapultepec/Mexiko im Februar 1945 eröffnet wurde, bestand das Prinzip einer Politik der „guten Nachbarschaft" in der Anerkennung der Gleichberechtigung aller Nationen. Dieses politische Prinzip sollte zur Entwicklung eines demokratischen Prozesses auf alle amerikanischen Republiken ausgedehnt werden. Ferner versuchten die Nationen, neue Maßnahmen einer Koopera-

---

146 Neben den USA, Großbritannien, der UdSSR und China waren am Ende der Konferenz von San Francisco 50 Teilnehmerstaaten zu verzeichnen: Ägypten, Argentinien, Äthiopien, Australien, Belgien, Bolivien, Brasilien, Chile, Costa Rica, Dänemark, die Dominikanische Republik, Ecuador, El Salvador, Frankreich, Griechenland, Guatemala, Haiti, Honduras, Indien, Irak, Iran, Jugoslawien, Kanada, Kolumbien, Kuba, Libanon, Liberia, Luxemburg, Mexiko, Neuseeland, Nicaragua, die Niederlande, Norwegen, Panama, Paraguay, Peru, die Philippinen, Saudi-Arabien, Syrien, Südafrika, die Tschechoslowakei, die Türkei, Ukraine, Uruguay, Venezuela, Weißrußland. Vgl. dazu United Nations Conference on International Organization. Selected Documents. San Francisco April 25 to June 26-1945, Washington 1946, S. 3-4.

147 Unter den 50 Teilnehmerstaaten der UNO auf der Konferenz von San Francisco waren 20 Staaten aus Lateinamerika. Die Länder Lateinamerikas versicherten auf der Konferenz von *Chapultepec* (Februar 1945 in Mexiko), die Vorstellung vom Aufbau der Organisation der Vereinten Nationen zu unterstützen.

148 Vgl. Bandeira, Presença dos Estados Unidos no Brasil, S. 290-294.

149 Ende 1946 fühlte die brasilianische Delegation bei der UNO das große Ansehen Brasiliens bei der neuen Organisation, da es an der Mehrheit der Ausschüsse teilnahm. Außerdem nahm Brasilien an der Pariser Konferenz (1946) und an den Moskauer und Londoner Konferenzen (1947) teil. Vgl. dazu Clodoaldo Bueno, A política multilateral brasileira, in: Cervo, O desafio internacional, S. 64.

tion zwischen den amerikanischen Ländern zu ergreifen. Ziel war die Zusammenarbeit in verschiedenen Bereichen, zum Beispiel in denen der Produktion von Nahrungsmitteln, des Transportwesens, des wirtschaftlichen Aufschwungs, der Industrialisierung, der Modernisierung der Landwirtschaft, der Verbesserung der öffentlichen Gesundheit, der Nachrichtenfreiheit und des Erziehungswesens.[150]

Seit der Gründung der Vereinten Nationen verfocht die brasilianische Delegation in diesem Forum die gleiche politische Position wie die US-Regierung.[151] Wegen der diplomatischen Verflechtung zwischen den lateinamerikanischen Staaten verlangten Brasilien sowie die anderen Staaten Lateinamerikas im Jahr 1945 einen ständigen Sicherheitsratssitz oder drei nichtständige Sicherheitsratssitze in der UNO für Lateinamerika. Doch diese Forderungen wurden abgelehnt. Nur ein Jahr später wurde Brasilien ein nichtständiges Mitglied des UN-Sicherheitsrats für zwei Jahre.[152]

Aber auf diesen Konferenzen traten nach wie vor Widersprüche auf wirtschaftlichem und politischem Gebiet zwischen den Ländern des amerikanischen Kontinents zutage. Auf der Konferenz von Chapultepec verteidigten diejenigen lateinamerikanischen Länder, die erst seit kurzem in die Phase der Industrialisierung eingetreten waren, ihre wirtschaftliche Entwicklung durch eine Schutzzollpolitik, öffentliche Investitionen aus den USA und eine starke Unterstützung des Staates in der Wirtschaft. Im Gegensatz dazu förderten die USA eine Politik der Aufhebung der Schutzzollschranken, des Freihandels, der Freiheit ausländischen Privatkapitals und der Beendigung einer stärkeren Intervention des Staates in die Wirtschaft. Mit der Unterzeichnung des Protokolls wurde die Konferenz im März 1945 geschlossen. Ihr wichtigstes Resultat war die gemeinsame Erklärung über gegenseitige Hilfsmaßnahmen, über die amerikanische Sicherheitssolidarität und die Ausdehnung des Freihandels, über die Freiheit des ausländischen Privatkapitals

---

150 Der institutionelle Rahmen des panamerikanischen Systems wurde auf der Konferenz von *Chapultepec* festgelegt. Vgl. dazu Malan, Relações econômicas internacionais do Brasil (1945-1964), in: Fausto (Hg.), História geral da civilização brasileira, Bd. 11, S. 63.

151 Über die politische Position brasilianischer Delegation in der UNO sagte der ostdeutsche Ministerpräsident Grotewohl, daß Brasilien ein Vasallenstaat der USA war. AA-PA. Abt. 3, Bd. 231. Botschaft der Bundesrepublik Deutschland in Rio de Janeiro an das Auswärtige Amt. Angriffe Grotewohls gegen Brasilien, Rio de Janeiro (18.1.1954). Vgl. auch dazu Moura, Sucessos e ilusões, S. 60.

152 Die Diskussionen über den Sicherheitsrat der UNO in San Francisco waren am wichtigsten, und es gab Kontroversen über die ständigen und nichtständigen Ratsmitglieder. Im Jahr 1945 wurde entschieden, daß die USA, die UdSSR, Großbritannien, China und Frankreich ständige Ratsmitglieder sein sollten; im Jahr 1946 wurden die sechs nichtständigen Ratsmitglieder festgelegt: Lateinamerika erhielt zwei Sitze und das britische *Commonwealth*, Westeuropa, der Nahe Osten und Osteuropa erhielten je einen Sitz. Vgl. dazu Volger, Geschichte der Vereinten Nationen, S. 20-22.

für neue Investitionen und über die Unterstützung des internationalen Finanz-systems von *Bretton Woods*.[153]

Die Zusammenarbeit in verschiedenen Bereichen zwischen den USA und Brasi-lien bzw. zwischen den USA und Lateinamerika hatte schon während des Krieges begonnen. Der Zusammenbruch der Wirtschaft in Europa und in Japan nach dem Krieg bedeutete für Brasilien und für Lateinamerika, daß die Vereinigten Staaten praktisch der einzige Geldgeber und große Handelspartner in der Welt waren. Die USA stellten die überwiegenden Bezugsquellen für Kapital, Märkte und Techno-logie dar. Deswegen verstärkte sich die US-Hegemonie nach dem Jahre 1945 über die gesamte amerikanische Hemisphäre; wahrscheinlich war die Präsenz der Ver-einigten Staaten in Lateinamerika unmittelbar nach dem Zweiten Weltkrieg so stark wie auf keinem anderen Subkontinent.[154]

Zum ersten Mal in der Geschichte eroberten die USA das Monopol in dieser Re-gion und innerhalb des westlichen Weltwirtschaftsgefüges. Sie schufen Mecha-nismen, die darauf abzielten, durch die Ausdehnung des multilateralen Handels und durch das internationale Finanzsystem eine Periode des Weltwirtschafts-wachstums zu ermöglichen. Um die interamerikanische Wirtschaftsentwicklung zu unterstützen, wurde die Wirtschaftspolitik der USA nach 1945 durch die Frei-gabe des privaten Kapitals für Auslandsinvestitionen ergänzt, denn während der ersten Nachkriegsjahre hielten die Industrieländer nur eine geringe Kapitalmenge für Investitionen in solchen Nationen bereit, die sich im Industrialisierungsprozeß befanden.[155]

Während des Zweiten Weltkrieges hatte Brasilien die USA in ihrer Außenpolitik gegenüber Lateinamerika unterstützt. Da diese Politik zu einer Vertiefung der Beziehungen zwischen den Vereinigten Staaten und Brasilien führte, setzte die brasilianische Regierung nach dem Jahre 1945 große Erwartungen in die US-Kooperation. Mit dem Aufstieg der US-Macht in der westlichen Welt glaubten die lateinamerikanischen Eliten, insbesondere diejenigen Brasiliens, daß sich die Lage des ganzen Kontinents durch die wirtschaftliche und politische Vorrangstellung der USA in der westlichen Welt verbessern würde. In Folge dieser Verhandlungen

---

153 Vgl. Moura, Sucessos e iiusões, S. 46-50.
154 Nach dem Zweiten Weltkrieg ging der Handel zwischen Europa und Lateinamerika drastisch zurück; außerdem waren die USA bereits während des Kriegs an einer wirtschaftlichen Ver-tiefung ihrer lateinamerikanischen Beziehungen interessiert. Vgl. dazu Malan, Relações eco-nômicas internacionais do Brasil (1945-1964), in: Fausto (Hg.), História geral da civilização brasileira, Bd. 11, S. 58.
155 Vgl. Furtado, A hegemonia dos Estados Unidos e o subdesenvolvimento da América Latina, S. 58-64.

hatte die brasilianische Regierung auch die Hoffnung, ihr Land bald in dem Kreis der reichen Nationen zu führen.[156]

Aber schon seit 1944 beschäftigte sich die Regierung der Vereinigten Staaten mit der internationalen Umgestaltung und vernachlässigte ihre regionale Politik gegenüber Lateinamerika zugunsten ihrer weltweiten Politik. Entgegen den Erwartungen der brasilianischen Diplomatie hat die US-Regierung einem Sicherheitssystem Priorität beigemessen, das der Zusammenarbeit mit Europa, dem Nahen und Fernen Osten sowie mit Asien und Afrika bei der Verwendung seiner Ressourcen den Vorzug gab. Nach Meinung der US-Regierung brauchte das Entwicklungsprogramm Brasiliens zwar Unterstützung, aber nicht so dringend und notwendig wie das Wiederaufbauprogramm für Europa.[157] Auf diese Weise spielte Brasilien keine nennenswerte Rolle in der Außenpolitik der USA, obwohl die brasilianische Diplomatie ihre enge Verbindung mit der US-Diplomatie beibehielt.[158]

Die erneute sicherheitspolitische und wirtschaftliche Zustimmung Brasiliens zur US-Politik nach der Absetzung von Getúlio Vargas[159] setzte schon zu Anfang der Regierung Eurico Dutra (1946-1951) ein, in der João Neves da Fontoura (1946) und Raul Fernandes (1946-51) Außenminister waren. Die Regierung Dutra führte wieder eine demokratische Verfassung ein und zeigte damit den Willen zu einer intensiven politischen, militärischen und wirtschaftlichen Zusammenarbeit mit den USA. Sie setzte es sich von Anfang an als Ziel, einen ökonomischen Liberalismus im Rahmen der Außenwirtschaftspolitik zu realisieren, und versuchte dabei, durch Steuerfreiheit die Importe und eine Begünstigung und Stabilität der Privatunternehmen zu fördern und das Inlands- und Auslandskapital in Brasilien zu sichern.

Da die brasilianische Regierung sich in den ersten beiden Jahren nach dem Kriegsende zu den Grundsätzen des ökonomischen Liberalismus bekannte, vermied Präsident Dutra eine Importkontrolle oder den Schutz der brasilianischen Industrie vor nicht erwünschten Importen. Im Gegenzug zu der Entwicklung der Industrie in Brasilien konnten die USA viele US-Güter nach Brasilien exportieren. Diese Situation förderte eine Flucht der Devisenreserven und eine Verschlechte-

---

156 OA. 47.3.18, Rolo 23-0456. Schreiben an Osvaldo Aranha, New York (18.3.1947).

157 OA. 47.7.28, Rolo 23-0507. Der brasilianische Sekretär bei der UNO, Gesandter Henrique Rodrigues Valle an Osvaldo Aranha, New York (28.7.1947).

158 Vgl. Moura, Sucessos e ilusões, S. 66.

159 Schon Anfang 1945 war im Zuge der weltweiten Demokratisierung die Pressefreiheit wieder eingeführt worden. Sie gestattete Kontrolle und Kritik an den Plänen Vargas', der wieder Präsident werden wollte. Getúlio Vargas wurde am 29. Oktober 1945 vom Militär, das bei der US-Regierung Unterstützung fand, abgesetzt. Vgl. dazu Bradford Burns, A history of Brazil, New York 1980, S. 436-441 und Cammack, Brasilien, in: Tobler und Bernecker (Hgg.), Handbuch der Geschichte Lateinamerikas, Bd. 3, S. 1094-1097.

rung der brasilianischen Zahlungsbilanz und bot keinen Anreiz zu neuen Investitionen in Brasilien. Die hohe Inflation in Brasilien zwang die Regierung zu einer „Anti-Inflationspolitik" und zur Änderung ihrer Außenhandelspolitik.

Die Beziehungen zu den USA bedeuteten für die brasilianische Regierung fast die einzige Möglichkeit, um Investitionen, Technologie und Unterstützungen zu erhalten. Deswegen versuchte die Regierung Brasiliens bei der US-Regierung, ein konkretes Entwicklungsprogramm, d. h. öffentliche Investitionen und technologische Unterstützung für ihr eigenes Industrialisierungsprogramm zu erreichen.[160]

Angesichts dieser Schwierigkeiten hatte die Regierung Dutra die Absicht, mit dem *Plano SALTE* den Aufbau einer institutionellen Infrastruktur durch öffentliche Investitionen zu finanzieren.[161] Später bat sie die US-Regierung um Einberufung einer Gemischten Kommission, die sogenannte „Abbink-Kommission"[162], welche die brasilianische Wirtschaftslage untersuchen und einen Entwicklungsplan entwerfen sollte. Wegen der Beihilfe der brasilianischen Regierung während des Zweiten Weltkrieges schlossen die USA zwar einen Kompromiß, der auf dem Prinzip der „ökonomischen Gegenseitigkeit" bestand. Aber für die US-Regierung hatte Brasilien nach dem Krieg an politischer und wirtschaftlicher Bedeutung verloren. Vor diesem Hintergrund machte die Untersuchungskommission nur theoretische Anmerkungen zur brasilianischen Wirtschaft, ohne damit durchgreifende praktische Maßnahmen einzuleiten. Sie empfahl, daß jede wirtschaftliche Aktivität in Brasilien auf der Privatinitiative basieren und eine Intervention des Staates lediglich dem Ziel des Entwurfs eines Entwicklungsprogramms dienen sollte.

Die brasilianischen Vertreter in der Kommission hielten ihren Abschlußbericht zwar für eine gute Analyse der finanziellen und ökonomischen Probleme Brasiliens; aber sie waren auch der Meinung, daß er nicht genügte, um die Kapitalinvestitionen in Brasilien zu erhöhen. Die Regierungsvertreter übten Kritik an der Kündigung der US-Anleihe nach dem Zweiten Weltkrieg und waren überzeugt, daß die US-Vertreter letztendlich gegen das Entwicklungsprogramm Brasiliens waren. Schließlich standen die Ansichten der Kommission in Widerspruch zur Meinung der brasilianischen Regierung.

---

160 OA. 47.3.18, Rolo 23-0456. Schreiben an Osvaldo Aranha, New York (18.3.1947).

161 Der *Plano SALTE* wurde zwischen 1947 und 1950 in Brasilien diskutiert und suchte die Entwicklung in den Bereichen Gesundheit, Nahrungsmittel, Landwirtschaft, Verkehrswesen und Energie zu fördern. Der Plan wurde im Mai 1950 bestätigt, aber nicht in Kraft gesetzt.

162 Diese Gemischte Kommission wurde „Abbink-Kommission" wegen des Vertreters der US-Regierung John Abbink genannt. Er war der Leiter der Gemischten Kommission zwischen 1948 und 1949 in Brasilien.

Diese Kontroverse führte zu Diskussionen über eine „kohärente Entwicklungsstrategie" Brasiliens. Vor dem Kriegsende sich schloß die Innen- und Außenpolitik Brasiliens dem alliierten Lager an, um die wirtschaftliche und die politische Entwicklung des Landes zu fördern. Aber die politische Debatte, die in den dreißiger Jahren in Brasilien begonnen hatte und an der viele Wirtschaftswissenschaftler, Vertreter der dominierenden Oligarchie, Unternehmer und Bürokraten teilgenommen hatten, stellte ein ökonomisches Konzept für die Entwicklung dar. In dieser Zeit und in den vierziger Jahren konkurrierte das Konzept der Urbanisierung und Industrialisierung der brasilianischen Gesellschaft, dessen Idee immer bestimmender in Brasilien wurden, mit den strikten Interessen der agrarischen Exportsektoren.[163]

In der Kontroverse über „das ökonomische Entwicklungskonzept" standen sich zwei Tendenzen gegenüber. Eine verteidigte den wirtschaftlichen Liberalismus und versuchte, den „Beruf Brasiliens zur Landwirtschaft" zu unterstützen. Die andere Tendenz war für eine Industrialisierungspolitik, zu der die Intervention des Staates in der Wirtschaft nötig war.[164]

Ende der vierziger Jahre trat die Überzeugung in den Hintergrund, daß der ökonomische Liberalismus als Regierungspolitik die brasilianische Wirtschaftsentwicklung vorantreiben könnte. Dagegen gewann das sogenannte „Konzept des Staatsinterventionismus" immer mehr an Bedeutung. Man propagierte den Fortschritt der Industrialisierung durch Einrichtung von Schutzzöllen und einer Infrastruktur, die der Staat skizzieren sollte. Die Wichtigkeit der agrarischen Exportsektoren für die Industrialisierung bestand in deren Funktion als Lieferant nicht nur von Devisen für die steigenden Importe Brasiliens, sondern auch als Lieferant von Rohstoffen für die Expansion der Industrie und der Nahrungsmittelproduktion für den Urbanisierungsprozeß.

---

163 Zwischen 1939 und 1946 wurde der industrielle Sektor in Brasilien zu einem der dynamischsten Sektoren der Wirtschaft. Im Jahr 1939 stieg die industrielle Produktion um 60%, während das Wachstum des Agrarsektors nur circa 7% betrug. Aber dieses beschleunigte Wachstum der Industrie zog weder die wirtschaftliche Hegemonie noch einen bestimmenden politischen Einfluß des Sektors nach sich. 1940 belief sich die Agrarproduktion in Brasilien auf 66% der gesamten Produktion. Vgl. dazu Paul Singer, Interpretação do Brasil. Uma experiência histórica de desenvolvimento, in: Fausto (Hg.), História geral da civilização brasileira, Bd. 11, S. 216-224.

164 Der wichtigste Vertreter des Modells der Intervention des Staates in die Wirtschaft war in den vierziger Jahren Roberto Simonsen, der der Nichtintervention in der gleichen Zeit war Eugênio Gudin. Aber erst in den fünfziger Jahren entwickelte sich diese Diskussion zu einer theoretischen Konfrontation, da mehrere Intellektuelle und Institutionen daran teilnahmen. Vgl. dazu Guido Mantega, A economia política brasileira, 5. Aufl., Petrópolis 1990, S. 12.

Eigentlich erforderte dieses Konzept ein hohes Tempo der wirtschaftlichen Entwicklung für Brasilien, die nur durch die Industrialisierung und durch einen Globalplan für die brasilianische Ökonomie erreicht werden konnte. Die Vertreter dieses Konzeptes behaupteten, daß das Land nur dann einen starken sozioökonomischen Aufschwung hin zu einer realen Bedeutung auf der Weltbühne schaffen könnte, wenn es sich zum Industriestaat entwickeln würde. Das Entwicklungsprogramm bzw. das Industrialisierungsprojekt Brasiliens trugen zur Ausbreitung und Vertiefung eines nationalen Bewußtseins und zu einer Vergrößerung der Rolle des Staates im Wirtschaftsprozeß im Laufe der fünfziger Jahre bei. Der Nationalismus wurde immer mehr zur führenden Ideologie und mündete schließlich in dem „Konzept des Entwicklungsnationalismus": Die brasilianische Regierung setzte nun auf private ausländische Investoren mit der Maßgabe, daß sich diese in solchen Sektoren engagierten, die Seitens der Regierung für die sozioökonomische Entwicklung als besonders relevant betrachtet wurden.[165]

Nach dem Scheitern der Bemühungen um eine moderne Entwicklung in den vierziger Jahren in ganz Lateinamerika forderte die chilenische Regierung die Einsetzung einer UN-Kommission zur Erarbeitung einer Wirtschaftsdoktrin für Lateinamerika.[166] In dem Entwurf der Ökonomen dieser Kommission wurde die Begründung für eine „Importersatz-Industrialisierung" geliefert, d. h. für erweiterte Märkte, eine verstärkte Industrialisierung, ein Wachstum mit binnenmarktorientierter Wirtschaftspolitik, eine gezielte Zusammenführung der lateinamerikanischen Volkswirtschaften und eine internationale Verbesserung des Austauschverhältnisses von Rohstoffen und Industrieprodukten. Damit sei die traditionelle Abhängigkeit der lateinamerikanischen Wirtschaft als Peripherie – Entwicklungsländer – vom Zentrum – Industrieländer – zu vermindern.[167]

---

165 Vgl. Roberto Simonsen, A controvérsia do planejamento na economia brasileira, Rio de Janeiro 1978, S. 33-37.

166 Die UN-Wirtschaftskommission für Lateinamerika und die Karibik (*Comissão Econômica para a América Latina e Caribe* – CEPAL) wurde 1948 gegründet. Im Exekutivsekretariat der CEPAL traten am Anfang etwa zehn Wirtschaftswissenschaftler aus Lateinamerika, Europa und den USA zusammen. Die CEPAL arbeitete ab 1950 unter ihrem Exekutivsekretär, dem argentinischen Wirtschaftswissenschaftler Raúl Prebisch. CEPAL war das Zentrum der wirtschaftlichen und wissenschaftlichen Diskussion über die lateinamerikanische Unterentwicklung in den fünfziger und sechziger Jahren. Ihre Aufgaben bestanden in wissenschaftlichen Analysen der Entwicklungsprobleme und -prozesse in Lateinamerika und der Karibik. Das CEPAL-Konzept entstand aus der Kritik an der klassischen Außenhandelstheorie und entwarf das sogenannte Zentrum-Peripherie-Modell. Anfang der achtziger Jahre umfaßte die CEPAL ungefähr 400 Fach- und Hilfskräfte. Vgl. dazu Celso Furtado, Teoria e política do desenvolvimento econômico, 9. Aufl., São Paulo 1986 und Octávio Rodriguez, La teoria del subdesarrollo de la CEPAL, Mexiko 1980.

167 Mittels des sogenannten Zentrum-Peripherie-Modells wies Raúl Prebisch auf die These hin, daß der Handelsaustausch zwischen Industrie- und Entwicklungsländern asymmetrisch ver-

Während das wirtschaftliche Verhältnis zwischen Brasilien und den Vereinigten Staaten im Vergleich zur Zeit während des Krieges schwieriger wurde und die US-Regierung ihre Außenpolitik gegenüber Brasilien bis zum Ende der fünfziger Jahre aufrechterhielt, gewann die Sicherheitspolitik im Verhältnis von Brasilien und den USA mit der Fortentwicklung des Kalten Krieges an Intensität.[168] Vor diesem historischen Hintergrund sind jene Entwicklungstheorien in Brasilien zu sehen, die zur Grundlage der nationalen und internationalen Entwicklungspolitik seit den fünfziger Jahren wurden.[169] Deswegen paßte die brasilianische Regierung sich allmählich in ihrer außenpolitischen Orientierung und in ihrem Glauben an die Bedeutung Brasiliens auf der Weltbühne an die Außenwirtschaftsgrundsätze an. In dieser Weise wurde die brasilianische Außenpolitik und die gesamte Regierungspolitik im Zusammenhang mit Außenwirtschaftspolitik gesehen und zielte darauf ab, ihre wirtschaftlichen Beziehungen mit anderen Ländern und damit ihren Verhandlungsspielraum für ihr Entwicklungskonzept im Rahmen der westlichen Welt zu verbessern.

2.2 Die ersten brasilianisch-deutschen Beziehungen von 1945 bis 1949

Der Zweite Weltkrieg bildete in dem Verhältnis zwischen Brasilien und Deutschland eine Zäsur. Die brasilianische Kriegserklärung an Deutschland und ihre Kriegsgesetzgebung waren in den Beziehungen beider Länder von so großer Bedeutung, daß sie ihre politischen und wirtschaftlichen Kontakte lahmlegten.

Nach der völligen militärischen Niederlage und der bedingungslosen Kapitulation des Deutschen Reiches folgte die Besatzung durch die Siegermächte.[170] Auf der

---

laufe. Während die Preise der exportierten Rohstoffe dauerhaft sanken, stiegen gleichzeitig die Preise der importierten Industrieprodukte. Und die dynamischen Länder des Zentrums profitierten davon. Vgl. dazu Raúl Prebisch, El desarrollo económico de América Latina y algunos de sus principales problemas, New York 1950.

168 Vgl. Tobler und Bernecker (Hgg.), Handbuch der Geschichte Lateinamerikas, Bd. 3, S. 118-119.

169 Es ging dabei um unterschiedliche Ansätze, die zu begründen versuchten, warum und in welcher Weise eine „assoziierte industrielle Entwicklung" in der Peripherie zu deren wirtschaftlichem und sozialem Fortschritt beitrug. Vgl. dazu Mantega, A economia política brasileira, S. 77-283.

170 Die drei Alliierten Staaten (USA, UdSSR und England) berieten seit 1943 über die konkreten Probleme von Deutschland auf ihren Kriegskonferenzen, und im besetzten Deutschland sollten vier allgemeine Ziele nach der Konferenz von Potsdam verfolgt werden: Denazifizierung, Demilitarisierung, Demontage und Demokratisierung. Vgl. dazu Wolfgang Marienfeld, Konferenzen über Deutschland. Die alliierte Deutschlandsplanung und -politik (1941-1949), Hannover 1963, S. 71-298.

Konferenz von Potsdam faßten die Siegermächte den Beschluß, in Berlin Missionen der anderen alliierten Länder zu installieren. Im Oktober 1945 wurden beim Alliierten Kontrollrat die Alliierten Militärmissionen von 15 Ländern, einschließlich Brasilien, akkreditiert.[171] In dieser Weise wurden die ersten politisch-diplomatischen Kontakte Brasiliens zu dem ehemaligen Deutschen Reich in den ersten Nachkriegsjahren durch die brasilianische Militärmission eingeleitet.[172] Im November 1945 hob die brasilianische Regierung den Kriegszustand auf brasilianischem Gebiet mit dem Dekret Nr. 19.955 auf.[173] Anfang 1946 begann die Militärmission Brasiliens ihre Arbeit in Berlin. Ihre vorrangigen Funktionen waren, die politische und wirtschaftliche Entwicklung in dem ehemaligen Deutschen Reich mitzuverfolgen, die ersten diplomatischen Kontakte zwischen Brasilien und Deutschland zu knüpfen und die Auswanderung nach Brasilien zu fördern.[174]

Für die brasilianische Regierung bedeutete diese Aufgabe die Verteidigung „wichtiger nationaler Interessen". Durch die beiden ersten Aufträge beabsichtigte sie, das Gewicht des Landes auf internationaler Ebene zu erhöhen. Eine Militärmission bei den Besatzungsmächten zeigte nicht nur die Fähigkeit des Siegerlands Brasilien zur Entsendung militärischer Vertreter nach Berlin nach dem Zweiten Weltkrieg, sondern die Möglichkeiten der brasilianischen Regierung, eine Rolle in den internationalen Beziehungen spielen zu können.

Die Militärmission in Berlin verstärkte gegenüber der US-Regierung und den europäischen Ländern die internationale Präsenz Brasiliens. Brasilien hatte darüber hinaus Interesse an einer Beobachtung der politischen und wirtschaftlichen Lage Deutschlands. Im Grunde genommen stand die Militärmission in Berlin in der Kontinuität der brasilianischen Außenpolitik seit 1930. Die Regierung sollte immer nach neuen internationalen Beziehungen suchen, an den internationalen Organisationen teilnehmen und diese Beziehungen durch diplomatische, militärische

---

171 Angesichts des Beschlusses vom 3.10.1945 beim Alliierten Kontrollrat durften 15 Länder eine Militärmission nach Berlin entsenden. Die Länder waren Australien, Belgien, Brasilien, China, Dänemark, Griechenland, Kanada, Jugoslawien, Luxemburg, die Niederlande, Neuseeland, Norwegen, Polen, Südafrika und die Tschechoslowakei. Vgl. dazu Lucius Clay, Entscheidung in Deutschland, Frankfurt a. M. 1950, S. 491.

172 General Anor Teixeira dos Santos war der Leiter der brasilianischen Mission in Berlin zwischen 1946 und 1947. Von 1947 bis 1948 folgte ihm General Aurélio de Lira Tavares. Ab 1948 bis zum Jahr 1949, als die brasilianische Militärmission abgelöst wurde, nahm wieder General Santos diese Position ein. Vgl. dazu Dicionário histórico-biográfico brasileiro, Rio de Janeiro 1984, Bd. 4, S. 3083 und 3305.

173 Vgl. LEX 1945, Regierungsdekret Nr. 19.955 vom 16.11.1945, S. 582.

174 MRE. DAR. SCE. Berlin. Brasilianische Militärmission beim Alliierten Kontrollrat an den brasilianischen Außenminister Raul Fernandes (29.1.1947).

oder wirtschaftliche Vertretungen festigen, um wichtige wirtschaftliche und politische Sektoren des Landes in Schwung zu bringen.[175]

Im Gefolge des Bestrebens, die Auswanderung nach Brasilien zu forcieren, versuchte die brasilianische Militärmission in Berlin in Zusammenarbeit mit dem „Brasilianischen Einwanderungs- und Kolonisationsrat" *(Conselho de Imigração e Colonizução),* eine Einwandererförderung in Angriff zu nehmen. Während des Kriegs und nach Kriegsende berücksichtigte die brasilianische Regierung die Einwanderungsfrage in Verbindung mit ihrer Außenpolitik, ihrer Arbeitsmarktpolitik und ihrer nationalen Sicherheitspolitik. Die Auswahl der Einwanderer sollte nach dem Zweiten Weltkrieg jene Facharbeiter, Handwerker, Techniker und landwirtschaftlichen Siedler privilegieren, die zur landwirtschaftlichen Entwicklung und zur Industrialisierung in Brasilien beitragen konnten. Die Einwanderer sollten vorwiegend aus Europa stammen.[176] Die brasilianische Militärmission beschäftigte sich intensiv mit der Auswanderung aus dem besiegten Deutschland nach Brasilien. Ihre Hauptprobleme lagen dabei sowohl im Scheitern einer gemeinsamen alliierten Besatzungspolitik im Kontrollrat als auch in der brasilianischen Innenpolitik.

Nach dem Zweiten Weltkrieg läßt sich eine Wende in den internationalen Wanderungsbewegungen feststellen. Die freien Einwanderungen gingen zurück, die erzwungenen Massenwanderungen nahmen an Bedeutung außerordentlich zu, die Flüchtlingsfrage der Nachkriegszeit stellte ein immer größeres Problem dar.[177] In den ersten Nachkriegsjahren belief sich auf dem Gebiet des ehemaligen Deutschen Reiches und den besetzten Regionen die Zahl der Flüchtlinge auf rund 11 Millionen.[178] In den Monaten nach dem Kriegsende war es die Aufgabe der alliierten Militärregierungen, die Flüchtlinge in ihre Heimatländer zurückzuführen. Aber ein Teil davon aus Ost- und Südosteuropa blieb wegen des politischen Wandels in ihrer ehemaligen Heimat in den westlichen Besatzungszonen.

---

175 Nach Meinung des brasilianischen Außenministeriums hatte die brasilianische Außenpolitik das wirtschaftliche und industrielle Wachstum des Landes im Blick. Vgl. dazu Brasil. MRE. Relatório. Apresentado ao Presidente da República dos Estados Unidos do Brasil pelo Ministro de Estado das Relações Exteriores – 1949, Rio de Janeiro 1950, S. 5-7.

176 Vgl. LEX 1945, Regierungsdekret Nr. 7.967 vom 18.9.1945, S. 497-512 und AA-PA. Abt. 2, Bd. 1887. Legationssekretär Dr. Hans Vacano an das Auswärtige Amt, Deutsche Einwanderung nach Brasilien, mit besonderer Berücksichtigung der brasilianischen Einwanderungspolitik seit 1945, Rio de Janeiro (20.12.1951).

177 Im Umfeld des Zweiten Weltkriegs verloren etwa 50 Millionen Menschen ihre Heimat. Vgl. dazu F. Nuscheler, Das Jahrhundert der Flüchtlinge, in: R. Schulze (Hg.), Flüchtlinge und Vertriebene in der westdeutschen Nachkriegsgeschichte, Hildesheim 1987, S. 11-12.

178 Vgl. Gerhard Reichling, Flucht und Vertreibung der Deutschen, in: Schulze (Hg.), Flüchtlinge und Vertriebene in der westdeutschen Nachkriegsgeschichte, S. 46 und Wolfgang Jacobmeyer, Vom Zwangsarbeiter zum heimatlosen Ausländer, Göttingen 1985, S. 15.

Als Folge des Krieges kamen die Flüchtlinge noch immer aus dem ehemaligen deutschen Osten und den deutschen Siedlungsgebieten im Ausland in die westlichen Besatzungszonen. Durch diese Flüchtlingswellen stiegen die Anzahl von Deutschstämmigen und Ausländern in den alliierten Besatzungszonen an und infolgedessen vergrößerten sich die Schwierigkeiten für die drei westlichen Militärregierungen, die Flüchtlinge anzusiedeln.[179]

Allmählich wurde deutlich, daß jede Besatzungsmacht in ihrer Zone eine unterschiedliche Politik betrieb. Die ungleiche Politik der Besatzungsmächte zeigte sich u. a. im Unterschied der Repatriierungspolitik in den Zonen.[180] In den drei westlichen Besatzungszonen Deutschlands wurde das Flüchtlingsproblem, soweit es Nichtdeutsche betraf, mit Unterstützung der Internationalen Flüchtlingsorganisationen, der *United Nations Relief and Rehabilitation Administration* – UNRRA gelöst.[181] Als die UNRRA von der Internationalen Flüchtlingsorganisation *(International Refugee Organization* – IRO*)* Ende 1946 abgelöst wurde, war das Flüchtlings- und Vertriebenenproblem aufgrund des nicht endenden Zustroms von Deutschen, Deutschstämmigen und Nichtdeutschen vor allem aus Osteuropa in den drei westlichen Zonen gravierend.

So wanderten nach dem Zweiten Weltkrieg verschiedene Migrationsbewegungen: einmal von Deutschen, die aus dem ehemaligen Deutschen Reich auswanderten und schließlich von Ausländern, die in das westliche Nachkriegsdeutschland immigrierten. Das Programm der Internationalen Flüchtlingsorganisation *(International Refugee Organization* – IRO*)* beschloß die Fürsorge für Flüchtlinge und bot diesen eine andere Möglichkeit an: Sie war im wesentlichen auf das Repatriieren der Flüchtlinge aus den drei westlichen Militärzonen in das Ausland ausgerichtet. Die Auswanderungsmöglichkeiten verbesserten sich angesichts der Einwande-

---

179 In den ersten Nachkriegsjahren wurde allgemein von Flüchtlingen gesprochen, ohne sie zu unterscheiden. Erst im Jahre 1953 wurden die Flüchtlinge in der Bundesrepublik Deutschland in drei Kategorien eingeordnet: Die Vertriebenen, die als deutsche Staats- oder Volkszugehörige am 1.9.1939 ihren Wohnsitz in den deutschen Ostgebieten hatten und von dort vertrieben wurden; die Heimatvertriebenen, die als nichtdeutsche Staats- oder Volkszugehörige am 31.12.1937 ihren Wohnsitz in diesen Gebieten hatten und auch ihren Heimat verloren und die Sowjetzonen-Flüchtlinge, die in der SBZ oder Ostberlin ihren Wohnsitz als politischen Gründe verloren. Vgl. dazu G. Reichling, Flucht und Vertreibung der Deutschen, in: Schulze (Hg.), Flüchtlinge und Vertriebene in der westdeutschen Nachkriegsgeschichte, S. 50-54.

180 Vgl. Jacobmeyer, Vom Zwangsarbeiter zum heimatlosen Ausländer, S. 153-175 und Jacques Vernant, The Refugee in the Post-War World, London 1953, S. 157-158.

181 Die UNRRA wurde im Jahr 1943 gegründet. Ihr Ziel war, sich besonders um die Verschleppten *(Displaced Persons)* zu kümmern, die aus Furcht vor dem Kommunismus die Rückkehr in die Heimat ablehnten und ins westliche Ausland emigrieren wollten. 1945 wurde diese Organisation von der UNO übernommen. Vgl. dazu Jacobmeyer, Vom Zwangsarbeiter zum heimatlosen Ausländer, S. 15 und Vernant, The Refugee in the Post-War World, S. 30-33.

rungspolitik der Aufnahmeländer und der Unterstützung der Hilfsorganisationen. Unter dem Motto der „Internationalisierung des deutschen Flüchtlingsproblems" konnte die IRO ab 1947 nach Verhandlungen mit den Aufnahmeländern einen Teil der Flüchtlinge im Ausland ansiedeln. Für die Flüchtlinge und große Teile der deutschen Bevölkerung, die sich in einem Zustand der Hoffnungslosigkeit befanden und keine geregelte Beschäftigung hatten, erschien die Auswanderung, besonders in außereuropäische Länder, eine Möglichkeit, ihre berufliche und soziale Lage zu verbessern.[182]

Trotz der schwierigen sozialen Lage in den Besatzungszonen war die deutsche Auswanderung in den ersten Nachkriegsjahren minimal. Was die Auswanderung anbelangt, durften die deutschen Staatsangehörigen anfangs nur in Ausnahmefällen das ehemalige Deutsche Reich verlassen, da die vier Besatzungsmächte mehr oder weniger die deutsche Auswanderung verhinderten. Normalerweise durften die Deutschen die Besatzungszonen nach Übersee nur dann verlassen, wenn sie eine doppelte Staatsangehörigkeit hatten oder wenn Familien zusammengeführt werden wollten.[183] Die Militäradministrationen von Großbritannien, Frankreich und den USA kontrollierten einerseits die deutsche Auswanderung aus politischen Gründen und andererseits im Hinblick auf die wirtschaftliche Entwicklung in ihren Zonen.[184] Als die Bizone – das Vereinigte Wirtschaftsgebiet der amerikanischen und britischen Besatzungszonen in Deutschland – am 1. Januar 1947 errichtet wurde, war deren Politik gegen die deutsche Auswanderung nach Übersee gerichtet.[185]

---

182 Die IRO hatte ihren festen Sitz in Genf, aber die Außenstellen wurden in Ägypten, Belgien, Brasilien, China, Deutschland, England, Frankreich, Holland, Italien, Kanada, Österreich, Polen, der Tschechoslowakei, Venezuela und in den USA geleitet. Die Organisation arbeitete mit diesen Ländern zusammen, um die Auswanderung der Flüchtlinge vorzubereiten und zu unterstützen. Vgl. dazu Jacobmeyer, Vom Zwangsarbeiter zum heimatlosen Ausländer, S. 165.

183 Die Proklamation Nr. 2 – Abschnitt III des Kontrolrates der Alliierten und das Gesetz Nr. 161 der amerikanischen Militärregierung verboten allen Deutschen, deutsches Gebiet zu verlassen. Im Laufe der Zeit wurde der Befehl gelockert, so daß die Militärregierungen einigen Personengruppen die Möglichkeit gaben, Ausreisegenehmigungen zu erhalten. Ausnahmegenehmigungen bekamen Frauen, die mit Besatzungsmitgliedern verlobt oder verheiratet waren, und Verfolgte des Naziregimes sowie Minderjährige, die mit ihren Eltern oder Verwandten zusammenleben wollten. Vgl. dazu Hemken, Sammlung der vom Alliierten Kontrollrat und der amerikanischen Militärregierung erlassenen Proklamationen. Gesetze. Verordnungen. Befehle, Die Proklamation Nr. 2 – Abschnitt III und das Gesetz Nr. 161.

184 MRE. DAR. SCE. Berlin. Brasilianische Militärmission beim Alliierten Kontrollrat an den brasilianischen Außenminister Raul Fernandes, Vertrauliches Schreiben (10.9.1947) und OA. 47.3.12, Rolo 23-0455. Schreiben von Norbert Schultze, Berlin (12.3.1947).

185 Vgl. Vernant, The Refugee in the Post-War World, S. 141-177.

Im Rahmen der Auswanderung von Deutschen in den ersten Jahren nach dem Zweiten Weltkrieg gab es noch eine andere Schwierigkeit: Die Einwanderungsländer waren meistens Feindstaaten des ehemaligen Deutschen Reiches. Im Verhältnis zwischen Brasilien und den deutschen Besatzungszonen gab es immer noch Kontroversen wegen der brasilianischen Kriegserklärung an Deutschland im Jahr 1942 und ihrer Kriegsgesetzgebung. Nach dem Zweiten Weltkrieg erklärte die brasilianische Regierung durch das Dekret Nr. 19.955 vom 16.11.1945 das Nicht-Bestehen des Kriegszustandes mit Deutschland, Italien und Japan. Aber das Dekret hatte keinerlei Auswirkung auf die Rechtslage des Feindvermögens, durch das während des Krieges deutsches Eigentum und die deutschen Siedlungsgesellschaften ohne Entschädigung enteignet worden waren.[186] Obwohl die Regierung in Rio de Janeiro erkennen gab, daß sie die Bedeutung deutscher Kolonisationsgesellschaften für die brasilianischen Einwanderungs- und Kolonisationspläne nach wie vor anerkannte, wurden die Vermögen dieser Gesellschaften dem brasilianischen Nationalvermögen einverleibt.[187]

Andere Schwierigkeiten der Militärmission lagen bei der Innenpolitik der brasilianischen Regierung. Obwohl der tatsächliche Auftrag der Militärmission die Unterstützung der deutschen Auswanderung nach Brasilien war, mußte sie auf die brasilianische Einwanderungsgesetzgebung Rücksicht nehmen. Seit 1930 erließ die Regierung Dekrete, die eine Begrenzung der Einwanderung verlangten, da sie nicht mehr an einer größeren Zahl von Einwanderern interessiert war.[188] Nach dem Zweiten Weltkrieg mangelte es der brasilianischen Regierung an einer Gesamtplanung für die Einwanderungspolitik. Aber sie hatte dennoch eine freundliche Haltung gegenüber der Einwanderung aus Europa.[189] Außerdem bestand ein

---

186 Hierzu dienten folgende Dekrete: Regierungsdekret Nr. 8.553 vom 4.1.1946, Errichtung der Kriegsreparationskommission *(Comissão de Reparações de Guerra)*; Regierungsdekret Nr. 9.658 vom 26.8.1946, Verkaufsbedingungen bei Verwertung der Feindvermögen in Staatseigentum; Regierungsdekret Nr. 9.727 vom 3.9.1946, Liquidation der zivilen Gesellschaften, deren Vermögenswerte beschlagnahmt worden waren und Regierungsdekret Nr. 23.179 vom 10.6.1947, Entschädigungszahlung für Kriegsschäden – sofortiger Verkauf von Vermögenswerten der im Ausland ansässigen Feindangehörigen. Vgl. dazu LEX 1946, Regierungsdekret Nr. 8.553, S. 35-38; Regierungsdekret Nr. 9.658, S. 617-618; Regierungsdekret Nr. 9.727, S. 647 und LEX 1947, Regierungsdekret Nr. 23.179, S. 117.
187 Vgl. LEX 1947, Regierungsdekret Nr. 23.193 vom 11.6.1947, S. 118.
188 Im Jahr 1930 erließ die Regierung ein Dekret, das die Einwanderung beschränkte. Die brasilianischen Verfassungen von 1934 und 1937 schränkten die Macht der Bundesregierung in der Frage der Einwanderung ein. Im Jahr 1941 wurden die Einschränkungen nochmals verstärkt, wobei die Einwanderung von Flüchtlingen verboten wurde. Im Jahr 1945 reglementierte die Regierung das Einwanderungsgesetz durch das Dekret Nr. 7.967 vom 18.9.1945. Vgl. dazu Maria Tereza Schorer Petrone, Imigração, in: Fausto (Hg.), História geral da civilização brasileira, São Paulo 1978, Bd. 9, S. 97-98 und LEX 1945, S. 497-512.
189 MRE. DAR. SCE. Berlin. Brasilianische Militärmission beim Alliierten Kontrollrat an den brasilianischen Botschafter Hildebrando Accioly (29.11.1948) und AA-PA. Abt. 2, Bd. 1887.

Konsens über die brasilianischen Einwanderungspläne darin, daß die Aufnahme von Einwanderern in einem engen Zusammenhang mit der Wirtschafts- und Arbeitsmarktentwicklung gesehen werden sollte.

Die brasilianischen Vertreter waren überzeugt, daß ihre Engagement zugunsten der Einwanderer eine gute Gelegenheit war, um humanitäre Zwecke mit wirtschaftlichen Interessen zu verflechten.[190] Angesichts dieser Tendenz wollte die brasilianische Einwanderungskommission einer Aufenthaltserlaubnis für Einwanderer nur dann stattgeben, wenn diese nützlich für die brasilianische Wirtschaft sein konnten. Die Vertreter des Außenministeriums in Rio dachten sowohl an Facharbeiter wie an bäuerliche Siedler.[191] Nach wie vor waren auch ideologische Fragen wichtig für die brasilianischen Einwanderungspläne. Die Regierung verfolgte eine Einwanderungspolitik, die weder Masseneinwanderung akzeptierte noch Einwanderer, die gegen die politische Orientierung Brasiliens tendierten.[192] Im Grunde wollte Brasilien, wie die anderen Aufnahmeländer, eine Auswahl unter der Masse der Deutschen und Flüchtlinge zugunsten des eigenen Landes treffen.[193]

Anfangs durfte die brasilianische Militärmission keine Auswanderungsgenehmigung für Deutsche oder Flüchtlinge aus den Besatzungszonen, die nach Brasilien auswandern wollte, erteilen. Zuerst mußten diese die Auswanderungserlaubnis bei der Abteilung für Öffentliche Sicherheit in Berlin beantragen. Nach deren Zustimmung mußten sie um die Genehmigung bei der Militärmission bitten. Aber

---

Legationssekretär Dr. Hans Vacano an das Auswärtige Amt. Deutsche Einwanderung nach Brasilien, mit besonderer Berücksichtigung der brasilianischen Einwanderungspolitik seit 1945, Rio de Janeiro (20.12.1951).

190 MRE. DDD. AHRJ. Bonn, Oficios Recebidos, 1950-7.4.13. Brasilianische Sondermission bei der Alliierten Hohen Kommission an den brasilianischen Außenminister Raul Fernandes (7.12.1950) und OA. 47.6.18, Rolo 23-0492. Schreiben an Osvaldo Aranha, New York (18.6.1947).

191 Die Auswanderer wurden durch die brasilianische Kommission ausgewählt. Vgl. dazu AA-PA. Abt. 2, Bd. 1887. Vermerk über die Besprechung mit dem Leiter der brasilianischen Einwanderungsbehörde, Herrn F. Alvarenga, Brüssel (8.12.1951).

192 Die brasilianischen Beamten führten die ideologische Kontrolle normalerweise durch das politische Unbescholtenheitszeugnis durch und verschlechterten somit die Lage jener Auswanderer, welche die Prinzipien des Sozialismus oder des Kommunismus vertraten. Außerdem stellten die brasilianischen Einwanderungsbehörden Fragen nach der Religionszugehörigkeit der Vertriebenen. Vgl. dazu LEX 1945, Regierungsdekret Nr. 7.967 vom 18.9.1945, Artikel 11, S. 498-499 und OA. 47.6.18, Rolo 23-0492. Schreiben an Osvaldo Aranha, New York (18.6.1947).

193 MRE. DAR. SCE. Berlin. Brasilianische Militärmission beim Alliierten Kontrollrat an brasilianischen Außenminister Raul Fernandes (29.1.1947) und MRE. DDD. AHRJ. Bonn, Oficios Recebidos, 1950-7.4.13. Handelsattaché der brasilianischen Sondermission, Ezequiel Ubatuba, an brasilianischen Außenminister Raul Fernandes (7.12.1950).

die Auswanderungserlaubnis selbst wurde in Rio de Janeiro beim Außenministerium erteilt.[194] Um die Auswanderung nach Brasilien zu begünstigen, durfte die brasilianische Militärmission ab Mai 1947 mit der Genehmigung des brasilianischen Rates für Immigration und Kolonisation die Reisepapiere in Berlin für die deutschen Auswanderer ausstellen. Die Aufenthaltserlaubnis für die Auswanderer aus dem besetzten Deutschland war befristet, da die brasilianische Regierung die deutschen Besatzungszonen als provisorisch ansah.[195] Außerdem bekam das brasilianische Außenministerium erst ab 1948 einen Sonderkredit, um die Einwanderung nach Brasilien zu fördern.[196]

Trotz seines industriellen Wachstums und seiner Unterstützung für die Einwanderung konnte Brasilien keine große Anziehungskraft auf die Deutschen und die Flüchtlinge aus dem ehemaligen Deutschen Reich ausüben. Die anderen Aufnahmeländer in Übersee hatten für Deutsche und Flüchtlinge aus Westdeutschland zwischen 1946 und 1951 einen besseren Ruf als Brasilien, da wirtschaftliche Gründe für die Auswanderer oft am wichtigsten waren.[197] Überdies wurden die Flüchtlinge in den westlichen Zonen allmählich im Rahmen des Wiederaufbauprozesses und des Wirtschaftswachstums Westdeutschlands beschäftigt. Auf diese Weise verringerten sich die Chancen, qualifizierte Fachkräfte als Einwanderer nach Brasilien anzuziehen.

Obwohl die brasilianische Regierung mehr Interesse an deutschen Auswanderern hatte und die IRO sich zwischen 1947 und 1951 hauptsächlich um die Auswanderung von Nichtdeutschen aus den westlichen Besatzungszonen bemühte, engagierte sich die Regierung Brasiliens auch bei dieser internationalen Hilfsorganisation. Die brasilianische Militärmission in Berlin und die brasilianische Einwanderungskommission standen immer in Verbindung mit den Unterorganisationen der Vereinten Nationen bei ihrer Arbeit im Rahmen des Repatriierungs- und Wiederansiedlungs-Programmes von Menschen aus dem ehemaligen Deutschen Reich. In den ersten zwei Jahren nach dem Krieg blieb die Militärmission in ihrem Bemühen, deutsche Auswanderer nach Brasilien zu vermitteln, noch erfolglos. 1946 und 1947 nahm Brasilien keine deutschen Auswanderer auf. Aber bereits im Jahr 1947 fanden auf Schiffen der IRO regelmäßige Transporte statt: In Deutschland

---

194 OA. 47.3.12, Rolo 23-0455. Schreiben von Norbert Schultze, Berlin (12.3.1947).
195 Vgl. Brasil. Diário Oficial da União, Rio de Janeiro, 27.5.1947, S. 7183.
196 Vgl. LEX 1948, Gesetz Nr. 292 vom 22.6.1948, S. 201.
197 Zwischen Juli 1947 und Dezember 1951 wurden rund 869.000 Flüchtlinge nach Übersee verschifft, vor allem in die USA, nach Australien und nach Kanada. Südamerika empfing 96.118 Flüchtlinge. Vermittelt durch die IRO nahm Brasilien in dieser Zeit 28.848 Personen, meistes aus Polen, der Ukraine, Ungarn und Jugoslawien, auf. Vgl. dazu M. Proudfoot, European Refugees (1939-1952). A Study in Forced Population Movement, London 1957, S. 427 und Statistisches Jahrbuch für die Bundesrepublik Deutschland 1960, Statistisches Bundesamt (Hg.), Wiesbaden u. Mainz 1960, S. 75.

lebende Menschen konnten nach Brasilien emigrieren, und später war die Mission in der Lage, 2.400 Flüchtlinge, die in den westlichen Zonen gelebt hatten, nach Brasilien umsiedeln. Zwischen 1948 und 1949 nahm das Land 4.200 Deutsche und 13.900 Flüchtlinge aus dem genannten Gebiet auf.[198]

Erst die Zusammenarbeit zwischen den brasilianischen Vertretern und den internationalen Hilfsorganisationen realisierte den Wunsch Brasiliens, Einwanderer aufzunehmen, da Brasilien über zu wenige Kredite verfügte, um die Einwanderungsprojekte allein zu finanzieren.[199] Während die Hilfsorganisationen finanzielle Mittel für die Auswanderung zur Verfügung stellten, um einen Beitrag zur Lösung des Flüchtlingsproblems in Europa zu leisten, behandelte die brasilianische Regierung die Einwanderungsfrage wie eine Wirtschaftsfrage: Die brasilianische Unterstützung bezweckte, Facharbeiter, Techniker und Bauern ins Land zu holen. Obwohl die Mehrheit der Einwanderer aus Westdeutschland im Jahr 1949 berufstätig war, konnte Brasilien nur wenige hochqualifizierte Einwanderer anziehen, da Brasilien in den Nachkriegsjahren ohne größere wirtschaftliche Attraktivität für Deutsche und Deutschstämmige war.[200]

Im Rahmen der Untersuchung zur Einwanderung aus dem ehemaligen Deutschen Reich nach Brasilien kann darauf hingewiesen werden, daß die ersten legalen deutschen Auswanderungen im Jahre 1948 begannen. Jene Deutschen, die nach Brasilien auswanderten, hatten meistens die doppelte Staatsangehörigkeit oder waren Familienangehörige von Brasilianern.[201]

Ab 1947 verschlechterten sich die Beziehungen zwischen den Alliierten. Die Allianz zwischen den USA und der UdSSR zerbrach. Einerseits vernachlässigte die US-Regierung die politische Kooperation mit der Sowjetunion mit der Begründung, daß die UdSSR ihren Einfluß immer mehr über Mitteleuropa ausbreitete. Die drei westlichen Besatzungsmächte – hauptsächlich die USA – fingen an, eine Doktrin der „Eindämmung" (*Containment*) des Kommunismus aufzustellen und die wirtschaftliche Hilfeleistung für Deutschland zu fördern.[202] Andererseits un-

---

198 Die 13.900 Ausländer, die aus Westdeutschland nach Brasilien in den Jahren 1948 und 1949 auswanderten, siedelten sich mit Unterstützung der Schweizer Auslandshilfe an. Vgl. dazu Statistisches Jahrbuch für die Bundesrepublik Deutschland 1960, S. 75 und BA. B 102, 6461 – Heft 1. Schreiben an die Bank deutscher Länder. Finanzierung der Auswanderung von Flüchtlingen aus Deutschland nach Brasilien (22.6.1950).

199 BA. B 102, 6461 – Heft 1. Vermerk über eine Ressortbesprechung für Auswanderungsfragen (15.8.1950).

200 Vgl. Brasil. IBGE. Anuário Estatístico do Brasil, Rio de Janeiro 1950, S. 97.

201 MRE. DAR. SCE. Berlin. Brasilianische Militärmission beim Alliierten Kontrollrat an brasilianischen Botschafter H. Accioly (29.11.1948).

202 Das umfassende Wirtschaftshilfsprogramm für Europa – *European Recovery Programm* – wurde im Juni 1947 in Kraft gesetzt. Vgl. dazu Claus Scharf und Hans-Jürgen Schröder

terstützte die sowjetische Regierung die kommunistischen Revolutionen in Osteuropa und übte eine strenge Kontrolle in dieser Region aus, um einen politischwirtschaftlichen Einfluß des Westens auf Osteuropa zu verhindern.[203]

Angesichts der beginnenden Errichtung eines West- und eines Ostblocks, berief die US-Regierung die Länder Lateinamerikas zur Konferenz von Rio de Janeiro ein, auf der 19 Staaten einen interamerikanischen Verteidigungspakt unterschrieben.[204] In dieser Zeit pflegte die brasilianische Regierung ein enges Verhältnis mit den USA und legte ihrerseits eine antikommunistische Innenpolitik fest. Während die brasilianische Regierung ihre politische Ausrichtung an der Politik der USA verteidigte, übte die Brasilianische Kommunistische Partei *(PCB – Partido Comunista do Brasil)* starke Kritik an dieser Politik. Nach heftigen Diskussionen zwischen den Parteien im brasilianischen Parlament wurde die Brasilianische Kommunistische Partei 1947 verboten. Im Oktober des gleichen Jahres brach die Regierung Brasiliens die diplomatischen Beziehungen zur Sowjetunion ab.[205]

Nach dem Abbruch der diplomatischen Beziehungen versuchten die sowjetischen Vertreter, beim Alliierten Kontrollrat in Berlin die Akkreditierung der brasilianischen Militärmission für ungültig zu erklären. Obwohl das Beglaubigungsschreiben der brasilianischen Militärmission nicht zurückgezogen wurde, konnte sie kaum mehr in Verbindung mit dem Alliierten Kontrollrat arbeiten, sondern nur noch mit den einzelnen westlichen Besatzungsmächten.[206] Eben in dieser Zeit wurden die Konflikte zwischen den vier Besatzungsmächten immer deutlicher. Im März 1948 fand die letzte Sitzung des Alliierten Kontrollrats statt, und die politi-

---

(Hgg.), Politische und ökonomische Stabilisierung Westdeutschlands 1945-1949, Wiesbaden 1977 und Hans-Jürgen Schröder (Hg.), Marshallplan und westdeutscher Wiederaufstieg, Stuttgart 1990.

203 Vgl. Helmut Altrichter, Die alliierte Deutschlandpolitik. Ziele, Phasen, Interpretationen, in: Walther Bernecker und Volker Dotterweich (Hgg.), Deutschland in den internationalen Beziehungen des 19. und 20. Jahrhunderts, München 1996, S. 284.

204 Der Pakt von Rio de Janeiro wurde im September 1947 geschlossen, und wurde als Muster für die NATO und für die Westeuropäische Union interpretiert. Der genannte interamerikanische Pakt *(Tratado Interamericano de Assistência Reciproca – TIAR)* gliederte das amerikanische System zum internationalen System auf der Basis von dem Artikel 51 der UN-Satzung ein. Der Prinzip des Rio-Paktes war die militärische Verteidigung zwischen den amerikanischen Staaten. Sie erklärten gegenseitigen Schutz und Solidarität zwischen den amerikanischen Ländern gegen jeden Angriff durch einen innen- oder außerkontinentalen Konflikt, der den Frieden Amerikas gefährden könnte. Vgl. dazu Cervo und Bueno, História da política exterior do Brasil, S. 249 und Hans-Joachim Leu und Freddy Vivas, Las relaciones interamericanas. Una antología de documentos, Caracas 1975, S. 129-133.

205 Vgl. Thomas Skidmore, Politics in Brazil (1930-1964), London 1967, S. 65-69.

206 Vgl. Clay, Entscheidung in Deutschland, S. 130.

sche Zusammenarbeit der brasilianischen Militärmission mit den vier Alliierten im Kontrollrat wurde unmöglich.[207]

Zwischen der politischen Integration der drei Westzonen (Juni 1948) und der Entstehung des westdeutschen Staates (April 1949) beschäftigte die brasilianische Militärmission sich mit den Kontakten zu den westalliierten Besatzungsmächten. Nach der Gründung der Bundesrepublik Deutschland Ende 1949 wurde die brasilianische Militärmission abgelöst, und ab diesem Zeitpunkt war der Gesandte Mário de Pimentel Brandão – Leiter der brasilianischen Sondermission – Vertreter der brasilianischen Regierung bei der Alliierten Hohen Kommission.[208] Anfangs gab es politische und wirtschaftliche Kontakte der brasilianischen Sondermission mit den Alliierten; diese hatten das Ziel, sich um die Eröffnung von diplomatischen Vertretungen in den beiden Ländern zu kümmern und den Warenaustausch zwischen Brasilien und der Bundesrepublik Deutschland zu fördern.[209]

2.3 Die Wiederaufnahme des Handelsverkehrs

Zwischen 1939 und 1952 stieg die brasilianische Industrieproduktion um durchschnittlich 8,3% pro Jahr, doch war mit dem Wirtschaftswachstum auch eine rapide ansteigende Importabhängigkeit verbunden. Die Folgen des Zweiten Weltkriegs für die brasilianische Wirtschaft förderten eine Steigerung der Einfuhr, da für das industrielle Wachstum zwischen 1930 und 1945 der Technologieimport notwendig war und die brasilianische Industrie zwischen 1939 und 1945 für ihre eigentlichen Bedürfnisse zu wenig importieren konnte. Während die europäischen Länder nach dem Zweiten Weltkrieg nicht in der Lage waren, den Außenhandel sofort wieder aufzunehmen, war der brasilianische Außenhandel in der Ein- und Ausfuhr auf die USA angewiesen.[210] Die Regierung Dutra mit ihrem ökonomischen Liberalismus im Bereich der Außenwirtschaftspolitik versuchte im allgemeinen, Importe zu unterstützen und die Privatunternehmen in Brasilien zu begünstigen. Obwohl die Prioritäten der brasilianischen Regierung beim Import lagen, spielten die agrarischen Exportsektoren weiter eine grundlegende Rolle für

207 MRE. DAR. SCE. Berlin. Brasilianische Militärmission beim Alliierten Kontrollrat an brasilianischen Außenminister Raul Fernandes, Vertrauliches Schreiben (10.4.1948).

208 Vgl. Theo Stammen, Das alliierte Besatzungsregime in Deutschland, in: Josef Becker, Theo Stammen und Peter Waldmann (Hgg.), Vorgeschichte der Bundesrepublik Deutschland. Zwischen Kapitulation und Grundgesetz, München 1979, S. 89.

209 MRE. DDD. AHRJ. Bonn, Oficios Recebidos, 1950-7.4.13. Brasilianische Sondermission bei der Alliierten Hohen Kommission an Außenminister Raul Fernandes (14.4.1950).

210 Vgl. Malan, Relações econômicas internacionais do Brasil (1945-1964), in: Fausto (Hg.), História geral da civilização brasileira, Bd. 11, S. 65-66.

den Industrialisierungsprozeß, da sie die nötigen Devisen für die steigenden Importe brachten.[211]

Seit Kriegsende zeigte die brasilianische Wirtschaft Interesse an intensivem Handelsverkehr mit den USA, um ihre „Importersatz-Industrialisierung" weiterzuentwickeln. Aber in Wirklichkeit sah die brasilianische Regierung nach dem Zweiten Weltkrieg keinen anderen Weg, als das internationale Austauschverhältnis von Rohstoffen und Industrieprodukten zu verbessern. Die US-Regierung legte eine Verringerung des Kaffeepreises fest[212] und verweigerte die Lieferung von Kapital, Rohstoffen und Industrieprodukten für den brasilianischen Industrialisierungsprozeß. Überdies wurde die brasilianische Regierung ab 1947 wegen der Dollarknappheit zur Einführung von Devisenkontrollen gezwungen. Ab dem Ende dieses Jahres erhöhten sich die Schwierigkeiten für den brasilianischen Außenhandel; er verlagerte sich einseitig auf die USA und die lateinamerikanischen Länder.[213]

Der Zusammenbruch der Wirtschaft im ehemaligen Deutschen Reich und die Lage der Wirtschaft in Europa beeinträchtigten nach dem Krieg grundsätzlich die Wiederherstellung des internationalen Handels. Es herrschte überwiegend Kapitalmangel in Europa, und die industrielle Produktion war stark eingeschränkt. Im Fall Deutschlands war es den Besatzungsmächten wegen der Folgen der Zerstörung nicht möglich, den Außenhandel sofort wiederaufzunehmen.[214] Zusätzlich wurde die Nachkriegsentwicklung des Außenhandels in den vier Besatzungszonen auch durch die Maßnahmen der alliierten Besatzungsmächte beschränkt.

---

211 Obwohl die agrarischen Exportsektoren das Wichtigste in Brasilien nach dem Kriegsende waren, veränderte sich die Struktur des brasilianischen Imports gegenüber der Vorkriegszeit. Ab 1945 lieferte Brasilien auch Konsumgüter und zeigte einen steigenden Importbedarf an Kapitalgütern wie Maschinen und Fahrzeugen.

212 Zwischen 1940 und 1942 gab es Verhandlungen zwischen der brasilianischen Regierung und der US-Regierung. Als Resultat dieser Verhandlungen wurden die „Abkommen von Washington" zwischen den beiden geschlossen. Durch diese Abkommen stellte die US-Regierung einerseits die Lieferung von wichtigen Rohstoffen aus Brasilien für die US-Industrie sicher. Andererseits gelang es der brasilianischen Regierung, die Schwierigkeiten ihres Außenhandels wegen des Kriegs in Europa zu reduzieren. Diese Handelspolitik stützte die Preise von verschiedenen brasilianischen Produkten, z. B. Kaffee, Baumwolle, Kakao, Kautschuk u. a. Der Kaffeepreis blieb bis 1944 hoch. Danach versuchte die brasilianische Regierung, dieses Preisniveau wegen der Produktionskosten zu erhalten, aber die US-Regierung stellte fest, daß diese Politik gegen die US-Binnenpreispolitik war. Vgl. dazu Abreu, O Brasil e a economia mundial (1929-1945), in: Fausto (Hg.), História geral da civilização brasileira, Bd. 11, S. 43 und Carlos Manuel Peláez, História econômica do Brasil, São Paulo 1979, S. 79-81.

213 Vgl. Brasil. Ministério da Fazenda. Serviço de Estatística Econômica e Financeira, Rio de Janeiro 1950.

214 Vgl. Klaus Wyneken, Die Entwicklung der Handelsbeziehungen zwischen Deutschland und Brasilien, Phil. Diss., Köln 1958, S. 122.

Am 20. September 1945 unterband der Alliierte Kontrollrat durch die Proklamation Nr. 2 die Wirtschaftsbeziehungen Deutschlands mit dem Ausland. Jeder Kontakt zu ausländischen Staaten und Märkten durfte nur in Verbindung mit den Besatzungsmächten geschehen. Lediglich Geschäftsstellen der Militärregierung durften in den Besatzungszonen Außenhandel treiben.[215] Die brasilianisch-deutschen Wirtschaftsbeziehungen waren seit der britischen Seeblokade praktisch zusammengebrochen und hatten nach dem brasilianischen Kriegseintritt im August 1942 ihr Ende gefunden. Außerdem wurde der Verlust bei den deutschen Vermögen wegen der brasilianischen Beschlagnahme nach Kriegsende auf über 85 % geschätzt; es gab kaum Möglichkeiten, zwischen deutschen und brasilianischen Importeuren und Unternehmen gleich nach dem Krieg Kontakte aufzunehmen.[216]

Aufgrund der fundamentalen Schwierigkeiten der vier Besatzungsmächte, eine gleiche Wirtschaftspolitik zu betreiben, wurde die Wiederaufnahme des deutschen Außenhandels zuerst (8.8.1945) in der britischen Zone erlaubt. Erst ab dem 1.1.1946 belegen Akten den Außenhandel in der US-Zone.[217] Später wurde ein Konzept für die außenwirtschaftliche Selbständigkeit des besetzten Deutschlands in Zusammenarbeit mit Großbritannien und den USA ausgearbeitet.[218] Im Jahre 1946 setzten die Besatzungsmächte sich mit einigen Ländern in Verbindung, um die Möglichkeiten eines Warenaustauschs mit ihren Besatzungsgebieten zu erkunden. Ende 1946 übernahm die *Joint Export Import Agency* (JEIA) die Geschäftsführung; das westdeutsche Außenhandelswachstum entwickelte sich nun langsam. Obwohl diese Handelsabmachungen im allgemeinen nicht wichtig für die Zunahme des Auslandsgeschäftes in den westdeutschen Besatzungszonen waren, festigten sich die Kontakte zwischen den Ländern, und nach der Errichtung

---

215 Vgl. Hemken, Sammlung der vom Alliierten Kontrollrat und der amerikanischen Militärregierung erlassenen Proklamationen. Gesetze. Verordnungen. Befehle, Proklamation Nr. 2 – Abschnitt III.

216 AA-PA. Abt. 2, Bd. 1704. Bundesminister der Finanzen an den Präsidenten des Deutschen Bundestages, Bonn (27.10.1950).

217 Vgl. Walter Motz, Die Regelung des Außenhandels in Deutschland von 1945-1949, Lörrach 1954, S. 63.

218 Im Hinblick auf die Normalisierung der westdeutschen Außenhandelsbeziehungen kam erschwerend hinzu, daß Großbritannien Interesse daran hatte, den Konkurrenten Deutschland sich nicht zu schnell auf den internationalen Märkten wieder etablieren zu lassen. Vgl. dazu MRE. DDD. AHRJ. Bonn, Ofícios Recebidos, 1950-7.4.13. Handelsattaché der brasilianischen Sondermission, Ezequiel Ubatuba, an den Leiter der brasilianischen Sondermission, Mário Pimentel Brandão. *Mês Econômico* (3.7.1950) und Manfred Knapp, Die Anfänge westdeutscher Außenwirtschafts- und Außenpolitik im bizonalen Vereinigten Wirtschaftsgebiet (1947-1949), in: Manfred Knapp (Hg.), Von der Bizonengründung zur ökonomisch-politischen Westintegration, Frankfurt a. M. 1984, S. 57.

der Bizone (1.1.1947) traf die JEIA bilaterale Vereinbarungen mit den einzelnen Handelspartnern.[219]

Im Kontrollrat stimmten die britische und die US-Verwaltung für eine Neuorientierung der deutschen Wirtschaft. Die industrielle Produktion in diesen zwei westlichen Besatzungszonen sollte ihr Niveau steigern, um die Ausgaben für den Rohstoffimport begleichen zu können. Die Einfuhr überflüssiger Produkte wurde verboten.[220] Obwohl es keine Handelsvereinbarung zwischen Brasilien und den Besatzungszonen gab, führte Brasilien im Jahre 1946 Waren aus der britischen Zone ein. Dabei ging es um die Lieferung von Fahrzeugen nach Brasilien. Dieser Güterverkehr entsprach weniger als 0,001% des Exportanteiles aus der britischen Zone.[221]

Durch verschiedene JEIA-Anweisungen wurden die Geschäftsverbindungen zwischen deutschen und ausländischen Handelspartnern ab 1947 wieder hergestellt.[222] So durften erstmals seit Kriegsende brasilianische und deutsche Exporteure und Geschäftsmänner wieder persönliche Kontakte knüpfen. Privatinitiativen aus den westdeutschen Zonen sowie aus Brasilien stellten die Außenhandelskontakte zwischen Brasilien und der Bizone wieder her. Auf der brasilianischen Seite waren die Vorkriegsvertreter deutscher Firmen verantwortlich für die Aufnahme der Kontakte.[223] Im Jahre 1947 suchte der Geschäftsmann Fernando Lee den Leiter der US-Militärregierung in Berlin, General Lucius Clay, auf, um über den Außenhandel zwischen der Bizone und Brasilien und über die Gründung der Deutsch-Brasilianischen Handelskammer zu sprechen.[224]

Auf deutscher Seite wollten Hamburger Wirtschaftskreise Anfang 1948 das erste Zahlungsabkommen mit der Brasilianischen Bank (*Banco do Brasil*) abschließen,

---

219 Vgl. Motz, Die Regelung des Außenhandels in Deutschland von 1945-1949, S. 52-63.

220 Vgl. Ludwig Erhard, Deutschlands Rückkehr zum Weltmarkt, Düsseldorf 1953, S. 66-67.

221 Vgl. Friedrich Jerchow, Deutschland in der Weltwirtschaft 1944-1947, Düsseldorf 1978, S. 344.

222 Vgl. Erhard, Deutschlands Rückkehr zum Weltmarkt, S. 71-72.

223 Die Vorkriegsvertreter deutscher Firmen in Brasilien zeigten verständlicherweise auch ein großes Interesse an der Frage der deutschen Marken, Patente und Firmen, die dem brasilianischen Staat einverleibt worden waren, und an der Problematik des brasilianischen Dekretes Nr. 4.166 vom 11.3.1942 im allgemeinen und im Zusammenhang mit dem kommenden Handelsvertrag.

224 Am 27. August 1948 wurde die Deutsch-Brasilianische Handelskammer in São Paulo gegründet. Der Gründungsbericht betonte: „Denn es handelte sich ja nicht darum, eine Kammer zu gründen, die der Förderung bestehender Handelsbeziehungen dienen sollte, wie dies andere Handelskammern tun, sondern unsere Aufgabe mußte sein, dazu beizutragen, daß solche Beziehungen überhaupt erst wieder einmal in Gang kommen konnten." Vgl. dazu Geschäftsbericht der Deutsch-Brasilianischen Handelskammer in São Paulo (8.1948-8.1950), São Paulo 1951, S. 11.

mit dem Brasilien die Genehmigung für die Einfuhr deutscher Waren erhalten sollte. Damit sollte der Import brasilianischer Produkte in die Bizone bezahlt werden. Auf der Grundlage der JEIA-Politik wurde indessen der deutsche Export in den drei Westzonen bis zur Währungsreform hauptsächlich in Dollars bezahlt, um die Rohstoffeinfuhren zu finanzieren.[225] Dieses Zahlungsabkommen mit Brasilien wurde von der JEIA abgelehnt. Es trat nicht in Kraft.[226]

Laut brasilianischer Statistik beliefen sich im Jahre 1947 die brasilianischen Ausfuhren in die Bizone auf 10 Millionen Cruzeiros, d. h., auf 0,05% des gesamten brasilianischen Exports. Dabei handelte es sich um Felle, Häute und Kaffee. Im Gegensatz dazu wurde im Jahre 1947 nichts von Deutschland nach Brasilien ausgeführt. Während die brasilianischen Ausfuhren in die Bizone ohne Bedeutung waren, hielt man es für möglich, daß die Importeure in der deutschen Bizone einen bestimmten Anteil brasilianischer Produkte, nämlich ausschließlich Kaffee, über die Benelux-Staaten und die Schweiz bezogen statt direkt aus Brasilien. Brasilianische Firmen profitierten auch von dieser Vermittlung durch den Zwischenhandel, da der Warenaustausch zwischen Brasilien und Westdeutschland eng begrenzt war. Aber dieser Zwischenhandel machte sich auf dem westdeutschen Markt insofern bemerkbar, als brasilianische Produkte eine erhebliche Verteuerung durchliefen und dadurch mit anderen Ländern in Konkurrenz traten.[227]

Inzwischen orientierte die US-Regierung ihre Außenhandelspolitik mit Westdeutschland daran, die Handelsbeschränkungen in der Bizone zu beseitigen, und bestimmte die Wiederherstellung regulärer Außenhandelsbeziehungen zwischen der Bizone und den europäischen Ländern.[228] Der Marshallplan, die Währungsreform, die trizonale Umgestaltung der JEIA sowie die stärkere Beteiligung der deutschen Beamten in der bizonalen Verwaltung bahnten den Weg zur Öffnung des westdeutschen Marktes. Die Wiederaufnahme dauerhafter internationaler Außenhandelsbeziehungen zwischen Westdeutschland und dem Ausland wurde erst 1948 beschlossen.[229]

Bei dem fortschreitenden Aufschwung der westdeutschen Außenhandelsbeziehungen entwickelte sich der brasilianische Warenaustausch mit Westdeutschland

225 Vgl. Erhard, Deutschlands Rückkehr zum Weltmarkt, S. 69-72.
226 Vgl. Geschäftsbericht der Deutsch-Brasilianischen Handelskammer in São Paulo (8.1948-8.1950), S. 10 und 22.
227 BA. B 102, 2285 – Heft 1. Schreiben von Herrn Metzner (30.12.1949) – Anhang der Abschnitte aus einer brasilianischen Zeitung, Correio da Manhã und Geschäftsbericht der Deutsch-Brasilianischen Handelskammer in São Paulo (8.1948-8.1950), S. 24.
228 Vgl. Knapp, Die Anfänge westdeutscher Außenwirtschafts- und Außenpolitik im bizonalen Vereinigten Wirtschaftsgebiet (1947-1949), in: Knapp (Hg.), Von der Bizonengründung zur ökonomisch-politischen Westintegration, S. 59.
229 Vgl. Erhard, Deutschlands Rückkehr zum Weltmarkt, S. 75-86.

in den Jahren 1948 und 1949 zwar schwach, aber doch kontinuierlich. Im Jahre 1948 war bereits ein Gesamtwert der westdeutschen Einfuhr aus Brasilien in Höhe von 230 Millionen Cruzeiros (1,06% der gesamten brasilianischen Ausfuhr) zu verzeichnen, und der Anteil der westdeutschen Ausfuhr nach Brasilien betrug 20 Millionen Cruzeiros, was einem Anteil von 0,09% der gesamten brasilianischen Einfuhr entsprach.[230] Im Jahre 1949 führten brasilianische Exporteure Waren im Wert von 314 Millionen Cruzeiros aus Brasilien nach Westdeutschland aus. Dabei handelte es sich um Lieferungen wie Kaffee, Häute, Felle, Rohtabak, Pflanzenfasern und Rohkakao. Im gleichen Jahre bezog Brasilien aus Westdeutschland Importe im Wert von 111 Millionen Cruzeiros, die hauptsächlich aus Maschinen, chemischen Erzeugnissen und Eisenwaren bestanden.[231]

In diesem Zeitraum vergrößerte sich sowohl der westdeutsche Import aus Brasilien als auch der westdeutsche Export nach Brasilien; aber Westdeutschland behielt zwischen 1948 und 1949 sein Handelsdefizit von 212 Millionen Cruzeiros. Dieses Handelsdefizit machte die Entwicklung des brasilianisch-westdeutschen Handelsverkehrs schwierig. Einerseits benötigte man für jeden Handel mit Westdeutschland immer noch die Genehmigung der JEIA. Zudem sollte der westdeutsche Exportwert insgesamt größer als der Importwert sein. Deswegen versuchte die JEIA, den Warenaustausch dann zu verhindern, wenn er eine Steigerung der Einfuhr gegen Dollarzahlung bedeutete. Das war bei den Geschäftsbeziehungen zwischen Brasilien und Westdeutschland in diesem Zeitraum der Fall. Die Verwaltung für Wirtschaft des Vereinigten Wirtschaftsgebietes konnte bis 1948 durch die Ausfuhr nur circa 40% der westdeutschen Einfuhr decken. Der Ausgleich des Einfuhrüberschusses wurde mit alliierten Zahlungsmitteln beglichen.[232]

Die brasilianische Regierung ihrerseits war bestrebt, ihren Export nach Westdeutschland auszubauen. Zwischen 1948 und 1949 war der brasilianisch-westdeutsche Güteraustausch einer der wenigen, durch den Brasilien einen Überschuß an Dollar erzielte. Im Jahre 1946 hatte Brasilien einen Gesamtsaldo von 268 Millionen US-Dollar zu verzeichnen, im Jahre 1947 dagegen erzielte der brasilianische Handel keine Zahlungsbilanzüberschüsse. Die Erhöhung der Einfuhr brachte ein Defizit von 87 Millionen US-Dollar mit sich. Da in Brasilien seit 1947 Devisenmangel herrschte, versuchte die brasilianische Regierung, ihre Außenhandelspolitik zu ändern. Zu diesem Zweck wurden Importgenehmigungen festgelegt

230 Vgl. Brasil. Ministério da Fazenda. Serviço de Estatística Econômica e Financeira, Rio de Janeiro 1950.
231 Vgl. Brasil. Ministério da Fazenda. Serviço de Estatística Econômica e Financeira, Rio de Janeiro 1951.
232 Vgl. Motz, Die Regelung des Außenhandels in Deutschland von 1945-1949, S. 47.

und eine Zunahme des brasilianischen Exports gefördert.[233] In diesem Zusammenhang wollte die brasilianische Regierung mehr Rohstoffe nach Westdeutschland ausführen, um für sich selbst einen Zahlungsbilanzüberschuß zu sichern und diesen zu vergrößern. Westdeutschland mußte den Ausfuhr-Überschuß Brasiliens bar bezahlen, und Brasilien erhielt mit diesem Warenverkehr US-Dollar, um damit dann überwiegend in den USA Produkte und Maschinen für seinen Industrialisierungsprozeß zu kaufen.

Die zeitliche Entwicklung des Außenhandels zwischen Westdeutschland und Brasilien wies noch eine andere Besonderheit auf. Ein Teil der Geschäftsleute und der staatlichen Vertreter in Brasilien war der Ansicht, daß die Handelsbeziehungen zwischen den USA und Brasilien ausreichten, um eine Förderung der brasilianischen Wirtschaftsentwicklung zu erzielen.[234] Nach deren Auffassung würde die westdeutsche Industrie ihre frühere industrielle Kapazität nicht wieder erreichen und wäre so nicht in der Lage, eine umfassende Menge industrieller Produkte nach Brasilien zu verkaufen.[235] Sie gingen von der Annahme aus, daß Brasilien die westdeutsche Produktion nicht mehr nötig hätte. Die brasilianische Wirtschaft hätte sich mittlerweile daran gewöhnt, ohne deutsche Erzeugnisse auszukommen, und könnte zudem ihren Importbedarf an Maschinen und Erzeugnissen in anderen Staaten decken.[236]

Aber im Gegensatz dazu hoben einige westdeutsche und brasilianische Geschäftsleute in Berlin, Hamburg, Frankfurt a. M., Rio de Janeiro oder São Paulo die Tatsache hervor, daß Westdeutschland bereits Ende 1948 80% der industriellen Kapazität der Vorkriegsjahre wiedererreicht hatte. So sei Westdeutschland durchaus in der Lage, eine wichtige Rolle als Käufer sowie als Lieferant in Brasilien spielen

233 Vgl. Malan, Relações econômicas internacionais do Brasil (1945-1964), in: Fausto (Hg.), História geral da civilização brasileira, Bd. 11, S. 66.
234 Zwischen 1945 und 1949 setzten Geschäftsleute und ein Teil der Regierungsvertreter in Brasilien große Erwartungen in die Zusammenarbeit mit den USA. Die wichtigsten Vertreter der brasilianischen Regierung und Politiker, die Interessen an einer Verstärkung des Handels zwischen den USA und Brasilien hatten, waren Eurico Dutra, Raul Fernandes, João Neves da Fontoura, Osvaldo Aranha, Roberto Campos und Horácio Lafer. Die bedeutenden Wirtschaftszweige waren Landwirtschaft, Verkehrswesen, Stahlindustrie, Handel und Energie. Vgl. dazu Ricardo Bielschowsky, Pensamento econômico brasileiro. O ciclo ideológico do desenvolvimento, Rio de Janeiro 1988, S. 372-378.
235 MRE. DDD. AHRJ. Bonn, Ofícios Recebidos, 1950-7.4.13. Handelsattaché der brasilianischen Sondermission, Ezequiel Ubatuba, an den Leiter der brasilianischen Sondermission, Mário Pimentel Brandão. Mês Econômico (3.7.1950).
236 BA. B 102, 2285 – Heft 2. Hans Schnitzlein, Geschäftsführender Direktor der Deutsch-Brasilianischen Handelskammer in São Paulo, an den Ministerialdirektor Freiherr von Maltzan, Vertrauliches Schreiben, (25.2.1949).

zu können.[237] Außerdem legten diese Vertreter der brasilianischen Regierung dar, daß Westdeutschland mit 29 verschiedenen Staaten im Laufe des Jahres 1948 und Anfang 1949 Handelsabkommen abgeschlossen hatte.[238] Trotzdem kam es immer noch zu keinem Vertrag zwischen Westdeutschland und Brasilien.[239]

Im Jahre 1949 fanden verschiedene Verhandlungen zwischen den deutschen und brasilianischen Vertretern statt. Ziel war, eine erste westdeutsch-brasilianische Kontaktaufnahme durch Handels- und Zahlungsabkommen einzuleiten.[240] Eine Schwierigkeit lag darin, daß Brasilien nach wie vor US-Dollar für seinen Exportüberschuß verlangte. Obwohl es 1949 einen erheblichen Zuwachs in den Geschäften beider Länder gab, übten die deutschen Vertreter Kritik an der brasilianischen Vorstellung über ihren Außenhandel. Im August 1949 betonte Rudolf Petersen, Hamburger Bürgermeister und Geschäftspartner in den Handelsbeziehungen zu Brasilien, in einem Schreiben an die Verwaltung für Wirtschaft im Vereinigten Wirtschaftsgebiet, Brasilien hätten nur geringe Mengen an Ausfuhrprodukten zur Verfügung gestanden, und kritisierte, daß es auch noch Hartgeld für diesen geringwertigen Überschuß bekommen wollte. Zusätzlich sei das Land nicht am Import einiger Produkte aus Westdeutschland, wie z. B. Kohle, interessiert.[241]

Die andere Schwierigkeit lag darin, daß die brasilianische Regierung vor dem Abschluß eines Handelsvertrages beider Länder erst die Bildung des „neuen Staates West-Deutschland" abwarten wollte. Außerdem fürchtete die brasilianische Regierung durch den Handelsaustausch mit Westdeutschland dazu gezwungen zu werden, Rohstoffe gegen industrielle Produkte zu liefern, die noch nicht fertig wären und erst später übergeben werden könnten. Nach der Ansicht der Vertreter der 1948 in São Paulo gegründeten Deutsch-Brasilianischen Handelskammer soll-

---

237 Die wichtigen Wirtschaftszweige Brasiliens, die Interessen an einer Wiederbelebung des westdeutsch-brasilianischen Handels hatten, waren in der Schiffahrt, im Bankwesen, in der Automobilbranche, im Luftverkehr und in den Im- und Exporthäusern engagiert. Vgl. dazu Geschäftsbericht der Deutsch-Brasilianischen Handelskammer in São Paulo (15.8.1948-15.8.1950), S. 84-87.

238 MRE. DDD. AHRJ. Bonn, Oficios Recebidos, 1950-7.4.13. Brasilianische Sondermission bei der Alliierten Hohen Kommission an Außenminister Raul Fernandes (3.6.1950).

239 In Wirklichkeit nahm die westdeutsche Wirtschaft einen schnellen Aufschwung, so daß sie im Verhältnis zur Produktion des Jahres 1936 im Jahre 1946 33% und 1949 schon 90% erreicht hatte. Vgl. dazu Alfred Großer, Geschichte Deutschlands seit 1945, München 1974, S. 253.

240 Die JEIA wurde ab Februar 1949 allmählich dezentralisiert und Ende des gleichen Jahres abgelöst. Danach nahm das Bundeswirtschaftsministerium ihre ehemaligen Aufgaben wieder wahr und besaß die Kontrolle über die gesamte Wirtschaftspolitik in Westdeutschland, in dem die Alliierte Hohe Kommission eine Rolle als Überwachungsinstanz spielte. Vgl. dazu Erhard, Deutschlands Rückkehr zum Weltmarkt, S. 229-230.

241 BA. B 102, 2285 – Heft 2. Rudolf Petersen, Hamburger Bürgermeister, an die Verwaltung für Wirtschaft – Südamerika Abteilung, Vertrauliches Schreiben, Hamburg (8.8.1949).

ten die brasilianischen Beauftragtern keine schnelle Entscheidung darüber treffen, obwohl das Präsidium der Handelskammer Freundschaftsbesuche in verschiedenen Regierungsabteilungen abstattete. Es war der Ansicht, daß persönliche Beziehungen in Brasilien eine weit größere Rolle spielen könnten als in anderen Ländern.[242]

Nach der Gründung der Bundesrepublik Deutschland und nach dem Petersberger Abkommen zwischen der Bundesregierung und den drei westalliierten Hochkommissaren (November 1949) war die Bundesrepublik berechtigt, ihren Beitritt zu internationalen Organisationen und die Wiedererrichtung von Konsular- und Handelsbeziehungen vorzubereiten. In der Bundesrepublik behielt die Alliierte Hohe Kommission grundsätzlich die Kontrollaufgaben, und der gesamte Bereich der Auswärtigen Angelegenheiten, einschließlich des Außenhandels und des Devisenverkehrs, unterstand der Aufsicht der Alliierten Hohen Kommissare. Die Bundesregierung sah sich wegen des deutschen Devisenmangels dazu gezwungen, bilaterale Handelsabkommen abzuschließen, die ein Gleichgewicht der Handelsbilanz erforderten.[243] Deswegen schloß die Bundesrepublik bis Ende 1950 mit 36 Staaten Handels- und Zahlungsverträge.[244]

Im Grunde genommen verbesserte sich die westdeutsche Wirtschaftslage im Zuge des internationalen Konjunkturaufschwungs. Auf diesem Hintergrund hielt es die brasilianische Regierung, die seit den Kriegsjahren in eine immer größere Importabhängigkeit von den USA geraten war, für notwendig, ihre internationalen Außenhandelsbeziehungen zu diversifizieren. Als Folge der verschiedenen Verhandlungen[245] zwischen den westdeutschen und brasilianischen Vertretern im Laufe des Jahres 1949 einigten sich die beiden Regierungen Anfang 1950 auf ein bilaterales Handelsabkommen, das dann im Juni 1950 geschlossen wurde. Eine

---

242 BA. B 102, 2285 – Heft 2. Hans Schnitzlein, Geschäftsführender Direktor der Deutsch-Brasilianischen Handelskammer in São Paulo, an den Ministerialdirektor Freiherr von Maltzan, Vertrauliches Schreiben (25.2.1949).

243 Vgl. Erhard, Deutschlands Rückkehr zum Weltmarkt, S. 235-238.

244 BA. B 102, 1798 – Heft 2. Bundeswirtschaftsministerium, Beitrag zum Rechenschaftsbericht des Bundeskanzlers (7.9.1950).

245 BA. B 102, 2285 – Heft 2. João Baptista Leopoldo de Figueiredo, Präsident der Deutsch-Brasilianischen Handelskammer in São Paulo, an den Kanzler Konrad Adenauer (31.10.1949).

deutsche Handelsdelegation unter der Leitung von Vollrath Freiherr von Maltzan besuchte nach langen Verhandlungen im April 1950 Brasilien.[246]

2.4 Die Wiedereröffnung der Botschaften in Brasilien und in der Bundesrepublik Deutschland

Die Gründung der Bundesrepublik und ihr weitgehendes Abhängigkeitsverhältnis gegenüber den Alliierten Hohen Kommissaren charakterisierte deutlich die politische Situation der ersten Bundesregierung: Durch das Besatzungsstatut bewahrten die drei westlichen Besatzungsmächte viele Vorbehaltsrechte, vorwiegend im Rahmen der Entwicklung der Außenpolitik und des Auswärtigen Dienstes in der Bundesrepublik Deutschland. Ein unabhängiges Außenministerium existierte im Jahre 1949 noch nicht, und die Bundesrepublik durfte keine diplomatischen oder konsularischen Beziehungen zu fremden Staaten aufnehmen. Aus diesem Grund war Konrad Adenauer in seiner ersten Regierungserklärung vor dem Bundestag am 20. September 1949 für die Errichtung einer Verbindungsstelle zur Alliierten Hohen Kommission im Bundeskanzleramt eingetreten.[247] Die Übernahme der Leitung dieser Verbindungsstelle durch Bundeskanzler Adenauer sicherte dem Bundeskanzleramt eine herausragende Rolle in den Anfängen der bundesdeutschen Republik.[248]

Das Besatzungsstatut wurde in Kraft gesetzt, aber wegen der weiteren Verschärfung der Beziehungen zwischen den Westmächten und der UdSSR im Lauf des Jahres 1949 begannen sich die Verhandlungen zwischen der Bundesregierung und den Hohen Kommissaren um das westdeutsche Verhältnis zu den Westmächten zu verändern. Wie bereits erwähnt, wurde das Petersberger Abkommen am 22. November 1949 geschlossen, und es ermöglichte u. a. im gesamten Bereich der Außenpolitik Westdeutschlands einen ersten Fortschritt: Die Bundesregierung erhielt die Erlaubnis, konsularische Beziehungen zum Ausland aufzunehmen und in internationalen Organisationen zu kooperieren. In dieser Phase wurde zuerst das Organisationsbüro für konsularische und wirtschaftliche Vertretungen im Ausland errichtet. Die Bundesregierung konnte allmählich die auswärtigen Angelegenheiten der Bundesrepublik ordnen und westdeutsche Vertretungen im Aus-

246 MRE. DDD. AHRJ. Bonn, Oficios Recebidos, 1950-7.4.13. Leiter der brasilianischen Sondermission bei der Alliierten Hohen Kommission, Mário Pimentel Brandão, an Außenminister Raul Fernandes (19.4.1950).

247 Vgl. Kurt Sontheimer, Die Adenauer-Ära. Grundlegung der Bundesrepublik, München 1991, S. 29.

248 Vgl. Paul Noack, Die Außenpolitik der Bundesrepublik Deutschland, 2. Aufl., Stuttgart 1981, S. 11.

land aufbauen. Im Mai 1950 wurde dieser organisatorische Bereich zur „Dienststelle für Auswärtige Angelegenheiten" ausgeweitet.

Im Rahmen der Planung des Organisationsbüros billigte Bundeskanzler Adenauer den Aufbau von 43 Auslandsvertretungen in 34 Staaten, als die Regierungen der Gastländer mit der Errichtung westdeutscher Konsularbehörden einverstanden waren.[249] Zunächst luden die Alliierten Hohen Kommissare die Bundesregierung im Januar 1950 ein, konsularische Vertreter nach Frankreich, Großbritannien und in die Vereinigten Staaten zu entsenden. Die ersten Generalkonsulate der Bundesrepublik im Ausland waren in New York, Paris und London.[250] Der westdeutsche Aufbau der konsularischen und wirtschaftlichen Vertretungen fand in den wichtigsten Wirtschaftszentren in Europa und Übersee statt. Nur wenn die Hauptstädte der Gastländer eine wirtschaftliche Rolle spielten, wurden dort Konsulate eingerichtet.[251] Wie dargestellt werden konnte, diente die Wiederaufnahme der ersten auswärtigen Beziehungen der Bundesrepublik Deutschland einer Absicherung der notwendigen Rückkehr auf den Weltmarkt, da die westdeutsche Wirtschaft sehr stark exportorientiert war. Damit zielten sie auf wirtschaftliches Wachstum und auf wirtschaftliche Stabilität.[252]

Im Juli 1950 merkte der Bundeskanzler Adenauer gegenüber dem brasilianischen Botschafter Pimentel Brandão an, daß bis zu diesem Zeitpunkt noch kein westdeutsches Konsulat in Brasilien eröffnet worden war. Der Grund für die Einrichtung eines Konsulats war der Mangel an diplomatischen Arbeitskräften. Pimentel Brandão erklärte dem Bundeskanzler, daß er aus vertraulichen Gesprächen mit Mitgliedern der Alliierten Hohen Kommission hierzu folgendes erfahren habe: Die AHK wünsche in diesen Zeiten nicht, daß ein westdeutsches Konsulat in Argentinien errichtet werde. Wenn in Brasilien, Chile und anderen südamerikani-

---

249 Vgl. Wilhelm Haas, Beitrag zur Geschichte der Entstehung des Auswärtigen Dienstes der Bundesrepublik Deutschland, Bremen 1969, S. 27.

250 Vgl. Haas, Beitrag zur Geschichte der Entstehung des Auswärtigen Dienstes der Bundesrepublik Deutschland, S. 48.

251 Seit Mai 1950 plante die Bundesregierung, Generalkonsulate in den folgenden Ländern einzurichten: Australien, Belgien, Brasilien, Kanada, Chile, Dänemark, Griechenland, Holland, Italien, Luxemburg, Norwegen, Schweden, Schweiz, Südafrika und Türkei. Am 6. Juni 1950 teilte der Geschäftsführende Vorsitzende der Alliierten Hohen Kommission Bundeskanzler Adenauer mit, daß die AHK gegen die Errichtung von Generalkonsulaten der Bundesregierung in Brasilien und Chile war. Vgl. dazu Akten zur Auswärtigen Politik der Bundesrepublik Deutschland (1949/1950), München 1997, Dok. Nr. 60. Bundeskanzler Adenauer an den Geschäftsführenden Vorsitzenden der Alliierten Hohen Kommission (12.5.1950) und AA-PA. Ref. 110/B 110, Bd. 17. Der Geschäftsführende Vorsitzende der Alliierten Hohen Kommission, François-Poncet, an den Bundeskanzler Adenauer Bonn (6.6.1950).

252 Vgl. Heinz Krekeler, Deutschlands Vertretung im Ausland, in: Politische Bildung – Schriftenreihe der Hochschule für Politische Wissenschaften, München 1952, Heft 26/27, S. 175-179.

schen Staaten deutsche Konsulate ihre Tätigkeit aufnehmen würden, würde Argentinien die Einrichtung eines westdeutschen Konsulats erbitten.[253]

Die Errichtung der westdeutschen Generalkonsulate wurde durch das Organisationsbüro im Bundeskanzleramt in fünf Phasen entwickelt, die insgesamt zwei Jahre dauern sollten. In der dritten Phase sollten die Länder Süd- und Mittelamerikas und Irland in den Aufbau des konsularischen Netzes integriert werden. Zur organisatorischen Vorbereitung der Auslandsvertretungen befanden sich im September/Oktober 1950 in Brasilien zwei konsularische Vertretungen, eine in São Paulo und eine andere in Porto Alegre.[254]

Auf der Außenministerkonferenz der drei westlichen Besatzungsmächte in New York (14.9.1950) wurden Beschlüsse mit dem Ziel gefaßt, den Kriegszustand mit der Bundesrepublik zu Ende zu bringen und eine weitere Verringerung der Besatzungskontrollen zu beschleunigen. So teilten die Besatzungsmächte der brasilianischen Regierung mit, daß die Staaten in Übereinstimmung mit ihm Maßnahmen für die Beendigung des Kriegszustandes mit der Bundesrepublik Deutschland treffen sollten. Am 5. Dezember 1950 benachrichtigte die brasilianische Sondermission bei der Hohen Kommission das Bundeskanzleramt, daß Brasilien den Kriegszustand mit Deutschland seit 1945 beendet hätte.[255]

Nach der New Yorker Konferenz wurde der sogenannte „Alleinvertretungsanspruch" der Bundesrepublik Deutschland erstmals formuliert. Für die westlichen Besatzungsmächte sollte als deutscher Staat nur die Bundesrepublik Deutschland existieren, die als Rechtsnachfolgerin des Deutschen Reiches und als Vertreterin des deutschen Volkes betrachtet wurde. Der Alleinvertretungsanspruch der Bundesrepublik Deutschland und die damit verbundene Forderung an den brasilianischen Staat, die Deutsche Demokratische Republik nicht anzuerkennen, stellte für das brasilianisch-westdeutsche Verhältnis zu Anfang der fünfziger Jahre kein Problem dar. Brasilien hatte seit 1947 sowieso keine politischen Beziehungen zur UdSSR und im Bereich der brasilianischen Außenpolitik in den internationalen

---

253 Vgl. Akten zur Auswärtigen Politik der Bundesrepublik Deutschland (1949/1950), Dok. Nr. 85. Aufzeichung des Ministerialrats Herwarth von Bittenfeld, Vertrauliches Schreiben (4.7.1950).

254 Vgl. Haas, Beitrag zur Geschichte der Entstehung des Auswärtigen Dienstes der Bundesrepublik Deutschland, S. 53. Im April 1952 wurde das bundesdeutsche Generalkonsulat in São Paulo gegründet und im Juli des gleichen Jahres jenes in Porto Alegre. Vgl. dazu den Geschäftsbericht der Deutsch-Brasilianischen Handelskammer in São Paulo (8.1950-8.1952), São Paulo 1952, S. 94 und 100.

255 MRE. DDD. AHRJ. Bonn, Oficios Recebidos, 1952-7.5.1. Brasilianischer Botschafter in Bonn, Luís de Faro Júnior, an Außenminister João Neves da Fontoura. Die Organisation des Auswärtigen Amtes der Bundesrepublik Deutschland (14.1.1952).

Organisationen stimmte die brasilianische Vertretung Ende der vierziger Jahre und Anfang der fünfziger Jahre immer gegen die sowjetischen Interessen.[256]

Durch die Beschlüsse der New Yorker Konferenz ergab sich im März 1951 eine Revision des Besatzungsstatus, wodurch die Errichtung eines bundesdeutschen Außenministeriums und der Wiederaufbau eines diplomatischen Apparats im Ausland ermöglicht wurden. Bundeskanzler Konrad Adenauer wurde zum Außenminister der Bundesrepublik ernannt. Nach dieser Revision sollten die ausländischen Sondermissionen, die bei der Alliierten Hohen Kommission akkreditiert gewesen waren, nun in der Bundesrepublik Deutschland installiert werden.[257] Als die Hohe Kommission den Beschluß zur Revision des Besatzungsstatus in Kraft setzte, konnte die brasilianische Sondermission der Bundesregierung bekanntgeben, daß die brasilianische Regierung eine Botschaft in der Bundesrepublik akkreditieren wolle.[258]

Trotz der Beschlüsse vom März 1951 hatte die Bundesrepublik noch nicht ihre volle Souveränität errungen, sondern war weiterhin von den westlichen Besatzungsmächten abhängig. Aber von diesem Zeitpunkt an konnte die Bundesrepublik ihre Außenpolitik selbst vertreten. Neben dem Schutz der Rückkehr Westdeutschlands auf den Weltmarkt waren die Hauptprobleme der bundesdeutschen Außenpolitik der Ost-West-Konflikt und die Westintegration. Die Regierung Adenauer interessierte sich für das, was in einem direkten Zusammenhang mit diesem Konflikt und mit der Westintegration stand. Da die Staaten in Südamerika im Ost-West-Konflikt Anfang der fünfziger Jahre eine Nebenrolle spielten, hatten sie nur eine begrenzte politische Bedeutung für die Bundesrepublik. Die bundesdeutschen Auslandvertretungen auf dem lateinamerikanischen Subkontinent ermöglichten es der Bundesrepublik Deutschland, ihre politischen Vorstellungen gegenüber diesen Ländern, die sehr stark wirtschaftlich bestimmt waren, zu verwirklichen.

Obwohl viele Staaten die Bundesregierung offiziell informiert hatten, daß sie Botschaften einrichten oder Gesandtschaften austauschen wollten, wurde der Aufbau der bundesdeutschen Auslandsvertretungen mit Verspätung eingeleitet. Dies war zunächst anders geplant. Der Vorbereitungsplan des Auswärtigen Amtes erwähnte verschiedene Schwierigkeiten, die im finanziellen, strukturellen, personellen und politischen Bereich lagen. Die Bundesregierung versuchte, den Wiederaufbau des

---

256 Vgl. Bueno, A política multilateral brasileira, in: Cervo, O desafio internacional, S. 66-67.
257 MRE. DDD. AHRJ. Bonn, Ofícios Recebidos, 1951-7.4.14. Leiter der brasilianische Sondermission bei der Alliierten Hohen Kommission, Mário Pimentel Brandão, an Außenminister João Neves da Fontoura (9.3.1951).
258 MRE. DDD. AHRJ. Bonn, Ofícios Recebidos, 1951-7.4.14. Brasilianische Sondermission an das Auswärtige Amt (4.4.1951).

Auswärtigen Amtes und den Mangel an Personal durch Beamte anderer Dienstbereiche zu kompensieren. Aber nach dem Konzept der Bundesregierung brauchte man auf diesem Gebiete einen gewissen Prozentsatz erfahrener Beamter – eine Personalpolitik, die durch das Bundeskanzleramt geprägt war.[259]

Bundeskanzler Adenauer legte fest, daß keiner dieser Diplomaten während des „Dritten Reichs" aktiv agiert haben durfte. Aber die bundesdeutsche Beamtenpolitik wurde sowohl im Parlament als auch in der Presse stark kritisiert. Die Kritik galt der gesamten Beamtenpolitik der Bundesregierung, aber sie traf besonders die Personalpolitik des Auswärtigen Dienstes. Die Öffentlichkeit kritisierte die Doppelfunktion von Adenauer als Kanzler und Außenminister und die Berufung ehemaliger NS-Diplomaten in das Auswärtige Amt. Diese Kritik ging auch dahin, daß das Organisationsbüro eine parteipolitische Personalpolitik betreibe.[260]

Angesichts dieser politischen Schwierigkeiten und des Mangels an Auslandsvertretungen, verzögerten sich der Aufbau des Auswärtigen Amtes und besonders der der Auslandsposten. Als Konsequenz verlangte die Bundesregierung eine Veränderung der Personalpolitik. Auf personeller Ebene sollten die Auslandsvertreter der Bundesregierung gute Examina und Zeugnisse vorweisen können, möglichst außerhalb der Diplomatie erzielt: Für die konsularische Vertretung waren Juristen, für die Wirtschaftsabteilung Diplomvolkswirte gefragt. Durch die Auswahlkriterien sollte gesichert werden, daß die Beamten des höheren Dienstes, einschließlich der Auslandsvertreter, keine formellen Bindungen zur NSDAP gehabt hatten. Unter Berücksichtigung einer konfessionellen Rekrutierung sollten die westdeutschen Vertretungen in Lateinamerika überwiegend mit Beamten katholischer Konfession besetzt werden. Außerdem wurde bestimmt, daß die Personalpolitik überparteilich zu bleiben hatte.[261]

Während die Bundesrepublik Deutschland Schwierigkeit beim Aufbau ihres Auswärtigen Amtes hatte, war Brasilien an einem guten und tieferen Verhältnis zur Bundesrepublik Deutschland interessiert. Die brasilianisch-westdeutschen Beziehungen in den Anfangsjahren nach 1949 waren durch eine weitgehende Interessengleichheit gekennzeichnet: Brasilien wie die Bundesrepublik sahen als Angelpunkt ihrer Außenpolitik eine enge Zusammenarbeit im Bereich der Außenwirt-

259 Vgl. Haas, Beitrag zur Geschichte der Entstehung des Auswärtigen Dienstes der Bundesrepublik Deutschland, S. 58.

260 Vgl. Rudolf Morsey, Personal- und Beamtenpolitik im Übergang von der Bizonen- zur Bundesverwaltung (1947-1950), in: Morsey (Hg.),Verwaltungsgeschichte. Aufgabe, Zielsetzungen, Beispiele, Berlin 1977, S. 219-229 und Haas, Beitrag zur Geschichte der Entstehung des Auswärtigen Dienstes der Bundesrepublik Deutschland, S. 42-81.

261 Vgl. Haas, Beitrag zur Geschichte der Entstehung des Auswärtigen Dienstes der Bundesrepublik Deutschland, S. 60-64.

schaftspolitik. Als Getúlio Vargas am 31.1.1951 wieder an die Regierung in Rio de Janeiro kam,[262] betonte er in seiner Rede neben der traditionellen Unterstützung der US-Politik den Wunsch auf enge wirtschaftliche Kooperation mit Europa bzw. mit der Bundesrepublik Deutschland. Dies hatte auch die Modernisierung des landwirtschaftlichen und industriellen Sektors in der brasilianischen Wirtschaft zum Inhalt.[263] In diesem Zusammenhang eröffnete Brasilien im April 1951 ein Generalkonsulat in Hamburg. Bevor der Leiter der brasilianischen Sondermission in Bonn, Mário de Pimentel Brandão, seinen Posten verließ, forderte er die Bundesregierung zur Ernennung eines westdeutschen Botschafters in Brasilien auf.[264]

Die brasilianische Regierung sollte ihre Botschaft in Bonn eröffnen, doch plante die bundesdeutsche Regierung, zuerst noch ein Generalkonsulat in Rio de Janeiro einzurichten, das im März 1951 schließlich genehmigte wurde.[265] Später wollte sie das Konsulat durch eine Botschaft in der brasilianischen Hauptstadt ergänzen. In Gesprächen zwischen Bundespräsident Theodor Heuss und dem Botschafter Brandão wurde die Frage gelöst:[266] Fritz Oellers wurde im Mai 1951 zum ersten westdeutschen Botschafter in Brasilien und damit als erster diplomatischer Vertreter der Bundesrepublik Deutschland in Lateinamerika ernannt.[267] Am 10.7.1951 wurde die bundesdeutsche Botschaft in Rio de Janeiro errichtet.[268] Im Juni des gleichen Jahres wurde Luís Pereira Ferreira de Faro Júnior zum brasilianischen

---

262 Getúlio Vargas wurde aufgrund demokratischer Wahlen zum Präsidenten gewählt. Seine Regierung dauerte von 1951 bis 1954. Vgl. dazu Maria Celina Soares D'Araújo, O Segundo Governo Vargas (1951-1954), 2. Aufl., São Paulo 1992.

263 AA-PA. Abt. 2, Bd. 246. Bericht über die deutsche Sondermission zum Regierungsantritt des Bundespräsidenten von Brasilien, Getúlio Vargas, Rio de Janeiro (12.2.1951) und MRE. DDD. AHRJ. Bonn, Ofícios Expedidos, 1951-7.4.15. Brasilianische Sondermission an das Auswärtige Amt der Bundesrepublik Deutschland (12.4.1951).

264 MRE. DDD. AHRJ. Bonn, Ofícios Recebidos, 1951-7.4.14. Geschäftsträger der Brasilianischen Sondermission, Roberto Jorge Guimarães Bastos, an den Außenminister João Neves da Fontoura. Abfahrt des Diplomaten Mário de Pimentel Brandão (19.4.1951).

265 In diesem Zusammenhang wurde die Errichtung eines Generalkonsulats in Argentinien am 22. März 1951 genehmigte. Vgl. dazu AA-PA. Ref. 110/B 110, Bd. 17. Geschäftsführende Vorsitzende der Alliierten Hohen Kommission, Kirkpatrick, an den Bundeskanzler Adenauer Bonn (22.3.1951). Am 30. Dezember 1951 wurde in Buenos Aires eine westdeutsche Botschaft errichtet.

266 MRE. DDD. AHRJ. Bonn, Ofícios Recebidos, 1951-7.4.14. Brasilianische Sondermission an den Außenminister João Neves da Fontoura (26.4.1951).

267 MRE. DDD. AHRJ. Bonn, Ofícios Recebidos, 1951-7.4.15. Brasilianische Sondermission an das brasilianische Außenministerium (16.5.1951).

268 AA-PA. Abt. 3, Bd. 325. Botschafter der Bundesrepublik Deutschland in Rio de Janeiro, Fritz Oellers, an das Auswärtige Amt. Empfang der Deutschen Botschaft, Rio de Janeiro (2.7.1951).

Botschafter in Bonn ernannt, übergab jedoch erst am 19.11.1951 sein Beglaubigungsschreiben der Bundesregierung.[269]

Trotz des Einverständnisses von Konrad Adenauer mit einer überparteilichen Personalpolitik des Auswärtigen Amtes wurden viele Parteipolitiker zu diplomatischen Vertretern ernannt.[270] In diesem Zusammenhang der Berufung von Parlamentariern in Auslandsvertretungen trat Oellers im Jahre 1951 in das Auswärtige Amt ein.[271] Nach seiner Ankunft in Rio de Janeiro gab er den brasilianischen Zeitungen ein Interview, in dem er die Ziele der Bundesregierung in Brasilien wie folgte umriß:

> In der Gegenwart ist die Wirtschaft wichtiger als die Politik. Der Bundeskanzler Adenauer hat mir die Wirtschaftspolitik als Richtlinie für eine Tätigkeit angegeben, weil sich die Politik nach dieser orientiert. [...] Für unsere Beziehungen zu den überseeischen Ländern – und in erster Linie zu Brasilien – ist grundlegend die gleiche Politik des gegenseitigen Vertrauens und der Wunsch, nicht nur zu empfangen, sondern auch zu geben; in erster Linie wollen wir liefern und gut liefern. Und nicht nur mit der Lieferung von Waren und Material aus Westdeutschland wollen wir die Sendungen aus den Reichtümern Brasiliens ausgleichen. Wir haben auch viele Möglichkeiten um Brasilien mit Spezialarbeitern, Technikern und Spezialisten hohen Grades effektive und wirksame Hilfe anbieten zu können.[272]

Als das Auswärtige Amt die Entscheidung traf, eine Botschaft in Brasilien zu eröffnen, fand dies im Rahmen des allgemeinen Ausbaus diplomatischer Vertretungen der Bundesrepublik nach den Beschlüssen vom März 1951 statt.[273] Man kann behaupten, daß nach bundesdeutscher Ansicht die Zusammenarbeit mit Brasilien hauptsächlich im Bereich des Auslandsgeschäftes und der deutschen Auswande-

---

269 Luís Pereira Ferreira de Faro Júnior war Rechtsanwalt. Seit 1913 machte er als Diplomat Karriere. Er arbeitete als brasilianischer Botschafter bis 1955 in Bonn und wurde im Jahre 1956 in den Ruhestand versetzt. Vgl. dazu MRE. DDD. AHRJ. Bonn, Ofícios Recebidos, 1951-7.4.15. Brasilianische Sondermission an den Auswärtige Amt (12.6.1951) und Dicionário histórico-biográfico brasileiro, Bd. 2, S. 1239.

270 Vgl. Haas, Beitrag zur Geschichte der Entstehung des Auswärtigen Dienstes der Bundesrepublik Deutschland, S. 56-57.

271 Fritz Oellers war Rechtsanwalt und nach dem Zweiten Weltkrieg Mitglied der LDP (Liberale Demokratische Partei) in Halle. 1948 trat er in die Freie Demokratische Partei (FDP) ein und war zwischen 1948 und 1949 Mitglied des Frankfurter Wirtschaftsrates. Von 1949 bis 1951 war er Abgeordneter des Bundeslandes Schleswig-Holstein im Bundestag. Fritz Oellers war Botschafter der Bundesrepublik Deutschland in Brasilien bis 1956.

272 AA-PA. Bestand 10-PA 2, Bd. 246, Aktenzeichnen 210-01/9. Botschafter der Bundesrepublik Deutschland in Rio de Janeiro, Fritz Oellers, an das Auswärtige Amt, Rio de Janeiro (16.7.1951).

273 MRE. DDD. AHRJ. Bonn, Ofícios Recebidos, 1952-7.5.1. Brasilianische Botschaft an den Außenminister João Neves da Fontoura. Organisation des Auswärtigen Amtes der Bundesrepublik Deutschland (14.1.1952).

rung fast schon normal gestaltet war.[274] Auf westdeutscher Seite gab es selbstverständlich noch weitere Möglichkeiten, diese Kooperation zu intensivieren. Die Aufnahme der Kapitaltransaktionen und die Entwicklung der Handelsabkommen und der westdeutschen Direktinvestitionen in Brasilien konnten Anfang der fünfziger Jahre mit hoher Geschwindigkeit gefördert werden. Die politischen Fragen und die Probleme der militärischen Sicherheit waren hier irrelevant und beschränkten sich auf die diplomatische Leitlinie der Bundesrepublik, eine Anerkennung der Deutschen Demokratischen Republik durch die lateinamerikanischen Staaten zu verhindern.[275]

Auf brasilianischer Seite waren die Auffassungen über die Beziehungen zwischen Brasilien und der Bundesrepublik zunächst nicht so optimal. Innerhalb der brasilianischen Regierung gab es zwei Meinungen über diese Beziehungen. Ein Teil rechnete in diesem Zeitraum mit einem Krieg zwischen den USA und der UdSSR und vertrat die Ansicht, daß Brasilien die restliche Zeit nutzen sollte, um das gesamte Industrialisierungsprojekt in Brasilien schnell zu realisieren. Nach der Meinung dieser Gruppe hatten die westdeutschen Firmen zu diesem Zeitpunkt die Möglichkeit, sich in Brasilien niederzulassen und das Land von den „festen, einseitigen Verbindungen" mit den USA zu befreien. Das war die Meinung einer Minorität innerhalb der Regierung, aber sie wurde durch den Präsidenten der Republik geteilt.[276]

Aus der Perspektive der brasilianischen Oppositionsparteien und eines anderen Teils der brasilianischen Regierung gab es eine sehr gute Grundlage für die Beziehungen beider Länder, aber die brasilianische Regierung sollte diese Lage nicht überschätzen.[277] Obwohl es eine Reihe von Projekten aus der Bundesrepublik – etwa 40 – für eine Beteiligung in verschiedenen industriellen Sektoren mit der Chance einer Realisierung in Brasilien gab, warnte der brasilianische Botschafter in Bonn vor überzogenen Hoffnungen auf brasilianischer Seite. Er betonte, daß Brasilien bereits Industrie hätte und andere Länder wie Frankreich, die Niederlande, Belgien oder die Schweiz auch in der Lage gewesen wären, Filialen in Brasi-

---

274 Ein Handelsabkommen zwischen Brasilien und der Bundesrepublik Deutschland wurde im Juni 1950 geschlossen. Es sah einen bilateralen Warenaustausch in Höhe von 115 Millionen US-Dollar vor. Vgl. dazu Kapitel 3 dieser Arbeit.

275 Vgl. Dieter Oberndörfer, Lateinamerika als Bezugsfeld westdeutscher Außenpolitik, in: Hans-Peter Schwarz (Hg.), Handbuch der deutschen Außenpolitik, München u. a. 1975, S. 348.

276 MRE. DDD. AHRJ. Bonn, Oficios Recebidos, 1952-7.5.1. Brasilianische Botschaft an den Außenminister João Neves da Fontoura (2.1.1952) und vgl. dazu auch D'Araújo, O Segundo Governo Vargas (1951-1954), S. 154.

277 BA. B 102, 2285 – Heft 1. Schreiben von Herrn Metzner (30.12.1949) – Anhang der Abschnitte aus einer brasilianischen Zeitung, Correio da Manhã.

lien zu gründen, und daß die Kapazität Brasiliens, Industrie anzusiedeln, eingeschränkt sei.[278]

Obwohl der Kernpunkt der Zusammenarbeit zwischen Brasilien und Westdeutschland im Bereich der Außenwirtschaftspolitik lag, beteiligten sich beide diplomatischen Vertretungen gleichzeitig auch auf dem Gebiet der Entwicklung politischer
und kultureller Beziehungen.

---

278 MRE. DDD. AHRJ. Bonn, Oficios Recebidos, 1952-7.5.1. Brasilianische Botschaft an den
Außenminister João Neves da Fontoura (2.1.1952).

3. Die wirtschaftlichen Beziehungen zwischen Brasilien und der Bundesrepublik Deutschland in den fünfziger Jahren

3.1 Das brasilianische Modell der Wirtschaftsentwicklung in den fünfziger Jahren

Während der Periode von 1948 bis 1950 verschärfte sich die Diskussion über die entwicklungspolitischen Theorien in Brasilien, bis dann im Jahre 1950 das Industrialisierungsprojekt als wirtschaftlicher Globalplan Brasiliens deutlich an Priorität gewann. Das „Konzept des Staatsinterventionismus" zugunsten der brasilianischen Industrialisierung wurde als einziger Weg vorgestellt, auf dem die sozioökonomischen Probleme des Landes überwunden werden könnten. Die traditionellen Wirtschaftssektoren Bergbau und Landwirtschaft sollten in den Industrialisierungsprozeß miteingebunden werden.

Dazu leistete das nationale und internationale Zusammenspiel seinen Beitrag. Einerseits gab es in Brasilien die Diskussion über den Industrialisierungsprozeß seit den dreißiger Jahren. Anfang der fünfziger Jahre war es Ziel der brasilianischen Regierung, die Aktivitäten der privaten ausländischen Investoren zu kontrollieren, um damit den Industrialisierungsprozeß für Brasilien stark zu beschleunigen. Die privaten und staatlichen inländischen Unternehmen strebten eine industrielle Entwicklung mit Binnenmarktorientierung an, und sie verlangten eine „importsubstituierende Industrialisierung", die durch den brasilianischen Staat unterstützt werden sollte.[279]

Um die schnelle Industrialisierung des Landes fördern zu können, verfocht ein Teil der brasilianischen Unternehmer, die sogenannten „Internationalisten", den Weg einer Hilfe des ausländischen Privatkapitals durch *Joint Ventures* unter der Kontrolle der Regierung oder den Beistand dieses internationalen Privatkapitals

---

279 Unter Importsubstitutionsstrategie versteht man den Ersatz von Importgütern durch inländische Industrieprodukte. Industrialisierung durch „Importsubstitution" war die Politik, welche einige Entwicklungsländer, insbesondere in Lateinamerika, zur Diversifizierung ihrer inländischen Produktionsstruktur verfolgten. Die politischen Instrumente hierzu waren in erster Linie die Protektion heimischen Produktionsangebotes durch Subventionen, Importzölle und Importbeschränkungen. Diese Strategie brachte zunächst Wachstumserfolge. Aber sie war nicht mit dem Aufbau einer Investitionsgüterindustrie verbunden und konnte nicht die Wettbewerbsfähigkeit der Industriegüter auf dem Markt weiterentwickeln. Außerdem schaffte der Prozeß der Importsubstitution keine Verringerung des Gesamtimports eines Landes, sondern es entstand ein großer Importbedarf an Investitionsgütern, Rohstoffen und Halbfertigwaren. Vgl. dazu Maria da Conceição Tavares, Da substituição de importações ao capitalismo financeiro, 11. Aufl., Rio de Janeiro 1982, S. 29-124.

ohne strikte Kontrolle des Staates.[280] Ein anderer Teil der Unternehmer, die sogenannten „Nationalisten", forderte, daß die Regierung durch die Innen- und Außenwirtschaftspolitik für den Binnenmarkt ausreichendes Kapital schaffe.[281]

Andererseits gab es im internationalen Zusammenspiel eine Trendwende. Nach dem Zweiten Weltkrieg versuchte die US-Regierung, ein Projekt des wirtschaftlichen Liberalismus in Lateinamerika durchzusetzen. Aber im Gegenzug dazu setzten die internationalen Konferenzen von Genf (Oktober/1947)[282] und Bogotá (1948)[283] den wirtschaftlichen Protektionismus in Kraft. Überdies wurde die UN-

280 Der Begriff „Internationalisten" stand in den fünfziger Jahren für eine Gemeinschaft von brasilianischen Politikern, Unternehmern und Wirtschaftswissenschaftlern. Sie verteidigte das brasilianische Entwicklungsmodell mit einer Beteiligung des ausländischen Kapitals, und wollte vor allem in der Frage des Auslandskapitals eine enge Kooperation. In bezug auf die Rolle des Staates im Wirtschaftsprozeß strebte diese Gruppe eine staatliche Planung an mit liberalen Positionen und indirektem Einfluß auf die wirtschaftlichen Entscheidungen. Im Bereich der Außenpolitik sollte Brasilien zu einer engeren Zusammenarbeit mit den USA bereit sein. Diese Gruppen wurden auch in pejorativer Form „*entreguistas*" („Geber") genannt. Die Internationalisten waren hauptsächlich in der Nationalen Demokratischen Union *(União Democrática Nacional – UDN)* und in den Fraktionen der Sozialdemokratischen Partei *(Partido Social Democrático – PSD)*. Vgl. dazu Ianni, Estado e planejamento econômico no Brasil, S. 89-91; Thomas Skidmore, Politics in Brazil (1930-1964), S. 87-92 und Hélio Jaguaribe, O nacionalismo na atualidade brasileira, S. 233-242.

281 Der Begriff „Nationalisten" bezeichnete jene Gruppen, die gegen das Engagement des Auslandskapitals in der brasilianischen Entwicklung waren. Sie diskutierten die Wahrung der nationalen Interessen und die in ihrer direkten Wirkung auf die industriellen Pläne bedeutende Rolle des Staates. Der Staat sollte entscheiden, welche Industriezweige entwickelt werden sollten. Das Kapital sollte vor allem national (staatlich und privat) sein. Die brasilianische Außenpolitik sollte sich neutral gegenüber dem Ost-West-Konflikt verhalten und unabhängig von den USA sein. Diese Tendenz wurde durch Fraktionen der Sozialdemokratischen Partei *(Partido Social Democrático – PSD)*, durch die Brasilianische Arbeiterpartei *(Partido Trabalhista Brasileiro – PTB)* und durch die Mitglieder der verbotenen Brasilianischen Kommunistischen Partei *(Partido Comunista do Brasil – PCB)* vertreten. Vgl. dazu Hélio Jaguaribe, O nacionalismo na atualidade brasileira, S. 243-257 und Vamireh Chacon, História dos Partidos Brasileiros, Brasília 1985, S. 343-498.

282 Auf der Konferenz von Genf wurde das GATT-Abkommen *(General Agreement on Tariffs and Trade)* zwischen Australien, Belgien, Brasilien, Burma, Ceylon, Chile, China, Kuba, Frankreich, Großbritannien, Indien, Kanada, Libanon, Luxemburg, Neuseeland, den Niederlanden, Norwegen, Pakistan, Südrhodesien, Südafrika, Syrien, der Tschechoslowakei und den USA geschlossen. Ziel war die Schaffung einer internationalen Handelsorganisation der Mitgliedstaaten auf der Grundlage der Meistbegünstigung. Vgl. dazu Günter Heiduk, GATT, in: Andreas Boeckh (Hg.), Internationale Beziehungen, München 1984, S. 166-172.

283 Auf der Konferenz von Bogotá (zwischen März und Mai 1948) wurde die Organisation der amerikanischen Staaten (OAS) gegründet. Ziel war die Verteidigung der Souveränität, Integrität und Unabhängigkeit und die Stärkung der wirtschaftlichen Zusammenarbeit auf dem amerikanischen Kontinent. Vgl. dazu G. Kutzner, Die Organisation Amerikanischer Staaten, Hamburg 1970 und Charles Fenwick, A Organização dos Estados Americanos. O sistema regional interamericano, São Paulo 1965.

Wirtschaftskommission für Lateinamerika und die Karibik (CEPAL) im Jahre 1948 gegründet. Ihre Aufgaben bestanden in der wissenschaftlichen Untersuchung der Entwicklungsprobleme und -prozesse auf dem Subkontinent und der Entwicklungspläne der Regierungen in Lateinamerika und der Karibik. Außerdem verwendete man nicht nur in Europa, sondern auch in vielen Entwicklungsländern, wie etwa Indien, Industrialisierungspläne, um die Produktionskapazität zu steigern und die industriellen und landwirtschaftlichen Ressourcen zu aktivieren und zu modernisieren.[284]

Die brasilianische Präsidentschaftswahl im Jahre 1950 war von intensiven Diskussionen über den Industrialisierungsprozeß begleitet. Zu Zentrum der Debatten standen folgende Fragen zur brasilianischen Wirtschaftsentwicklung: Welche Rolle sollte eine staatliche politisch-ökonomische Initiative in dieser Wirtschaftsentwicklung spielen? Wird das inländische oder das ausländische Privatkapital von Wichtigkeit sein? Die Diskussion bezog sich auch darauf, ob die staatlichen Industrien und die Aktionen des Staates zugunsten dieses Projekts ausreichen würden, ob das nationale Kapital genügen würde, um die Industrialisierung des Landes zu unterstützen und ob die Kontrolle über ausländische Kapitalanlagen das hohe Tempo der industriellen Entwicklung nicht drosseln würde.[285]

Bei seinem Regierungsantritt im Jahre 1951 versuchte Getúlio Vargas durch einen Kompromiß die industrielle Entwicklung zu fördern. Der Präsident verfocht das „Konzept des Entwicklungsnationalismus", d. h. die Regierung wollte mit eigenen Devisenreserven die Industrialisierung unterstützen und die Kontrolle über das ausländische Privatkapital ausüben. Sie akzeptierte private ausländische Investitionen in einigen wirtschaftlichen Sektoren, die als bedeutungsvoll galten. So festigte sich der Grundgedanke der Industrialisierung durch die überwiegende Zusammenarbeit zwischen staatlichen Investoren und nationalen Privatunternehmen.

Während der zweiten Amtszeit Vargas (1951-1954) wurde zur Regierungspraxis eine industrielle Wirtschaftsplanung entworfen. Die Regierung Vargas beruhte auf der politischen Zusammenarbeit mit unterschiedlichen Gruppen der brasilianischen Gesellschaft.[286] Deswegen mußte sie mit jenen Gruppen, die für die Zulas-

---

284 Die Wirtschaftskommission für Europa *(Economic Commission for Europe – ECE)* wurde 1947 auf Beschluß des Wirtschafts- und Sozialrates der Vereinten Nationen gegründet. Der Wirtschafts- und Sozialrat der Vereinten Nationen richtete fünf regionale Wirtschaftskommissionen ein. Eine Wirtschaftskommission für Afrika, eine für Asien und den Pazifik, eine für Europa, eine für Lateinamerika und die Karibik und eine für Westasien. Vgl. dazu K. Hüfner, Die Vereinten Nationen und ihre Sonderorganisationen, Bonn 1986.

285 Vgl. Ianni, Estado e planejamento econômico no Brasil, S. 119-147.

286 Präsident Getúlio Vargas (1930/1945 und 1951/1954) wurde in Brasilien als *populistisch* bezeichnet und seine Regierungsform *Populismus* genannt. Der Populismus wird als eine historische Phase definiert, und existierte als politisches Phänomen mehr oder weniger in ganz

sung ausländischen Privatkapitals im Entwicklungsprozeß Brasiliens eintraten, über den „Entwicklungsnationalismus" verhandeln. Um die verschiedenen sozioökonomischen Interessen zu integrieren, ernannte Präsident Vargas Minister aus unterschiedlichen Parteien. In den Ministerien gab es Vertreter der Unternehmen und der Großgrundbesitzer.[287] Auf diese Weise konnte die Regierung ihre Verhandlungsmacht innenpolitisch stärken und politische Interessenkonflikte lösen. Das politische System hatte sich auch in Laufe der zweiten Amtszeit von Vargas geändert. Mit dem Wiederaufbau der Demokratie spielte das Parlament eine wichtige Rolle und repräsentierte die unterschiedlichen Gruppen der brasilianischen Gesellschaft.[288]

Im Grunde wurden die ökonomischen Pläne der Regierung Vargas aus Entwürfen dreier Arbeitsgruppen entwickelt: Aus dem „Wirtschaftsbeirat der Präsidentschaft der Republik" (*Assessoria Econômica da Presidência da República*)[289], aus der „Gemischten Kommission Brasilien-Vereinigte Staaten" (*Comissão Mista Brasil-Estados Unidos – 1951/1953)*[290] und aus der „Nationalen Bank für die Wirt-

---

Lateinamerika. Mit diesem Begriff wurde auf die Versuche der politischen Führung in autoritären oder demokratischen Systemen abgehoben. Die Massen stützten das Regime, um ihre politischen Ziele zu verwirklichen, vor allem wenn Reformen ergriffen und eine „Anti-Status-quo-Politik" betrieben werden sollte. Die soziale Basis des Populismus setzt sich zusammen aus verschiedenen Sektoren unterschiedlicher Schichten. Auf der ideologischen Ebene zeichnet sich die populistische Bewegung durch eine Mischung von Vorstellungen aus: Die der Vertreter des Nationalismus, der sozialen Reformen und jene der inländischen Unternehmer. Die populistischen Parteien und die Massenorganisationen wie die Gewerkschaften wurden zentralisiert und bürokratisiert. Insgesamt wird so die Regierungsform in Brasilien genannt, die seit der Regierung Getúlio Vargas in den dreißiger Jahren bestand. Sie lehnte sich nicht mehr an die Agroindustriellen der brasilianischen Exportmonokulturen an, sondern suchte eine breite Basis in der Zusammenarbeit mit den Arbeitern und mit den Vertretern des Nationalismus, ohne allerdings deren Anliegen in den Vordergrund der Politik zu stellen. Die parteipolitische Basis von Vargas wurde durch die Sozialdemokratische Partei *(PSD)* und die Brasilianische Arbeiterpartei *(PTB)* gebildet. Vgl. dazu Francisco Weffort, O populismo na política brasileira, 2. Aufl., Rio de Janeiro 1980; Octávio Ianni, A formação do Estado Populista na América Latina, Rio de Janeiro 1975; Maria Lígia Prado, O populismo na América Latina, São Paulo 1981 und Fernando Henrique Cardoso und Enzo Faleto, Dependência e desenvolvimento na América Latina, 7. Aufl., Rio de Janeiro 1970.

287 Vgl. René Armand Dreifuss, 1964 – a conquista do Estado. Ação política, poder e golpe de classe, Petrópolis 1981, S. 31.

288 Vgl. Cammack, Brasilien, in: Tobler und Bernecker (Hgg.), Handbuch der Geschichte Lateinamerikas, Bd. 3, S. 1102-1109.

289 Der „Wirtschaftsbeirat der Präsidentschaft der Republik" (*Assessoria Econômica da Presidência da República*) wurde im Jahre 1951 gegründet; Rômulo de Almeida war der Leiter während der gesamten Regierung Vargas.

290 Die brasilianischen Vertreter bei der „Gemischten Kommission Brasilien-Vereinigte Staaten" *(Comissão Mista Brasil-Estados Unidos – 1951/1953)* waren Ari Frederico Torres, Lucas Lopes, Roberto Campos, Valentim Bouças, Glycon de Paiva und Vitor Alves Filho. Die US-

schaftsentwicklung" *(Banco Nacional de Desenvolvimento Econômico –
BNDE)*[291]. Außerdem gab es auch jene wirtschaftlichen Theorien, die sich innerhalb der CEPAL entwickelten. Die wissenschaftlichen Analysen der lateinamerikanischen Entwicklungsprobleme und -prozesse der CEPAL und ihre Kritik der
klassischen Außenhandelstheorie waren seit deren Gründung in Brasilien bekannt,
und beeinflußten die verschiedenen Tendenzen,[292] sowohl die Tendenz pro Entwicklungsnationalismus[293] als auch die zugunsten der Internationalisten[294].

Der sogenannte „Wirtschaftsbeirat der Präsidentschaft der Republik" sollte hauptsächlich eine Analyse der brasilianischen Wirtschaftssituation durchführen und
Projekte für die wichtigsten Sektoren der Wirtschaft entwerfen. Dieser Wirtschaftsbeirat achtete auf die Vorgaben von Getúlio Vargas und arbeitete in enger
Verbindung mit ihm. Beide verfochten den „Entwicklungsnationalismus" und
prägten die Praxis der wirtschaftlichen Intervention des Staates.[295] Nach Ansicht
des Wirtschaftsbeirates sollte der brasilianische Staat die Herrschaft über die entscheidenden Wirtschaftssektoren aufrechterhalten und das ausländische Kapital
kontrollieren.

Der Wirtschaftsbeirat entwickelte verschiedene Projekte für den Energiesektor
*(Petrobrás, Fundo Nacional de Eletrificação, Eletrobrás, Plano Nacional do
Carvão)*, für den Verwaltungssektor *(Reforma Administrativa, CAPES)* und für

---

Vertreter waren Merwin Bohan, J. Bruke Knayb, William Ladd, Robert Groves, Harold
Medkiff und John Gillet. Vgl. dazu Comissão Mista Brasil-Estados Unidos para o desenvolvimento econômico. Relatório Geral, Rio de Janeiro 1954.

291 Die „Nationale Bank für die Wirtschaftsentwicklung" *(Banco Nacional de Desenvolvimento
Econômico – BNDE)* wurde im Jahre 1952 gegründet.

292 Zwischen 1953 und 1955 arbeiteten die Hilfskräfte der BNDE und der CEPAL gemeinsam
unter der Leitung von Celso Furtado. Ziel war es, die Berichte der „Gemischten Kommission
Brasilien-USA" über die brasilianische Wirtschaft weiter zu analysieren und einen „Entwicklungsplan für Brasilien zwischen 1955 und 1962" zu entwerfen. Vgl. dazu Mantega, A economia política brasileira, S. 70-72.

293 Die wichtigsten Vertreter des Entwicklungsnationalismus während der Zweiten Regierung
Vargas waren Getúlio Vargas, Rômulo de Almeida, Estilac Leal (Kriegsminister von 1951
bis 1952), Góis Monteiro (Militär), João Goulart (Arbeitsminister von 1953 bis 1954) und die
Mitglieder der verbotenen Brasilianischen Kommunistischen Partei.

294 Die wichtigsten Vertreter der Tendenz gegen den Entwicklungsnationalismus waren Horácio
Lafer (Finanzminister von 1951 bis 1953), João Neves da Fontoura (Außenminister von 1951
bis 1953), Osvaldo Aranha (Finanzminister von 1953 bis 1954), Vicente Raó (Außenminister
von 1953 bis 1954), José Américo de Almeida (Verkehrsminister von 1953 bis 1954), Eugênio Gudin (Finanzminister von 1954 bis 1955), Roberto Campos (Diplomat und Vertreter
Brasiliens bei der Gemischten Kommission) und die anderen Vertreter der Regierung bei der
„Gemischten Kommission Brasilien-USA".

295 Der „Wirtschaftsbeirat der Präsidentschaft der Republik" war die erste ständige Arbeitsgruppe, deren Aufgabe die Formulierung der Entwicklungsprojekte über die brasilianische Wirtschaft war. Vgl. dazu D'Araújo, O Segundo Governo de Vargas (1951-1954), S. 151-156.

den gesamten Industriesektor. Insbesondere arbeitete er an Planungen für die Automobilindustrie und an der Gründung einer Kommission für Industrieentwicklung *(Comissão de Desenvolvimento Industrial).*

Die Arbeit des Wirtschaftsbeirates litt wegen seiner nationalistischen Politik unter einer starken Opposition. Außerdem konnte die brasilianische Regierung seit Anfang der fünfziger Jahre über keine Ressourcen mehr für ihre Wirtschaftspolitik verfügen. Zudem mußte die Regierung Vargas sich auch um jene Wirtschaftsgruppen kümmern, die gegen ihr nationalistisches Entwicklungsprogramm waren. So nahm Getúlio Vargas im Jahr 1951 wegen des ununterbrochenen Drängens einiger Gruppen innerhalb der brasilianischen Regierung Verhandlungen mit der US-Regierung auf über Investitionen, wirtschaftliche Zusammenarbeit und den Kauf von Rüstungsgütern.[296]

Angesichts der Notwendigkeit, einen klaren Unterschied zwischen militärischer und wirtschaftlicher Zusammenarbeit zu machen, strebte die brasilianische Regierung nach bilateralen Verhandlungen mit den USA. Resultat dieser Besprechungen zwischen den Vereinigten Staaten und Brasilien war die Zusage der US-Regierung, der brasilianischen Regierung einen Kredit in Höhe von 250 Millionen US-Dollar zu geben. Brasilien sollte im Gegenzug strategische Rohstoffe für die Rüstungsindustrie nach den USA ausführen.[297] Diese Verhandlungen wurden nach der Gründung der „Gemischten Kommission Brasilien-Vereinigte Staaten" *(Comissão Mista Brasil-Estados Unidos – 1951/1953)* fortgeführt. Ziel der Gemischten Kommission war eine Festlegung und Ausarbeitung der Prioritäten in den Bereichen der Energie-, Verkehrs- und Agrarsektoren.

Die Kommission hatte ihre Arbeit im Dezember 1953 beendet,[298] und im Gegensatz zum „Wirtschaftsbeirat der Präsidentschaft der Republik" spielte die „Gemischte Kommission Brasilien-Vereinigte Staaten" tatsächlich eine wichtige Rolle für das ausländische Kapital und für die internationalen Investoren in Brasilien. Hauptsächlich durch Finanzminister Horácio Lafer, Außenminister João Neves da Fontoura und anderen Internationalisten in der Regierung baute man vor allem mittels des US-Kapitals eine Brücke zwischen den nationalen und den internatio-

---

296 Vgl. Cervo und Bueno, História da política exterior do Brasil, S. 254-255.

297 Über die bilateralen Verträge vgl. Bandeira, Presença dos Estados Unidos no Brasil, S. 334-337 und Kapitel 4 dieser Arbeit.

298 Die „Gemischte Kommission Brasilien-Vereinigte Staaten" billigte 41 Projekte. 27 Projekte waren im Verkehrssektor und neun Projekte im Energiesektor angesiedelt. Die gesamten Kosten dieser Projekte beliefen sich auf etwa 21,9 Milliarden Cruzeiros, die zu etwa 64% (etwa 14 Milliarden de Cruzeiros) brasilianischen Bundesstaaten und zu 36% (7,9 Milliarden de Cruzeiros) die BIRD *(Bank for International Reconstruction and Development)* oder die Eximbank finanzieren sollten. Vgl. dazu Comissão Mista Brasil-Estados Unidos para o desenvolvimento econômico. Relatório Geral.

nalen Wirtschaftsinteressen. In diesem Zusammenhang versuchten die sogenannten Internationalisten, die brasilianischen Bedürfnisse jenen der USA anzunähern.

Im Zusammenhang mit der „Gemischten Kommission Brasilien-Vereinigte Staaten" wurde die „Nationale Bank für die Wirtschaftsentwicklung" *(Banco Nacional de Desenvolvimento Econômico – BNDE)* gegründet, welche die internationalen Darlehen an die brasilianische Regierung und die nationalen Kredite verwalten sollte. Die BNDE war in den fünfziger und sechziger Jahren das wichtigste Finanzinstitut in Brasilien, das auf Investitionen zugunsten der brasilianischen Industrieentwicklung zielte.[299]

Trotz der wirtschaftlichen Planungen konnte die Regierung das Handelsdefizit und die Inflation nicht kontrollieren. Die Verwaltung setzte eine „Anti-Inflationspolitik" in Kraft und suchte weiter die Wirtschaftsunterstützung der US-Regierung. Präsident Vargas übte oft Kritik an den ausländischen Investoren.[300] Die Beziehungen zwischen der brasilianischen Regierung und der US-Regierung verschlechterten sich, was auch im Laufe der Jahre zwischen 1951 und 1954 an den geringen US-Kreditleistungen an die brasilianische Regierung abzulesen war.[301]

Infolge des Drucks der verschiedenen politischen Fraktionen auf die Regierung mußte der Präsident die Ministerien reformieren.[302] Ab der zweiten Hälfte des Jahres 1953 benutzte Vargas im Rahmen der populistischen Bewegung die Arbeiterschicht immer stärker als politische Stütze, hielt aber gleichzeitig die Beziehungen mit den traditionellen Unternehmern und der Oberschicht, wie die Verbindung mit der US-Regierung aufrecht. Diese Reform der Ministerien bedeutete, daß die Regierung ihren Kompromiß über ihre Entwicklungspolitik mit den Gruppen, die eng mit den US-Interessen verknüpft waren, nochmals festigen mußte. Mit den neuen Ministern versuchte Vargas, die wirtschaftlichen Schwierigkeiten zu lösen, die Konfrontation zwischen den nationalen und internationalen Gruppen

---

299 Vgl. Baer, A industrialização e o desenvolvimento econômico do Brasil, S. 92-95.
300 Präsident Getúlio Vargas beanstandete das internationale Kapital in Brasilien und kritisierte den Gewinn- und Dividendentransfer des ausländischen Kapitals ins Ausland. Anfang 1953 begann er eine intensive nationalistische Aktion gegen die negativen Einflüsse des ausländischen Kapitals auf die brasilianische Wirtschaft. Vgl. dazu Skidmore, Politics in Brazil (1930-1964), S. 94-100.
301 Zu Beginn der US-Präsidentschaft von D. David Eisenhower (1953-1961) verringerte sich die brasilianische Hoffnung auf eine Unterstützung aus den USA noch stärker. Diese Regierung setzte sich besonders stark ein für private Auslandsinvestitionen an Stelle von staatlichem Kapital oder von Entwicklungshilfe. Vgl. dazu Bandeira, Presença dos Estados Unidos no Brasil, S. 342-353.
302 Getúlio Vargas setzte in den insgesamt sieben zivilen Ministerien sechs neue Minister ein. Vgl. dazu D'Araújo, O Segundo Governo de Vargas (1951-1954), S. 128.

zu mildern und die zunehmende Opposition des Militärs und der Presse unter Kontrolle zu bringen.[303]

Wenn man die zweite Regierung Vargas (1951-1954) in ihrer Gesamtheit betrachtet, dann stellt man fest, daß hier versucht wurde, die verschiedenen Interessengruppen miteinzubeziehen. Obgleich Präsident Vargas im Laufe seiner Amtszeit immer stärker einen radikalisierenden Nationalismus verfolgte, gab es in einigen wirtschaftlichen Sektoren bis zur Mitte des Jahres 1954 in Brasilien zahlreiche private ausländische Unternehmen als Investoren.[304] Wegen der problematischen Verhandlungen mit den USA, wegen der hohen Inflation und wegen des Handelsdefizits blieb als Hauptproblem des brasilianischen Wirtschaftsentwicklungsmodells, ob eine strenge staatliche Kontrolle der ausländischen Kapitalanlagen das Tempo der industriellen Entwicklung in Brasilien verringerte.

In der zweiten Hälfte der fünfziger Jahre wurden die Diskussionen über die Entwicklungstheorien bzw. das Industrialisierungsprojekt als ökonomischer Globalplan in Brasilien auf eine neue Basis gestellt. Die intellektuellen, politischen und wirtschaftlichen Eliten Brasiliens verfochten insgesamt das „Konzept des Staatsinterventionismus" mit einem starken Engagement des ausländischen Kapitals und der internationalen Investoren. Die Diskussion über die Rolle des privaten Auslandskapitals überwog in dieser Phase, obwohl die Tendenzen der ersten Hälfte der fünfziger Jahre (Nationalismus und Internationalismus) im Grunde genommen erhalten blieben. Die Frage dieser Zeit war: Wie könnten jene Hindernisse *(bottlenecks)*, die das wirtschaftliche Wachstum, den Wohlstand und den Lebensstandard der Bevölkerung in Brasilien verhinderten, beseitigt werden?

---

303 Mit der Kabinettsreform versuchte Vargas, eine politische und wirtschaftliche Stabilität zwischen den politischen Tendenzen zu erreichen. Während der Ministeriumsreform wurde João Goulart zum Arbeitsminister ernannt. Er war Mitglied der Brasilianischen Arbeiterpartei (*PTB*), unterstützte die Arbeiterschaft durch Lohnerhöhungen zum Inflationsausgleich und konnte gleichzeitig Kontrolle über die Gewerkschaften ausüben. Im Gegenzug dazu wurden Osvaldo Aranha (Finanzminister und Mitglied der Nationalen Demokratischen Union – *UDN*), Vicente Raó (Außenminister und Mitglied der *UDN*) und José Américo de Almeida (Verkehrsminister und Mitglied der *UDN*) ernannt, um für eine stabile und konservative Wirtschaftspolitik sorgen zu können. Trancredo Neves (Mitglied der Sozialdemokratischen Partei – *PSD*) wurde zum Justizminister ernannt.

304 Unter dem Druck der verschiedenen politischen Tendenzen innerhalb der populistischen Basis beging Getúlio Vargas am 24.8.1954 Selbstmord. Nach dem Ende der Regierung von Getúlio Vargas bildete sich eine konservative Regierung unter dem vormaligen Vizepräsidenten Café Filho (1954-1955). Vgl. dazu Antônio Mendes de Almeida Júnior, Do declínio do Estado Novo ao suicídio de Getúlio Vargas, in: Fausto (Hg.), História geral da civilização brasileira, Bd. 10, S. 247-255.

Während der Regierung Café Filho (1954-1955) gewann der Internationalismus an Einfluß. Diese Regierung setzte im Jahre 1955 eine staatliche Regelung zugunsten der ausländischen Kapitalanlage in Kraft: die Instruktion Nr. 113 der „Aufsichtsbehörde für Geld- und Kreditwesen" *(Superintendência de Moeda e Crédito – SUMOC)*. Durch die SUMOC-Instruktion Nr. 113 erhielten die internationalen Investoren steuerliche Vergünstigungen, und es wurden ihnen Sonderbedingungen bei der Einfuhr von Kapitalgütern und Maschinen eingeräumt.[305] Nach Meinung der Internationalisten war diese Vergünstigung der Weg, einen rapiden Industrialisierungsprozeß anzustoßen. Der brasilianische Staat strebte durch die Zulassung und Förderung ausländischer Industrieniederlassungen eine industrielle Entwicklung an, die den Binnenmarkt versorgen sollte.[306]

Das politische Programm der Regierung Juscelino Kubitschek (1956-1961)[307] basierte auf der Wirtschaftsentwicklung bzw. der Industrialisierung. Dafür führte sie die staatlichen Planungen zugunsten einer Verstärkung des Industrialisierungsprozesses durch die „Importsubstitution" von Produktionsgütern weiter. Die Regierung Kubitschek plante die Substitution von Produktionsgütern und dauerhaften Konsumgütern.[308] Diese Sektoren verlangten viel Kapital. Der Bedarf an Krediten wurde ab 1954 noch stärker durch eine zunehmend defizitäre Zahlungsbilanz infolge der Verschlechterung der Austauschbeziehungen. Der Preis für Kaffee sank auf dem internationalen Markt wegen der starken Konkurrenz zwischen der lateinamerikanischen und der afrikanischen Produktion. Im Jahre 1955 führte Brasilien Waren im Wert von etwa 1.419 Millionen US-Dollar aus: der Kaffee-Export machte 60% dieses Betrages aus. Aus diesem Grund prägte die Regierung das „Modell abhängiger, assoziierter Entwicklung" mit einem starken Engagement des ausländischen Privatkapitals in Brasilien.[309]

---

305 Im Grunde erlaubte die SUMOC-Instruktion Nr. 113 den ausländischen Unternehmen, Maschinen und Ausrüstungen verschiedener Art für einen um 45% niedrigeren Preis im Vergleich zum Zuschlag der Warengruppe und ohne Devisendeckung zu importieren. Die Maschinen und Ausrüstungen konnten neu oder gebraucht sein. Diese Regelung war nicht gültig für die brasilianischen Unternehmen. Vgl. dazu Dreifuss, 1964 – a conquista do Estado. Ação política, poder e golpe de classe, S. 33.

306 Vgl. Ricardo Maranhão, O Estado e a política „populista" no Brasil (1954-1964), in: Fausto (Hg.), História geral da civilização brasileira, Bd. 10, S. 262-264.

307 Juscelino Kubitschek wurde zum Präsidenten und João Goulart zum Vizepräsidenten gewählt. Kubitschek war Mitglied der *PSD* und Goulart Mitglied der *PTB*.

308 Vgl. Paul Singer, Interpretação do Brasil. Uma experiência histórica de desenvolvimento, in: Fausto (Hg.), História geral da civilização brasileira, Bd. 11, S. 225-228.

309 Vgl. Dreifuss, 1964 – a conquista do Estado. Ação política, poder e golpe de classe, S. 49-66 und Clovis de Faro und Salomão Silva, A década de 50 e o Programa de Metas, in: Angela de Castro Gomes (Hg.), O Brasil de JK, Rio de Janeiro 1991, S. 45.

Seine Wahlkampagne hatte Kubitschek unter das Motto „50 Jahre Fortschritt innerhalb von fünf Jahren" gestellt, und er versuchte, alle politischen Interessen um
sein Projekt zu vereinen.[310] Dieses Ziel glaubte man nur durch die Unterstützung
der nationalen und überwiegend der ausländischen Investoren realisieren zu können. Der Staat sollte eine wichtige Rolle im Rahmen der Investitionen in die Infrastruktur und der wirtschaftlichen Planung spielen.

Der Entwicklungsplan der Regierung Kubitschek *(Plano de Metas)* umfaßte die
Energiewirtschaft, das Transportwesen, die Schaffung der wichtigsten Grundstoffindustrien, die Nahrungsmittelversorgung und die Ausbildungspolitik, während
sich die Investitionen seit Beginn auf die drei ersten Sektoren konzentriert hatten.[311] Zur Durchsetzung dieser Ziele wurde im Jahre 1956 der „Wirtschaftliche
Entwicklungsrat" *(Conselho de Desenvolvimento Econômico)* gegründet.[312] Die
Wirtschaftspolitik der Regierung beruhte jedoch auf der Investitionspolitik. Mit
staatlicher Unterstützung gewährte die Regierung den ausländischen Unternehmen eine Finanzierung in Wirtschaftszweigen wie der Automobil- und Elektroindustrie. Trotz der hohen Inflation und des Handelsdefizits sollte der Entwicklungsplan zu 40% durch binnenländische Zwangsanleihen und zu 60% über Aus-
landskredite finanziert werden.[313]

Auf internationaler Ebene mußte die brasilianische Regierung einen Kurs der Liberalisierung ihrer Außenwirtschaftspolitik steuern, um weitere Kredite zu erhal-

---

310 Durch eine Koalition zwischen *PSD* und *PTB* und eine Unterstützung des Militärs konnte
Präsident Kubitschek eine politische Basis und politische Stabilität schaffen. Diese politischen Gruppen arbeiteten zusammen an der Wirtschaftspolitik der Regierung. Nach der politischen Ansicht des Präsidenten könnte jede soziale Gruppe in Brasilien etwas durch seinen
Entwicklungsplan gewinnen. Vgl. dazu Maria Victória de Mesquita Benevides, O governo
Kubitschek. Desenvolvimento econômico e estabilidade política, 3. Aufl., Rio de Janeiro
1979.

311 Der Entwicklungsplan der Regierung Kubitschek hatte 30 spezifische Ziele, die auf die fünf
wichtigsten Sektoren der brasilianischen Wirtschaft verteilt waren. Als Symbol dieses
Entwicklungsplans war die Gründung der Hauptstadt Brasilia zu verstehen. Vgl. dazu Faro
und Silva, A década de 50 e o Programa de Metas, in: Gomes (Hg.), O Brasil de JK, S. 56-58.

312 Der „Wirtschaftliche Entwicklungsrat" errichtete die Sektorenlenkungsgruppen – die sogenannten *Grupos Executivos.* Sie sollten sich besonders auf einzelne Ziele konzentrieren. Die
bekanntesten waren die Sektorenlenkungsgruppen für die Automobilindustrie *(Grupo Executivo da Indústria Automobilística – GEIA)* und die Sektorenlenkungsgruppe der Schiffs-
industrie *(Grupo Executivo da Indústria da Construção Naval – GEICON).* Vgl. dazu Benevides, O governo Kubitschek. Desenvolvimento econômico e estabilidade política, S. 229-
231.

313 Vgl. Ricardo Bielschowsky, Pensamento econômico brasileiro. O ciclo ideológico do desenvolvimento, S. 467.

ten.[314] Angesichts der in den fünfziger Jahren sinkenden Weltmarktpreise für die bedeutenden brasilianischen Exportprodukte bemühte sich Brasilien nicht nur um Finanzierung und industrielle Technologie. Es setzte sich bei Industrieländern und internationalen Organisationen auch für die Stabilität der Rohstoffpreise ein. Die brasilianische Kapazität zum Import von Produktionsgütern hing von dem Ausmaß des Exports ab. Darüber hinaus dehnte die kapitalistische Weltwirtschaft sich im Laufe der fünfziger Jahre aus, und immer mehr multinationale Konzerne aus verschiedenen Industrieländern suchten nach Investitionsmöglichkeiten in den Entwicklungsländern.[315]

In ihrer Außenpolitik orientierte sich die Regierung Kubitschek erneut hin auf eine Zusammenarbeit mit den USA,[316] vor allem um staatliches Kapital und ausländische Investoren zu finden. Um Kapital und Technologie nach Brasilien ziehen zu können, wurde jenen ausländischen Firmen und Unternehmen, die Produkte und Produktion auf den brasilianischen Markt brachten, eine liberale Kreditpolitik und Protektion versprochen. Außerdem entwickelte sich in Brasilien ein wachsender Binnenmarkt, und in der Periode der Regierung Kubitschek konnte dieser zusätzlich politische Sicherheit bieten.

Wegen der privaten Investitionen aus den USA, der Bundesrepublik Deutschland, England, Frankreich und aus der Schweiz war der Entwicklungsplan der Regierung Kubitschek in einigen Bereichen wie etwa der Elektrizität, dem Metallabbau und insbesondere in der Automobilindustrie sehr erfolgreich, in anderen Bereichen wie dem Straßenbau oder der landwirtschaftlichen Produktion dagegen weit weniger.[317] Die erreichten Ziele führten zu hohen Wachstumsraten in der Produktion und zu einer Absatzsteigerung. Das Wachstum der brasilianischen Industrieproduktion während der Regierung Juscelino Kubitschek war rapide. Zwischen

---

314 Diese Politik wurde bis 1962 beibehalten. Vgl. dazu Malan, Relações econômicas internacionais do Brasil (1945-1964), in: Fausto (Hg.), História geral da civilização brasileira, Bd. 11, S. 99-104.

315 Gemäß der klassischen Definition suchen die multinationalen Konzerne, Kosten zu senken, staatliche Einschränkungen und Kontrollen zu vermeiden und Gewinne zu erhöhen. Deswegen suchten sie seit den fünfziger Jahren nach Volkswirtschaften, die sie mit Investitions-, Produktions- und Produktstrategien begünstigten. Vgl. dazu Bernardo Kucinski, O que são multinacionais, São Paulo 1991.

316 Im Jahre 1957 schlossen Brasilien und die USA ein vertrauliches Stützpunktabkommen ab. Dadurch durfte den USA auf dem brasilianischen Territorium Stützpunkte überlassen werden. Mit diesem Abkommen hoffte die brasilianische Regierung, eine „echte" wirtschaftliche Kooperation mit den USA erlangen zu können. Vgl. dazu Vizentini, Relações internacionais e desenvolvimentismo. O nacionalismo e a política externa independente (1951-1964), S. 120-142.

317 Vgl. Faro und Silva, A década de 50 e o Programa de Metas, in: Gomes (Hg.), O Brasil de JK, S. 60-70.

1949 und 1955 stieg diese Produktion durchschnittlich um 8,6% pro Jahr. Im Jahre 1958 lag das Wachstum bei 16,2%. In den Jahren 1959 und 1960 sank es dann wieder auf 11,9% bzw. 9,6%.[318] Da nur eine geringe Kapitalmenge in Brasilien zur Verfügung stand, wurde dieser Plan durch Zwangssparen, durch Inflation und durch hohe Auslandsverschuldung verwirklicht. In der zweiten Hälfte der Regierung Kubitschek verschlechterten sich die bilateralen Beziehungen zwischen den USA und Brasilien wegen des Zahlungsbilanzdefizits und der steigenden Inflation abermals. Die brasilianische Regierung benötigte zur Finanzierung der Importe staatliche Kredite aus den USA, aber die US-Regierung arbeitete weiter nach dem Prinzip der Freiheit ausländischen Privatkapitals bei der Förderung der Wirtschaftsentwicklung Brasiliens.[319]

1958 begannen die Verhandlungen zwischen der brasilianischen Regierung und dem Internationalen Währungsfonds – IWF – über ein brasilianisches Stabilisierungsprogramm. Aufgrund der Steuerung des IWF und der US-Regierung hin zu wirtschaftlicher Stabilität, die den brasilianischen Industrialisierungsprozeß zu unterbrechen drohte, versuchte die Regierung Kubitschek, ihre politische Position gegenüber den USA zu stärken. Aus diesem Grund versuchte diese Politik einerseits, öffentliche Darlehen und Kredithilfen aus den USA zu bekommen. Andererseits war die Außenpolitik Brasiliens durch den Nationalismus geprägt.[320] Sie bezeugte ein intensives Interesse an einer engeren Zusammenarbeit mit den anderen Ländern, z. B. mit der Bundesrepublik Deutschland, mit dem sozialistischen Osteuropa und mit den lateinamerikanischen Staaten.[321] Der Präsident setzte sein Industrialisierungsprogramm fort und brach im Juni 1959 die Verhandlungen mit dem IWF ab.

Prinzipiell schlossen die brasilianische Regierung und ihre Außenpolitik sich in den fünfziger Jahren der kapitalistischen Weltwirtschaft an und bemühten sich um die wirtschaftliche Entwicklung des Landes. Diese Entwicklung erforderte eine Neuausrichtung der Politik auf ein ökonomisches Modell, das das Wirtschaftswachstum in direkter Weise von der Investitionsmenge und von der Produktivität des Kapitals abhängig machte. Diese beiden Elemente wurden mit den binnenländischen und den ausländischen Investitionen verknüpft.

---

318 Vgl. Wilson Cano, Desequilíbrios regionais e concentração industrial no Brasil (1930-1970), São Paulo 1985, S. 87.
319 Die US-Regierung war gegen die wirtschaftlichen Hilfsforderungen Brasiliens und übte starken Druck auf die Gewährung von Erdölexplorationsrechten aus. Vgl. dazu Bandeira, Presença dos Estados Unidos no Brasil, S. 373-390.
320 Vgl. Vizentini, Relações internacionais e Desenvolvimentismo. O nacionalismo e a política externa independente (1951-1964), S. 143-164.
321 Vgl. Gerson Moura, Avanços e recuos. A política exterior de JK, in: Gomes (Hg.), O Brasil de JK, S. 38-39.

Darüber hinaus hatte die Fortführung des Industrialisierungsprozesses die grundlegende Voraussetzung, die Importe ersetzen zu müssen. Großes Ziel der brasilianischen Regierung war es, die Wirtschaftsentwicklung bzw. die Industrialisierung Brasiliens zu erreichen. Im Zusammenhang mit dem Kalten Krieg hatte Brasilien keine andere Wahl: Die Alternativen für eine Realisierung seines Entwicklungsmodells lagen hauptsächlich bei den privaten Investoren aus den USA und aus Europa. Da die brasilianische Regierung nach Kapital aus den europäischen Industrieländern strebte, ging sie das Risiko einer politischen Konfrontation mit der US-Regierung und mit dem kapitalistischen System nicht ein.

3.2 Die bilateralen Handels- und Zahlungsabkommen Anfang der fünfziger Jahre zwischen Brasilien und der Bundesrepublik Deutschland

Das Jahr 1950 wurde zum Wiederaufbaujahr im westdeutschen Transatlantikverkehr. Die Handelsverbindungen zwischen der Bundesrepublik Deutschland und den Ländern Lateinamerikas waren deshalb möglich, weil es interessierte Unternehmen in beiden Ländern gab. Nach dem ersten Vertragsschluß im Jahre 1949 mit Uruguay besuchte nach langen Verhandlungen im April 1950 eine deutsche Handelsdelegation unter der Leitung von Vollrath Freiherr von Maltzan Brasilien.[322] Das erste Handels- und Zahlungsabkommen wurde im August 1950 abgeschlossen. Nach der Zustimmung durch die Alliierte Hohe Kommission wurde es am 17. August 1950 unterzeichnet.[323] Dabei wurde vorgeschlagen, daß der Vertrag auf ein Jahr mit stillschweigender Verlängerung abgeschlossen werden sollte. Der Vertrag zwischen Brasilien und der Bundesrepublik Deutschland bestand aus drei Teilen: ein Handelsabkommen mit Listen des Warenverkehrs, ein Zahlungsabkommen zwischen der Brasilianischen Bank *(Banco do Brasil)* und der Bank deutscher Länder und das Schlußprotokoll über die Meistbegünstigung.[324]

---

322 BA. B 108, 5820. Leiter der deutschen Handelsdelegation, Freiherr von Maltzan, an Bundesminister Ludwig Erhard, Rio de Janeiro (16.5.1950).

323 Das erste Handels- und Zahlungsabkommen wurde am 17. Dezember 1951 in der Bundesrepublik Deutschland und im Jahre 1952 in Brasilien ratifiziert. BA. B 108, 5820. Der Vorsitzende der Delegation der Bundesrepublik Deutschland, Felix Prentzel, an brasilianischen Außenminister, João Alberto Lins de Barros, Rio de Janeiro, Vertrauliches Schreiben (29.8.1952) und MRE. DDD. AHRJ. Bonn, Oficios Recebidos, 1952-7.5.2. Brasilianische Botschaft in Bonn an das brasilianische Außenministerium (10.5.1955).

324 BA. B 108, 5820. Vereinbarung zwischen der Regierung der Bundesrepublik Deutschland und der Regierung der Republik der Vereinigten Staaten von Brasilien über den Warenverkehr (29.6.1950) und BA. B 102, 7376 – Heft 1. Allgemeines Zoll- und Handelsabkommen. Zollzugeständnisse, welche die Regierung der Bundesrepublik Deutschland bei der Regie-

Der Verwirklichung eines umfangreichen Konsumgüter- und Kapitalgüterexports aus der Bundesrepublik nach Brasilien und einer umfassenden Ausfuhr von Rohstoffen aus Brasilien nach Westdeutschland standen verschiedene Schwierigkeiten entgegen. Nach westdeutscher Ansicht lagen die Probleme auf dem Zahlungsgebiet, auf der Frage des deutschen Vermögens und der gewerblichen Schutzrechte in Brasilien[325] und im Bereich der Schiffahrt[326]. Auf brasilianischer Seite versuchte man, eine Senkung der Kaffeesteuer in Westdeutschland zu erreichen. Die Bundesregierung lehnte Anfang 1950 die brasilianische Forderung nach Zollfreiheit für Kaffee und einer Verringerung der Kaffeesteuer um die Hälfte ab.[327] Aber das Hauptproblem lag in diesem Zusammenhang bei der schwierigen deutschen Finanzlage mit der mangelnden Konvertibilität der Deutschen Mark im Übersee-Verkehr und bei den Zahlungsschwierigkeiten Brasiliens bei der Einfuhr von Kapitalgütern für die industrielle Entwicklung.[328]

Obwohl die beschlagnahmten Vermögen während den Besprechungen über das Abkommen nicht diskutiert wurden, erließ die Regierung Brasiliens drei Monate nach dem ersten westdeutsch-brasilianischen Handels- und Zahlungsabkommen das Dekret Nr. 1.224. Dies gab die Vermögen von deutschen Staatsbürgern und deutschstämmigen Brasilianern, die in Brasilien ihren Wohnsitz haben, frei. Es handelte sich dabei im wesentlichen um die Aufhebung der Verfügungsbeschränkungen sowie um Rückgabe von Vermögens- und Einkommensabgaben. Das Re-

---

rung der Vereinigten Staaten von Brasilien beantragt hatte, Vertrauliches Schreiben (20.11.1950).
325 AA-PA. Abt. 2, Bd. 1732. Deutsche Delegation für Brasilien an den Bundesminister für Wirtschaft Ludwig Erhard, Rio de Janeiro (25.5.1950) und BA. B 108, 5820. Der Vorsitzende der Deutschen Delegation, Freiherr von Maltzan, an den Leiter der Wirtschafts- und Konsularabteilung des brasilianischen Außenministeriums, Bueno do Prado, Rio de Janeiro (7.6.1950).
326 Das brasilianische Gesetz beschloß, daß bei Versand und Bezug von Waren die Benutzung der nationalen Flagge reglementiert werden sollte. In Anbetracht der deutschen Handelsinteressen und nach Ansicht der deutschen Delegation hatte die Frage der Schiffahrt einen stärkeren politischen Aspekt, und die brasilianische Regierung müßte die Verschiffungsauflagen allmählich lösen und den privaten Firmen das Recht der freien Flaggewahl garantieren. BA. B 108, 5820. Handelsvertrag mit Brasilien (15.2.1950). Nach Meinung des Leiters der brasilianischen Sondermission Mário de Pimentel Brandão hätten die holländischen Schiffsvereine mehr Interesse an der freien Flaggewahl für den Warentransport nach Brasilien als die deutschen Schiffsvereine, da die westdeutsche Handelsflotte Anfang der fünfziger Jahre klein war und keine Konkurrenz darstellen konnte. MRE. DDD. AHRJ. Bonn, Oficios Recebidos, 1950-7.4.13. Leiter der brasilianischen Sondermission, Mário de Pimentel Brandão, an den brasilianischen Außenminister Raul Fernandes, Vertrauliches Schreiben (5.6.1950).
327 Die Kaffeesteuer in der Bundesrepublik Deutschland lag bei 10 DM für ein Kilogramm der Produkte. MRE. DDD. AHRJ. Bonn, Oficios Recebidos, 1950-7.4.13. Attaché der brasilianischen Sondermission, Ezequiel Ubatuba, an den Leiter der brasilianischen Sondermission Mário de Pimentel Brandão (15.4.1950).
328 AA-PA. Abt. 2, Bd. 246. Abschlußbericht Brasilien von 4.8. bis zum 24.8.1950 (24.8.1950).

gierungsdekret trat aber nicht in Kraft für die deutschen Eigentümer mit Wohnsitz außerhalb Brasiliens und für die große Zahl jener Werte, deren Liquidierung durch besondere Verfügungen der brasilianischen Regierung zu einem früheren Zeitpunkte angeordnet worden war.[329]

Trotz der Schwierigkeiten arbeiteten die deutsche Delegation und die brasilianischen Beamten hauptsächlich an den Handels- und Zahlungsbeziehungen. Sie kümmerten sich um die Warenlisten und um Kredite für den Handelsverkehr. Das Handelsabkommen vom August 1950 sah einen Warenaustausch im Wert von 115 Millionen US-Dollar auf jeder Seite vor, d. h. ein Kompensationsgeschäft.[330] Auf der Basis des US-Dollars sollten ein Gleichgewicht zwischen Warenimport und - export geschaffen und die Einfuhr- und Ausfuhrprodukte jeweils im eigenen Land verbraucht werden.[331]

Mit dem Industrialisierungsprozeß Brasiliens entwickelte sich eine Verlagerung des brasilianischen Imports von Konsumgütern auf Kapitalgüter, weswegen die Warenlisten aus der Bundesrepublik geändert werden mußten: Im Vergleich mit den Handelsbeziehungen beider Länder vor dem Zweiten Weltkriege wurden neue und verschiedenartige Ausfuhrprodukte nach Brasilien hinzugefügt.[332] Für die deutsche Wirtschaft brachte der Handel mit Brasilien Möglichkeiten auf dem Gebiete des Maschinenbaus, der Fahrzeuge, der Elektroindustrie, der Feinmechanik, der Optik und der Chemie. Insgesamt beliefen sich die Exporte aus der Bundesrepublik nach Brasilien auf einen Anteil der Maschinen, Fahrzeuge und Verbrauchsgüter aus Metall in Höhe von 66,4%, auf einen Anteil von 27% bei Rohprodukten und Halbfertigwaren, auf 2,8% bei Zuchtvieh und 3,8% bei verschiedenen Produkten.[333]

In Gegensatz dazu veränderte sich die brasilianische Exportstruktur kaum. Ab 1950 sahen die vereinbarten Importwaren aus Brasilien in die Bundesrepublik

---

329 Vgl. LEX 1950, Regierungsdekret Nr. 1.224 vom 4.11.1950, S. 315-317.
330 Unter einem Kompensationsgeschäft versteht man eine vertragliche Vereinbarung, insbesondere im Außenhandel, bei der ein Warenexport direkt mit einem Warenimport verbunden ist.
331 BA. B 108, 5820. Vereinbarung zwischen der Regierung der Bundesrepublik Deutschland und der Regierung der Republik der Vereinigten Staaten von Brasilien über den Warenverkehr (29.6.1950).
332 BA. B 102, 7376 – Heft 1. Das Ergebnis der Zolltarifverhandlungen zwischen der Bundesrepublik Deutschland und der Bundesrepublik der Vereinigten Staaten von Brasilien. Allgemeine Wirtschaftsstruktur und Struktur des Außenhandels zwischen der Bundesrepublik und Brasilien, Vertrauliches Schreiben (4.4.1951).
333 Die Liste B – Ausfuhr aus dem Gebiet der Bundesrepublik Deutschland in das Gebiet der Vereinigten Staaten von Brasilien – enthielt 164 Arten von Produkten. BA. B 136, 1255. Gesetzesentwurf über die Vereinbarung über den Warenverkehr und Protokoll zwischen der Bundesrepublik Deutschland und den Vereinigten Staaten von Brasilien (19.9.1950).

Deutschland unter anderem Folgendes vor: Die Liste A, die sich auf die Ausfuhr aus dem Gebiet der Vereinigten Staaten von Brasilien in das Gebiet der Bundesrepublik Deutschland bezog, umfaßte 50 verschiedene Produkte. 57% der Exporte aus Brasilien nach Deutschland waren Rohstoffe, 38,8% Nahrungsmittel, 3,8% verschiedene Waren und 0,4% Fertigwaren.[334]

Die beiden Länder zeigten sich zufrieden mit dem Abkommen, da die Handelstransaktionen zwischen 1950 und 1951 kräftig anstiegen. Die deutsche Ausfuhr im Jahre 1950 belief sich auf 147,4 Millionen DM, die deutsche Einfuhr aus Brasilien auf 87,9 Millionen DM. Die Ausfuhr verdreifachte sich 1951, die Einfuhr war im Jahre 1950 fast viermal so hoch. Trotzdem entwickelte sich die Handelsbilanz zwischen Brasilien und der Bundesrepublik problematisch.

Zwischen 1951 und 1952 hatte die brasilianische Ausfuhr nach der Bundesrepublik keinen Anstieg zu verzeichnen. Im gleichen Zeitraum erhöhte sich der westdeutsche Export nach Brasilien, so daß Brasilien stets mehr Importgüter aus Deutschland erhielt als umgekehrt. Zwischen 1950 und 1952 entstand schließlich ein Handelsbilanzdefizit von 550,2 Millionen DM zugunsten von Deutschland. Zwei Hauptgründe für dieses brasilianische Handelsdefizit lassen sich ausmachen: Einerseits war Brasiliens Importbedarf höher als der der Bundesrepublik. Neben Konsum- und Kapitalgütern bedurfte Brasilien auch einer großen Menge an Rohmaterialien für seine industrielle Entwicklung.[335] Andererseits hatte die Bundesrepublik Deutschland die Möglichkeit, die in Brasilien verfügbaren Produkte auch

334 BA. B 136, 1255. Gesetzesentwurf über die Vereinbarung über den Warenverkehr und Protokoll zwischen der Bundesrepublik Deutschland und den Vereinigten Staaten von Brasilien (19.9.1950).
335 Anfang der fünfziger Jahre war die brasilianische Einfuhr von Erdöl, Weizen, Stockfisch und Papier bemerkenswert.

auf anderen Märkten zu kaufen. Die Preise der brasilianischen Produkte lagen über denen anderer Länder und mußten mit diesen konkurrieren.[336]

Zusätzlich zur großen Konkurrenz der Produkte anderer Länder für die brasilianischen Artikel wurden die fünfziger Jahre als eine Phase gekennzeichnet, in der die Industrieländer die dem internen Handel auferlegten Restriktionen beseitigten, ihn darüber hinaus aber Beschränkungen unterwarfen, um die Rohstoffe und Artikel aus Unternehmen der tropischen Länder auszuschließen.[337] Wegen des großen Angebotes und der niedrigen Rohstoffpreise auf dem internationalen Markt in diesem Jahrzehnt und besonders ab 1953, wurde die Zunahme des brasilianischen Handelsbilanzdefizits nicht nur mit der Bundesrepublik Deutschland größer, sondern auch mit anderen Ländern.[338] Außerdem fiel die Kaufkraft der brasilianischen Währung wegen der steigenden Inflation in den fünfziger Jahren immer stärker.[339]

Infolge der damaligen wirtschaftlichen Schwierigkeiten Brasiliens entstand eine zumeist negative Handelsbilanz Brasiliens mit der Bundesrepublik Deutschland. Die brasilianische Regierung konnte nicht alle Produkte, die im Handelsabkommen von 1950 auf der brasilianischen Liste für Deutschland festgesetzt wurden, liefern.[340] Aber mindestens zwei Waren aus Brasilien lagen über den vereinbarten

---

336 Die Preisunterschiede zwischen den brasilianischen Ausfuhrwaren und ihren internationalen Preisen waren bedeutend. Der Geschäftsbericht der Deutsch-Brasilianischen Handelskammer in São Paulo aus der Periode zwischen 1950 und 1952 informierte über diesen Unterschied im Jahre 1952. Vgl. dazu den Geschäftsbericht der Deutsch-Brasilianischen Handelskammer in São Paulo (8.1950-8.1952), S. 82-83.

Waren	Brasilianischer Inlandspreis in Cruzeiros/Kg	Weltpreis in Cruzeiros/Kg
Kakao	15,55	15,04
Baumwolle	33,00	28,30
Rohtabak	11,77	2,67
Leder	11,78	8,15
Mais	2,08	0,83

337 Vgl. Celso Furtado, Teoria e política do desenvolvimento econômico, S. 165-171.
338 Im Jahre 1952 gab Brasilien 1.700 Millionen US-Dollar für seine gesamte Einfuhr aus, und die Einnahme aus dem Export lag bei 1.416 Millionen US-Dollar. Im Jahre 1953 schuldete Brasilien für den Warenaustausch auf dem internationalen Markt kurzfristig etwa 1 Milliarde US-Dollar. 1953 beliefen sich die brasilianischen Schulden bei der Bundesrepublik in kurzfristiger Rechnung auf 100 Millionen US-Dollar. Vgl. dazu Malan, Relações econômicas internacionais do Brasil (1945-1964), in: Fausto (Hg.), História geral da civilização brasileira, Bd. 11, S. 71-72 und Erhard, Deutschlands Rückkehr zum Weltmarkt, S. 170.
339 Vgl. Baer, A industrialização e o desenvolvimento econômico do Brasil, S. 97.
340 Zum Beispiel konnte Brasilien nicht die gesamten Quoten von Baumwolle, Häuten und Fellen, Rohtabak und Sisalhanf nach der Bundesrepublik liefern. Außerdem unterbrach die Ein-

Werten des deutsch-brasilianischen Handelsvertrags. Zwischen 1951 und 1954 war die Kaffee-Ausfuhr nach Westdeutschland durchschnittlich um etwa 41% höher als vereinbart. Im selben Zeitraum lag auch der Wert des Kakaoexportes um circa 161% über den vertraglichen Quoten.

Obwohl die Bundesregierung und die westdeutschen Importeure behaupteten, daß die brasilianischen Produktpreise hoch wären, erhöhten sie die Kaffee- und Kakaoimporte aus Brasilien. Zusätzlich wurde die Möglichkeit, diese Waren in andere Länder zu reexportieren, genutzt. So kaufte die Bundesrepublik mit weicher Währung in Brasilien Kaffee und Kakao und verkaufte sie nach den USA und Kanada weiter, um dort harte Dollars zu erhalten.[341] Doch der brasilianisch-deutsche Handelsvertrag von 1950 gestattete keinen Reexport der Waren in dritte Länder. Anfangs versuchte die brasilianische Regierung, den Reexport zu unterbinden. Im Jahre 1952 verhandelten die beiden Regierungen darüber, und ab diesem Jahre durften alle brasilianischen Produkte in andere Länder reexportiert werden.[342]

Auf deutscher Seite wurden die Handelsbeziehungen mit Brasilien wegen der Erhöhung der brasilianischen Verschuldung und wegen der mangelnden Liberalisierung des deutschen Kapitalmarktes erschwert.[343] Trotz des großen Kaffee- und Kakaoimports kaufte die Bundesrepublik weniger in Brasilien als sie nach Brasilien lieferte. Nach Ansicht der Deutsch-Brasilianischen Handelskammer in São Paulo sollte die Bundesrepublik die brasilianische Ausfuhr fördern.[344] Die brasilianische Botschaft in Bonn glaubte, daß die schwierige Finanzlage der Bundesrepublik Deutschland Anfang der fünfziger Jahre einen optimalen Handelsaustausch

---

und Ausfuhrabteilung der Brasilianischen Bank *(CEXIM – Banco do Brasil)* in der zweiten Hälfte des Jahres 1952 die Einfuhrlizenzen für die deutschen Produkte, um die deutsch-brasilianische Zahlungsbilanz ins Gleichgewicht zu bringen. MRE. DDD. AHRJ. Bonn, Ofícios Recebidos, 1952-7.5.2. Brasilianische Botschaft in Bonn an das brasilianische Außenministerium. Wirtschaftlicher Bericht (1.7.1952).

341 MRE. DAR. SCE. Bonn, Ofícios Recebidos, Nr. 251. Brasilianische Botschaft in Bonn an den brasilianischen Außenminister Vicente Ráo. Reexport des brasilianischen Kaffees in die USA, Vertrauliches Schreiben (1.7.1954).

342 Ab August 1952 wurden Reexportgeschäfte des brasilianischen Kaffees mit der Schweiz, England und Finnland abgeschlossen und genehmigt. MRE. DDD. AHRJ. Bonn, Ofícios Expedidos, 1952-7.5.2. Brasilianisches Außenministerium an die brasilianische Botschaft in Bonn (22.10.1952) und BA. B 108, 5820. Der Vorsitzende der Delegation der Bundesrepublik Deutschland, Felix Prentzel, an den Leiter der Wirtschafts- und Konsularabteilung im brasilianischen Ministerium der Auswärtigen Angelegenheiten, João Alberto Lins de Barros, Rio de Janeiro, Vertrauliches Schreiben (29.8.1952).

343 BA. B 102, 1343 – Heft 1. Gefährdung des Exports nach denjenigen Ländern bei denen ein deutscher Aktivsaldo besteht, Vertrauliches Schreiben (22.7.1952).

344 Vgl. Geschäftsbericht der Deutsch-Brasilianischen Handelskammer in São Paulo (8.1950-8.1952), S. 42-43.

116

zwischen den beiden Ländern verhinderte. Sobald die deutsche Finanzlage sich verbessern würde, sollte mehr in Brasilien gekauft werden.[345]

Im Jahre 1952 besuchte unter der Führung von Felix Prentzel eine deutsche Delegation Brasilien, um eine Lösung für das brasilianische Handelsdefizit zu finden. Folgende Regelungen wurden getroffen: Der gegenseitige Warenaustausch wurde mit der Summe und den Waren, die der Handelsvertrag von 1950 vorsah, aufrechterhalten, aber die brasilianische Regierung sollte nur 80% ihrer gesamten Ausfuhr in die Bundesrepublik importieren. Der Überschuß von 20% sollte allmählich einen Ausgleich des brasilianischen Handelsdefizits bewirken. Um den westdeutschen Import aus Brasilien zu ermutigen, sollte diese Einfuhr durch eine Aufwertung des Dollars aus Brasilien, des sogenannten „Brasiliendollars", verbilligt werden.[346]

Die neuen Regelungen der brasilianischen Handelsbeziehungen mit der Bundesrepublik hatten kaum bestimmende Auswirkungen auf das brasilianische Handelsbilanzdefizit. Wie schon erwähnt, war Brasilien auch gegenüber anderen Ländern stark verschuldet. Deswegen mußte die Regierung Brasiliens ihre Devisenpolitik ändern. Um den Export Brasiliens auszuweiten und dabei den Import „unwichtiger Produkte" einzuschränken, ergriff die brasilianische Regierung eine Reihe von Maßnahmen: Das Gleichgewicht im Außenhandel, eine Stabilisierung der Preise auf dem Binnenmarkt und die Beendigung der steigenden Inflation gehörten zu den Zielen.[347]

Nach Abschluß der brasilianisch-deutschen Verhandlungen im Jahre 1952 mußten die Kommissionen beider Länder neue Entscheidungen treffen, um die Wirkung der brasilianischen Währungsgesetzgebung dem Warenaustausch mit der Bundesrepublik Deutschland anzupassen.[348] Darüber hinaus kritisierte die brasilianische

---

345 MRE. DDD. AHRJ. Bonn, Ofícios Recebidos, 1951-7.4.15. Brasilianische Sondermission in Bonn an das brasilianische Außenministerium. Über den brasilianisch-deutschen Handelsaustausch (8.5.1951).

346 MRE. DDD. AHRJ. Bonn, Ofícios Recebidos, 1952-7.5.2. Brasilianische Botschaft in Bonn an das brasilianische Außenministerium. Zusätzliche und ergänzende Vereinbarungen (10.5.1952) und BA. B 102, 5910 – Heft 1. Wochenbericht für die Zeit vom 24.8. bis zum 30.8.1952 – Brasilien, Nicht für die Presse (30.8.1952).

347 Nach der Kabinettsreform im Jahre 1953 wurde Osvaldo Aranha zum Finanzminister ernannt. Er setzte einen wirtschaftlichen Sanierungsplan in Kraft. Vgl. dazu Wolfgang Paulus, Die wirtschaftliche Entwicklung und Wirtschaftspolitik Brasiliens in der Phase des Übergangs zur Industriegesellschaft (1930-1945), Phil. Diss., Freiburg i. Breisgau 1967, S. 91-94.

348 BA. B 102, 18453 – Heft 2. Auswärtiges Amt an das Bundesministerium für Wirtschaft. Einladung der brasilianischen Regierung zu Handelsvertragsverhandlungen, Bonn (17.3.1953).

Regierung ständig die Kaffeesteuer auf dem westdeutschen Binnenmarkt, die als Behinderung einer Intensivierung des Handelsverkehrs beider Länder galt.[349]

Da die Kaffeesteuer in der Bundesrepublik gesenkt wurde und es eine Prioritätspolitik gab, nach der die umfangreichen deutschen Kaffeekäufe vor allem in Brasilien und Kolumbien erfolgen sollten, nahm der westdeutsche Kaffeeimport aus Brasilien zu.[350] Trotzdem konnten die Senkung der Kaffeesteuer und die Zunahme der Kaffeekäufe keinen Ausgleich des Handelsdefizits zwischen der Bundesrepublik und Brasilien bewirken. Die brasilianische Regierung beabsichtigte, die Konsolidierung ihrer Schulden mit der Bundesrepublik durch Anleihen entweder bei der Export-Import-Bank oder beim Internationalen Währungsfonds zu erreichen. Sie strebte auch eine finanzielle Beteiligung Deutschlands am brasilianischen Wirtschaftsentwicklungsprozeß an. Insgesamt gesehen versuchte die brasilianische Regierung, bei der Bundesrepublik Deutschland eine Außenwirtschaftspolitik zu erreichen, deren Ziel direkte langfristige Kapitalanlagen aus Deutschland in der brasilianischen Wirtschaft waren.[351]

Im Sommer des Jahres 1953 fanden Wirtschaftsverhandlungen zwischen Vertretern der westdeutschen und der brasilianischen Regierung statt, die dann im September zum Abschluß kamen. Folgende Vereinbarungen wurden getroffen: Eine Verzichtserklärung auf das Warenverhältnis von 80:100 zwischen der Ausfuhr aus der Bundesrepublik und der Einfuhr aus Brasilien; ein Projekt langfristiger Inves-

---

349 BA. B 108, 5820. Das brasilianische Ministerium für Auswärtige Angelegenheiten an den Vorsitzenden der deutschen Delegation, Felix Prentzel, Rio de Janeiro, Vertrauliches Schreiben (29. 8.1952) und BA. B 102, 58071. Zahlungsverkehr mit Brasilien (8.6.1953). Im Grunde war der Kaffeesektor in den fünfziger Jahren mit 70% der gesamten Agrarproduktion der wichtigste Agrarsektor in Brasilien. Nach wie vor war in diesen Jahren der Kaffee mit einem Anteil von circa 60% an der gesamten Ausfuhr der brasilianische Hauptexportartikel.

350 Durch die hohe Kaffeesteuer blieben die Kaffee-Einfuhren in der Bundesrepublik Deutschland bis 1953 recht gering. Durch das Kaffeesteuergesetz vom Juli 1953 wurde eine Besteuerung von 3 DM für das Kilogramm in Kraft gesetzt. Diese Maßnahme beendete den Kaffeeschmuggel und erhöhte in kurzer Zeit die gesamten westdeutschen Kaffeekäufe. In Übereinstimmung sollte die Bundesrepublik aus Brasilien 50% der gesamten Kaffeekäufe und aus Kolumbien 20% einführen. AA-PA. Abt. 3, Bd. 1008. Deutsch-Brasilianische Partnerschaft. Informationsmaterial, Rio de Janeiro (10.9.1953) und BA. B 136, 7263. Einfuhr von Rohkaffee, Bonn (20.8.1953). In der Tat führte die Bundesrepublik im Jahre 1952 aus Brasilien 50,4% der gesamten Kaffeekäufe und aus Kolumbien 20,2% ein. Im Jahre 1953 importierte sie aus Brasilien 44,3% der gesamten Kaffee-Einfuhr und aus Kolumbien 18,8%. Im Jahre 1954 umfaßte der gesamte westdeutsche Kaffee-Import eine Menge von 103.647 Tonnen: Der Kaffee-Import aus Brasilien machte 41,6% dieses Beitrages aus, und der aus Kolumbien 17,9%. Vgl. dazu Statistisches Jahrbuch für die Bundesrepublik Deutschland 1954, 1955. Statistisches Bundesamt (Hg.), Wiesbaden u. Mainz, S. 294 und 281.

351 BA. B 102, 5910 – Heft 1. Wochenbericht für die Zeit vom 29.7. bis zum 4.7.1952 – Brasilien, Nicht für die Presse (4.7.1952).

titionen der Bundesrepublik in Brasilien, wodurch Maschinen- und Fabrikeinrichtungen geliefert werden sollten; die Erhöhung des brasilianisch-deutschen Warenaustausches in Einfuhr und Ausfuhr von je 115 auf 142 Millionen US-Dollar, wobei die deutsche Ausfuhr in einer Höhe von 42 Millionen US-Dollar aus Investitionslieferungen bestehen sollte; die Rückgabe von beschlagnahmten Marken und Patenten sowie von Autorenrechten und die Errichtung einer Gemischten Deutsch-Brasilianischen Kommission für wirtschaftliche Entwicklung. Es wurde auch die Absicht geäußert, einen Freundschafts-, Handels- und Schiffahrtsvertrag zu unterzeichnen und ein Konsularabkommen abzuschließen. Außerdem sollten beide Regierungen in Zukunft Fragen im Bereich des Sozialwesens und des Kulturaustausches regeln.[352]

Im Jahre 1953 griff die westdeutsche Handelsdelegation zum erstenmal die Frage der deutschen Vorkriegsvermögen in Brasilien auf. Die brasilianische Seite zeigte, daß man zur Rückgabe der noch nicht endgültig liquidierten deutschen Vermögen bereit sei. Als Gegenleitung forderte Brasilien die Begleichung der noch offenen brasilianischen Reparationsansprüche im brasilianischen Entschädigungsfonds. Die Regierung Brasiliens wollte von der Bonner Regierung die Zahlung eines Betrages um 200 Millionen Cruzeiros – etwa 16 Millionen DM – verlangen.[353]

Die Regierung in Rio de Janeiro sollte die Freigabe der Vermögen verfügen, sobald ihr der fragliche Betrag durch die Bundesregierung entweder in bar zur Verfügung gestellt oder die Zahlung von der Regierungsseite garantiert worden sei.[354] Nach westdeutscher Auffassung dürfte die Regierung Adenauer das brasilianische

---

352 AA-PA. Abt. 2, Bd. 2203. Veröffentlicht durch das Presse- und Informationsamt der Bundesregierung. Gemeinsame Erklärung der Regierung der Bundesrepublik Deutschland und der Regierung der Vereinigten Staaten von Brasilien, Bonn (4.9.1953); BA. B 102, 58073. Vereinbarungen über den deutsch-brasilianischen Warenverkehr (11.9.1953) und BA. B 102, 58071. Entwurf eines Gesetzes über das Abkommen zwischen der Bundesrepublik Deutschland und den Vereinigten Staaten von Brasilien über die Wiederherstellung der durch den zweiten Weltkrieg betroffenen gewerblichen Schutzrechte und Urheberrechte (30.11.1953).

353 Insgesamt lag die Summe der Forderungen Brasiliens im Rahmen der aufgestellten 3 Entschädigungspläne – an Italiener, Japaner und Deutsche – bei etwa 541 Millionen Cruzeiros, worauf aus dem Entschädigungsfonds circa 532 Millionen Cruzeiros gezahlt wurden. Der Fehlbetrag machte circa 9 Millionen Cruzeiros aus. Der von der brasilianischen Regierung zurückzuerstattende Betrag belief sich aus dem Entschädigungsfonds in Brasilien ansässiger Deutscher, Japaner und Italiener auf etwa 102 Millionen Cruzeiros. Die Kriegsschäden von Brasilianern in Deutschland betrug circa 89 Millionen Cruzeiros. Die Gesamtsumme belief sich auf 200 Millionen Cruzeiros. BA. B 126, 12450. Bundeswirtschaftsministerium an den Bundesminister für Wirtschaft. Bericht über die Sachverständigenbesprechungen im Monat Februar 1954, betr. das deutsche Vorkriegsvermögen in Brasilien, Bonn, Streng Vertrauliches Schreiben (9.3.1954).

354 BA. B 126, 12450. Dr. Berenberg-Gossler an den Bundesminister der Finanzen. Deutsches Vermögen in Brasilien, Streng Vertrauliches Schreiben (15.2.1954).

Angebot wegen des Londoner Schuldenabkommens nicht billigen.[355] Aus diesem Grunde versuchten die beiden Seiten, durch einen einseitigen Verwaltungsakt der brasilianischen Regierung diese Problematik zu regeln. Die brasilianischen Forderungen sollten gegen die Zahlung eines bestimmten Prozentsatzes des Wertes der freizugebenden Vermögensobjekte erfüllt werden. Außerdem bezeichneten die westdeutschen Vertreter eine Reduzierung des Betrages um 200 Millionen Cruzeiros als erforderlich.[356]

Die wirtschaftlichen Besprechungen der Mission João Alberto in Bonn konnten keine Ergebnisse bringen, da die brasilianische Regierung Modifikationen im Bereich der Wirtschaftspolitik veranlaßte.[357] Die brasilianische Regierung hatte kurz nach dem Abschluß der Verhandlungen von 1953 eine Änderung der Regelungen über den brasilianischen Außenhandel bekanntgegeben, obwohl die Bundesregierung in den Investitionsabkommen sich bereiterklärte, den deutschen Kapitaltransfer nach Brasilien für Investitionszwecke zu nutzen und den Warenaustausch beider Länder zu erweitern.[358]

Die Politische Abteilung des Auswärtigen Amtes behauptete, daß die Erhöhung des brasilianisch-deutschen Warenverkehrs nur als gering gelten könnte, da der deutsche Anteil an der brasilianischen Einfuhr vor dem Krieg über das Doppelte

---

355 Das Problem der internationalen Schulden Deutschlands wurde auf der Schuldenkonferenz von 1952/1953 übereinstimmend geregelt. Das Londoner Schuldenabkommen (1953) erlaubte der Bundesrepublik Deutschland, keinen zwischenstaatlichen Vertrag im Rahmen der beschlagnahmten Vorkriegsvermögen abzuschließen. Vgl. dazu Jürgen Bellers, Außenwirtschaftspolitik der Bundesrepublik Deutschland (1949-1989), Münster 1990, S. 74-76.

356 BA. B 126, 12450. Bundeswirtschaftsministerium an den Bundesminister für Wirtschaft. Bericht über die Sachverständigenbesprechungen im Monat Februar 1954, betr. das deutsche Vorkriegsvermögen in Brasilien, Bonn, Streng Vertrauliches Schreiben (9.3.1954).

357 Am 9.10.1953 erließ die brasilianische Regierung die SUMOC-Instruktion Nr. 70. Die Importkontrolle wurde durch das System des Importagios und der Exportbonikationen geleistet. Das Devisenbewirtschaftungssystem wurde durch multiple Wechselkurse und Devisenversteigerung ersetzt. Die brasilianische Einfuhr sollte gesenkt werden, und sie wurde in fünf Warengruppen klassifiziert. Die Warenkote der Konsumgüter gehörte zu der fünften Gruppe, die den höchsten Zuschlag hatte. Kapitalgüter gehörten insgesamt zur ersten Gruppe, die den niedrigsten Zuschlag hatte. Eine Importlizenz wurde nur nach einem Steigerungsbeweis der Devisen für die jeweiligen Importprodukts erteilt. Die Brasilianische Bank (Banco do Brasil) mußte alle Devisen aus dem Export zur Verfügung stellen. Außerdem wurde die brasilianische Währung (Cruzeiro) abgewertet. Im allgemeinen blieb das System bis 1961 erhalten. Vgl. dazu Instrução 70, in: Dicionário histórico-biográfico brasileiro, Rio de Janeiro 1984, Bd. 2, S. 1619-1620.

358 Die „Gemischte Deutsch-Brasilianische Kommission für wirtschaftliche Entwicklung" wurde im September 1953 eingerichtet. Und die Bundesregierung reglementierte am 30.4.1954 durch den Runderlaß Außenwirtschaft Nr. 34/54 die Erleichterung der Niederlassung westdeutscher Firmen im Ausland. Vgl. dazu Hubertus Seifert, Die deutschen Direktinvestitionen im Ausland, Köln 1967, S. 115.

dessen des Jahres 1952 betrug, und der deutsche Anteil an der brasilianischen Ausfuhr im gleichen Zeitraum dreimal so hoch war. Aber es gäbe noch die Möglichkeit einer Bereinigung der Kriegsgesetzgebung in Brasilien mit dem Ziel neuer politischer Handelsabkommen zur Verwertung der großen Ergänzungsmöglichkeiten, welche die westdeutsche und brasilianische Volkswirtschaft einander bieten könnten.[359]

Diese brasilianischen Sonderregelungen verursachten Beunruhigung und Widerstand bei den Importeuren und Exporteuren in Brasilien. Es war daher notwendig, den brasilianisch-deutschen Vertrag anzupassen.[360] Die Waren sollten auf die Basis der deutsch-brasilianischen Handelsabkommem von 1950 gestellt werden. Die Schwierigkeiten im Warenaustausch beider Länder ergaben sich überwiegend wegen dieser Warenquoten und ihrer Verrechnung.[361] Darüber hinaus blieben nach Ansicht der Bundesrepublik Deutschland immer noch Probleme im Bereich der See- und Luftverkehrsfragen und bezüglich des deutschen Altvermögens ungelöst. Sie standen einer Normalisierung der Wirtschaftsbeziehungen mit Brasilien entgegen. Diese Problematik wurde erst in den sechziger Jahren einer Lösung zugeführt.

Angesichts der Unterschiedlichkeit der jeweiligen Produktionsstrukturen konnte der brasilianisch-deutsche Handel nicht florieren. Die brasilianische Handelsbilanz mit der Bundesrepublik blieb grundsätzlich negativ. Die Rohstoffausfuhr Brasiliens, innerhalb der der Kaffee eine wichtige Rolle spielte, konnte nicht die steigenden Importe von Kapitalgütern aufwiegen. Bis 1954 war eine stärkere Zunahme auf der westdeutschen Ausfuhrseite nach Brasilien zu verzeichnen. Im Jahre 1954 überschritten die deutschen Einfuhren aus Brasilien die Gesamtsumme von 142 Millionen US-Dollar. Beachtenswert war die Erhöhung der westdeutschen Eisenerzimporte aus Brasilien. Im Gegensatz dazu waren die deutschen Ausfuhren nach Brasilien niedriger als die vereinbarte Quote.[362]

---

359 AA-PA. Abt. 3, Bd. 1008. Deutsch-Brasilianische Partnerschaft. Informationsmaterial, Rio de Janeiro (10.9.1953).

360 BA. B 102, 58071. Auswärtiges Amt an das Bundesministerium für Wirtschaft. Gespräch von Botschafter Oellers mit dem brasilianischen Finanzminister Osvaldo Aranha (15.12.1953).

361 Der internationale Handel wurde im Jahr 1953 weniger als zur Hälfte mittels der sogenannten „konvertierbaren Währung" (US-Dollar) getrieben. Vgl. dazu Malan, Relações econômicas internacionais do Brasil (1945-1964), in: Fausto (Hg.), História geral da civilização brasileira, Bd. 11, S. 75.

362 Im Jahr 1951 importierte die Bundesrepublik aus Brasilien 15.604 Tonnen Kaffee im Wert von 79,5 Millionen DM. Im nächsten Jahr umfaßte der westdeutsche Kaffeeimport aus Brasilien eine Menge von 28.678 Tonnen im Wert von 149,7 Millionen DM. 1953 exportierte Brasilien nach der Bundesrepublik eine Kaffeemenge von 34.859 Tonnen im Wert von 186,8

Die folgende Aufstellung zeigt, wie die Handelsbeziehungen zwischen Brasilien und der Bundesrepublik Deutschland sich im Zeitraum von 1950 bis 1955 entwickelten.

Tabelle 1: Westdeutsche Handelsbeziehungen mit Brasilien zwischen 1950 und 1955

Jahr	Einfuhr		Ausfuhr		Handels-bilanz in Millionen DM
	Werte in Millionen DM	v.H. der Gesamtein-fuhr	Werte in Millionen DM	v.H. der Gesamtaus-fuhr	
1950	86,9	0,77	147,4	1,76	+ 60,5
1951	315,1	2,14	470,9	3,23	+ 155,8
1952	312,7	1,93	646,6	3,82	+ 333,9
1953	400,4	2,50	460,5	2,50	+ 60,1
1954	668,2	3,46	588,2	2,67	- 80,0
1955	469,9	1,92	306,0	1,19	- 163,9

Quelle: Statistisches Jahrbuch für die Bundesrepublik Deutschland 1953, 1955, 1957. Statistisches Bundesamt (Hg.), Wiesbaden u. Mainz, S. 333, 295, 303.

3.3 Der Multilateralismus in den Handels- und Zahlungsabkommen beider Länder

Seit Anfang der fünfziger Jahre schloß die Bundesregierung zwar multilaterale Waren- und Zahlungsverträge im europäischen Raum ab; aber wegen ihrer eigenen Dollarknappheit entschied sie sich in Lateinamerika für das bilaterale System mit der Meistbegünstigung, obwohl die Basis der brasilianisch-deutschen Abkommen von 1950 die Abdeckung von Schulden in einer anderen Währung erlaubte. Da sich die westdeutsche Exportkapazität zwischen 1950 und 1953 insgesamt vergrößerte, die brasilianische Handelsbilanz mit der Bundesregierung in der gleichen Zeit immer passiv blieb und die brasilianische Devisenknappheit sich

---

Millionen DM. Im Jahr 1954 belief sich dieser Kaffeeimport auf 297,1 Millionen DM und auf eine Menge von 43.157 Tonnen. Vgl. dazu Statistisches Jahrbuch für die Bundesrepublik Deutschland 1953, 1954, 1955. Statistisches Bundesamt (Hg.), Wiesbaden u. Mainz, S. 345, 320, 303.

weiter ungünstig entwickelte, strebten beide Regierungen allmählich die Liberalisierung des Marktes durch den multilateralen Zahlungsverkehr an. So hatten sie die Möglichkeit, sich an der längeren Bilanzfrist auszurichten.[363]

Als der Bundesminister für Wirtschaft, Ludwig Erhard, im Jahre 1954 Brasilien besuchte, besprach er mit dem Finanzminister Osvaldo Aranha Fragen der Handels- und Finanzbeziehungen beider Länder.[364] Durch einen Kompromiß gelang es, den Zahlungs- und Handelsverkehr auf eine freiere Basis zu stellen. Außerdem sollten Begrenzungen für einzelne Warengruppen fortfallen.[365] Im Jahr 1955 konnte Brasilien wegen des brasilianischen Systems der Importkontrolle fast keine Devisenlizenz für Einfuhren aus Westdeutschland erteilen. Deswegen war es auch an einer multilateralen Verrechnung seiner Zahlungsbeziehungen unter Umstellung seines Devisensystems interessiert.

Ziel Brasiliens war, eine bessere Wettbewerbsfähigkeit gegenüber streng bilateralen Ländern wie Frankreich und Italien zu erreichen und die Ausdehnung des vereinbarten multilateralen Handels- und Zahlungssystems zu erleichtern. Die Gleichstellung der beteiligten Länder auf der Einfuhr- wie auf der Ausfuhrseite sollte die Basis des multilateralen Systems darstellen. Die Grundlage des Systems für die anderen Länder war die Austauschbarkeit ihrer Währungen im Handelsverkehr mit Brasilien und eine entsprechende Einfuhrpolitik Brasiliens. Für Brasilien waren verschiedene Exportmärkte wichtig, genauso die Ausweitung des Imports aus Ländern, die Kapitalgüter nach Brasilien liefern konnten.[366]

Nach mehreren Verhandlungsrunden schlossen Brasilien und die Bundesrepublik Deutschland im Juli 1955 einen neuen Handels- und Zahlungsvertrag ab.[367] Dieses Abkommen sollte den Bilateralismus des brasilianisch-deutschen Warenver-

363 BA. B 102, 58074. Julius Zimmermann an Helmut Lorenz-Meyer, Rio de Janeiro, Vertrauliches Schreiben (3.3.1955) und BA. B 102, 18453 – Heft 2. Der Vorsitzende der Delegation der Bundesrepublik Deutschland, Felix Prentzel, an den Leiter der Wirtschafts- und Konsularabteilung des brasilianischen Außenministeriums, Edmundo Barbosa da Silva, Rio de Janeiro, Vertrauliches Schreiben (22.11.1954).
364 OA. 54.5.29, Rolo 27-0477. Ludwig Erhard an Osvaldo Aranha, Bonn (29.5.1954).
365 BA. B 102, 58074. Niederschrift über die Besprechungen zwischen dem Bundeswirtschaftsminister Professor Dr. Erhard und dem Finanzminister der Republik der Vereinigten Staaten von Brasilien, Osvaldo Aranha, Rio de Janeiro, Vertrauliches Schreiben (14.4.1954).
366 MRE. DDD. AHRJ. Bonn, Oficios Recebidos, 1955-8.1.1. Brasilianische Botschaft in Bonn, Luís Faro Jr., an brasilianischen Außenminister, Raul Fernandes (6.1.1955).
367 BA. B 102, 58071. Der Vorsitzende der Delegation der Bundesrepublik, Felix Prentzel, an den Vorsitzenden des handelspolitischen Ausschusses, Reinhardt. Besprechung zwischen einer deutschen und einer brasilianischen Delegation vom 28. März bis zum 2. April 1955 über die zukünftige Regelung des Handels- und Zahlungsverkehrs zwischen der Bundesrepublik Deutschland und den Vereinigten Staaten von Brasilien, Bonn, Vertrauliches Schreiben (2.4.1955).

kehrs durch eine wachsende multilaterale Basis ersetzen.[368] Das beschränkte, multilaterale System basierte nicht auf einer gemeinsamen Vereinbarung der beteiligten Länder, sondern auf zweiseitigen Abkommen zwischen den einzelnen europäischen Staaten einerseits und Brasilien andererseits. Die brasilianische Regierung war der Ansicht, daß England, Holland, Belgien, Österreich, Schweden und Dänemark dem Beispiel der Bundesrepublik folgen sollten. England und Holland unterschrieben diesen Vertrag fast gleichzeitig.[369] Da die Verhandlungen zum ersten Mal im Mai 1955 in Den Haag stattfanden, wurde diese neue Art von multilateralen Zahlungsbeziehungen *Haager Club* genannt. Die anderen Besprechungen fanden in Bonn und London statt. Später nahmen an dem *Haager Club* Belgien, Luxemburg, Italien, Österreich, Frankreich und Schweden teil.[370]

Im Grunde verschlimmerte sich die Lage des brasilianischen Außenhandels mit der Bundesrepublik nach der Einführung des beschränkten multilateralen Handels- und Zahlungssystems. Es gab innerhalb dieses Vertrags mit der Bundesrepublik eine stärkere Konkurrenz für brasilianische Waren, z. B. für Kaffee. Außerdem litt Brasilien weiter unter Devisenschwierigkeiten und mußte seine Schulden bei der Bundesregierung begleichen. Der deutsche Passivsaldo in den Jahren 1954, 1955 und 1956 spiegelte die brasilianische Notwendigkeit wieder, seinen Schuldensaldo gegenüber der Bundesrepublik abzubauen. In der Entwicklung des Warenaustausches zwischen den Clubländern ging der deutsche Handel mit Brasilien ab 1955 in seiner Gesamtheit zurück, sowohl auf die Einfuhr bezogen wie auch auf die Ausfuhr. Die Gründe dafür lagen einerseits in der Einfuhrliberalisierung Deutschlands. Andererseits sollten sie in der schwierigen wirtschaft-

---

368 Seit dem Zweiten Weltkrieg gibt es im Grunde genommen drei Formen des Zahlungsverkehrs zwischen den Staaten: die Form des Bilateralismus, die Form des vollen Multilateralismus und die des begrenzten Multilateralismus. Die dritte Form stellt eine Mischform gegenüber den Organisationstypen dar. Diese Form wurde durch eine Zweiteilung des Zahlungsbeziehungen organisiert. Ein Teil des Zahlungsverkehrs wurde mit einem bestimmten Teil von Ländern multilateral abgewickelt, und der andere Teil des Zahlungsverkehrs sollte bilateral gebunden werden. Das heißt, die Konversion der Währung war nur in bestimmten Ländern gültig. Die drei Formen erzielen einen Ausgleich der Zahlungsbilanz zwischen den Staaten, und dienen in Handelsverträgen in erster Linie der Stabilisierung und Förderung von Handelsbeziehungen.
369 BA. B 102, 18453 – Heft 1. Besprechung mit Vertretern Großbritanniens und der Niederlande am 19. Juli 1955 in Bonn über den multilateralen Handels- und Zahlungsverkehr mit Brasilien, Bonn (20.7.1955).
370 Belgien und Luxemburg wurden im November 1955 Mitglieder des Clubs, im Juli 1956 traten Italien und Österreich bei. Ab August gleichen Jahres nahm Frankreich am Club teil und im September Schweden. BA. B 102, 57785. Protokoll über die 59. Tagung des Länderausschusses Außenhandel am 19. und 20. Juli 1956 in Kiel. Multilaterale Vereinbarungen über Zahlungswege, Bonn (5.9.1956).

lichen und politischen Lage Brasiliens in den Jahren 1954/1955[371] und in der Unsicherheit des Kaffeepreises auf dem Weltmarkt zu finden sein.[372]

Tabelle 2: Entwicklung des Warenaustausches zwischen der Bundesrepublik Deutschland und Brasilien im Vergleich der vereinigten Clubländer

Ausfuhr (in Millionen US-Dollar)

Länder	1950	1951	1952	1953	1954	1955	1956
BRD	18,3	84,7	79,9	147,1	187,5	104,4	94,0
England	113, 0	173,9	38,6	70,7	74,5	60,4	57,4
Holland	32,6	52,1	40,1	37,3	45,6	42,4	51,3
Frankreich	63,9	89,4	80,5	87,6	91,6	51,2	55,5
Österreich	1,2	5,1	3,6	5,5	7,5	6,0	4,3
Luxemburg	34,4	41,7	29,1	23,2	22,1	17,6	25,9
Italien	23,8	30,4	33,0	46,3	53,2	47,5	32,5
Summe	**287,2**	**477,3**	**304,8**	**417,7**	**482,0**	**329,5**	**316,9**

---

371 Durch die hohe Inflation, die Warenknappheit und den Selbstmord von Getúlio Vargas gab es in den Jahren 1954/1955 viele politische Unruhen in Brasilien. Vgl. Vizentini, Relações internacionais e desenvolvimentismo. O nacionalismo e a política externa independente (1951-1964), S. 90-109.

372 Der Kaffeepreis wurde durch die afrikanische und mittelamerikanische Konkurrenz und durch die brasilianische Überproduktion auf dem internationalen Markt erschüttert. AA-PA. Abt. 3, Bd. 1458. Referat 415 (Handelspolitische Abteilung/Süd- und Mittelamerika) an das Referat 306 (Länderabteilung/Süd- und Mittelamerika). Deutsch-Brasilianische Wirtschaftsbeziehungen, Bonn (20.9.1955) und AA-PA. Ref. 415, Bd. 214. Referat 415 an das Referat 306. Instruktion für den neuen Botschafter in Rio de Janeiro, Bonn (19.7.1958).

Einfuhr (in Millionen US-Dollar)

Länder	1950	1951	1952	1953	1954	1955	1956
BRD	18,9	110,7	184,3	108,3	157,1	88,0	79,9
England	133,9	168,7	169,8	48,8	17,3	17,7	41,7
Holland	24,9	43,6	46,4	15,9	33,5	34,0	13,9
Frankreich	50,5	93,8	77,1	116,3	82,2	71,5	24,9
Österreich	1,1	6,4	4,7	6,8	7,9	5,9	1,8
Luxemburg	62,7	64,1	55,4	6,9	4,1	24,6	16,6
Italien	14,1	43,8	38,9	26,1	47,3	48,7	29,3
Summe	**306,1**	**531,3**	**576,6**	**329,1**	**349,4**	**290,4**	**208,1**

Quelle: Conjuntura Econômica, Rio de Janeiro maio 1957, S. 32.

Nach der Einführung des multilateralen Systems im Jahre 1959 konnte der brasilianisch-westdeutsche Verrechnungsdollar in der Bundesrepublik frei gehandelt werden. Diese Liberalisierung diente zum Abbau der angewachsenen brasilianischen Schuld gegenüber der Bundesrepublik. Das System stabilisierte den Handelsverkehr zwischen der Bundesrepublik Deutschland und Brasilien, obwohl auch weiterhin Handelshemmnisse zu überwinden blieben.[373]

Wegen der Fortsetzung des brasilianischen Entwicklungsprogramms während der Regierung Kubitschek (1956-1960) stieg der Importbedarf Brasiliens an Ersatzteilen und Maschinen zur Errichtung neuer Industrien. In diese Periode waren verschiedene industrielle Großprojekte angesiedelt. Zwischen 1957 und 1959 war eine Zunahme der westdeutschen Ausfuhr nach Brasilien festzustellen wegen der Lieferung vornehmlich von Investitionsgütern: Maschinen und Ausstattung, sowie Kraftfahrzeuge, Fertigwaren aller Art, chemische und elektrotechnische Erzeugnisse. Außerdem war die brasilianische Importsteigerung aus Westdeutschland zu dem Zeitpunkt bemerkenswert, als im Jahr 1955 die SUMOC-Instruktion Nr. 113 in Kraft trat. Der geringere deutsche Import hing mit den verminderten Kaffeekäufen zusammen, die durch andere Importwaren nicht ausgeglichen werden konnten.[374]

---

373 AA-PA. Ref. 306, Bd. 21. Referat 306 an den bundesdeutschen Botschafter, Werner Dankwort, Bonn (10.1956).

374 Der Anteil des brasilianischen Kaffees an der gesamten deutschen Kaffee-Einfuhr ging nach der deutschen Statistik von 34,8% im Jahre 1956 auf 26,7% im Jahre 1957 zurück und erreichte 1958 einen Tiefstand von 19%. AA-PA. Ref. 306, Bd. 141. Referat 415 an das Referat 306. Aufzeichnung. Beitrag der Handelspolitischen Abteilung für die Instruktion des Herrn Botschafters Dr. Dittmann in Rio de Janeiro, Bonn (25.1.1960).

Trotzdem rangierte die Bundesrepublik als Lieferland für Brasilien an zweiter und als Verbraucherland der brasilianischen Produkte an dritter Stelle. Der größte Handelspartner Brasiliens waren die USA. Im Jahr 1959 machte der US-Handel mit Brasilien circa 33,3% auf der Importseite aus und etwa 46,2% auf der Exportseite. Am brasilianischen Export und Import beteiligte sich die Bundesrepublik mit 6,7% bzw. 10,2% des Gesamtvolumens. Zwischen 1955 und 1960 sammelte Brasilien nach den deutschen Ein- und Ausfuhrstatistiken ein Handelsdefizit mit der Bundesrepublik in Höhe von 234,6 Millionen DM an.[375]

In der brasilianischen Statistik war dieses Handelsdefizit noch höher. Danach war die Bundesrepublik eines der Länder, mit denen der Warenaustausch am negativsten war. Nach der brasilianischen Statistik erreichte das Defizit im Handel mit der Bundesrepublik im Jahre 1959 60% des gesamten Defizits der brasilianischen Handelsbilanz von 92,4 Millionen US-Dollar. In der Tat ergab diese Außenhandelsstatistik weiterhin einen aktiven Saldo für die Bundesrepublik Deutschland zwischen 1957 und 1960.[376]

Die auf einer brasilianischen Statistik basierende Tabelle zeigt, wie groß die brasilianischen Handelsbeziehungen zwischen 1955 und 1961 mit der Bundesrepublik Deutschland waren, und welche Rolle die Bundesrepublik für den gesamten Außenhandel Brasiliens spielte.

---

375 AA-PA. Ref. 415, Bd. 331. Botschaft der Bundesrepublik Deutschland an das Auswärtige Amt, Rio de Janeiro (27.6.1961).

376 Es gab einen Unterschied zwischen den westdeutschen und den brasilianischen Statistiken, da die brasilianische Statistik die Transitausfuhr nicht ausweist. Außerdem weiß man nicht, welche Methode die brasilianischen Behörden für die Konversion dieses Wertes in US-Dollar benutzten. Vgl. dazu IBGE. Estatísticas históricas do Brasil. Séries econômicas, demográficas e sociais de 1550 a 1988, Rio de Janeiro 1990, S. 562 und AA-PA. Ref. 415, Bd. 217. Botschaft der Bundesrepublik Deutschland an das Auswärtige Amt. Zahlungsbilanz und Außenhandel Brasiliens 1959, Rio de Janeiro (28.3.1960).

Tabelle 3: Brasilianische Handelsbeziehungen mit der Bundesrepublik Deutschland von 1955 bis 1961

Jahr	Einfuhr		Ausfuhr		Handelsbilanz in Millionen US-Dollar
	Werte in Millionen US-Dollar	v.H. der Gesamteinfuhr	Werte in Millionen US-Dollar	v.H. der Gesamtausfuhr	
1955	88,0	6,7	104,4	7,3	+ 16, 4
1956	79,9	6,4	94,0	6,3	+ 14,9
1957	127,2	8,5	83,3	6,0	- 43,9
1958	141,3	10,4	78,6	6,3	- 62,7
1959	140,6	10,2	86,1	6,7	- 54,5
1960	135,9	11,2	89,9	7,1	- 46,0
1961	140,7	9,5	114,0	7,5	- 26,7

Quelle: Brasil. IBGE. Estatísticas históricas do Brasil. Séries econômicas, demográficas e sociais de 1550 a 1988, Rio de Janeiro 1990, S. 576.

Obwohl durch das multilaterale System ein positives Ergebnis für die beiden Staaten erzielt werden sollte, blieben die Schwierigkeiten des Handelsaustausches zwischen der Bundesrepublik und Brasilien bestehen. Sowohl in der Bundesrepublik als auch in Brasilien beschwerten sich die Importeure und Exporteure über die Hemmnisse dieser multilateralen Geschäftsbeziehungen. Schwieriger war die Lage des brasilianischen Exports: Der Überschuß der brasilianischen Rohstoffproduktion reichte nicht aus, um weiterhin Außenhandel mit der Bundesrepublik zu treiben. Darüber hinaus blieb die Instabilität der brasilianischen Währung im Laufe der fünfziger Jahre bestehen. Die Priorität der brasilianischen Regierung lag bei der Förderung der Kaffee- und anderer Rohstoffausfuhr, denn die Steigerung der brasilianischen Importkapazität lag im Export dieser Produkte begründet.

Die folgende Tabelle zeigt, wie sich die Handelsbeziehungen zwischen Brasilien und der Bundesrepublik Deutschland in dem Zeitraum von 1956 bis 1961 entwickelten, und welche Rolle Brasilien für den gesamten westdeutschen Außenhandel spielte.

Tabelle 4: Westdeutsche Handelsbeziehung mit Brasilien von 1956 bis 1961

| Jahr | Einfuhr | | Ausfuhr | | Handels-bilanz in Millio-nen DM |
	Werte in Millionen DM	v.H. der Gesamtein-fuhr	Werte in Millionen DM	v.H. der Gesamtaus-fuhr	
1956	483,4	1,73	326,8	1,06	- 156,6
1957	452,7	1,43	528,3	1,47	+ 75,6
1958	377,2	1,21	643,4	1,74	+ 266,2
1959	434,0	1,21	608,3	1,48	+ 174,3
1960	502,9	1,18	541,9	1,13	+ 39,0
1961	614,9	1,39	596,9	1,17	- 18,0

Quelle: Statistisches Jahrbuch für die Bundesrepublik Deutschland 1959, 1961, 1964, 1966, 1967. Statistisches Bundesamt (Hg.), Wiesbaden u. Mainz, S. 265, 317, 326, 333, 319.

Da es im Warenaustausch der beiden Länder ein brasilianisches Handelsdefizit zwischen 1957 und 1960 gab, war der brasilianische Handel mit der Bundesrepublik für Brasilien unbefriedigend. Die Regierung in Rio de Janeiro suchte bei verschiedenen Gelegenheiten, von der Bundesrepublik eine Senkung der Kaffeesteuer zu erreichen.[377] Der Kaffeeverbrauch in der Bundesrepublik war niedrig im Vergleich zu anderen europäischen Ländern, und nach Meinung der brasilianischen Regierung waren die Kaffeesteuern auf dem westdeutschen Binnenmarkt daran schuld.[378] Gleichzeitig beklagte sich die brasilianische Regierung bei der Bundesregierung, daß sie im Jahr 1958 einem Gespräch über die Senkung des westdeutschen Kaffeezolls im Rahmen des GATT-Abkommens *(General Agreement on Tariffs and Trade)* auswich.[379]

Wegen ihrer Außenhandelspolitik zugunsten einer Stabilisierung der Rohstoffmärkte zog die brasilianische Regierung nach dem Inkrafttreten der Europäischen

---

377 BA. B 126, 3037. Auswärtiges Amt an das Bundesministerium der Finanzen Deutsch-brasilianische Wirtschaftsbeziehungen. Erhöhung der Kaffeesteuer, Bonn (2.12.1958).

378 Im Jahre 1958 lag der Pro-Kopf-Verbrauch von Kaffee in der Bundesrepublik bei 2,9 Kg. In Dänemark lag er bei 8,5 Kg.; in Belgien und Luxemburg bei 5,8 Kg. und in Frankreich bei 4,4 Kg. AA-PA. Ref. 415, Bd. 226. Brasilianischer Botschafter in Bonn an den Bundesaußenminister, Bonn (29.1.1960).

379 AA-PA. Ref. 415, Bd. 214. Referat 415 an das Referat 306. Instruktion für den neuen Botschafter in Rio de Janeiro, Bonn (19.7.1958) und AA-PA. Ref. 306, Bd. 141. Bundesminister des Auswärtigen, Heinrich von Brentano, an den Botschafter der Bundesrepublik Deutschland in Brasilien, Gebhardt von Walther, Bonn (9.1958).

Wirtschaftsgemeinschaft (EWG) politische Konsequenzen.[380] Brasilien behauptete, daß die Zollunion der sechs Länder und insbesondere das Assoziieren der überseeischen Länder eine Diskriminierung der GATT-Mitglieder darstellte.[381] Von Anfang an wies die brasilianische Regierung mit Nachdruck auf die Frage der Verbindung zwischen den europäischen Mitgliedstaaten und den überseeischen Ländern im Rahmen des GATT-Abkommens und anderer internationalen Organisationen hin.[382]

Zwischen der Bundesrepublik und Brasilien gab es unterschiedliche Meinungen über die Auswirkung der EWG und der europäischen Freihandelszone auf die brasilianische Wirtschaft. Nach Ansicht Brasiliens sei nichts gegen die EWG einzuwenden, soweit es sich um eine „Europäische Wirtschaftsgemeinschaft" handelte. Der Widerstand der brasilianischen Regierung richtete sich gegen die Einbeziehung verbündeter Territorien und Länder in tropischen und subtropischen Gebieten Afrikas, deren Produkte mit den traditionellen Exportwaren Brasiliens – insbesondere Kaffee, Kakao und Baumwolle – in der Bundesrepublik in Konkurrenz traten. Außerdem befürchtete die brasilianische Regierung, daß die EWG die multilateralen Handels- und Zahlungsabkommen im Rahmen des Haager Club störte.[383]

Als Antwort auf die brasilianischen Vorstellungen brachte das Auswärtige Amt zum Ausdruck, daß die EWG keinen belastenden Einfluß auf die brasilianischen Exporteure ausübte. Darüber hinaus sei der Anteil des brasilianischen Kaffees an dem gesamten Kaffeeverbrauch in der Bundesrepublik immer Schwankungen unterworfen. Nach Ansicht des Auswärtigen Amtes würde dieser Anteil des Kaffees aus Brasilien an dem westdeutschen Markt sicher wieder steigen, wenn das frühere Preisverhältnis zwischen brasilianischem und zentralamerikanischem Kaf-

---

380 Belgien, Bundesrepublik Deutschland, Frankreich, Holland, Italien und Luxemburg unterzeichneten 1957 die Römischen Verträge, mit denen die Europäische Wirtschaftsgemeinschaft ins Leben gerufen wurde.

381 AA-PA. Ref. 306, Bd. 141. Stellung Brasiliens zur EWG. Instruktion für den deutschen Botschafter in Brasilien, Bonn (16.7.1958).

382 BA. B 126, 3038. Europäische Wirtschaftsgemeinschaft. Aufzeichnung über die Reaktion in den lateinamerikanischen Ländern nach der Übermittlung des Memorandums der Mitgliedstaaten der EWG, Brüssel, Vertrauliches Schreiben (20.5.1958).

383 BA. B 126, 3038. Europäische Wirtschaftsgemeinschaft. Probleme der mit Brasilien bestehenden multilateralen Zahlungsabkommen, Brüssel, Beschränkte Verteilung (3.12.1958). Außer England und Österreich gliederten die EWG ab 1958 die gleichen Länder des Haager Clubs ein. Mit der Gründung der EWG wurden die Währungen dieser EWG-Länder frei konvertiert. Deswegen wurde der Handel zwischen der Bundesrepublik und Brasilien nur zwischen 1955 und 1958 auf der Basis einer beschränkt konvertierbaren DM abgewickelt. Danach verhandelten die beiden Länder in der Form des vollen Multilateralismus Vgl. dazu Conjuntura Econômica, Rio de Janeiro dezembro 1959, S. 71-81 und Brasil. Ministério das Relações Exteriores. Situação, recursos e possibilidades, Rio de Janeiro 1960, S. 787-790.

fee durch günstige Preise und gute Qualität wiederhergestellt werden könnte. Obwohl das Auswärtige Amt annahm, daß die Sonderkaffeesteuer den Preis der Produkte aus Lateinamerika erhöhte, hatte es doch eine Zolländerung innerhalb der EWG für das Jahr 1963 versprochen. Diese Maßnahmen sollten einen Gleichstand beim Kaffeezoll für die überseeischen Länder und für Süd- und Mittelamerika erreichen.[384]

Die Bemühungen Brasiliens um einen höheren Export seiner tropischen Erzeugnissen, insbesondere um einen besseren Kaffeehandel mit der Bundesrepublik überschritt den engeren Rahmen der Handelspolitik und erfaßte die Frage der wirtschaftlichen Förderung von Entwicklungsländern. 1959 äußerte die brasilianische Botschaft in Bonn, daß die Bundesregierung kontinuierlich Interesse an der sozialen und wirtschaftlichen Entwicklung Brasiliens bekunden würde. Außerdem sei die Bundesrepublik für die Internationale Entwicklungsorganisation (IDA),[385] in der die westdeutsche und die westeuropäische Initiative mit dem US-Hilfsprogramm für die Entwicklungsländer abgestimmt werden sollte. Auf diese Weise sollte die Bundesregierung eine Entwicklungspolitik verfechten, welche die internationale Handels- und Finanzpolitik und die Macht- und Sozialstrukturen in den Entwicklungsländern für das wirtschaftliche und soziale Wachstum in den Mittelpunkt stellte.[386]

1960 schrieb der brasilianische Botschafter, Abelardo Bretanha Bueno do Prado[387], an den Außenminister der Bundesrepublik Deutschland, Heinrich von Brentano:

> Es ist allgemein bekannt, daß Brasilien noch immer von seinem Hauptexportprodukt, dem Kaffee, abhängt, um die notwendigen Mittel zur Finanzierung seiner wirtschaftlichen Entwicklung schaffen zu können. In dem Bestreben, die Überschüsse zu sichern, die für die Festigung der wirtschaftlichen Grundlage des Landes notwendig sind, dessen Industrialisierung jetzt in beschleunigtem Tempo voranschreitet, muß Brasilien aufmerksam die Entwicklung des Kaffeekonsums in jenen Ländern verfolgen, in denen der Kaffee begehrt wird und von der Bevölkerung als wesentlicher Bestandteil der Ernährung gefordert wird. [...] Aus diesem Grunde richtet sich die

---

384 AA-PA. Ref. 415, Bd. 216. Aus dem Auswärtigen Amt. Memorandum, Bonn (29.1.1959).

385 Diese Internationale Entwicklungsorganisation *(International Development Association – IDA)* wurde im Jahr 1960 gegründet und ist eine Institution für die multilaterale Zusammenarbeit. Ziel ist die Entwicklungszusammenarbeit und die Intensivierung der Wirtschaftsbeziehungen zwischen den Industrie- und Entwicklungsländern zu erreichen. Vgl. dazu Franz Nuscheler und Stephan Klingebiel, Internationale Entwicklungspolitik, in: Andreas Boeckh (Hg.), Internationale Beziehungen, S. 108-126.

386 AA-PA. Ref. 415, Bd. 226. Brasilianische Botschaft an das Auswärtige Amt. Memorandum, Bonn (10.12.1959).

387 Abelardo Bretanha Bueno do Prado war brasilianischer Botschafter in der Bundesrepublik Deutschland zwischen 1955 und 1961.

Aufmerksamkeit meiner Regierung nach wie vor auf Deutschland, wo der Konsum nicht die erwartete Steigerung gefunden hat, obwohl der Kaffee beim deutschen Volk als eines der beliebtesten und geschätztesten Nahrungsmittel gilt. [...] Die einzige Erklärung für diese Tatsache ist in den hohen und offensichtlich ungünstigen Abgaben zu sehen, mit denen die Steuergesetzgebung der Bundesrepublik den inländischen Kaffeehandel belastet. Dadurch wird das Vorhaben der deutschen Regierung [Resolution vom 20.11.1959, der Zentralbankrat der Deutschen Bundesbank über die Erhöhung der Kaffee- und Teesteuer], im Sinne ihrer geschichtlichen Berufung zu der wirtschaftlichen Entwicklung Brasiliens beizutragen, stark beeinträchtigt.[388]

Als der Außenminister der Bundesrepublik Deutschland von Brentano im September 1960 in Brasilien war, übergaben die brasilianische Regierung und die 15 lateinamerikanischen Länder ihm ein Memorandum zur Frage der westdeutschen Kaffeesteuer. Trotz der ständigen brasilianischen Proteste wegen der westdeutschen Kaffeesteuer behauptete die Bundesregierung, daß die Senkung der Kaffee- und Teesteuer Brasilien und den anderen Entwicklungsländern keine Hilfe gebracht hätte. Auch wenn die Bundesrepublik alle Steuern auf Kaffee und Tee beseitigt hätte, hätte es keine Verbesserung der Handels- und Zahlungsbilanzen mit den Entwicklungsländern geben können.[389]

Da der Handel zwischen der Bundesrepublik und Brasilien zwischen 1955 und 1958 auf der Basis einer beschränkt konvertierbaren Deutschen Mark stattfand, wurde das multilaterale Handels- und Zahlungsabkommen ab 1959 zwischen beiden Ländern erst voll in Kraft gesetzt. Bis 1961 basierte der Handel zwischen der Bundesrepublik Deutschland und Brasilien dann auf keinem weiteren Sondervertrag. Im Jahr 1961 schlossen die Bundesrepublik Deutschland und Brasilien ein Handelsabkommen ab über die Konsolidierung brasilianischer Handelsschulden, da das Hauptproblem des brasilianisch-deutschen Handels bei einem Ausgleich der Handelsbilanz lag. Dieses Abkommen bezog sich auf die Kreditlaufzeiten brasilianischer Importeure bei deutschen Exporteuren.[390] In diesem Zusammenhang wurde auch ein Abkommen zwischen den Haager Clubländern und Brasilien

---

388 AA-PA. Ref. 415, Bd. 226. Brasilianischer Botschafter in Bonn an den Bundesaußenminister, Bonn (29.1.1960).

389 BA. B 136, 7263. Entwurf einer Stellungnahme der Bundesregierung. Entwürfe von Gesetzen zur Änderung des Kaffee- und Teesteuergesetzes. Bundestagsdrucksachen 1.441 und 1.442.

390 BA. B 136, 2974. Bundesminister des Auswärtigen Amtes, Heinrich von Brentano, an den Staatssekretär im Bundesministerium der Finanzen, Karl Maria Hettlage, Bonn, Persönliches Schreiben (20.5.1961) und AA-PA. Ref. 415, Bd. 228. Anlage um Bericht der westdeutschen Botschaft in Rio de Janeiro. Abkommen zwischen der Bundesrepublik Deutschland und den Vereinigten Staaten von Brasilien über die Konsolidierung brasilianischer Verbindlichkeiten aus Handelsgeschäften, Rio de Janeiro (15.8.1961).

geschlossen. Die Verhandlungen betrafen die Konsolidierung brasilianischer Schulden in diesen Ländern.[391]

Die Handels- und Zahlungsbeziehungen zwischen der Bundesrepublik Deutschland und Brasilien von 1949 bis 1961 können nicht als komplementär bezeichnet werden. Obwohl die diplomatischen Aktivitäten Brasiliens gegenüber der Bundesrepublik in erster Linie den Export von Rohstoffen zum Ziel hatten, traten bei den Handels- und Zahlungsabkommen in diesem Zeitraum immer neue Schwierigkeiten auf. Nach der Begründung der ersten westdeutschen Regierung bis zu dem Inkrafttreten der Europäischen Wirtschaftsgemeinschaft war die Relevanz des brasilianischen Außenhandels für die Bundesrepublik gering. Ab 1955 wurde der Außenhandel verstärkt, aber die Rolle des Gesamtaußenhandels mit Brasilien dabei auf einen Durchschnitt verkleinert. Die Bundesregierung hatte im Bereich ihrer Handelsbeziehungen mehr Interesse an den westeuropäischen und an den afrikanischen und asiatischen Ländern.

Für den brasilianischen Außenhandel spielte die Bundesrepublik eine wichtige Rolle, da die brasilianisch-westdeutschen Handelsabkommen auf dem Kompensationssystem beruhten. Angesichts der sinkenden Weltmarktpreise für die wichtigeren brasilianischen Exportprodukte im Laufe der fünfziger Jahre war es nötig, daß die brasilianische Regierung sich erneut mit der Liberalisierung ihrer Außenwirtschaftspolitik befaßte. In diesem Zusammenhang engagierte die Regierung Brasiliens sich für die Intensivierung des Handels mit der Bundesrepublik aufgrund ihrer eigenen ständigen Dollarknappheit und wegen ihres Bestrebens, Kapitalgüter aus der Bundesrepublik Deutschland zu importieren.

---

391 Im Bereich des Abkommens genehmigte ein europäisches Bankenkonsortium *Stand-by-Kredite* in Höhe von 110 Millionen US-Dollar und ein kurzfristiges Darlehen von 50 Millionen US-Dollar an Brasilien. AA-PA. Ref. III/B 4, Bd. 15. Fernschreiben der westdeutschen Botschaft in Brasilien – Nr. 297, Rio de Janeiro (21.9.1961).

3.4 Die brasilianische Wirtschaftsentwicklung und die westdeutschen Investitionen in Brasilien

Wie schon erwähnt, spielte der Staat eine wichtige Rolle bei der Entwicklung des brasilianischen Industrialisierungsprozesses. Seit den dreißiger Jahren bemühte die Regierung sich mittels Entwicklungsplänen um die Kontrolle der gesamten Industrialisierung. Durch diese Pläne lenkte Brasilien das Wirtschaftsgeschehen. Daneben agierte der brasilianische Staat als Unternehmen. Er kontrollierte nicht nur das Verkehrswesen, den Bergbau und den Energiesektor, sondern auch industrielle Branchen, z. B. die Grundstoff- und Produktionsgüterindustrie.

Anfang der fünfziger Jahre koordinierte die brasilianische Regierung den Industrialisierungsprozeß mit der schon existierenden Industrie Brasiliens. In dieser Zeit gab es eine Strukturveränderung der brasilianischen Wirtschaft, die sich hauptsächlich durch staatliche Investitionen im Bereich der Industrialisierung vollzog. Unter der Kontrolle der Regierung beteiligte sich auch das ausländische Privatkapital durch *Joint Ventures* an diesem Industrialisierungsprozeß, aber der Hauptteil des Kapitals kam vom brasilianischen Staat, dessen Gelder sich aus inländischen Mitteln und aus den Darlehen der US-Regierung zusammensetzten.[392] Das Land verfügte über eine starke Schwerindustrie und eine entwickelte Textil-, Zement-, Aluminium- und Nahrungsmittelindustrie. Der Anteil von Fertigwaren der Verbrauchsgüterindustrie, der bisher importiert wurde, wurde allmählich durch brasilianische Produkte substituiert. Zwischen 1948 und 1950 stieg die brasilianische Industrieproduktion um durchschnittlich 11% pro Jahr, und von 1951 bis 1952 lag dieses Wachstum bei etwa 6%.[393]

Bei ihrer Gründung durfte die Bundesrepublik Deutschland weder in Brasilien noch in anderen Ländern Investitionen tätigen.[394] Im Jahre 1950 kümmerten deutsche und brasilianische Vertreter sich hauptsächlich um die Handelsabkommen, und erst 1952 konnten sie über die westdeutschen Direktinvestitionen in Brasilien

---

392 Vgl. Baer, A industrialização e o desenvolvimento econômico do Brasil, S. 87.
393 Vgl. Bielschowsky, Pensamento econômico brasileiro. O ciclo ideológico do desenvolvimento, S. 370.
394 Nach Ende des Zweiten Weltkrieges wurden die Devisenbewirtschaftungsgesetze durch die Besatzungsmächte erlassen, dadurch wurden die deutschen Investitionen im Ausland grundsätzlich verboten. Die Phase der Einzelgenehmigungen für westdeutsche Investitionen im Ausland begann mit Inkrafttreten des Runderlasses Außenwirtschaft Nr. 15/1952. „Errichtung, Erwerb und Unterhaltung von Niederlassungen im Ausland sollten nur genehmigt werden, wenn zu erwarten war, daß sich die Anlage und Unterhaltung von Vermögenswerten in Unternehmen im Ausland alsbald und nachhaltig devisenbringend oder devisensparend auswirkt." Vgl. dazu Seifert, Die deutschen Direktinvestitionen im Ausland, S. 45.

verhandeln.[395] Obwohl das gesamte deutsche Vermögen in Brasilien im März 1942 für Kriegsentschädigungen beschlagnahmt und liquidiert und der Pauschalverlust des deutschen Auslandsvermögens in Brasilien mit über 85% angenommen wurde, sollte festgestellt werden, daß die Frage der brasilianischen Kriegsschädenforderungen kaum eine Rolle im Zusammenhang mit den direkten westdeutschen Investitionen Anfang der fünfziger Jahre in Brasilien spielte.[396]

Das Thema wurde im Rahmen des ersten Handelsabkommens zwischen der Bundesrepublik Deutschland und Brasilien behandelt; nach westdeutscher Meinung habe die Frage beschlagnahmten deutschen Vermögens in Brasilien ein Hemmnis für den Konsumgüter- und Kapitalgüterexport aus der Bundesrepublik nach Brasilien dargestellt.[397] Aber wichtiger sei die Rückgabe deutscher Marken und Patente, da sie einen wirtschaftlichen Wert nur in Verbindung mit dem dazugehörigen Betrieb und Herstellungsverfahren hatten.[398]

Als die brasilianische Regierung der Bundesregierung 1953 Verhandlungen über einen Handelsvertrag vorschlug, regte der Botschafter in Brasilien Fritz Oellers an, daß die Frage des Vorkriegsvermögens in Laufe der Verhandlungen an geeigneter Stelle angeschnitten werden sollte.[399] Obwohl das Auswärtige Amt in Bonn anfangs gegen diesen Vorschlag war, wurde in der gemeinsamen Regierungserklärung vom September 1953 die Vereinbarung getroffen, daß das Problem der

395 Direktinvestitionen bedeuten Anlage von Vermögen in fremden Wirtschaftsgebieten zur Schaffung dauerhafter Wirtschaftsverbindungen. Zu den Betrieben zählen die Gründungen von ausländischen Tochtergesellschaften und Zweigniederlassungen und der Erwerb von Majoritäts- oder Minoritätsbeteiligungen an ausländischen Unternehmen. Direktinvestitionen sind auf Ertrag, Beteiligung und Einflußnahme oder auf die Kontrolle des Unternehmens ausgerichtet. Vgl. dazu Deutsche Bundesbank. Die deutschen Direktinvestitionen im Ausland, in: Monatsberichte der Deutschen Bundesbank, Frankfurt a. M. Dezember 1965 und Capitais particulares, in: Conjuntura Econômica, abril 1951, S. 26-33.
396 Pedro Hastedt betont, daß die relativ zögernde Aufnahme der deutschen Direktinvestitionen in Argentinien und Brasilien in den ersten Jahren der fünfziger Jahre auch angesichts der damals unklaren Lage des deutschen Vermögens gesehen werden müsse. Vgl. dazu Hastedt, Deutsche Direktinvestitionen in Lateinamerika, S. 109.
397 AA-PA. Abt. 2, Bd. 1732. Deutsche Delegation für Brasilien an den Bundesminister für Wirtschaft Ludwig Erhard, Rio de Janeiro (25.5.1950).
398 Das westdeutsch-brasilianische Abkommen über die gewerblichen Schutz- und Urheberrechte, die wieder auf ihre deutschen Berechtigten übertragen werden, wurde am 4.9.1953 unterzeichnet. Es wurde aber erst am 3.7.1958 wegen der Behinderung in dem brasilianischen Parlament und der Auseinandersetzung beim Finanzministerium Brasiliens durch das Dekret Nr. 43.956 ratifiziert. BA. B 102, 57585. Botschaft der Bundesrepublik Deutschland in Rio de Janeiro an das Auswärtige Amt. Deutsche Altwarenzeichen in Brasilien, Rio de Janeiro (24.4.1957) und LEX 1958, Regierungsdekret Nr. 43.956 vom 3.7.1958, S. 296-299.
399 BA. B 102, 18453 – Heft 2. Auswärtiges Amt an das Bundesministerium für Wirtschaft. Einladung der brasilianischen Regierung zu Handelsvertragsverhandlungen, Bonn (17.3.1953).

beschlagnahmten Vermögen von Deutschen mit Sitz außerhalb Brasiliens unter Wahrung der berechtigten Interessen beider Teile gelöst werden sollte.[400]

Hauptfrage bei den Verhandlungen im Rahmen des Handelsabkommens von 1950 war die Basis des Verrechnungssystems.[401] In diesem Zusammenhang warnte die Deutsche Delegation vor manchen Enttäuschungen für die westdeutsche Konsumgüterindustrie, erwartete aber gleichzeitig eine Beteiligung der westdeutschen Industrie an der brasilianischen Industrialisierung durch Lieferung mehrerer Investitionsgüter.[402] So bestand die Liste B von 1950 – Ausfuhr aus dem Gebiet der Bundesrepublik Deutschland in das Gebiet der Vereinigten Staaten von Brasilien – aus 164 Arten von Produkten. Insgesamt beliefen die Exporte aus der Bundesrepublik nach Brasilien sich schon 1950 auf 66,4% an Maschinen, Fahrzeugen und Verbrauchsgütern aus Metall.[403]

Überdies gab es im Jahre 1952 etwa 40 Projekte der Bundesrepublik für eine Beteiligung an verschiedenen industriellen Sektoren in Brasilien.[404] Unter den industriellen Projekten aus der Bundesrepublik waren Pläne der Mannesmann-Stahlindustrie. Die komplette Einrichtung des Werkes sollte durch die deutsche Muttergesellschaft geschehen. Es gab auch Projekte zur Beteiligung in der Metall- und Mechanikindustrie. Die Volkswagenwerk AG und Mercedes-Benz planten zuerst – genauso wie die US-Automobilindustrie -, Montagefabriken in Brasilien zu errichten.[405] Verschiedene andere westdeutsche Unternehmen beabsichtigten

---

400 AA-PA. Abt. 3, Bd. 940. Botschaft der Bundesrepublik Deutschland an das Auswärtige Amt. Beschlagnahmtes deutsches Vermögen in Brasilien, Rio de Janeiro (20.2.1953) und AA-PA. Abt. 2, Bd. 2203. Veröffentlicht durch das Presse- und Informationsamt der Bundesregierung. Gemeinsame Erklärung der Regierung der Bundesrepublik Deutschland und der Regierung der Vereinigten Staaten von Brasilien, Bonn (4.9.1953).
401 AA-PA. Abt. 2, Bd. 1732. Deutsche Delegation für Brasilien an den Bundesminister für Wirtschaft Ludwig Erhard, Rio de Janeiro (25.5.1950).
402 Die Verarbeitende Industrie unterscheidet zwischen Grundstoff- und Produktionsgüterindustrie, Konsumgüterindustrie und Investitionsgüterindustrie. Investitionsgüterindustrie umfaßt Wirtschaftszweige, die Güter herstellen, welche als Produktionsmittel im Produktionsprozeß über mehrere Perioden genutzt werden. Die bedeutendsten Wirtschaftszweige der Investitionsgüterindustrie sind der Maschinenbau, der Fahrzeugbau und die Eletrotechnik.
403 BA. B 136, 1255. Gesetzentwurf über die Vereinbarung über den Warenverkehr und Protokoll zwischen der Bundesrepublik Deutschland und den Vereinigten Staaten von Brasilien (19.9.1950).
404 MRE. DDD. AHRJ. Bonn, Ofícios Recebidos, 1952-7.5.1. Brasilianische Botschaft an den Außenminister João Neves da Fontoura (2.1.1952).
405 Volkswagenwerk AG begann 1950, Personenkraftwagen bei der Firma Brasmotor zusammenzubauen. Vgl. dazu José Almeida, A implantação da indústria automobilística no Brasil. Rio de Janeiro 1972.

die Errichtung von kleinen Zweigbetrieben, wie etwa MAN (Maschinenfabrik Augsburg-Nürnberg) und die Friedrich Krupp AG.[406]

Die brasilianische Gesetzgebung garantierte dem ausländischen Kapital Möglichkeiten, in vielen Branchen der Industrie zu investieren.[407] Die Rücküberweisung des Kapitals wie auch der Gewinntransfer unterlagen keiner Sperre, sondern gewissen Einschränkungen.[408] Trotzdem war die Beteiligung des ausländischen Kapitals Anfang der fünfziger Jahre in der brasilianischen Industrialisierung eher selten. Im Allgemeinen beklagten sich die Exporteure und Investoren über die schlechte Devisenlage Brasiliens, seine Schulden im Ausland sowie über seine Zahlungsbilanzschwierigkeiten. Die fortdauernden Neuregelungen und Maßnahmen der brasilianischen Regierung, welche sich auf die Genehmigung von Importlizenzen bezogen, und der Mangel an Infrastruktur, überwiegend im Energie- und Transportwesen, behinderten in besonderem Maße den Zufluß des ausländischen Kapitals nach Brasilien.[409]

Da es eine Verbindung zwischen Außenhandel und Investitionsvolumen beider Länder gab, dominierte in der ersten Phase der westdeutschen Investitionen nach dem Zweiten Weltkrieg in Brasilien die Lieferung von Investitionsgütern. Während die Produktion der Konsumgüterindustrie in Brasilien stieg, interessierten sich die bisherigen Exporteure und Investoren der Bundesrepublik Deutschland allmählich für Niederlassungen in Brasilien. Außerdem basierten die westdeutschen privaten Investitionen in Brasilien ab 1952 auf verschiedenen Potentialen: Entweder wurden durch direkte Investitionen Industriebetriebe errichtet, oder man

---

406 BA. B 102, 6076 – Heft 1. Bundesdeutsche Botschaft an das Auswärtige Amt. Industrieprojekte in Brasilien, Rio de Janeiro (6.10.1951).

407 Brasilien hatte kein umfassendes Gesetz, das die gesamten Rechtsverhältnisse des ausländischen Investors geregelt hätte. Die ausländischen Investoren hatten die gleichen Grundrechte wie die eigenen Staatsangehörigen. In einigen Branchen waren ausländische Investitionen verboten oder erschwert. Es wurde den ausländischen und den brasilianischen Unternehmen Investitionen in den Bereichen Erdölsuche und -förderung, Elektrizität, Ausbeutung von Bodenschätzen, Fluglinien, Küstenschiffahrt, Fischfang sowie in einem Teil der Dienstleistungsindustrien untersagt, da diese Industrien zum Staatsmonopol gehörten. Vgl. dazu Hans Jolowicz, Auslandsinvestitionen in Brasilien, Hamburg 1977, S. 41-52.

408 Im Zeitraum von 1946 bis 1952, in dem Zahlungsbilanzschwierigkeiten die Devisenbewirtschaftung beherrschten, unterlagen die Transfer-Transaktionen administrativen Beschränkungen. Diese wurden 1953 gelockert und erlebten eine vollständige Liberalisierung bis 1962. Vgl. dazu Gabriel Aráujo de Lacerda, Capital estrangeiro. Legislação, in: Dicionário Histórico-Biográfico Brasileiro, Bd. 1, S. 614-617 und BA. B 102, 6833 – Heft 1. Auswärtiges Amt an das Bundesministerium für Wirtschaft. Bestimmungen über den Kapitaltransfer in Brasilien, Bonn (11.2.1952).

409 BA. B 102, 58181. An die Firma Robert Boch G.m.b.H., Rio de Janeiro, Vertrauliches Schreiben (28.4.1953) und Jerofke, Der Wiederaufbau der deutschen Wirtschaftsbeziehungen mit Südamerika nach dem Zweiten Weltkrieg, S.193.

beteiligte sich an Produktionsstätten durch den Einsatz von Fachleuten oder durch die Übertragung von Lizenzen.[410]

Der Hauptgrund, warum die westdeutschen Investoren Niederlassungen in Brasilien gründen wollten, lag in der Attraktivität des brasilianischen Marktes.[411] Er war gekennzeichnet durch die Sicherheiten eines Zukunftsmarktes.[412] Andere Gründe waren die Erweiterung des Rohstoffbezuges und des Absatzes von Produkten. Außerdem war die zunehmende politische Stabilität in Brasilien in den fünfziger Jahren auch wichtig für Investitionsentscheidungen. Ausländische Unternehmer fanden bei der brasilianischen Regierung Unterstützung. Bezeichnend war, daß die internationale Wettbewerbssituation eine erstrangige Bedeutung hatte. Nach Ansicht des Generalkonsulates in São Paulo seien die großen ausländischen Handelspartner Brasiliens an der Industrialisierung des Landes interessiert. Wer sich davon ausschloß, würde einen der wichtigsten Märkte Lateinamerikas verlieren.[413]

Das brasilianische Interesse an der Industrialisierung, die Veränderung der brasilianischen Wirtschaftspolitik in Richtung der Liberalisierung ab 1953 und der wirtschaftliche Aufschwung der Bundesrepublik führten dazu, daß der Warenaustausch beider Länder erweitert und die westdeutschen Investionen in Brasilien gefördert wurden. Die westdeutschen Unternehmen sollten Industriezweige in Brasilien aufbauen, die das brasilianische Wirtschaftsinteresse berücksichtigen. Zu diesem Zwecke wurde im September 1953 eine „Deutsch-Brasilianische Gemischte Kommission für Wirtschaftliche Entwicklung" ins Leben gerufen.[414] Gleichzeitig schlossen beide Länder das Handelsabkommen von 1953 ab. Teil dieses Abkommens war ein Entwurf für langfristige Investitionen der Bundesre-

---

410 BA. B 102, 5910 – Heft 1. Wochenbericht – Brasilien, Nicht für die Presse (14.6.1952).

411 Brasilien erlebte ein rapides Bevölkerungswachstum nach 1930. Dieses Wachstum wurde von einer raschen Urbanisierung begleitet. 1920 zählte Brasilien 30,6 Millionen Menschen. 1940 gab es 41,0 Millionen Brasilianer. Anfang der fünfziger Jahre besaß Brasilien eine Bevölkerungszahl in Höhe von 51,1 Millionen Menschen. Im Jahre 1960 zählte man 70,1 Millionen Menschen. Vgl. dazu N. Patarra, Dinâmica populacional e urbanização no Brasil – o período pós-30, in: Fausto (Hg.), História geral da civilização brasileira, Bd. 11, S. 247-268.

412 Anfang der fünfziger Jahre war es unter den Autokonzernen aus den USA, der Bundesrepublik Deutschland und Frankreich bekannt, daß der brasilianische Markt noch nicht groß genug war für eine eigene Autoindustrie.

413 AA-PA. Ref. 415, Bd. 44. Generalkonsulat der Bundesrepublik Deutschland in São Paulo an das Auswärtige Amt. Industrialisierung im Bundesland São Paulo (5.4.1954).

414 AA-PA. Abt. 2, Bd. 2203. Veröffentlicht durch das Presse- und Informationsamt der Bundesregierung. Gemeinsame Erklärung der Regierung der Bundesrepublik Deutschland und der Regierung der Vereinigten Staaten von Brasilien, Bonn (4.9.1953). Auf brasilianischer Seite wurde anfangs M. de Pimentel Brandão als Leiter genannt, später V. Lima Sarmanho und S. Corrêa da Costa. Auf deutscher Seite wurden Felix Prentzel und H. O. Schultz zu Leitern bestimmt.

publik in Brasilien, durch den Maschinen- und Fabrikeinrichtungen im Wert von 42 Millionen US-Dollar genehmigt werden sollten.

Ziel der Kommission war, die Frage der Investitionen deutschen Kapitals im Rahmen des brasilianisch-deutschen Handelsabkommens zu analysieren und daneben den technischen Erfahrungsaustausch zu fördern. Die Kommission sollte im Grunde nur Projekte für die Errichtung von Industrieunternehmen im Bereich der Kapitalgüter sowie für den Ausbau des Transportwesens, der Energiewirtschaft und der Lebensmittelversorgung genehmigen.[415] Seit der Gründung der Kommission im September 1953 bis Mitte 1955 bearbeitete sie insgesamt 41 Projekte, wovon 27 von den brasilianischen Behörden genehmigt wurden. Sie ordnete die Vorhaben in drei Gruppen ein. Die erste Gruppe behandelte die Projekte der brasilianischen Regierungsunternehmen: 8 Vorhaben im Wert von etwa 21 Millionen US-Dollar wurden genehmigt. Die zweite Gruppe umfaßte Unternehmen ohne deutsche Kapitalbeteiligung: 6 Projekte im Wert von circa 13 Millionen US-Dollar wurden empfohlen. Die dritte Gruppe bezog sich auf Investitionen mit westdeutscher Beteiligung: 13 Projekte in einer Investitionshöhe von ungefähr 47 Millionen US-Dollar und 60 Millionen Cruzeiros wurden angenommen.[416]

Nach Ansicht der Deutsch-Brasilianischen Handelskammer in São Paulo arbeitete die Kommission wegen fehlender Erfahrung langsam und war nicht in der Lage, die westdeutschen Investitionen in Brasilien zu beschleunigen.[417] Hingegen hatte sie nach Meinung des Auswärtigen Amtes ein positives Ergebnis erzielt. Die autorisierten westdeutschen Behörden berücksichtigten die Empfehlungen der Kommission, wenn sie die Erteilung von Devisen genehmigen sollten.[418] Brasilianische Unternehmen und Diplomaten waren zu Beginn zufrieden mit ihrer Arbeit, und der Botschafter Pimentel Brandão bemühte sich besonders um die Projekte von Mannesmann und von Mercedes-Benz. Später tauschte die brasilianische Re-

---

415 AA-PA. Abt. 3, Bd. 1008. Deutsch-Brasilianische Partnerschaft. Informationsmaterial, Rio de Janeiro (10.9.1953).

416 Diese 27 deutschen Projekte umfaßten Kapitalinvestitionen im Werte von 60 Millionen Cruzeiros und circa 6 Millionen US-Dollar, etwa 11 Millionen US-Dollar an Sachwert-Investitionen und rund 64 Millionen US-Dollar an Finanzierungen. Die „Gemischte Deutsch-Brasilianische Kommission für wirtschaftliche Entwicklung" bewilligte u. a. das Projekt von Krupp (Lokomotivfabrik), von Mannesmann (Hütten- und Röhrenwerk), von Siemens (Elektro- und Nachrichtenmaterial), von Osram (Lampen), Mercedes-Benz (Lastwagen und Dieselmotoren), von Eberhardt (Landwirtschaftliche Geräte) und der Badischen Anilin- und Sodafabriken (Chemieindustrie). BA. B 102, 58843. Deutsch-Brasilianische Gemischte Kommission für wirtschaftliche Entwicklung, Rio de Janeiro (1955).

417 Vgl. Geschäftsbericht der Deutsch-Brasilianischen Handelskammer in São Paulo (8.1952-1.1955), S. 24-25.

418 AA-PA. Ref. 306, Bd. 21. Referat 306 an den Botschafter der Bundesrepublik Deutschland, Werner Dankwort. Allgemeine Instruktion, Bonn (10.1956).

gierung den Leiter aus, woraufhin die brasilianischen Vertreter die Entscheidungen der Kommission kritisierten.[419] Nominell wurde sie zwar nicht aufgelöst. Aber seit Mitte 1955 trat sie nicht mehr zusammen, und die deutschen Mitglieder wurden von der Botschaft übernommen.

Im Grunde lag das Problem bezüglich der Lieferung westdeutscher Investitionsgüter nach Brasilien bei dem zunehmenden Handelsdefizit infolge der Verschlechterung der Austauschbeziehungen für Brasilien ab 1954 und außerdem darin, daß die deutschen Unternehmen nicht nur Investitionsgüter nach Brasilien zu liefern wünschten, sondern auch Konsumgüter, die keiner Priorität bei der Verteilung der brasilianischen Importlizenzen unterlagen.[420]

Ab 1953 setzten westdeutsche Investitionen in Brasilien ein. Besonders in São Paulo haben viele westdeutsche Firmen Niederlassungen gegründet.[421] Im Jahre 1953 wurde von der Volkswagenwerk AG die *Firma Volkswagen do Brasil* mit einem Kapital von 60 Millionen Cruzeiros eröffnet. Die Errichtung des *Volkswagen do Brasil* wurde mit 80% des Kapitals von der deutschen Muttergesellschaft und mit 20% von der brasilianischen Finanzgruppe Aranha realisiert. Die technische Leitung lag völlig in den Händen des deutschen Volkswagenwerks. Es wurde eine Produktion von jährlich 12.000 Volkswagen-PKW geplant.[422]

Die Daimler-Benz AG arrangierte sich mit brasilianischen Partnern und gründete die *Mercedes-Benz do Brasil S.A.* Für die Montage des Werkes beteiligte sich die deutsche Muttergesellschaft anfangs mit 25% des Kapitals.[423] Die Niederlassung des Mannesmann-Röhrenwerkes im Jahre 1954 war die erste große Nachkriegsinvestition mit deutschem Kapital in Brasilien.[424] Die anderen wichtigen Großunternehmen waren DKW-Vemag, Siemens, AEG, Robert Bosch und C. H. Böhringer

---

419 MRE. DDD. AHRJ. Bonn, Ofícios Recebidos, 1953-8.1.1. Brasilianische Botschaft an den Außenminister José Carlos de Macedo Soares. Monatlicher Bericht (4.2.1955).
420 AA-PA. Ref. 306, Bd. 21. Referat 306 an den Botschafter der Bundesrepublik Deutschland, Werner Dankwort. Allgemeine Instruktion, Bonn (10.1956).
421 AA-PA. Ref. 415, Bd. 44. Generalkonsulat der Bundesrepublik Deutschland in São Paulo an das Auswärtige Amt. Deutsche Investitionsvorhaben im Raum São Paulo, São Paulo (5.4.1954).
422 AA-PA. Ref. 415, Bd. 44. Generalkonsulat der Bundesrepublik Deutschland an das Auswärtige Amt. Gründung des Volkswagens do Brasil, São Paulo (26.3.1953).
423 AA-PA. Ref. 415, Bd. 29. Auswärtiges Amt an die Botschaft der Bundesrepublik Deutschland. Brasilien-Vorhaben der Daimler-Benz AG, Bonn (25.2.1953).
424 AA-PA. Ref. 415, Bd. 44. Botschaft der Bundesrepublik Deutschland an das Auswärtige Amt. Eröffnung des Mannesmann-Röhrenwerkes in Belo Horizonte, Rio de Janeiro (2.9.1954).

Sohn.[425] Hauptsächlich investierten die westdeutschen Unternehmen in der Entwicklung neuer Branchen, die mit dem brasilianischen Industrialisierungsprojekt zusammenhingen, wie z. B. in der Maschinenbau-, Kraftfahrzeug-, Chemie-, Pharma- und Stahlproduktion. Und allmählich stellten die westdeutschen Investitionen neben dem Außenhandel die zweite Säule der brasilianisch-deutschen Wirtschaftsbeziehungen dar.

Ab 1954 erweiterte die Regierung Brasiliens ihre Vergünstigungen für Industrieprojekte im Sinne ihrer entwicklungspolitischen Ziele, und zwar sowohl für die inländischen Investitionen als auch für die Kapital- und Technologieimporte. In diesem Zusammenhang entwickelten sich verschiedene Formen gemeinsamer Projekte, die sowohl private Unternehmen des In- und Auslands betrafen, wie auch inländische und ausländische private Interessen mit staatlichen brasilianischen Zielen verbinden sollten. Im Hintergrund stand das Ziel der brasilianischen Regierung, Auslandsinvestitionen zur Verstärkung des Industrialisierungsprozesses durch die Importsubstitution von Produktionsgütern und dauerhaften Konsumgütern nach Brasilien zu ziehen. Deswegen waren diese Auslandsinvestitionen ursprünglich auf verschiedenste Wirtschaftszweige des Binnenmarktes ausgerichtet. Insgesamt gesehen engagierte sich in Brasilien ausländisches Kapital aus verschiedenen Industrieländern.[426]

Im Vergleich zu den anderen lateinamerikanischen Ländern stand Brasilien für die Industrieländer im Laufe der fünfziger Jahre durchschnittlich an erster Stelle in bezug auf ausländische Privatinvestitionen. Für Brasilien besetzten deutsche Investoren in gleicher Zeit den zweitwichtigsten Platz als Kapitalgeber nach den Unternehmen aus den USA. Hinter Kanada war Brasilien das interessanteste Land für die privaten US-Investoren. Auch Kapitalgeber anderer Industrieländer, insbesondere Großbritanniens, Frankreichs und Japans waren an Investitionen in Brasilien interessiert. Mit einem Anteil von rund 38% des gesamten ausländischen Kapitals investierten die Vereinigten Staaten im Jahre 1955 12 Millionen US-Dollar in Brasilien. Die Bundesrepublik Deutschland setzte sich im gleichen Jahr mit einem Anteil von 22% des ausländischen Kapitals, also einem Wert von 7 Millionen US-Dollar, für den lateinamerikanischen Staat ein.[427] Für deutsche Auslandsinvestitionen stand Brasilien zwischen 1952 und 1959 an der Spitze aller Auf-

---

425 Das Vermögen von Unternehmen wie Siemens, AEG, Bayer Farbenfabriken AG und Merck wurde 1942 in Brasilien beschlagnahmt und liquidiert. Ihre Vermögen wurden zum Teil oder zur Gesamtheit durch verschiedene Abkommen in den fünfziger Jahren und Anfang der sechziger Jahre freigegeben. Vgl. dazu Kapitel 4 dieser Arbeit.
426 MRE. DAR. SCE. Bonn. Wirtschaftliche, finanzielle und kommerzielle Beziehungen Brasiliens – *Relações econômicas, financeiras e comerciais do Brasil* (1947-1967).
427 Vgl. Conjuntura Econômica, abril 1956, S. 41.

nahmeländer: Etwa 20% des gesamten deutschen Auslandskapital war in Brasilien angelegt worden.

Tabelle 5: Westdeutsches Privatkapital im Ausland zwischen 1952 und 1959

Länder	Millionen DM	v.H. der Gesamtinvestitionen
Brasilien	447	19,8
Kanada	354	15,7
USA	213	9,5
Andere Länder	1.236	55,0
Insgesamt	**2.250**	**100,0**

Quelle: BANAS. O capital estrangeiro no Brasil – quem controla o que, São Paulo 1961, Bd. 2, S. 533.

Besonders wichtig für die Entwicklung der ausländischen Privatinvestitionen in Brasilien war die SUMOC-Instruktion Nr. 113, die am 17.1.1955 in Kraft trat. Nach brasilianischen Statistiken konnten die ausländischen Unternehmen ihren Anteil an den allgemeinen Sachinvestitionen vergrößern. Die privaten Investoren aus den USA, England, Frankreich und der Bundesrepublik Deutschland waren nun in einer günstigeren Lage, um von diesen steuerlichen Vergünstigungen und Sonderbedingungen zu profitieren.[428] Ohne Devisendeckung konnten sie neue oder gebrauchte Maschinen, Ausrüstungen und Werkzeuge verschiedener Art nach Brasilien liefern. Diese Bestimmung und auch der Erlaß des Jahres 1957 gaben den ausländischen Unternehmen besondere Veranlassung, in Brasilien zu investieren.[429]

---

428 Vgl. Brasil. IBGE. Estatísticas históricas do Brasil. Séries econômicas, demográficas e sociais de 1550 a 1988, S. 576-580 und Brasil. Ministério das Relações Exteriores. Situação, recursos e possibilidades, S. 777-786.

429 Durch die Verordnung Nr. 42.820 vom 16.12.1957 wurde die Klassifizierung der bisherigen fünf Warengruppen der Importprodukte auf zwei reduziert. Sie reglementierte die Zollpolitik durch Schutz von Produkten, die in Brasilien hergestellt wurden. Vgl. dazu Lacerda, Capital estrangeiro. Legislação, in: Dicionário Histórico-Biográfico Brasileiro, Bd. 1, S. 614-617.

Tabelle 6: Ausländische Investitionen infolge der SUMOC-Instruktion Nr. 113 bis zum 30.9.1956 nach Herkunftsländern

Herkunftsländer	Investitionswert (in Millionen US-Dollar)	v.H. der Gesamt-investitionen
USA	28.461	45,5
BRD	10.094	16,1
England	6.917	11,0
Frankreich	5.134	8,2
Italien	3.403	5,4
Schweiz	2.856	4,6
andere Länder	5.771	9,2
Insgesamt	**62.636**	**100,0**

Quelle: Conjuntura Econômica, Rio de Janeiro dezembro 1956, S. 40.

Auf diese Weise wurde der Industrialisierungsprozeß in Brasilien beschleunigt, und trotz des brasilianischen Devisenmangels engagierte sich das ausländische Privatkapital stärker. Außerdem bot das Programm der Regierung Juscelino Kubitschek (1956-1961) eine Intensivierung der brasilianischen Industrialisierung. Diese Orientierung des Staates ab 1956 spielte eine stärkere Rolle im Rahmen der Investitionen in Infrastruktur (Transportwesen und Energie), der notwendigen Importprodukte (Erdöl und Ersatzteile für verschiedene Investitionszweige), der wirtschaftlichen Planungen *(Plano de Metas)* und der Finanzierung *(BNDE).*[430]

Trotz des hohen brasilianischen Handelsdefizits mit der Bundesrepublik Deutschland zwischen 1957 und 1960 profitierte das westdeutsche Kapital von der SUMOC-Instruktion Nr. 113. Ab 1956 begann eine neue Phase der westdeutschen Investitionen in Brasilien. Eine Reihe von deutschen Direktinvestitionen wurde in Brasilien realisiert. Sie galten sowohl der Produktion als auch der Lieferung von Investitionsgütern. Die Mehrheit des deutschen Privatkapitals in Brasilien stand in enger Verbindung mit den deutschen Muttergesellschaften, obwohl in erster Linie für den Binnenmarkt Brasiliens produziert wurde.

---

430 Vgl. Comércio exterior, in: Conjuntura Econômica, fevereiro 1958, S. 49-59.

Tabelle 7: Investitionszweige der westdeutschen Direktinvestitionen in Brasilien bis August 1960

Investitions-zweige	Kapitalinvesti-tion (in Million Cruzeiros)	v.H. der Kapi-talinvestition	Kapitalinvesti-tion durch SUMOC-Inst. Nr. 113 (in Tausend US-Dollar)	v.H. der Kapitalinvesti-tion durch SUMOC-Instr. Nr. 113
Automobile	17.968,2	55,6	60.095,9	73,5
Chemie	3.782,7	11,7	9.223,5	11,3
Stahl	2.977,0	9,2	3.592,3	4,4
Maschinen	2.520,6	7,8	5.768,7	7,1
Metall	725,9	2,2	1.453,3	1,8
andere Zweige	4.342,9	13,5	1.608,6	1,9
Insgesamt	32.317,3	100,0	81.742,3	100,0

Quelle: BANAS. O capital estrangeiro no Brasil – quem controla o que, São Paulo 1961, Bd. 2, S. 533-534.

Trotz der Inflation und des Devisenmangels konnte Brasilien in der zweiten Hälfte der fünfziger Jahre neue industrielle Sektoren der Wirtschaft im Bereich der Investitionsgüter ankurbeln, da es eine enge Verflechtung mit dem ausländischen Kapital gab. Im Rahmen der brasilianischen Wirtschaftspolitik hatte die Industrialisierung Priorität, woraus sich eine Steigerung der industriellen Produktivität ergab. Aber das industrielle Modell erschöpfte sich gegen Ende der fünfziger Jahre nach dem genannten Zustrom von Auslandskapital nach Brasilien, und ab 1958 war das Wachstum des brasilianischen Industrialisierungsprozesses nicht mehr so rapid: In den Jahren 1959 und 1960 sank es auf 11,9% bzw. 9,6% pro Jahr.

Das Land erlebte eine schwere Belastung wegen der steigenden Inflation und der hohen Auslandsverschuldung. Außerdem ergab sich keine Verbesserung der Handelszahlungsbilanz. In Gegenteil: Die brasilianische Zahlungsbilanz verschlechterte sich zusehends. Einerseits verlangte die „importsubstituierende Industrialisierung" einen vermehrten Import im Bereich der Stahl-, Erdöl-, Autozubehörproduktion und in anderen Sektoren, die mehr Devisen benötigten.[431] Einige dieser Sektoren hatten eine große Produktion, z. B. die Autoindustrie, da der Binnenmarkt für einige industrielle Produkte nicht groß genug war.[432] Andererseits ging

---

431 Vgl. BNDES. O capital estrangeiro na indústria brasileira. Atualidades e perspectivas, Rio de Janeiro 1988, S. 125-134.

432 AA-PA. Ref. 415, Bd. 215. Generalkonsulat der Bundesrepublik Deutschland an das Auswärtige Amt. Deutsche Investitionen im Raum São Paulo, São Paulo (25.3.1958).

die brasilianische Ausfuhr, hauptsächlich die Kaffee-Ausfuhr, immer weiter zurück, da das Land weder seine Produktion von Exportprodukten verbessern noch seine Preise auf dem internationalen Markt reduzieren konnte.[433]

Als Präsident Kubitschek sein Entwicklungsprogramm fortführte und die Verhandlungen mit dem IWF abbrach, stellte er außer Zweifel, daß die wirtschaftliche Lage Brasiliens schwierig war. So provozierte die Regierung Unsicherheit unter den ausländischen Investoren. Ab 1960 stellten die westdeutsche Regierung und Unternehmen fast alle neuen Industrievorhaben zurück. Diese Unternehmen investierten im Jahre 1958 etwa 29 Millionen US-Dollar in Brasilien, 1960 dagegen nur noch circa 11 Millionen US-Dollar. Ein anderer Grund für die Investitionssenkung lag bei den Investitionsbestimmungen der SUMOC, die ausländische Investoren in den bestimmenden Wirtschaftsbereichen ausschloß. Doch gerade an diesen verbotenen wirtschaftlichen Sektoren waren die Investoren aus der Bundesrepublik besonders interessiert.[434] Außerdem fürchteten die Unternehmen mögliche Verstaatlichungspläne wegen des steigenden Einflusses der nationalistischen Tendenz in der Regierung.[435]

Trotz der wirtschaftlichen, politischen und sozialen Schwierigkeiten am Ende der Regierung Kubitschek konnte der industrielle Entwicklungsprozeß Brasiliens vertieft werden. Die Direktinvestitionen aus der Bundesrepublik Deutschland waren daran aktiv beteiligt. Die brasilianischen Regierungen in den fünfziger Jahren versuchten ständig, öffentliche Darlehen aus den USA und später aus Europa zu erhalten.[436] Aber die Außenwirtschaftspolitik der westlichen Industrieländer und die Expansion privatwirtschaftlicher Unternehmen aus den Vereinigten Staaten, aus Europa und aus Japan verhinderten diese Maßnahmen. Infolge der Beendigung des Wiederaufbaus der europäischen Staaten nach dem Zweiten Weltkrieg ergab sich ab 1956 eine weltwirtschaftliche Umgestaltung. Der Handel zwischen den kapitalistischen Industrienationen wurde verstärkt, die staatlichen Anleihen – überwiegend aus den USA – durch Privatanleihen ersetzt, und die westliche Wirtschaft investierte immer stärker in multinationale Konzerne.[437]

---

433 AA-PA. Ref. 415, Bd. 217. Botschaft der Bundesrepublik Deutschland an das Auswärtige Amt. Zahlungsbilanz und Außenhandel Brasiliens 1959, Rio de Janeiro (28.3.1960).

434 BA. B 102, 65732. Deutsch-brasilianische Partnerschaft – Informationsmaterial. Finanzierungsfragen in Brasilien (1961).

435 Vgl. Vizentini, Relações internacionais e desenvolvimentismo. O nacionalismo e a política externa independente (1951-1964), S. 144.

436 MRE. DAR. SCE. Bonn, Ofícios Recebidos, Nr. 480. Geschächtsträger Arnaldo Vasconcelos an den brasilianischen Außenminister Clementino de San Thiago Dantas, Vertrauliches Schreiben (27.12.1961).

437 Der westdeutsche Staat wurde durch seinen Wiederaufbau und auch später zum größten Verfechter der privaten Direktinvestitionen. Die Investitionen in der Bundesrepublik Deutsch-

Die ab 1955 liberale Politik der brasilianischen Regierung in bezug auf ausländisches Kapital und ihre relative politische Stabilität förderte das Interesse der westdeutschen Unternehmen an Brasilien. Dies stellte den Grund dar für die Investitionsentscheidung, den größten Teil ihres Kapitals im Vergleich zu Investitionen in anderen lateinamerikanischen Staaten in Brasilien einzusetzen. In diesem Zusammenhang konnte Brasilien seine Industrialisierung vorantreiben, auch wenn dieser Prozeß sich im Grunde durch die Internationalisierung der Produktion entwickelte.

---

land im Jahre 1956 umfaßte 31,7 Milliarden DM, wovon 27 Milliarden DM aus privater Initiative und nur 4,7 Milliarden DM vom Staat stammten. Vgl. dazu Economias e investimentos, in: Conjuntura Econômica, setembro 1957, S. 57-60.

4. Die politisch-diplomatischen Beziehungen zwischen Brasilien und der Bundesrepublik Deutschland in den fünfziger Jahren

4.1 Außenpolitik Brasiliens im Rahmen des Ost-West-Konflikts in den fünfziger Jahren

Nach dem Zweiten Weltkrieg etablierten sich zwei militärische und wirtschaftliche Führungsmächte in der Welt: die Vereinigten Staaten und die Sowjetunion. Die beiden Weltmächte waren im bipolaren System die dominierenden Akteure. Die anderen internationalen Akteure spielten nachgeordnete Rollen.[438] Zudem wurde die ideologische Spannung zwischen den USA und der UdSSR seit dem Ende der vierziger Jahre durch einen globalen machtpolitischen Konflikt erweitert und führte zu einer Umgestaltung der Welt durch die Ausbildung zweier Machtblöcke.[439]

Die Rahmenbedingungen der politischen, militärischen, wirtschaftlichen, ideologischen und kulturellen Beziehungen zwischen den anderen Ländern wurden in den fünfziger Jahren von diesen zwei Weltmächten bestimmt; ihr Antagonismus wurde als „Kalter Krieg" bezeichnet.[440] Die Einflußsphäre der politischen Blöcke

---

438 Unter dem Begriff des internationalen Herrschaftssystems versteht man die asymmetrischen Beziehungen zwischen staatlichen und nichtstaatlichen, transnationalen Akteuren, die auf der internationalen Systemebene aus Dominanz und Abhängigkeit bestehen. Das Ende des Zweiten Weltkrieges hatte die weltpolitische Landkarte stark verändert. In Asien gab es wenige unabhängige Staaten und in Afrika existierten nur vier souveräne Staaten. Die europäischen Staaten, die über Jahrhunderte eine dominierende Position hatten, wurden dem politischen Einfluß der USA und der Sowjetunion untergeordnet. Die lateinamerikanischen Staaten standen unter dem Einfluß der Politik der USA. Allmählich gewannen die USA und die UdSSR auch Einfluß auf die afrikanischen und asiatischen Kolonien und Staaten. Das bipolare System zeigte tiefe Wirkungen nicht nur in West- und Mitteleuropa, sondern auch in Lateinamerika, in Asien und in Afrika. Nach der Kubakrise (1962) entwickelte sich die antagonistische Bipolarität zu einer kooperativen Bipolarität. In dieser Zeit fand eine Dispersion der Macht des internationalen Systems statt. Vgl. dazu Hans Günther Brauch, Sozialwissenschaftliche Interventionsbegriffe und externe Einwirkungsphänomene im Bereich der internationalen Beziehungen, in: Bruno Simma und Edda Blenk-Knocke (Hgg.), Zwischen Intervention und Zusammenarbeit, Berlin 1979, S. 88 und Wichard Woyke, Bipolarität und Multipolarität, in: Boeckh (Hg.), Internationale Beziehungen, S. 73 und 333.

439 Vgl. Gottfried Niedhart, Internationale Beziehungen (1917-1947), München 1989, S. 155-179.

440 Die Autoren unterscheiden im „Kalten Krieg" verschiedene Entwicklungsphasen, in der Spannung und Entspannung zwischen den Vereinigten Staaten und der Sowjetunion die wichtigsten Prioritäten des internationalen Systems bildeten. Vgl. dazu Werner Link, Der Ost-West-Konflikt. Die Organisation der internationalen Beziehungen im 20. Jahrhundert, S. 120-144; Wilfried Loth, Der „Kalte Krieg" in der historischen Forschung, in: Gottfried Nied-

zeigte sich anhand der politisch-militärischen Organisationen, die unter regionalen und globalen Perspektiven des Ost-West-Konflikts eingerichtet wurden.

Wie schon erwähnt, versuchten die Vereinigten Staaten vor dem politischen Hintergrund des Kalten Krieges, eine Umgestaltung der westlichen Welt unter dem Begriff „Sicherheitssystem" zu verwirklichen. Durch bilaterale und multilaterale Verträge nahm das westliche Sicherheitssystem unter ihrer eigenen Leitung Gestalt an. Ziel war, ihre Hegemonie in der westlichen Welt zu organisieren und den sowjetischen Einfluß in diesem geographischen Raum einzudämmen.[441]

Da Lateinamerika und insbesondere Mittelamerika mit der Karibik als wichtigste Sicherheitszonen der Vereinigten Staaten galten, etablierte die US-Regierung für den amerikanischen Kontinent ein gemeinsames Bündnissystem.[442] Mit der Unterzeichnung der Akte von *Chapultepec* (1945) und mit der Gründung des interamerikanischen Rio-Paktes *(TIAR)* im Jahre 1947 sowie der Organisation Amerikanischer Staaten (1948) wurde Lateinamerika als „regionales Subsystem" in die politische Ordnung der Vereinigten Staaten eingegliedert.[443] Die Vereinigten Staaten konnten sich in den fünfziger Jahren darauf verlassen, daß die lateinamerikanischen Staaten im Rahmen des Ost-West-Konflikts auf ihrer Seite stehen würden. So sollte der Subkontinent trotz seiner politischen Souveränität im Bereich der Außenpolitik eine automatische Verbindung mit der US-Sicherheitspolitik eingehen.

Vom 26. März bis zum 7. April 1951 fand auf Initiative der USA die Panamerikanische Konferenz, die IV. Versammlung der amerikanischen Außenminister, in

---

hart (Hg.), Der Westen und die Sowjetunion, Paderborn 1983, S. 155-175 und Ernst Nolte, Deutschland und die Kalte Krieg, München u. Zürich 1974.

441 Vgl. Werner Link, Der Ost-West-Konflikt. Die Organisation der internationalen Beziehungen im 20. Jahrhundert, S. 152 und Jürgen Heideking, Geschichte der USA, Tübingen 1996, S. 356-360.

442 Vgl. Wolfgang Hirsch-Weber, Lateinamerika: Abhängigkeit und Selbstbestimmung, Opladen 1972, S. 97.

443 Das Protokoll der Konferenz von *Chapultepec* (1945) enthielt u. a. eine kollektive Erklärung über die amerikanische Sicherheitssolidarität. Das panamerikanische System nach dem Zweiten Weltkrieg wurde durch diese Konferenz bestimmt und die regionalen Prioritäten mußten sich den internationalen Prioritäten der Vereinten Nationen unterordnen. Auf der Konferenz von Rio de Janeiro (15. August bis 2. September 1947) schlossen alle lateinamerikanischen Staaten mit den USA einen umfassenden Militärpakt, der die kollektive Sicherheit in der westlichen Hemisphäre gewährleisten sollte. Die Organisation Amerikanischer Staaten (1948) bildete den politischen Rahmen für die amerikanische Solidarität. Die Organisation folgte dem Prinzip der „Unvereinbarkeit", wonach kein amerikanischer Staat ein anderes Modell der „politischen Demokratie" in der westlichen Welt umsetzen sollte. Vgl. dazu Kapitel 2 dieser Arbeit und Charles Fenwick, A organização dos Estados Americanos. O sistema regional interamericano.

Washington statt. Anfangs waren die Ziele nicht ganz klar, deutlich wurde aber, daß man in Washington im Kampf gegen den Kommunismus Unterstützung durch die lateinamerikanischen Staaten suchte. In diesem Zusammenhang wurden drei Punkte diskutiert: die politisch-militärische Zusammenarbeit zur „Verteidigung des amerikanischen Kontinents", die innere Sicherheit der amerikanischen Völker und die wirtschaftliche Kooperation zwischen den amerikanischen Ländern. Für die USA erschien jede nationalistische Kundgebung als kommunistische Demonstration.[444]

Die US-Regierung machte den Entwurf dadurch attraktiver, daß sie die wirtschaftliche Entwicklung in Lateinamerika mit dem Rest der Ressourcen aus der militärischen Hilfe unterstützen wollte. Während der Konferenz übten die lateinamerikanischen Länder starke Kritik an dieser US-Politik. Unter der Führung des brasilianischen Außenministers João Neves da Fontoura kritisierten die lateinamerikanischen Länder die USA wegen deren Prioritäten, dem Sicherheitssystem und der wirtschaftlichen Zusammenarbeit mit Europa.[445] Sie verlangten eine Trennung der politisch-militärischen Zusammenarbeit von der wirtschaftlichen Kooperation. Die lateinamerikanischen Länder engagierten sich bei den USA für die Idee ihrer wirtschaftlichen Stabilisierung als eines Bestandteils des Kampfes gegen den Kommunismus.[446] Seit dem Pakt von Rio de Janeiro (1947) bemühte sich die US-Regierung auch, ihre Verbindung zu den einzelnen südamerikanischen Staaten im Rahmen der Sicherheitspolitik zu stärken.[447] Pauschal prägte dieses strategisch-

---

444 Vgl. Juan Carlos Puig, Doctrinas internacionales y autonomia latinoamericana, Caracas 1980, S. 194-197 und D'Araújo, O Segundo Governo Vargas (1951-1954), S. 157-160.

445 Lateinamerika erhielt nach dem Krieg fast keine US-Auslandshilfe. Zwischen 1946 und 1951 stellten die USA circa 8,6 Milliarden US-Dollar für ihre ehemaligen Kriegsgegner und 5,6 Milliarden US-Dollar für die westeuropäischen Alliierten zur Verfügung. Lateinamerika erhielt 2,6 Milliarden US-Dollar im gleichen Zeitraum. Vgl. dazu John Mecham, The United States and Inter-American Security, Austin 1962, S. 125-127.

446 Vgl. Vizentini, Relações internacionais e desenvolvimentismo. O nacionalismo e a política externa independente (1951-1964), S. 120-142 und Cervo und Bueno, História da política exterior do Brasil, S. 254-255.

447 Im Laufe der fünfziger Jahre vereinbarten die Vereinigten Staaten individuelle Beistandsabkommen mit zwölf lateinamerikanischen Ländern (Brasilien, Chile, Kolumbien, Kuba, Dominikanische Republik, Ecuador, Guatemala, Haiti, Honduras, Nicaragua, Peru und Uruguay). In den Abkommen wurde die Lieferung von Kriegsmaterial in die USA garantiert. Außerdem wurde seitens der USA die Unterhaltung lateinamerikanischer Militärmissionen übernommen. Im Hinblick darauf wurden lateinamerikanische Offiziere in den USA ausgebildet. Allmählich waren die Militäreliten Lateinamerikas davon überzeugt, daß die lateinamerikanischen Streitkräfte auch die Aufgabe hätten, der US-Armee zu helfen, falls es einen militärischen Konflikt zwischen den USA und der UdSSR gäbe. Im Jahre 1954 brachten die USA auf der Interamerikanischen Konferenz in Caracas eine Resolution gegen die kommunistische Bewegung auf dem Kontinent ein. Vgl. dazu John Mecham, A survey of United

militärische Vorhaben die politischen Rahmenbedingungen der interamerikanischen Kooperation.

An den Diskussionen über die Weltsicherheit nahm Brasilien teil, ohne die politischen Entscheidungen wesentlich beeinflussen zu können. Brasilien war mit den USA nicht nur befreundet, sondern zutiefst verbunden. Die politische Stabilität des Kontinents war nur durch den politisch-militärischen Schutz der Vereinigten Staaten zu garantieren. Auch stieß diese enge Verflechtung mit der US-Sicherheitspolitik auf keinen nennenswerten Widerstand von Seiten der brasilianischen Regierung.[448] Brasilien war darüber hinaus auf die enge Zusammenarbeit mit den Vereinigten Staaten angewiesen, denn nur diese konnten für ihre Sicherheit innerhalb des Kontinents bürgen und die brasilianische Außenpolitik zugunsten der wirtschaftlichen Entwicklung unterstützen.

In erster Linie hatte Brasilien die gleichen Ziele auf dem Gebiet der Sicherheitspolitik wie die USA. Vorrangig war nach brasilianischer Auffassung eine Kontinuität im liberal-kapitalistischen Wirtschaftssystem und in der politischen Gemeinschaft der „westlichen Welt".[449] Aus diesem Grunde war das Land an einer Erweiterung dieser Zusammenarbeit in der Außen- und Sicherheitspolitik interessiert. Grundlegend dafür waren die intensiven Beziehungen zwischen den USA und Brasilien, sowohl die politisch-wirtschaftliche als auch die militärische Kooperation.[450]

States-Latin American Relations, Boston 1965, S. 180 und Samuel Baily, The United States and the development of South America (1945-1975).

448 Im Jahre 1948 wurde die brasilianische Kriegshochschule *(Escola Superior de Guerra – ESG)* gegründet. Als Modell diente das *National War College* der USA. Die *ESG* orientierte sich zugunsten der US-Sicherheitspolitik und basierte auf dem Konzept „Sicherheit und Fortschritt". Danach lag die primäre sicherheitspolitische Aufgabe der brasilianischen Streitkräfte in der Garantie der inneren Sicherheit. Diese Ausrichtung ging von der ständigen Gefahr einer kommunistischen Subversion im Rahmen des Ost-West-Konflikts aus. Seitdem wurde die europäische Militärmission, welche die brasilianischen Truppen ausgebildet hatte, durch US-Militärmissionen ersetzt. Vgl. dazu Antônio de Arruda, ESG – história de sua doutrina, São Paulo u. Brasília 1980.

449 Die brasilianische Regierung betrachtete Brasilien als einen Partner der freien westlichen Welt mit besonderer Kontinentalbindung an Lateinamerika und die USA. AA-PA. Abt. 2, Bd. 246. Botschaft der Bundesrepublik Deutschland in Rio de Janeiro an das Auswärtige Amt (18.12.1952).

450 Im Jahre 1940 schlossen Brasilien und die USA das erste Abkommen über die Lieferung von Monazit in die USA ab. Im Rahmen dieses Abkommens wurde die Ausfuhr von Monazit bis 1951 weitergeführt. Durch das brasilianische Gesetz Nr. 1.310 vom 15.3.1951 waren die radioaktiven Mineralien dem staatlichen Monopol untergeordnet und ihr Export sollte strengstens kontrolliert werden. Die Ausfuhr strategischer Mineralien sollte nur genehmigt werden, wenn Brasilien von den Importländern Technologien erhalten würde. Trotzdem

Gegen Kriegsende veränderten sich die US-Beziehungen zu Lateinamerika, so auch zu Brasilien. Das Prinzip einer Politik der „guten Nachbarschaft" während den dreißiger und vierziger Jahren zwischen den amerikanischen Ländern veränderte sich hin zu einer Außenpolitik der „armen Nachbarschaft" Lateinamerikas.[451] Diese US-Außenpolitik prägte das asymmetrische System, in dem die USA mehr Einflußchancen hatten, um so auf Entscheidungen und Handlungen der lateinamerikanischen Staaten einwirken zu können.[452]

Die Beziehungen zwischen den lateinamerikanischen Staaten und den USA wurden vom Ende der vierziger Jahre bis zum Ende der fünfziger Jahre nicht in Frage gestellt. Widersprüche zwischen den Ländern Lateinamerikas und den USA gab es dagegen in den Bereichen der Kooperations-, Entwicklungs- und Wirtschaftspolitik. Im Grunde hielt die brasilianische Regierung die Teilhabe des staatlichen Kapitals aus den USA an einigen Sektoren der brasilianischen Wirtschaft, z. B. am Infrastruktursektor, für notwendig. Trotzdem beschäftigte sich das interamerikanische System kaum mit den wirtschaftlichen Problemen des Subkontinents. So wurde das liberale Entwicklungsmodell den lateinamerikanischen Staaten für die Lösung ihrer eigenen wirtschaftlichen Probleme empfohlen; seine Verwirklichung in Lateinamerika im Laufe der fünfziger Jahre beruhte zumeist auf privaten Investitionen.[453]

---

schlossen Brasilien und die USA am 15. März 1952 ein weiteres Abkommen für militärischen Beistand zwischen beiden Ländern *(Acordo de assistência militar entre a República dos Estados Unidos do Brasil e os Estados Unidos da América)*. Durch dieses Abkommen stellte die US-Regierung einerseits die Lieferung von wichtigen radioaktiven Mineralien (Thorium, Uran, Monazit u. a.) aus Brasilien sicher. Andererseits gelang es der brasilianischen Regierung, die Rüstungsgüter für die brasilianischen Streitkräfte zu liefern. Dieses Abkommen wurde im Jahre 1977 aufgekündigt. Vgl. dazu D'Araújo, O Segundo Governo Vargas (1951-1954), S. 168-180; Bandeira, Presença dos Estados Unidos no Brasil, S. 334-337 und Frederico Füllgraf, A bomba pacífica. O Brasil e a corrida nuclear, São Paulo 1988, S. 38-40.

451 AA-PA. Abt. 3, Bd. 388. Botschaft der Bundesrepublik Deutschland in Rio de Janeiro an das Auswärtige Amt. Beziehungen Brasiliens zu den Vereinigten Staaten von Nordamerika (2.12.1953) und AA-PA. Abt. 3, Bd. 1460. Generalkonsulat der Bundesrepublik Deutschland in São Paulo an das Auswärtige Amt. Brasilianischer Angriff auf nordamerikanische „Politik der guten Nachbarschaft" (4.2.1955).

452 Vgl. Roberto Campos, Relações Estados Unidos-América Latina. Uma interpretação, in: Revista Brasileira de Política Internacional, Rio de Janeiro 1959, Bd. 8, S. 24-40 und Antonio Callado, A Esfinge, in: *Correio da Manhã*, Rio de Janeiro (30.3.1951).

453 Bedeutsamer für das wirtschaftliche Wachstum Lateinamerikas als die US-Regierungshilfe wirkten sich die privaten Investitionen des US-Kapitals aus. Lateinamerika stand in den fünfziger Jahren nach Kanada an zweiter Stelle der Empfängerländer. Innerhalb Lateinamerikas erhielten Brasilien, Argentinien, Chile, Kuba, Mexiko und Venezuela in diesem Zeitraum den größten Anteil der US-Privatinvestitionen. Vgl. dazu Furtado, A hegemonia dos Estados Unidos e o subdesenvolvimento da América Latina, S. 79-85.

Der eskalierende Kalte Krieg zog in jedem Fall eine Abschwächung der Beziehungen zwischen den Vereinigten Staaten und Lateinamerika nach sich, da das US-System bei außenpolitischen Entscheidungen den lateinamerikanischen Staaten vor allem im Bereich der Außenhandelspolitik Bewegungsfreiheit ließ. In diesem Zusammenhang wurde Lateinamerika bzw. Brasilien in den Schutzrahmen der westlichen Hemisphäre eingebunden, ihre Außenpolitik wurde daher grundsätzlich auf die Beziehungen zu den USA und zu der westlichen Welt eingeengt. Für die brasilianische Außenpolitik gestalteten sich nach dem Zweiten Weltkrieg die Beziehungen zu den USA in erster Linie auf diese Weise.[454]

Zwischen 1946 und 1960 schwankte die brasilianische Außenpolitik gegenüber den USA zwischen der „automatischen Ausrichtung"[455] und der „pragmatischen Ausrichtung"[456]. Die beiden Tendenzen zeigten spezifische Aktionen und Wirkungen im Bereich der Außenpolitik Brasiliens, und trotz einiger Modifikationen in der außenpolitischen Praxis Brasiliens blieb der Grundsatz bestehen, daß die einzige Möglichkeit, für eine gewichtigere Rolle Brasiliens in der Weltpolitik zu sorgen, in einer kontinuierlichen Allianz mit den USA lag.[457]

---

454 Vgl. J. R. Langhammer und B. Stecher, Der Nord-Süd-Konflikt, Würzburg 1980 und Moura, As razões do alinhamento. A política externa brasileira no após-guerra, in: Revista Brasileira de Política Internacional, Bd. 28, S. 37-50.

455 Diese Vorstellung geht von der Perspektive einer automatischen Freundschaft Brasiliens mit den USA aus. Das Land habe eine historische außenpolitische Bindung mit den Vereinigten Staaten, welche die internationalen Orientierungspunkte Brasiliens dominierte. Die „automatische Ausrichtung" führte zu einer Übereinstimmung mit der Politik und den Interessen der USA. Sie stand dafür, daß US-amerikanische und brasilianische Ziele identisch sein mußten. Die brasilianische Diplomatie engagierte sich für die Interessen der „westlichen Welt", insbesondere der USA, durch bilaterale Beziehungen und durch internationale Organisationen. Vgl. dazu Jaguaribe, O Nacionalismo na atualidade brasileira, S. 233-242.

456 Die „pragmatische Ausrichtung" bestimmte die enge politische, wirtschaftliche und militärische Zusammenarbeit Brasiliens mit anderen Ländern, wenn diese Kooperationen für Brasilien vorteilhaft waren. Diese brasilianische Tendenz bedeutete, eine Außenpolitik für nationale, hauptsächlich ökonomische, Interessen innerhalb des internationalen Systems zu betreiben, auch wenn diese im Gegensatz zu dem politischen Interessen, insbesondere der USA, standen. Die „pragmatische Ausrichtung" war in der brasilianischen Außenpolitik durch Abgrenzung von den USA geprägt, wenn die enge Zusammenarbeit nicht die gewünschten Resultate brachte. So war die außenpolitische Öffnung Brasiliens gegenüber Westeuropa Anfang der fünfziger Jahre und später gegenüber Osteuropa, China und Schwarzafrika eine Notwendigkeit der nationalen Entwicklung und zielte darauf ab, neue Märkte zu erobern, Devisenquellen zu erschließen und den Handel zu diversifizieren. Vgl. dazu Jaguaribe, O Nacionalismo na atualidade brasileira, S. 243-257 und Lima und Moura, A trajetória do pragmatismo. Uma análise da política externa brasileira, in: DADOS – Revista de Ciências Sociais, Bd. 23, S. 349-363.

457 Zur Zeit der Regierung Dutra (1946-1951) und der Regierung Café Filho (1954-1955) überwogen die Beziehungen zwischen Brasilien und den USA im Vergleich zu denen gegenüber

Die politische Stärkung Brasiliens sollte durch die Verbindung mit den USA erreicht werden, welche Brasilien Kapital- und Militärhilfe sowie Privatinvestitionen und Technologietransfer vermitteln konnten. Brasilien hatte in den fünfziger Jahren den Glauben an eine selbsttätige politische Entwicklung durch wirtschaftliches Wachstum. Ein wichtiges Kennzeichen von Macht im internationalen System war die Wirtschaftsstärke des Landes, weswegen die Außenwirtschafts- und Technologiepolitik für die brasilianische Außenpolitik an Bedeutung gewann. Vorrangig für Brasilien war in diesem Zeitraum die Durchsetzung einer dynamischen Wirtschaftsentwicklung im Rahmen des Ost-West-Konflikts.[458]

In der außenpolitischen Vergangenheit sah Brasilien seine „natürliche Größe" als ausschlaggebend für seine Großmachtansprüche an.[459] Dazu gehört die Vorstel-

---

anderen Ländern. Die Regierung Vargas (1950-1954) pflegte enge Beziehungen zu den USA, obwohl es in der Regierungspraxis viele nationalistische Aspekte gab, die den Aufbau protektionistischer Maßnahmen und die Kontrolle transnationaler Unternehmen forderten. Während der Regierung Kubitschek (1956-1961) war das Verhältnis beider Länder intensiv, wobei die traditionelle Freundschaft der brasilianischen Außenpolitik zu den USA sich bereits Ende der fünfziger Jahre leicht zu verändern begann. Trotz dieses an sich guten Verhältnisses zwischen Brasilien und den USA gab es von 1945 bis 1961 immer wieder Auseinandersetzungen und Kontroversen zwischen den beiden Ländern. Vgl. dazu José Luiz Werneck da Silva, As duas faces da moeda. A política externa do Brasil, Rio de Janeiro 1990, S. 21-31; Wolf Grabendorff und Manfred Nitsch, Brasilien. Entwicklungsmodell und Außenpolitik, München 1977, S. 197-204; Cervo und Bueno, História da política exterior do Brasil, S. 247-277 und Roger Fontaine, Brazil and the United States, Washington 1977, S. 42-54.

458 In Übereinstimmung mit Fernando Henrique Cardoso und Enzo Faletto waren die in den fünfziger und sechziger Jahren aktiven Wirtschaftswissenschaftler der Meinung, die Entwicklung eines Staates hänge von der Formulierung einer Entwicklungsideologie ab. In Gegensatz dazu gingen die beiden Autoren von der Voraussetzung aus, daß es bei der Entwicklung eines Staates auf die politisch-wirtschaftlichen Entscheidungen ankomme. Vgl. dazu Cardoso und Faletto, Dependência e desenvolvimento na América Latina, S. 11-12.

459 José Maria da Silva Paranhos Júnior, Baron von Rio Branco, brasilianischer Außenminister zwischen 1902 und 1912, baute die außenpolitische Tradition Brasiliens auf. Er entwickelte die konkrete Basis der brasilianischen Außenpolitik, deren wichtigste Bestandteile folgende waren: Das Streben Brasiliens nach der Führungsrolle im regionalen System Lateinamerikas und die Vergrößerung seiner internationalen Rolle. Dafür sei die Annäherung zwischen Brasilien und den USA wichtig. Eine enge Kooperation beider Länder bedeutete nach Rio Brancos Ansicht, daß die beiden Länder wegen historischer und geographischer Ähnlichkeiten – beide waren Kolonien und beide besitzen eine große Fläche – als gleiche Partner behandelt werden sollten. Die brasilianische Diplomatie glaubte, das internationale Ansehen Brasiliens durch die Verbindung mit einer wachsenden Großmacht, welcher die Zukunft zu gehören schien, zu erhöhen. Die brasilianische Annäherungspolitik gegenüber den USA stimmte mit den diplomatischen Interessen Brasiliens überein. Außerdem erreichte Rio Branco die Regelung der noch ausstehenden Grenzprobleme zwischen Brasilien und seinen Nachbarn. Durch internationale Schiedssprüche und durch Verhandlung mit seinen Nachbarn gewann Brasilien während der Amtszeit von Rio Branco ein Territorium von über 600.000 Quadratkilometern. Der Schwerpunkt der Diplomatie Brasiliens wurde nach dem Ersten Weltkrieg wegen des

lung vom großräumigen Land im Vergleich zu Lateinamerika und der ganzen Welt, in dem es umfangreiche natürliche Ressourcen gibt.[460] Aus dieser Perspektive war die wachsende Bevölkerung Brasiliens in den fünfziger Jahren die Grundlage für viele Entwicklungschancen und für die Ausdehnung eines Zukunftsmarktes. Darüber hinaus wurde betont, daß Brasilien sein Potential noch nicht voll entwickeln könnte, weil wirtschaftliche Schwierigkeiten dem entgegenstünden.

Nach einer Phase der inneren Wirtschaftskonsolidierung strebte Brasilien nach der Führungsrolle im regionalen Subsystem Lateinamerikas und später nach einer Führungsposition im internationalen System.[461] Deshalb bemühte sich Brasilien in den fünfziger Jahren um enge Beziehungen zu den USA und um eine Teilnahme an allen internationalen Organisationen, was dazu beitragen sollte, den internationalen Einfluß Brasiliens zu verstärken. Diese Aktionen erfüllten nach Ansicht des brasilianischen Außenministeriums die gewünschte Aufwertung des politisch-diplomatischen Gewichts von Brasilien im internationalen Kontext.[462] Im Gegen-

---

zunehmenden politischen Einflusses der USA von London auf Washington verlegt. Seitdem gingen die Historiker von der Voraussetzung aus, daß die brasilianische Außenpolitik einer „Amerikanisierung" unterlag. Vgl. dazu Cervo und Bueno, História da política exterior do Brasil, S. 162-213; Dunshee de Abranches, Rio Branco e a política exterior do Brasil (1902-1912), Rio de Janeiro 1945, Bd. 2, S. 25-27 und Delgado de Carvalho, História diplomática do Brasil, Rio de Janeiro 1959, S. 189-255.

460 Als größtes Land Lateinamerikas und fünftgrößtes Land der Erde nach Rußland, Kanada, der Volksrepublik China und den USA besitzt Brasilien eine Fläche von 8,5 Millionen Quadratkilometern und nimmt damit 47% der Fläche Südamerikas ein. Brasilien grenzt auf einer Länge von 15.700 km an alle südamerikanischen Staaten mit Ausnahme von Chile und Ecuador. Vgl. dazu José Carlos Brandi Aleixo, Fundamentos e linhas gerais da política externa do Brasil, in: Revista Brasileira de Ciência Política, Brasília 1989, Bd. 1, S. 8-9.

461 Das Streben Brasiliens nach der Führungsrolle im regionalen System Lateinamerikas begründete, warum die brasilianischen Beziehungen zu Argentinien von historischer Rivalität geprägt waren. Diese Konkurrenz um die Konsolidierung ihrer Vorherrschaft in Südamerika brachte Brasilien Anfang des zwanzigsten Jahrhunderts den USA näher. Brasilianische Regierungen in den fünfziger Jahren, insbesondere die Regierung Juscelino Kubitschek, gingen davon aus, daß Brasilien die führende Rolle in Lateinamerika unter Zuhilfenahme der USA erreichen könnte. Doch die enge Zusammenarbeit zwischen Brasilien und den USA brachte nicht die gewünschten Resultate für Brasilien. Seit den achtziger Jahren veränderten sich die Beziehungen zwischen Brasilien und Argentinien hin zu einer politischen Annäherung. Vgl. dazu Hilton, Brasil-Argentina. A disputa pela hegemonia na América do Sul, in: Revista Brasileira de Política Internacional, Rio de Janeiro 1982, Bd. 25, S. 77-90 und Raúl Bernal-Meza, As relações entre Argentina, Brasil, Chile e Estados Unidos: política exterior e Mercosul, in: Revista Brasileira de Política Internacional, Brasília 1998, Bd. 41, S. 89-107.

462 Die brasilianische Außenpolitik in den internationalen Organisationen war Ende der vierziger Jahre und in den fünfziger Jahren durch drei Voraussetzungen charakterisiert: Die Verteidigung der „westlichen Interessen", weswegen die brasilianische Vertretung immer gegen die sowjetischen Interessen in den internationalen Organisationen stimmte; die Frage der Indu-

satz dazu waren die USA nicht daran interessiert, Brasilien durch besondere Beziehungen und durch enge Zusammenarbeit zu einer Vorzugsstellung in Südamerika zu verhelfen.[463]

Nach den Analysen von Hélio Jaguaribe konnten die lateinamerikanischen Regierungen bzw. die brasilianische Regierung alles unternehmen, solange sie nicht die Sicherheitsinteressen der USA störten. Mit dem Begriff der „peripheren Autonomie" *(autonomia periférica)* ging Jaguaribe von einem bipolaren System der Weltmächte aus und arbeitete damit die These der Möglichkeit einer „peripheren Autonomie" innerhalb dieses Systems aus. Einerseits wurde der Verhandlungsspielraum Brasiliens im Bereich der Außenhandelspolitik überwiegend durch geographische Diversifizierung, Rohstoffabkommen, diplomatische Multilateralität, Gesetzgebung für Auslandskapital und Investitionspolitik bestimmt – dies solange die sicherheitspolitische Einbindung Brasiliens im Ost-West-Konflikt zugunsten der westlichen Seite bestehen würde. Andererseits sei das industrielle Modell Brasiliens nur möglich, wenn Brasilien eine relative Autonomie gegenüber den USA aufrechterhalten könnte.[464]

---

strialisierung in den Entwicklungsländern und der Schutz des Austauschverhältnisses von Rohstoffen. Vgl. dazu Clodoaldo Bueno, A política multilateral brasileira, in: Cervo (Hg.), O desafio internacional, S. 59-91; João Luiz Ribeiro Fragoso, Notas sobre a política externa brasileira dos anos 50-70, in: Estudos Afro-Asiáticos 1984, Bd. 10, S. 18; Grabendorff und Nitsch, Brasilien. Entwicklungsmodell und Außenpolitik, S. 156-170 und Roberto Fendt Júnior, Brasiliens Außenpolitik. Bilaterale und multilaterale Aspekte, in: Grabendorff und Roett (Hgg.), Lateinamerika – Westeuropa - Vereinigte Staaten. Ein atlantisches Dreieck?, S. 153-164.

463 Die USA waren immer dagegen, daß Brasilien oder Argentinien eine Führungsrolle in Südamerika spielten. Deswegen ging die US-Regierung nie die erhofften engen Beziehungen zu Brasilien oder zu Argentinien ein und gab gleichzeitig diesen Ländern einen Anreiz, die gleichen Kredite aufzunehmen. Darüber hinaus zeigten sie oft die Grenzen Brasiliens auf internationalen Konferenzen auf. Im Grunde genommen wurde von US-Seite nie vollkommen verstanden, daß Industrialisierung als Synonym für Entwicklung galt, obwohl sie immer im Zentrum der wirtschaftlichen Interessen Brasiliens stand. Vgl. dazu Octávio Ianni, Imperialismo na América Latina, Rio de Janeiro 1974; M. R. Soares de Lima und Mônica Hirst, O Brasil e os Estados Unidos. Dilemas e desafios de uma relação complexa, in: Fonseca Júnior (Hg.), Temas de política externa brasileira II, S. 43 und Fendt Júnior, Brasiliens Außenpolitik. Bilaterale und multilaterale Aspekte, in: Grabendorff und Roett (Hgg.), Lateinamerika – Westeuropa – Vereinigte Staaten. Ein atlantisches Dreieck?, S. 155-160.

464 Mit der Gründung des ISEB *(Instituto Superior de Estudos Brasileiros),* das sich mit dem Modell nationalistischer Entwicklungsstrategien beschäftigte, setzten H. Jaguaribe und andere Mitarbeiter zwischen 1955 und 1964 ein besonderes Zeichen, das den Weg zum Konzept der „peripheren Autonomie" bearbeitete. In den siebziger Jahren analysierte Jaguaribe das entwicklungspolitische und außenpolitische Denken Lateinamerikas und ging von einem bipolaren System der Großmächte aus, in dem er vier Grundlagen der Souveränität unterschied: die allgemeine Vorherrschaft, die regionale Vorherrschaft, die Autonomie und die Depen-

In diesem Zusammenhang sollten auch die politischen Beziehungen zwischen Brasilien und den europäischen Staaten eine wichtige Rolle spielen. Im osteuropäischen Raum unterhielt Brasilien Anfang der fünfziger Jahre zwar diplomatische Beziehungen zu Jugoslawien, Polen und zur Tschechoslowakei, aber dennoch waren diese osteuropäischen Länder nur eine geringe Bedeutung für Brasilien.[465] Dergleichen hatte auch Westeuropa in der Außenpolitik Brasiliens kaum Gewicht. Die politische Beachtung des europäischen Kontinents wurde in Brasilien nach dem Zweiten Weltkrieg grundsätzlich reduziert, da die politischen Beziehungen zwischen Brasilien und Westeuropa – hauptsächlich zu Großbritannien, Frankreich und der Bundesrepublik Deutschland – wegen der Vorherrschaft der USA an Bedeutung verloren.

Andererseits waren die Hauptprobleme der Außenpolitik Westeuropas der eigene wirtschaftliche Rekonstruktionsprozeß, die europäische Westintegration und der Ost-West-Konflikt. Grundlage der westeuropäischen Außenpolitik gegenüber Lateinamerika bzw. Brasilien war der Konsens mit der US-Außenpolitik. Westeuropa, ebenfalls dem US-Sicherheitssystem nach dem Zweiten Weltkrieg untergeordnet, betrachtete die politische Sicherheit in und die wirtschaftliche Zusammenarbeit mit Lateinamerika primär als Aufgabe der Vereinigten Staaten. Infolge der geographischen Nähe, der politisch-wirtschaftlichen Abkommen und der bestehenden kulturellen Verbindungen zwischen Anglo- und Iberoamerika verlieh Westeuropa den USA politischen Schutz vor dem kommunistischen Lager und damit vor regionaler oder interner Instabilität in Lateinamerika.[466]

Mit dem Ende des Wiederaufbaus gab es seit 1956 eine weltwirtschaftliche Umgestaltung der am Zweiten Weltkrieg beteiligten europäischen Staaten und eine Expansion privatwirtschaftlicher Unternehmen aus Westeuropa, den USA und aus Japan. Seitdem investierte die westliche Wirtschaft immer stärker in multinationale Konzerne. Die privaten Investoren aus Westeuropa profitierten insofern von der

---

denz. Vgl. dazu Caio Navarro de Toledo, Teoria e ideologia na perspectiva do ISEB, in: Reginaldo Moraes (Hg.), Inteligência brasileira, São Paulo 1986, S. 224-256. Unter den Arbeiten von Hélio Jaguaribe vgl. dazu O Nacionalismo na atualidade brasileira, 1958; Condições institucionais do desenvolvimento 1958; La dependencia político-económica de América Latina, 1971; Autonomia periférica y hegemonia céntrica, in: Estudios Internacionales 1979, Bd. 46, S. 91-130 und La política internacional de los años 80. Una perspectiva latinoamericana 1982.

465 Vgl. León Bieber, Brasil e Europa. Um relacionamento flutuante e sem estratégia, in: Cervo (Hg.), O desafio internacional, S. 229.

466 Nach Ansicht von Peter Molt hatten die europäischen Länder kaum Interesse an der politischen, wirtschaftlichen und sozialen Entwicklung Lateinamerikas oder nur dann, wenn ihre eigenen Interessen davon berührt werden. Ihre Außenpolitik war stärker auf Afrika und Asien ausgerichtet. Vgl. dazu Peter Molt (Hg.), Lateinamerika. Eine Analyse seiner gegenwärtigen Probleme, Bonn 1965, S. 10.

politischen Stabilität in Lateinamerika und in Brasilien, als die US-Politik ihre Kapitalanlagen in Brasilien und in den anderen lateinamerikanischen Ländern sicherstellte. Abgesehen von dem Privatkapital aus Westeuropa und dem gering Außenhandel zwischen einigen lateinamerikanischen Ländern und Westeuropa, war Lateinamerika ein Gebiet ohne Bedeutung für Westeuropa im Hinblick auf Sicherheit und politische Zusammenarbeit. Außerdem verfolgte Westeuropa in den fünfziger Jahren keine eigenen politischen Ziele in Brasilien und in Lateinamerika und war zudem der Überzeugung, daß die lateinamerikanischen Länder keine autonome Außenpolitik betreiben könnten.[467]

Mit der Gründung der Europäischen Wirtschaftsgemeinschaft wurde die Frage der politischen Eigeninteressen und der wirtschaftlichen Zusammenarbeit mit den Entwicklungsländern unter die Priorität der besonderen Beziehungen Frankreichs und Belgiens zu ihren überseeischen Gebieten und ehemaligen Kolonien gestellt. Die internationalen Beziehungen der EWG wiesen eine Präferenzpolitik gegenüber Afrika und später gegenüber Asien auf – eine besondere Lateinamerikapolitik stand von Anfang an nicht zur Debatte.[468]

Die brasilianische Regierung übte Kritik an der Handels- und Agrarpolitik der EWG, obwohl Rio de Janeiro einer binnenorientierten Entwicklung folgte und sich nur wenig in den Weltmarkt integrierte. Außerdem bestand das brasilianische Exportangebot überwiegend aus Rohstoffen und Nahrungsmitteln, die es in großem Angebot auf dem internationalen Markt gab.[469] Die brasilianische Politik versuchte, eine besondere politische Kooperation und eine Handelsvielfalt mit den EG-Ländern zu erreichen, um das innere Wirtschaftswachstum schneller zu konsolidieren. Diese brasilianischen Interessen gegenüber der EWG entsprachen aber

---

467 Vgl. Juan Carlos Puig, Die Vereinigten Staaten und Westeuropa. Ihre Rolle in der internationalen Politik Lateinamerikas, in: Grabendorff und Roett (Hgg.), Lateinamerika – Westeuropa – Vereinigte Staaten. Ein atlantisches Dreieck?, S. 265-281; Gerhard Drekonja-Kornat, Grundmuster lateinamerikanischer Außenpolitik, Wien 1986, S. 32 und Klaus Bodemer, Europa occidental – América Latina. Experiencias y desafíos, S. 134-135.

468 Der Dialog zwischen Lateinamerika und der EWG entwickelte sich langsam. Im Jahre 1961 wurde eine brasilianische Delegation bei der EWG eingerichtet. Erst Anfang der siebziger Jahre stimmte die EWG der Schaffung eines ständigen Konsultationsorgans zu und erklärte sich zu bilateralen Handelsabkommen mit einzelnen lateinamerikanischen Ländern (Argentinien 1971, Brasilien und Uruguay 1973, Mexiko 1975) bereit. Diese Handelsabkommen waren nichtpräferenziell. Vgl. dazu Mario Rapoport und Andrés Musacchio, La Comunidad Europea y el Mercosur. Una evaluación comparada, Buenos Aires 1993, S. 153.

469 Unter den lateinamerikanischen Ländern reagierte die brasilianische Regierung gegenüber der EG-Politik am stärksten. Im Jahre 1957 erkannte Brasilien die Römischen Verträge nicht an, weil sie aus der Sicht Brasiliens gegen Artikel XXIV des GATT-Abkommens verstießen. BA. B 126, 3038. Europäische Wirtschaftsgemeinschaft. Aufzeichnung über die Reaktion in den lateinamerikanischen Ländern nach der Übermittlung des Memorandums der Mitgliedstaaten der EWG, Brüssel, Vertrauliches Schreiben (20.5.1958).

keineswegs den wirtschaftlichen und politischen Prioritäten der EG-Mitgliedsländer.[470]

Trotz der Bemühungen Rios florierte der Außenhandel nicht ausreichend, um den politischen Verhandlungsspielraum Brasiliens zu erweitern. Überdies zeigte das industrielle Entwicklungsmodell Brasiliens am Ende der fünfziger Jahre Spuren von Erschöpfung. Um dem entgegenzusteuern, entwickelte Präsident Juscelino Kubitschek im Jahre 1958 mittels politisch-diplomatischer Aktionen die sogenannte Panamerikanische Operation *(Operação Pan-Americana)*. Ziel war es, eine nachdrückliche Unterstützung durch die Vereinigten Staaten zugunsten der lateinamerikanischen Entwicklung zu erhalten, Brasilien zum politischen Führer der lateinamerikanischen Länder zu machen und die guten Beziehungen mit den USA aufrechtzuerhalten. Es handelte sich um eine Verknüpfung der Frage der Sicherheit vor dem Kommunismus in Lateinamerika mit dem Problem der Entwicklung. Kubitschek versuchte am Ende der fünfziger Jahre auch, den brasilianischen Außenhandel zu intensivieren.[471] Nach dem wirtschaftlichen Erschöpfungszustand Brasiliens war es für die brasilianische Regierung Gebot der Stunde, Kontakte mit den kommunistischen Ländern und den Entwicklungsländern, in Osteuropa wie in Afrika und Asien, im Bereich des Außenhandels herzustellen.[472]

Wegen des bipolaren Systems im Ost-West-Konflikt konnte Brasilien in den fünfziger Jahren seinen politischen Verhandlungsspielraum weder gegenüber den Industrieländern – den USA, der Bundesrepublik Deutschland, Großbritannien, Frankreich und Japan – noch gegenüber den lateinamerikanischen Staaten und den sozialistischen osteuropäischen Ländern vergrößern. Die Zusammenarbeit zwi-

---

470 BA. B 126, 3038. Europäische Wirtschaftsgemeinschaft. Aufzeichnung über Probleme, die sich aufgrund der ersten Reaktionen der Länder Lateinamerikas auf das von den Sechs an sie gerichtete Memorandum ergeben, Brüssel, Beschränkte Verteilung (8.7.1958).

471 Betrachtet man die Phasen der Veränderung der brasilianischen Außenpolitik während der verschiedenen Präsidentschaften in den fünfziger Jahren, gab es unter Kubitschek die letzte große Anstrengung, die führende Rolle in Lateinamerika unter Zuhilfenahme der USA zu spielen. Vgl. dazu Moura, Avanços e recuos. A política exterior de JK, in: Gomes (Hg.), O Brasil de JK, S. 31-35.

472 Brasilien war der erste Staat Lateinamerikas mit Interesse an der Bewegung der Blockfreien (als Beobachter auf der afro-asiatischen Bandung-Konferenz von 1955). Trotzdem wurde es hier nicht aktiv. Brasilien war für eine Annäherung an die anderen Länder, da es seinen Außenhandel intensivieren wollte (UdSSR und osteuropäische Länder) oder eine zunehmende Konkurrenz von Rohstoffen auf den westeuropäischen Märkten verhindern wollte (Afrika). Im Jahre 1959 knüpfte Brasilien mit den UdSSR wieder kommerzielle Beziehungen. Ab 1960 verstärkte Brasilien seine diplomatische Öffnung zu den kommunistischen Ländern. Vgl. dazu José Flávio Sombra Saraiva, O lugar da África. A dimensão atlântica da política externa brasileira (de 1946 a nossos dias), Brasília 1996, S. 40-58 und Bieber, Brasil e Europa. Um relacionamento flutuante e sem estratégia, in: Cervo (Hg.), O desafio internacional, S. 234-240.

schen Brasilien und den USA, wie sie während des Zweiten Weltkrieges stattgefunden hatte, setzte sich nicht fort. Aus den Beziehungen zwischen Brasilien und den westeuropäischen Ländern ergab sich für Brasilien keine besondere politische Zusammenarbeit, und sie entsprachen nicht der Erwartung, die Autonomie gegenüber den USA zu stärken. Wegen der brasilianischen Funktion der Außenpolitik – sie sollte die Wirtschaftsentwicklung des Landes in Schwung bringen, d. h. die Industrialisierung Brasiliens verantreiben – konnte diese im Prinzip nur gemeinsam mit den Industrieländern realisiert werden. Deswegen zeigten die brasilianisch-lateinamerikanischen Beziehungen einen stetigen Rückgang an Intensität.

Die Angelpunkte in den fünfziger Jahren im Bereich der Bipolarisierung waren folgende: Verteidigungspolitik wurde als Thema kollektiver Entscheidungen innerhalb der Blöcke betrachtet; Außenhandel und Finanzgeschäfte sollten sich unter wirtschaftlich interdependenten Regionen vollziehen. So erlebte Brasilien in diesem Zeitraum eine zunehmende Diversifizierung seiner gesamten Außenwirtschaftsbeziehungen.[473] Aber die Verbesserung der brasilianischen Handels- und Außenwirtschaftsbeziehungen hing nicht unbedingt mit einer Verbesserung der politischen Beziehungen zusammen. Das politische Gewicht Brasiliens konnte in den internationalen Wirtschaftsbeziehungen kaum geltend gemacht werden. Da Brasilien weder aus den USA noch aus Westeuropa maßgebliche öffentliche Darlehen und Kredithilfe erhielt, mußte es weiter über wichtige Fragen seiner Außenpolitik mit privatwirtschaftlichen Vertretern verhandeln. So intensivierte sich die Wirtschaftsentwicklung Brasiliens nicht in ausreichendem Maße, um in den fünfziger Jahren der brasilianischen Regierung weitgehende Autonomie oder wenigstens eine relative Autonomie im internationalen Zusammenhang zu ermöglichen.

---

473 Historiker, Politikwissenschaftler und Diplomaten gehen davon aus, daß Brasilien mit der Diversifizierung seiner Außenwirtschaftsbeziehungen gegenüber den westeuropäischen Ländern seine wirtschaftliche und politische Abhängigkeit von den USA verringern wollte. Man strebte eine Annäherung an Westeuropa an, da man sich davon ein Gegengewicht zum US-Einfluß versprach. Das Ziel Brasiliens war, seine Dependenz auf mehrere Staaten zu verteilen, d. h. eine „Diversifizierung der Dependenz" zu erreichen. Vgl. dazu Luigi Boselli, Die Beziehungen zwischen der Europäischen Gemeinschaft und Lateinamerika. Auf dem Wege zu neuen Zielen?, in: Europa-Archiv. Beiträge und Berichte 1977, Bd. 32, S. 427-432; Lima und Moura, A trajetória do pragmatismo. Uma análise da política externa brasileira, in: DADOS – Revista de Ciências Sociais, S. 350-351 und Tobler und Bernecker (Hgg.), Handbuch der Geschichte Lateinamerikas, S. 123-124. Andere Autoren analysieren die Beziehungen zwischen Brasilien und Westeuropa, im besonderen die zwischen Brasilien und der Bundesrepublik Deutschland, unter dem Gesichtspunkt des Autonomiegewinns Brasiliens gegenüber den USA. Vgl. dazu Wolf Grabendorff, Brasil y la República Federal de Alemania. ¿Un modelo para las relaciones entre el Primer y Tercer Mundo?, in: Estudios Internacionales, Santiago 1982, Bd. 57, S. 39-59; Bandeira, Das deutsche Wirtschaftswunder und die Entwicklung Brasiliens. Die Beziehungen Deutschlands zu Brasilien und Lateinamerika (1949-1994) und ders., Brasil-Estados Unidos. A rivalidade emergente (1950-1988), Rio de Janeiro 1989.

4.2 Die westdeutsche Diplomatie in Brasilien

Obwohl die Ansichten über die außenpolitischen Ziele der Adenauer-Regierung zum Teil auseinander gehen, war die Außenpolitik der Bundesrepublik Deutschland in den fünfziger Jahren insbesondere auf die westeuropäischen Länder ausgerichtet sowie an der Souveränität Westdeutschlands interessiert.[474] Trotz der Errichtung westdeutscher Vertretungen in vielen lateinamerikanischen Ländern spielten Lateinamerika bzw. Brasilien in diesem Zeitraum nur eine politische Nebenrolle für die Bundesrepublik Deutschland. So hatte Brasilien weder unter strategischem noch unter sicherheitspolitischem Gesichtspunkt Bedeutung für die Bundesrepublik Deutschland.

Überdies wurden Lateinamerika wie auch Westeuropa nach dem Zweiten Weltkrieg in die US-Einflußsphäre integriert, weswegen sich die bundesdeutsche Lateinamerika-Politik vollständig den Interessen der Vereinigten Staaten an dem Subkontinent unterordnete. Die Einrichtung der westdeutschen Botschaft in Rio de Janeiro hatte keinen Stellenwert in den politischen und strategischen Überlegungen der Bundesrepublik, sondern fand nur im Zuge der weltweiten Gründung diplomatischer Vertretung der Bundesrepublik in den Jahren 1951 und 1952 statt.[475]

Die Intensivierung der wirtschaftlichen Beziehungen zwischen Brasilien und der Bundesrepublik Deutschland, die vor allem den Handel und die privaten Direktinvestitionen betraf, stand im Kontrast zu dem Stillstand der politischen Beziehungen zwischen beiden Ländern. In der Zeit des Wachstums der Weltwirtschaft und bei gleichzeitiger Knappheit an bilateralen Beziehungen zwischen Brasilien und der Bundesrepublik Deutschland war die Diplomatie seit Anfang der fünfziger Jahre nicht das einzige Verbindungselement zwischen den Regierungen.[476]

---

474 Vgl. Anselm Doering-Manteuffel, Die Bundesrepublik Deutschland in der Ära Adenauer. Außenpolitik und innere Entwicklung 1949-1963, 2. Aufl., Darmstadt 1988, S. 36-118.

475 Vgl. Akten zur Auswärtigen Politik der Bundesrepublik Deutschland, München 1989, Bd. 1, Dok. Nr. 2. Verlaufsprotokoll der Sitzung vom 15.11.1949. Ergebnisse der Pariser Außenministerkonferenz vom 10. bis zum 11.11.1949. Errichtung deutscher konsularischer Vertretungen im Ausland und Akten zur Auswärtigen Politik der Bundesrepublik Deutschland (1949/1950), Dok. Nr. 60. Bundeskanzler Adenauer an den Geschäftsführenden Vorsitzenden der Alliierten Hohen Kommission (12.5.1950).

476 Internationale Politik ergibt sich aus der Interaktion der Akteure zum Zweck der Konfliktbearbeitung. Das politische System hat in dem internationalen Rahmen nicht nur die Sicherheit der Gesellschaft, sondern die wirtschaftliche Wohlfahrt zu besorgen und das eigene Herrschaftssystem zu stabilisieren. Seit Ende des Zweiten Weltkrieges ist eine große Vermehrung der internationalen Organisationen festzustellen. Internationale Organisationen können zentrale Funktionen im Bereich der Sicherheit, der Wirtschaft, der Kultur, der Technik, der Verwaltung u. a. ausüben. Es gibt Internationale Gouvernementale Organisationen (IGOs) und

Obwohl das Auswärtige Amt die Aufgabe der Pflege außenpolitischer Beziehungen in der Bundesrepublik hat, spielten andere Akteure eine einflußreiche Rolle zwischen den beiden Ländern. Andere westdeutsche Fachministerien und Institutionen gewannen im Rahmen der internationalen Politik an Bedeutung. Vom Auswärtigen Amt wurden die außenpolitischen Beziehungen nicht mehr allein geführt.[477] Nach den Urteil von Hans-Peter Schwarz hatte das Bundesministerium für Wirtschaft die Rolle eines Schlüsselministeriums auch im Bereich der auswärtigen Beziehungen gespielt, da die Bundesrepublik Deutschland abhängig vom Export und Import war.[478] Das Ministerium für Wirtschaft war in diesem Zusammenhang unter den anderen westdeutschen Institutionen für die westdeutsch-brasilianischen Beziehungen bedeutend.[479]

Die politischen Beziehungen zwischen Brasilien und der Bundesrepublik Deutschland erlebten keine rapide Intensivierung. Obwohl die ausländischen Kontakte des Auswärtigen Amtes überwiegend über die westdeutschen Botschaften und Konsulate im Ausland liefen, gab es anfangs Probleme wegen der prinzipiellen Schwierigkeiten der Bundesrepublik bei der Errichtung der Botschaften.[480]

Internationale Nichtgouvernementale Organisationen (INGOs), die eine immer stärkere Verflechtung und Bedeutung im internationalen System haben. Neben den Regierungen und dem diplomatischen Apparat spielten Akteure wie die großen internationalen Wirtschaftsunternehmen, Befreiungsbewegungen oder Touristenströme eine wichtige politische Rolle. Nach der Meinung von Marcel Merle sind die Staaten, die Internationalen Gouvernementalen Organisationen und die transnationalen Kräfte, d. h. die Internationalen Nichtgouvernementalen Organisationen wie Konzerne unter den verschiedenen Akteuren in der internationalen Politik wichtiger. Vgl. dazu Marcel Merle, Sociologia das relações internacionais, Brasília 1981, S. 213-326 und Ulrich Albrecht, Internationale Politik, 5. Aufl., München 1999, S. 84-96.

477 Vgl. Frank Pfetsch, Einführung in die Außenpolitik der Bundesrepublik Deutschland, Opladen 1981, S. 47-121.

478 Vgl. Schwarz (Hg.), Handbuch der deutschen Außenpolitik, S. 83-84.

479 Die Abteilung für Außenwirtschaftspolitik des Auswärtigen Amtes stand am Anfang unter der Leitung des Ministerialdirektors Vollrath Freiherr von Maltzan (Wirtschaftsministerium). MRE. DDD. AHRJ. Bonn, Ofícios Recebidos, 1952-7.5.1. Brasilianischer Botschafter in Bonn, Luís de Faro Júnior, an den brasilianischen Außenminister João Neves da Fontoura. Die Organisation des Auswärtigen Amtes der Bundesrepublik Deutschland (14.1.1952).Vgl. dazu auch AA-PA. Bestand 10 – PA 2, Bd. 1732, Aktenzeichen 304-06/09. Carta do Cônsul brasileiro em Frankfurt a. M., Carlos Meissner Jr., ao Primeiro-Ministro da República Federal da Alemanha, Konrad Adenauer (12.12.1949) und AA-PA. Bestand 10 – PA 2, Bd. 1732, Aktenzeichen 304-06/09. Bundesdeutscher Minister für Wirtschaft, Ludwig Erhard, an den brasilianischen Konsul, Carlos Meissner Jr., Bonn (17.2.1950).

480 Der ehemalige Gesandte Ernst Günter Mohr, der zwischen 1952 und 1955 in Venezuela arbeitete, behauptete, daß sich im Auswärtigen Amt „so gut wie keine Informationen" über Venezuela fanden und auch in den anderen westdeutschen Auslandsvertretungen in Lateinamerika improvisiert worden sei. Anfangs hatten die diplomatischen Vertretungen in Lateinamerika auch räumliche und technische Schwierigkeiten. Vgl. dazu H-Jobst Floto, Die Beziehungen Deutschlands zu Venezuela (1933-1958), Frankfurt a. M. 1991, S. 198-199.

Trotz der Bedeutung der Diplomatie konnten die westdeutschen und brasilianischen Diplomaten keine solide Arbeit leisten, und die Bedeutung der politischen
Beziehungen war rückläufig. Der Aspekt der politischen Stagnation zeigte sich in
den Schwierigkeiten beider Länder, ihre bilaterale Außenpolitik auf eine kohärente Grundlage zu stellen.[481]

Die bundesdeutschen Direktinvestitionen, besonders die der privaten Banken und
die der Schwer- und Konsumgüterindustrie, ragten aus den übrigen brasilianisch-
westdeutschen Beziehungen heraus. Dazu muß festgestellt werden, daß sich diese
finanzielle Expansion bei einer relativen Autonomie der Bundesrepublik vollzog
und damit die politischen Verhandlungen der brasilianischen mit der westdeutschen Diplomatie erschwerten.[482] Neben dem wirtschaftlichen Engagement der
westdeutschen Investoren gab es diplomatische Gespräche über politische, wirtschaftliche und kulturelle Kooperationen.[483]

Nach der Errichtung der westdeutschen Botschaft[484] in Rio de Janeiro im Jahre
1951 war klar, daß die Bundesrepublik Deutschland keine eigenen politischen

---

481 Am 15. März 1961 beklagte sich der bundesdeutsche Botschafter in Brasilien, Herbert Ditt-
      mann, gegenüber dem Ministerialdirektor des Auswärtigen Amtes, Hasso von Etzdorf, immer
      noch über den Mangel an einer systematischen Außenpolitik der Bundesrepublik gegenüber
      Brasilien. AA-PA. Ref. 306, Bd. 141.
482 Nach Manfred Mols war der Staat nach dem Zweiten Weltkrieg zu einem so wichtigen Ak-
      teur geworden, daß er manchmal das Monopol im Bereich der Außenpolitik innehatte. Im
      Fall der westdeutsch-lateinamerikanischen Beziehungen gibt es aber eine Asymmetrie. Auf
      der Seite der Bundesrepublik Deutschland waren diese Beziehungen durch die transnationa-
      len Akteure geprägt. Auf lateinamerikanischer Seite konzentrierten die internationalen In-
      teressen sich stärker auf die Initiativen und die Orientierungen der Regierungen. Die latein-
      amerikanischen Staaten interessierten sich mehr für eine internationale Beziehung in Verbin-
      dung mit den anderen Staaten und Regierungen als mit nichtstaatlichen Akteuren. Vgl. dazu
      Manfred Mols, El marco internacional de América Latina, Barcelona 1985, S. 18-19.
483 AA-PA. Abt. 2, Bd. 2203. Veröffentlicht durch das Presse- und Informationsamt der Bundes-
      regierung. Gemeinsame Erklärung der Regierung der Bundesrepublik Deutschland und der
      Regierung der Vereinigten Staaten von Brasilien, Bonn (4.9.1953).
484 Erster Botschafter der Bundesrepublik in Brasilien war Fritz Oellers. Als Diplomaten und
      Mitarbeiter dienten Gerhard Moltmann (Erster Legationssekretär), Fritz Dungs von Dunkers-
      beke (Zweiter Legationssekretär), Hans Karl Vacano (Dritter Legationssekretär), Werner Pei-
      ser (Kulturattaché), Ferdinand Bertram und Heinrich Clausen. MRE. DDD. AHRJ. Bonn,
      Oficios Recebidos, 1951-7.4.15. Brasilianische Sondermission bei der Alliierten Hohen
      Kommission an das brasilianische Außenministerium (25.5.1951). Im Jahre 1952 dienten in
      Rio de Janeiro des weiteren Hans Ulrich von Marchtaler (Ratgeber), Helmut Bräunert (Zwei-
      ter Legationssekretär) und Fritz Baecker (Wirtschaftsattaché). Vgl. dazu Brasil. Ministério
      das Relações Exteriores. Lista diplomática, Rio de Janeiro u. Brasília 1952-1966. Nach der
      Gründung der bundesdeutschen Botschaft in Rio de Janeiro wurde das Generalkonsulat in
      São Paulo (6.5.1952) errichtet. Konsulate wurden auch in Porto Alegre (1.9.1952), in Recife
      (12.12.1951), in Curitiba (16.2.1954) und Belo Horizonte (4.9.1954) eröffnet. Vgl. dazu AA-

Ziele in Brasilien und keine ausgeprägte Politik gegenüber Brasilien verfolgte. In der Anfangsphase hat der erste bundesdeutsche Botschafter in Brasilien, Fritz Oellers, öfter um Informationen über Brasilien beim Auswärtigen Amt gebeten und Themen empfohlen, denen besondere Aufmerksamkeit in der westdeutsch-brasilianischen Beziehung zu widmen seien.[485]

Um die Lücke in den politisch-diplomatischen Beziehungen beider Länder zu schließen, entwickelte die Regierung der Bundesrepublik Deutschland mit der erneuten diplomatischen Kontaktaufnahme im Jahre 1951 den Gedanken der wirtschaftlichen Solidarität[486] und Kooperation[487] und belebte die bereits existierenden Kulturverbindungen zwischen der brasilianischen und deutschen Gesellschaft wieder. In diesem Konzept spielten die deutschen und deutschstämmigen Bevölkerungsgruppen in Brasilien nach Ansicht der Bundesregierung eine wichtige Rolle, da sie wie ein Verbindungselement zwischen der Bundesrepublik Deutschland und Brasilien wirkten.[488]

PA. Bestand 90, Bd. Fiche 27-2. Botschaft der Bundesrepublik Deutschland in Rio de Janeiro an das Auswärtige Amt. Ernennung des deutschen Generalkonsuls in São Paulo (25.5.1952) und AA-PA. Abt. 3, Bd. 327. Botschaft der Bundesrepublik Deutschland in Rio de Janeiro an das Auswärtige Amt. Errichtung von Berufskonsulat in Belo Horizonte und Curitiba (4.9.1954).

485 AA-PA. Abt. 3, Bd. 388. Botschafter der Bundesrepublik Deutschland in Rio de Janeiro an den Bundeskanzler (Adenauer (1.8.1952); AA-PA. Abt. 2, Bd. 246. Botschaft der Bundesrepublik Deutschland in Rio de Janeiro an das Auswärtige Amt. Beitrag zum Bericht des Herrn Bundeskanzlers (29.10.1952) und AA-PA. Abt. 2, Bd. 246. Botschaft der Bundesrepublik Deutschland in Rio de Janeiro an das Auswärtige Amt. Übermittlung von Berichtabschriften aus Nord- und Südamerika (18.12.1952).

486 Der Begriff Solidarität bedeutet die wechselseitige Verpflichtung, als Mitglied von Gruppen oder Organisationen füreinander einzustehen und sich gegenseitig zu helfen. Solidarität als normative Idee räumt weder dem Individuum noch dem Kollektiv einen absoluten Vorrang ein. Der Einzelne ist zur Verwirklichung seiner Ziele auf eine Gemeinschaft angewiesen, deren Zweck an das Gemeinwohl aller Mitglieder rückgebunden ist. Vgl. dazu Manfred Groser, Solidarität, in: Dieter Nohlen und Rainer-Olaf Schultze (Hgg.), Politische Theorien, München 1995, S. 562-566.

487 Der Begriff Kooperation oder Zusammenarbeit taucht in unterschiedlichen politischen oder theoretischen Zusammenhängen auf. Z. B. wird Kooperation als Gegenbegriff zu Konfrontation, Wettbewerb oder Konflikt gebraucht. In den internationalen Beziehungen wird Kooperation manchmal als erstes oder zweites Stadium von Integrationsprozessen bezeichnet, in denen gemeinsame Handlungen entwickelt werden. Vgl. dazu Egbert Jahn, Kooperation, in: Boeckh (Hg.), Internationale Beziehungen, S. 259-260.

488 AA-PA. Abt. 3, Bd. 326. Aussprache des bundesdeutschen Botschafters in Rio de Janeiro, Fritz Oellers, vor der Industrie- und Handelskammer in Porto Alegre (1951) und AA-PA. Ref. 306, Bd. 141. Heinrich von Brentano an den Botschafter der Bundesrepublik Deutschland in Rio de Janeiro, Gebhardt von Walther, Bonn (9.1958).

Der bundesdeutsche Botschafter Oellers hielt im Jahre 1951 eine Rede vor der Industrie- und Handelskammer in Porto Alegre über die Rolle der Diplomaten im Ausland. Bisher sei ein Botschafter ein Vertreter der politischen Interessen seines Landes gewesen. Jetzt sei ein Botschafter überwiegend Wirtschaftsdiplomat. Außerdem versicherte er, daß das westdeutsche Volk bereit sei, Brasilien bei der Industrialisierung seines Wirtschaftspotentials und bei der Erschließung neuer Siedlungsgebiete sein Menschenpotential zur Verfügung zu stellen. Da die westdeutschen Ressourcen nicht unerschöpflich seien, werde sich die Verwirklichung brasilianischer Wünsche ohne Zweifel nur auf Kosten anderer Handelspartner Westdeutschlands durchführen lassen.[489]

In dieser Weise verbreitete die westdeutsche Diplomatie, ohne in bezug auf Brasilien außenpolitisch aktiv zu sein, die Vorstellung, daß die Handelsabkommen zwischen beiden Ländern, die Auswanderung aus Westdeutschland nach Brasilien und die bundesdeutschen Privatinvestitionen in Brasilien vorteilhaft für Brasilien seien und die Bundesrepublik zu dem brasilianischen Entwicklungsprojekt einen wichtigen Beitrag leiste.[490] So beschäftigte sich die Diplomatie bei anderen Ministerien und Behörden der beiden Staaten mit Handelsabkommen, mit der Diskussion zwischen den beiden Ländern über staatliche Investitionen und eine Politik der Zusammenarbeit, mit der Frage der deutschen Institutionen in Brasilien sowie der Auswanderung, mit der Rückgabe der deutschen Vermögen, die während des Zweiten Weltkrieges beschlagnahmt worden waren, und mit der Frage der diplomatischen Vertretung.[491]

Die bundesdeutschen Vertreter in Rio de Janeiro unterstrichen Anfang der fünfziger Jahre die zunehmende Führungsrolle Brasiliens im Rahmen der Vereinten Nationen für den lateinamerikanischen Raum.[492] Die westdeutschen Diplomaten in Brasilien stellten fest, daß Italien und Österreich im Hinblick auf ihre UN-Politik kontinuierlich das Engagement Brasiliens für die Lösung ihrer Probleme nutzten.[493] Der westdeutsche Botschafter, Fritz Oellers, schrieb im Jahre 1952 an das Auswärtige Amt:

---

489 AA-PA. Abt. 3, Bd. 326. Aussprache des bundesdeutschen Botschafters in Rio de Janeiro, Fritz Oellers, vor der Industrie- und Handelskammer in Porto Alegre (1951).

490 AA-PA. Ref. 415, Bd. 226. Brasilianische Botschaft in Bonn an das Auswärtige Amt. Memorandum (10.12.1959).

491 AA-PA. Abt. 2, Bd. 246. Botschaft der Bundesrepublik Deutschland in Rio de Janeiro an das Auswärtige Amt. Beitrag zum Bericht des Herrn Bundeskanzlers (29.10.1952).

492 AA-PA. Abt. 3, Bd. 388. Botschaft der Bundesrepublik Deutschland in Rio de Janeiro an das Auswärtige Amt. Rede des Chefs der brasilianischen UN-Delegation über die brasilianische Außenpolitik vor der Internationalen Diplomatischen Akademie in Paris (23.1.1952).

493 AA-PA. Abt. 3, Bd. 388. Botschafter der Bundesrepublik Deutschland in Rio de Janeiro an den Bundeskanzler Adenauer (1.8.1952).

[...] Dies gilt insbesondere für die Stellung Brasiliens in den Vereinten Nationen, wo die 20 lateinamerikanischen Staaten allein durch ihre Stimmenzahl ein Drittel der stimmberechtigten Länder darstellen und dadurch einen Machtfaktor bedeuten, auf den auch die Großmächte ständig Rücksicht nehmen müssen. Als führende Macht der lateinamerikanischen Staatengruppe betrachtet sich Brasilien als einen integrierenden Bestandteil der freien westlichen Welt, der insbesondere mit den Vereinigten Staaten durch enge Interessengemeinschaft und durch die Politik der guten Nachbarschaft verbunden ist. In dieser Eigenschaft fühlt sich Brasilien in Zusammenarbeit mit den anderen lateinamerikanischen Staaten zu einer Politik der aktiven Friedenssicherung berufen, die in erster Linie die freie Welt vor der Bedrohung durch den Weltkommunismus sichern soll. Nach den Erklärungen der brasilianischen Regierung, insbesondere des Staatspräsidenten Getúlio Vargas, betrachtet Brasilien sich heute als eine internationale Großmacht, die entschlossen ist, Verpflichtungen weltpolitischen Ausmaßes auf sich zu nehmen und zu erfüllen. Die deutsche Botschaft ist daher in dem besonders wichtigen Stadium hier eingetroffen, in welchem Brasilien bewußt seinen Übergang zur Großmacht vollzieht. Aus dieser Tatsache ergeben sich für die deutsche Politik neue Möglichkeiten und Aufgaben von großer Tragweite. Während die Bedeutung Brasiliens für uns in der Vergangenheit hauptsächlich auf wirtschafts- und kulturpolitischen Gebiete lag, muß Deutschland Brasilien heute in besonderem Maße auch als politischen Faktor bewerten. Andere Staaten, in erster Linie die westlichen Großmächte, haben diese Tatsache klar erkannt und die Pflege ihrer politischen Beziehungen mit Brasilien dementsprechend eingerichtet. [...] Aus diesem Grunde bemühen sich die anderen Staaten, die Stimme und den Einfluß Brasiliens in den Vereinten Nationen für sich zu gewinnen, zumal sie dadurch auch unmittelbar die Haltung der anderen lateinamerikanischen Staaten in einem für sie günstigen Sinne beeinflussen können.[494]

Am 18.12.1952 wiederholte der bundesdeutsche Botschafter in Rio de Janeiro durch Schreiben an das Auswärtige Amt, daß die Bundesrepublik Brasilien nicht mehr nur als einen Partner wirtschaftlichen und kulturellen Austausches, sondern in erster Linie als ein politisches Kraftfeld betrachten sollte.[495] Das Land sei in politischem Sinne für die Bundesrepublik bedeutsam. Im wesentlichen versuchte die bundesdeutsche Botschaft in Rio de Janeiro die politische Bedeutung Brasiliens auf der entsprechenden regionalen Bühne in die Zusammenarbeit miteinzubeziehen.

Trotz der Einschätzung der politischen Wichtigkeit Brasiliens auf der lateinamerikanischen Bühne beschränkte die westdeutsche Botschaft ihre politische Aktion

---

494 AA-PA. Abt. 2, Bd. 246. Botschafter der Bundesrepublik Deutschland in Rio de Janeiro, Fritz Oellers, an das Auswärtige Amt. Beitrag zum Bericht des Herrn Bundeskanzlers (29.10.1952).
495 AA-PA. Abt. 2, Bd. 246. Botschafter der Bundesrepublik Deutschland in Rio de Janeiro, Fritz Oellers, an das Auswärtige Amt. Information über die Tätigkeit der brasilianischen UN-Delegation (18.12.1952).

auf die nationale Frage der politischen Anerkennung der Deutschen Demokratischen Republik durch das südamerikanische Land. Obwohl es bundesdeutsche und sowjetische Beziehungen gab, erwartete die westdeutsche Regierung wegen der Präsenz zweier deutscher Botschafter in Moskau ab 1955 nur in den asiatischen und afrikanischen Staaten große Schwierigkeiten.[496] Zu Beginn der Politik des Alleinvertretungsanspruches der Bundesrepublik Deutschland stellte diese Formulierung aber keine Schwierigkeit für das brasilianisch-westdeutsche Verhältnis dar.[497] Die brasilianische Regierung entsprach dem bundesdeutschen Standpunkt und unterstützte die Bundesregierung in internationalen Organisationen.[498] Trotzdem sollte die Botschaft Westdeutschlands die Entwicklung der brasilianischen Außenpolitik gegenüber der Deutschen Demokratischen Republik bzw. dem Ostblock mit Aufmerksamkeit beobachten.[499]

---

496 Vgl. Waldemar Besson, Die Außenpolitik der Bundesrepublik, München 1970, S. 197.

497 Nach der New Yorker Konferenz (14.9.1950) wurde der Begriff „Alleinvertretungsanspruch" der Bundesrepublik Deutschland erstmals geprägt. Der Staatssekretär des Auswärtigen Amtes, Walter Hallstein, formulierte im Jahre 1955 die Hallstein-Doktrin. Die sogenannte Hallstein-Doktrin bezog sich auf die Anerkennung der Bundesrepublik Deutschland als einzigen legitimen Vertreter des deutschen Volkes (Alleinvertretungsanspruch) und darauf, daß die Bundesregierung diplomatische Beziehungen mit allen Staaten abbrechen sollte, welche die Deutsche Demokratische Republik anerkannten. Vgl. dazu Christoph Klessmann, Adenauers Deutschland- und Ostpolitik (1955-1963), in: Josef Foschepoth (Hg.), Adenauer und die deutsche Frage, Göttingen 1988, S. 62-65.

498 AA-PA. Abt. 3, Bd. 388. Botschaft der Bundesrepublik Deutschland in Rio de Janeiro an das Auswärtige Amt. Rede des Chefs der brasilianischen UN-Delegation über die brasilianische Außenpolitik vor der Internationalen Diplomatischen Akademie in Paris (23.1.1952); AA-PA. Abt. 3, Bd. 545. Botschaft der Bundesrepublik Deutschland in Rio de Janeiro an das Auswärtige Amt. Brasilianischer UN-Delegierter João Carlos Muniz (2.10.1952); AA-PA. Abt. 2, Bd. 282. Botschaft der Bundesrepublik Deutschland in Rio de Janeiro an das Auswärtige Amt. Brasilianische Außenpolitik des Jahres 1953 (4.1.1954); AA-PA. Ref. 306, Bd. 21. Referat 306 an bundesdeutschen Botschafter in Rio de Janeiro, Werner Dankwort. Allgemeine Instruktionen, Bonn (16.10.1956) und Die Auswärtige Politik der Bundesrepublik Deutschland, Köln 1972, Dok. Nr. 23, S. 196-200. Erklärung des Bundeskanzlers Dr. Konrad Adenauer über die Einsetzung einer VN-Sonderkommission und zum Gesetzesentwurf für gesamtdeutsche Wahlen (6.2.1952).

499 AA-PA. Abt. 3, Bd. 388. Botschaft der Bundesrepublik Deutschland in Rio de Janeiro an das Auswärtige Amt. Rede des Chefs der brasilianischen UN-Delegation über die brasilianische Außenpolitik vor der Internationalen Diplomatischen Akademie in Paris (23.1.1952). Außerdem informierte der Botschafter Oellers das Auswärtige Amt über die kommunistische Infiltration des brasilianischen Außenministeriums. Die Brasilianer u. a. Antônio Houaiss, Geschäftsträger in Athen, João Cabral de Melo Neto, Konsul in London und Paulo Augusto Cotrim Rodrigues Pereira, Vizekonsul in Hamburg, wurden als Kommunisten bezeichnet. AA-PA. Bestand 10 – PA 2, Bd. 246, Aktenzeichen 205-00/9. Botschaft der Bundesrepublik Deutschland in Rio de Janeiro an das Auswärtige Amt. Kommunistische Infiltration im brasilianischen auswärtigen Dienst (26.3.1953).

Als Brasilien zwischen 1953 und 1954 wirtschaftliche Schwierigkeiten hatte, versuchte die brasilianische Regierung, ihre Außenpolitik unter Außenminister Vicente Ráo neu zu orientieren und die Wiederaufnahme der brasilianischen Beziehungen zu Osteuropa und zu Rußland zu betreiben. Ziel war es, neue Märkte zu erobern und den Handel zu diversifizieren. Diese Themen beschäftigten die brasilianische Presse, und die Zeitung *O Dia* gab bekannt, daß Brasilien als ersten Schritt der Wiederaufnahme der Beziehungen mit den osteuropäischen Staaten seine Beziehungen mit Ostdeutschland aktivieren wollte.[500]

Der bundesdeutsche Botschafter übte Kritik an dieser Orientierung. Wirkliche Resultate habe der Leiter der Wirtschaftsabteilung im brasilianischen Außenministerium während seiner Reise durch Osteuropa nicht erzielen können. Außerdem nähme er keinen Kontakt mit Rußland auf. Obwohl die Wiederaufnahme diplomatischer Beziehungen die Folge der Wiederaufnahme von Handelsbeziehungen sein sollte, scheiterte jede Initiative in diesem Zeitraum, sowohl die Handelsbeziehungen als auch das diplomatische Verhältnis zu den kommunistischen Ländern entscheidend zu beleben.[501] Drei Jahre später gab die Regierung Kubitschek (1956-1961) dem westdeutschen Botschafter Oellers die Absicht der Regierung bekannt, mit der Deutschen Demokratischen Republik Handelsbeziehungen anzuknüpfen.[502]

Im Jahre 1956 traf eine Handelskommission der Deutschen Demokratischen Republik in Rio de Janeiro ein, um über ein Zahlungsabkommen zu verhandeln.[503] Unterdessen nahm der Nachfolger des Botschafters Oellers seinen Posten in Rio de Janeiro ein. Der Botschafter Werner Dankwort erhielt vom Auswärtigen Amt „Allgemeine Instruktionen" in bezug auf die bevorstehenden Aktivitäten der westdeutschen Botschaft in Brasilien, über die Frage der Anerkennung von Ostdeutschland und über die Bedeutung der brasilianisch-bundesdeutschen Bezie-

---

500 AA-PA. Abt. 3, Bd. 388. Botschaft der Bundesrepublik Deutschland in Rio de Janeiro an das Auswärtige Amt. Frage einer Neuausrichtung der brasilianischen Außenpolitik (20.11.1953). Vgl. auch die Zeitungen *O Dia,* Rio de Janeiro 13.11.1953; *Correio da Manhã,* O equívoco nacional, Rio de Janeiro (29.9.1953) und *Diário de Notícias,* Rumo aos Mercados, Rio de Janeiro (27.9.1953).

501 AA-PA. Abt. 3, Bd. 388. Botschaft der Bundesrepublik Deutschland in Rio de Janeiro an das Auswärtige Amt. Frage einer Neuausrichtung der brasilianischen Außenpolitik (20.11.1953).

502 AA-PA. Ref. 306, Bd. 25. Botschafter der Bundesrepublik Deutschland in Rio de Janeiro, Fritz Oellers, an das Auswärtige Amt. Die Handelsbeziehungen zwischen Brasilien und der Deutschen Demokratischen Republik (16.3.1956).

503 Der Regierungsvertreter der Deutschen Demokratischen Republik, Georg Kulessa, teilte mit, daß die Deutsche Demokratische Republik hauptsächlich Kaffee aus Brasilien kaufen wolle. MRE. DAR. SCE. Bonn. Wirtschaftliche, finanzielle und kommerzielle Beziehungen Brasiliens – *Relações econômicas, financeiras e comerciais do Brasil* (1947-1967).

hungen.[504] Nach der Meinung des Außenministeriums sollte keine Änderung der Haltung Brasiliens gegenüber der Deutschen Demokratischen Republik erwartet werden.[505]

In dieser Instruktion empfahl das Auswärtige Amt, daß der neue Botschafter Dankwort die weitere Entwicklung dieser Verhandlungen sowie alle folgenden Bemühungen der Deutschen Demokratischen Republik um Kontakte mit Brasilien beobachten sollte. Die Verhandlungen ergaben zu diesem Zeitpunkt keinen wirklichen Erfolg. Der ostdeutsche Vertreter stellte folgendes dar: Seine Regierung hätte Interesse an der Ausweitung des Handels. Aber die wirtschaftliche Situation Ostdeutschlands war nicht so gut, wie er sie gegenüber den Regierungs- und Unternehmensvertretern darstellte.[506] Außerdem war es bekannt, daß von der DDR ohne die Aufnahme diplomatischer Beziehungen kein nennenswerter Ausbau des Warenaustausches zu erwarten war.[507]

Obwohl die Frage der Aufnahme von diplomatischen Beziehungen zu der Sowjetunion und den osteuropäischen Staaten eine besondere politische Bedeutung hatte, waren die Handelsbeziehungen für die brasilianische Regierung viel wichtiger.[508] Die Regierung Kubitschek behandelte diese Frage mit Bedacht. Nach Ansicht des Auswärtigen Amtes gedachte die brasilianische Regierung, Beziehungen zu den kommunistischen Ländern aufzunehmen, da sich die Sowjetunion und andere Oststaaten stark darum bemühten. Dabei spielten die wirtschaftlichen Schwierigkei-

---

504 Werner Dankwort war Rechtsanwalt und trat im Jahre 1921 in die diplomatische Karriere ein. Er war Botschafter der Bundesrepublik Deutschland in Brasilien zwischen 1956 und 1958 und wurde im Jahre 1960 in den Ruhestand versetzt. Vgl. dazu Walter Habel (Hg.), Wer ist wer?, Berlin 1967, S. 292-293.

505 AA-PA. Ref. 306, Bd. 21. Referat 306 an bundesdeutschen Botschafter in Rio de Janeiro, Werner Dankwort. Allgemeine Instruktionen, Bonn (16.10.1956).

506 MRE. DDD. AHRJ. Bonn, Oficios, 1957-8.1.14. Brasilianischer Botschafter in Bonn, Abelardo Bueno do Prado, an das brasilianische Außenministerium (10.1.1957).

507 BA. B 108, 54566. Brasilien zwischen Genf und Moskau – Anhang der Abschnitte aus einer westdeutschen Zeitung, *Handelsblatt* aus Düsseldorf.

508 In den Jahren 1958 und 1959 gab es zwei Zahlungsverhandlungen zwischen Brasilien und der Deutschen Demokratischen Republik. Die erste Verhandlung fand zwischen der Deutschen Notenbank und der Brasilianischen Bank *(Banco do Brasil)* statt, die zweite zwischen der Deutschen Notenbank und der „Nationalen Bank für Wirtschaftsentwicklung" *(Banco Nacional de Desenvolvimento Econômico – BNDE)*. Vgl. dazu Oliver Ónody, O convênio comercial Brasil-Alemanha Oriental e o problema germânico, in: Revista Brasileira de Política Internacional, Rio de Janeiro 1962, Bd. 17, S. 45-88.

ten Brasiliens auch eine Rolle.[509] Auch wenn sich Resultate nur langsam zeigten, beschäftigte sich die brasilianische Öffentlichkeit stark mit dem Thema.

Vorteilhaft für die Bundesrepublik waren die Beziehungen zwischen den Vereinigten Staaten und Brasilien, da Westdeutschland mit beiden Ländern befreundet war und sich mit den USA verbündet hatte. Nach Meinung des Bonner Botschafters Oellers zeigte die westdeutsche Regierung auch ein besonderes Interesse an der Entwicklung des Verhältnisses zwischen Brasilien und den USA.[510] Die westdeutsche Vertretung in Brasilien bemerkte, daß die Beziehungen Brasiliens zu den USA auf einer Seite eine Abkühlung erfahren hatten: Die US-Regierung konzentrierte ihre politisch-wirtschaftlichen Bemühungen weit mehr auf Europa und Ostasien als auf Lateinamerika.[511] Die Beziehungen zwischen den Regierungen Brasiliens und der Vereinigten Staaten waren allerdings niemals so eng wie zu dieser Zeit.[512]

Eine andere Priorität der westdeutschen Botschaft lag bei der Frage der beschlagnahmten Vermögenswerte; die Lösung dieses Problems sollte die rechtliche Grundlage für einen normalen Wirtschaftsverkehr schaffen. Da die Situation der deutschen Wirtschaft in Brasilien in den ersten fünf Jahren nach Kriegsende aufgrund der brasilianischen Beschlagnahmung der deutschen Vermögen kompliziert war, sollte die bundesdeutsche Diplomatie bis den sechziger Jahren mit diesem Problem befaßt sein. Ziel war, den Gesamtwert der deutschen Vermögen in Brasilien zurückzuerhalten.[513]

In Folge der Beschränkungen der internationalen Schuldenabkommen konnte die Bundesrepublik Deutschland keine Entschädigungsverhandlungen auf Regierungsebene führen. Die brasilianische Regierung trat andererseits dem Pariser

---

509 AA-PA. Ref. 415, Bd. 214. Bundesminister des Auswärtigen Amtes, Heinrich von Brentano, an den bundesdeutschen Botschafter in Rio de Janeiro, Gebhardt von Walther. Allgemeine Instruktionen, Bonn (13.11.1958).

510 AA-PA. Abt. 2, Bd. 246. Botschaft der Bundesrepublik Deutschland in Rio de Janeiro an das Auswärtige Amt. Beitrag zum Bericht des Herrn Bundeskanzlers (29.10.1952) und AA-PA. Abt. 3, Bd. 388. Botschaft der Bundesrepublik Deutschland in Rio de Janeiro an das Auswärtige Amt. Ratifizierung des militärischen Beistandsabkommens zwischen Brasilien und den USA (8.5.1953).

511 AA-PA. Abt. 3, Bd. 388. Botschaft der Bundesrepublik Deutschland in Rio de Janeiro an das Auswärtige Amt. Beziehungen Brasiliens zu den Vereinigten Staaten von Nordamerika (2.12.1953).

512 AA-PA. Abt. 2, Bd. 246. Botschaft der Bundesrepublik Deutschland in Rio de Janeiro an das Auswärtige Amt. Übermittlung von Berichtabschriften aus Nord- und Südamerika (18.12.1952).

513 AA-PA. Abt. 3, Bd. 1008. Botschaft der Bundesrepublik Deutschland in Rio de Janeiro an das Auswärtige Amt. Deutsch-brasilianische Partnerschaft. Informationsmaterial (10.9.1953). Vgl. dazu auch Kapitel 5 dieser Arbeit.

Reparationsabkommen nicht bei, ebenso auch nicht dem Londoner Schuldenabkommen. Nach brasilianischer Ansicht sollte die weitere Diskussion über die Kriegsreparationen mit den ehemaligen Achsenmächten einen Versuch darstellen, ihre politische Position international zu verbessern.[514] Da die Rückforderungen Brasiliens im Bereich der Reparationsansprüche nicht erfüllt wurden, verhandelte die Regierung in Rio de Janeiro 1953 nach dem Scheitern der Lösung zugunsten der Freigabe der Vermögen mit den westdeutschen Vertretern ein Konsortialabkommen. Das Konsortium sollte die Auslösung der noch nicht liquidierten deutschen Vermögen in Brasilien und die Erhebung des Ablösungsbetrages von den Eigentümern auf privatwirtschaftlicher Basis durchführen.[515]

Im Jahre 1956 beschloß die brasilianische Feindvermögensverwaltung mit dem Konsortium eine Pauschalzahlung von 140 Millionen Cruzeiros für die Freigabe der Vermögen. In diesem Zusammenhang erließ die brasilianische Regierung am 30.8.1956 das Dekret Nr. 39.869. Es sah die Freigabe der beschlagnahmten Vermögenswerte vor, die noch nicht in das brasilianische Nationalvermögen *(Patrimônio Nacional)* überführt wurden.[516] Ungelöst blieben die Probleme der Guthaben von 22 Millionen Cruzeiros der fünf deutschen Versicherungsgesellschaften, der Grundstücke der sozialen, kulturellen Vereine, der Gebäude der Deutscher und der Dresdner Bank, die Frage der Liquidation der deutschen Siedlungsgesellschaften und des deutschen Diplomateneigentums.[517]

Besondere Aufmerksamkeit widmete die westdeutsche Botschaft der Frage der deutschen Auswanderung. Die Auswanderungsmöglichkeiten von Deutschen nach Brasilien legte der Vertreter der westdeutschen Delegation auf der Brüsseler Auswanderungskonferenz, die am 6.12.1951 stattfand, dar und verdeutlichte, daß auf bundesdeutscher Seite ein starkes Interesse an der Auswanderung von Siedlerfamilien bestehe.[518] Aus diesem Grund bat er die westdeutsche Botschaft in Rio de Janeiro um Informationen über die Einwanderungsmöglichkeiten für deutsche

---

514 Vgl. Moura, Sucessos e ilusões. Relações internacionais do Brasil durante e após a segunda guerra mundial, S. 62.

515 BA. B 126, 12450. Botschaft der Bundesrepublik Deutschland in Rio de Janeiro an das Auswärtige Amt. Deutsches Altvermögen in Brasilien – Verhandlungen des Konsortiums, Rio de Janeiro (15.10.1954).

516 Vgl. LEX 1956, Regierungsdekret Nr. 39.869 vom 30.8.1956, S. 671-672.

517 BA. B 126, 12451. Anlage zum Bericht der Botschaft Rio de Janeiro. Liste der AGEDE über das frühere deutsche, sozialen und kulturellen Zwecken dienende Vermögen, das in das „Patrimônio Nacional" überführt worden ist (21.11.1955) und AA-PA. Ref. 306, Bd. 141. Referat 415 an das Referat 306. Beitrag der handelspolitischen Abteilung für die Instruktion des Herrn Botschafters Dr. Dittmann in Rio de Janeiro, Bonn (25.1.1960).

518 AA-PA. Abt. 2, Bd. 1887. Vermerk über die Besprechung mit dem Leiter der brasilianischen Einwanderungsbehörde, Herrn F. Alvarenga, Brüssel (8.12.1951).

Bauernfamilien in Brasilien.[519] Die brasilianische Regierung erklärte sich bereit, etwa 8.000 Facharbeiter und bäuerliche Siedler aus der Bundesrepublik Deutschland aufnehmen.[520]

Die Bonner Botschaft in Brasilien informierte darüber, daß sie den Inhalt des Qualifikationsberichtes über die Auswanderung aus der Bundesrepublik noch nicht im Detail vorliegen hatte. Darüber hinaus wußte sie nur zu berichten, daß das Bundesministerium für Wirtschaft in Bonn seine Zustimmung zu dem brasilianischen Projekt geben mußte, bevor man an die brasilianische Regierung herantreten könnte.[521] Inzwischen stellte die bundesdeutsche Diplomatie eine starke Konzentration Brasiliens auf die deutsche Auswanderung fest. Trotz dieser Absichten fehle es aber noch an einigen Voraussetzungen zur Verwirklichung der Pläne.[522]

Es war bekannt, daß die Bundesrepublik nicht an einer gelenkten Auswanderung ins Ausland interessiert war. Die bundesdeutsche Politik zielte zunehmend darauf ab, die Auswanderung zu hemmen; deswegen übernahm die Bundesregierung ab 1953 immer weniger Kosten für die Auswanderer.[523] Trotzdem verbreitete die bundesdeutsche Regierung, daß sie mit der brasilianischen Einwanderungspolitik zusammenarbeiten wolle. Westdeutschland erkannte an, daß Brasilien nicht nur landwirtschaftliche Arbeitskräfte brauche. Das Land unternehme große Anstrengungen, sich rasch zu einem Industriestaat zu entwickeln. Deswegen benötige es auch Facharbeiter und Techniker, vor allem aus der Bundesrepublik Deutschland. Brasilien war der Ansicht, mit solchen Arbeitskräften seine landwirtschaftliche und industrielle Produktion erhöhen und die Kenntnisse der einheimischen Bevölkerung vertiefen zu können.[524]

---

519 AA-PA. Abt. 2, Bd. 1887. Heinz von Trützschler an die bundesdeutsche Botschaft in Rio de Janeiro. Deutsche Auswanderung nach Brasilien. Fühlungnahme mit der brasilianischen Delegation auf der Auswanderungskonferenz in Brüssel, Brüssel (31.12.1951).

520 AA-PA. Abt. 2, Bd. 1887. Vermerk über die Besprechung mit dem Leiter der brasilianischen Einwanderungsbehörde, Herrn F. Alvarenga, Brüssel (8.12.1951).

521 AA-PA. Abt. 2, Bd. 1887. Botschaft der Bundesrepublik Deutschland in Rio de Janeiro an Heinz von Trützschler. Aufzeichnung (29.1.1952).

522 AA-PA. Abt. 2, Bd. 246. Botschaft der Bundesrepublik Deutschland in Rio de Janeiro an das Auswärtige Amt. Beitrag zum Bericht des Herrn Bundeskanzlers (29.10.1952).

523 MRE. DAR. SCE. Bonn, Oficios Recebidos, Nr. 88. Brasilianischer Botschafter in Bonn, Luís de Faro Jr., an den brasilianischen Außenminister, Raul Fernandes (4.5.1955) und BA. B 116, 8486. Botschaft der Bundesrepublik Deutschland in Rio de Janeiro an das Auswärtige Amt. Wunsch der brasilianischen Regierung, deutsche Siedlungen in Brasilien zu errichten (1.9.1959).

524 AA-PA. Abt. 2, Bd. 1887. Hans Karl Vacano an das Auswärtige Amt, Rio de Janeiro (20.12.1951) und AA-PA. Ref. 306, Bd. 141. Referat 415 an das Referat 306. Beitrag der

Trotz des politischen Interesses der westdeutschen Regierung an der Auswanderung Deutscher nach Brasilien erlaubte sie zwischen Februar und November 1952 nur 595 Westdeutschen, nach Brasilien auszuwandern. Außerdem handelte es sich dabei weder um Facharbeiter noch um Bauern – sie zogen unter der Rubrik „Besondere Fälle" nach Brasilien um.[525] 1953 waren es 1.175 Personen, und im nächsten Jahr nahm Brasilien 1.169 Westdeutsche auf. Im Jahre 1956 lag die Zahl der westdeutschen Einwanderer nach Brasilien bei 844 Personen. 1957 betrug sie 377 Personen. Im Jahre 1958 nahm die Einwanderung weiter ab. Sie belief sich nur noch auf 302 Fälle.[526]

In bezug auf die westdeutsch-brasilianischen Beziehungen wies Oellers darauf hin, daß Brasilien an Deutschland auch in hohem Masse politisch interessiert war. Der Botschafter erklärte dies durch Beispiele: Dies gelte nicht nur für den Warenaustausch, für die traditionell engen Kulturbeziehungen und für die kolonisatorischen Siedlungsmöglichkeiten in Brasilien, sondern auch für die Entwicklung des Verhältnisses zwischen der Bundesrepublik und den USA. Bei der engen Interessengemeinschaft zwischen Brasilien und den USA sollte jede Stärkung der Beziehungen Westdeutschlands zu den Vereinigten Staaten indirekt auch zu einer Stärkung der bundesdeutschen Beziehungen zu Brasilien führen.[527]

Nach seiner Ansicht verfolgte die brasilianische Regierung die bundesdeutsche Entwicklung genau, da sie die Bundesrepublik Deutschland als einen Partner der freien westlichen Welt betrachtete. Oellers unterschied mehrere außenpolitische Themen, für die in Brasilien großes Interesse bestand: Erstens die weiteren Fortschritte der europäischen Integration; zweitens das westdeutsch-französische Verhältnis; drittens die weitere Entwicklung der gesamtdeutschen Frage und die sowjetische Haltung; zuletzt die weitere Entfaltung der Beziehungen zwischen der Bundesrepublik und Israel einerseits sowie den arabischen Staaten andererseits.

handelspolitischen Abteilung für die Instruktion des Herrn Botschafters Dr. Dittmann in Rio de Janeiro, Bonn (25.1.1960).

525 AA-PA. Abt. 2, Bd. 1899. Migrants Transported by the Intergovernmental Commitee for European Migration (1952).

526 AA-PA. Ref. 306, Bd. 141. Referat 415 an das Referat 306. Beitrag der handelspolitischen Abteilung für die Instruktion des Herrn Botschafters Dr. Dittmann in Rio de Janeiro, Bonn (25.1.1960).

527 BA. B 102, 6076 – Heft 1. Botschaft der Bundesrepublik Deutschland in Rio de Janeiro an das Auswärtige Amt. Verhandlungen zwischen den USA und Brasilien zur Förderung der brasilianischen Entwicklung (15.11.1951).

Außerdem teilte er mit, daß eine amtliche Information Brasiliens über die „Deutsche Frage" von Wert sei.[528]

Nach der Meinung des Auswärtigen Amtes unterhielt Brasilien in Europa ein traditionell freundschaftliches Verhältnis zu Portugal. Die brasilianische Außenpolitik im europäischen Raum zeige sich an einer engeren Verflechtung mit Portugal interessiert. Ziel sei die Eingliederung Brasiliens in die NATO, was Brasilien über Portugal erreichen wollte.[529]

Der Nachfolger des bundesdeutschen Botschafters Dankwort, Botschafter Gebhardt von Walther,[530] bekam vom Auswärtigen Amt „Allgemeine Instruktionen" über die Rolle der brasilianisch-bundesdeutschen Beziehungen. Nach Ansicht des Bundesministers des Auswärtigen Amtes, Heinrich von Brentano, wurde das gute und traditionelle freundschaftliche Verhältnis zwischen Brasilien und der Bundesrepublik zwischen 1956 und 1958 auf allen Gebieten für die Zukunft vertieft und gefestigt. Die verschiedenen Auffassungen beider Länder – insbesondere in den Fragen der Auswirkungen der Europäischen Wirtschaftsgemeinschaft auf die brasilianische Wirtschaft und die Kaffeezölle – konnten die Entwicklung des Verhältnisses nicht gravierend stören. Einerseits sehe die brasilianische Regierung die Bundesrepublik Deutschland als das Land des „Wirtschaftswunders" mit einem großen Potential als Kreditgeber.[531] Andererseits schätzten die Bundesregierung und andere westdeutsche Handelsinstitutionen Brasilien als Markt der Zukunft und als ein Land für Privatinvestitionen.[532]

---

528 AA-PA. Abt. 2, Bd. 246. Botschaft der Bundesrepublik Deutschland in Rio de Janeiro an das Auswärtige Amt. Übermittlung von Berichtabschriften aus Nord- und Südamerika (18.12.1952).

529 AA-PA. Ref. 306, Bd. 21. Referat 306 an bundesdeutschen Botschafter in Rio de Janeiro, Werner Dankwort. Allgemeine Instruktionen, Bonn (16.10.1956).

530 Gebhardt von Walther war Rechtsanwalt und trat im Jahre 1929 in den auswärtigen Dienst ein. Er war Botschafter der Bundesrepublik Deutschland in Brasilien zwischen 1958 und 1959. Im April 1959 wurde er nach Paris versetzt, wo er zum bundesdeutschen Vertreter bei der NATO nominiert wurde. Zwischen April und Oktober 1959 blieb der Posten des Botschafters in Brasilien vakant. Im Oktober 1959 wurde Herbert Dittmann als Botschafter der Bundesrepublik nach Brasilien berufen. Dittmann war Rechtsanwalt und begann 1929 als Attaché des auswärtigen Dienstes. Er war bundesdeutscher Botschafter in Brasilien zwischen 1959 und 1962. Vgl. dazu Walter Habel (Hg.), Wer ist wer?, Berlin 1967, S. 2105 und Dicionário histórico-biográfico brasileiro, Bd. 2, S. 1104 und Bd. 4, S. 3576-3577.

531 AA-PA. Ref. 415, Bd. 214. Bundesminister des Auswärtigen Amtes, Heinrich von Brentano, an den bundesdeutschen Botschafter in Rio de Janeiro, Gebhardt von Walther. Allgemeine Instruktionen, Bonn (13.11.1958).

532 AA-PA. Ref. 415, Bd. 44. Generalkonsulat der Bundesrepublik Deutschland in São Paulo an das Auswärtige Amt. Industrialisierung im Bundesland São Paulo (5.4.1954) und BA. B 102,

Es ist klar, daß die Gespräche zwischen Präsidenten und Ministern und die Staatsbesuche wichtige Indikatoren für die diplomatischen Absichten sind. Die Besuche
von westdeutschen Repräsentanten in den fünfziger Jahren in Brasilien waren
nicht intensiv. Mit Ausnahme von den Vertretern aus Industrie- und Handelskreisen, die am westdeutsch-brasilianischen Handelsverkehr interessiert waren, fanden wenige Staatsbesuche aus der Bundesrepublik Deutschland in Brasilien statt.
1951 äußerte der Bundesminister für Wirtschaft, Ludwig Erhard, den Wunsch,
Brasilien kennenzulernen.[533]

1954 bereiste Erhard Brasilien. Als Bundesminister für Wirtschaft besprach er am
intensivsten die Fragen der Handels- und Finanzbeziehungen beider Länder mit
dem brasilianischen Finanzminister Osvaldo Aranha.[534] Während der internationalen Messe anläßlich der 400-Jahr-Feier der Stadt São Paulo wurde der Staatssekretär im Auswärtigen Amt, Walter Hallstein, begrüßt. Im Laufe seines kurzen
Besuchs besichtigte er am 29. November 1954 die bundesdeutsche Abteilung der
Messe und ließ sich von den Standinhabern über die Lage der westdeutschen Industrie in Brasilien informieren. Auf der Messe war die Bundesrepublik Deutschland unter als eines unter weiteren zwanzig Ländern mit einer Ausstellung vertreten.[535]

Obwohl die westdeutschen Staatsbesuche nicht sehr häufig stattfanden[536], schätzte
das Auswärtige Amt, daß sich eine weitere Verbesserung der westdeutschen Beziehungen zu Brasilien unter anderem durch brasilianische Besuche aus allen Sektoren der Öffentlichkeit erreichen ließ.[537] Ende der fünfziger Jahre bereiteten die

---

58074. Wochenbericht für die Zeit vom 2.11. bis zum 4.11.1955 – Brasilien, Bonn
(4.11.1955).

533 MRE. DDD. AHRJ. Bonn, Ofícios Recebidos, 1951-7.4.14. Geschäftsträger der Brasilianischen Sondermission, Roberto Jorge Guimarães Bastos, an den Außenminister João Neves da
Fontoura. Abfahrt des Diplomaten Mário de Pimentel Brandão (19.4.1951).

534 BA. B 102, 58074. Niederschrift über die Besprechungen zwischen dem Bundeswirtschaftsminister, Professor Dr. Erhard, und dem Finanzminister der Republik der Vereinigten Staaten
von Brasilien, Osvaldo Aranha, Rio de Janeiro, Vertrauliches Schreiben (14.4.1954).

535 Vgl. Geschäftsbericht der Deutsch-Brasilianischen Handelskammer in São Paulo (15.8.1952-
15.8.1955), S. 39.

536 Im Jahre 1956 waren der Bundesverkehrsminister Christoph Seebohm und der Bundespost-
minister Siegfried Balke zu Besuch in Congonhas anläßlich der Wiederaufnahme des Flug-
verkehrs mit Brasilien nach dem Zweiten Weltkrieg. Vgl. dazu Geschäftsbericht der Deutsch-
Brasilianischen Handelskammer in São Paulo. Herausgegeben zu den Jubiläumsfeierlichkeiten Mai 1973, São Paulo 1973, S. 38 und AA-PA. Ref. 306, Bd. 21. Referat 306 an bundesdeutschen Botschafter in Rio de Janeiro, Werner Dankwort. Allgemeine Instruktionen, Bonn
(16.10.1956).

537 AA-PA. Ref. 415, Bd. 214. Bundesminister des Auswärtigen Amtes, Heinrich von Brentano,
an den bundesdeutschen Botschafter in Rio de Janeiro, Gebhardt von Walther. Allgemeine
Instruktionen, Bonn (13.11.1958).

brasilianische und die westdeutsche Diplomatie eine Reise von Heinrich von Brentano nach Brasilien vor. Die Vorbereitung des Staatsbesuches des Bundesministers des Auswärtigen Amtes fiel in die Zeit der brasilianischen Versuche, Beziehungen mit der Deutschen Demokratischen Republik anzuknüpfen. Der Staatsbesuch wurde drei Jahre lang verschoben, da keine Übereinstimmung über die Besprechungspunkte erzielt werden konnte.

Einerseits erwartete die brasilianische Regierung eine Erklärung über den Bonner Beitrag zum brasilianischen Entwicklungsprogramm, die Errichtung einer landwirtschaftlichen Versuchsstation bei Brasilia, die Neuschaffung einer gemischten westdeutsch-brasilianischen Kommission, ein Kulturabkommen und die Lösung der Kaffeesteuerfrage in der Bundesrepublik.[538] Im Grunde rechnete die Regierung Juscelino Kubitschek mit einer Erhöhung der Kredithilfe aus der Bundesrepublik Deutschland. Inzwischen stellte die brasilianische Presse den westdeutschen Außenminister als „Kommandeur der bundesdeutschen Blitzkriegsoffensive auf dem Weltmarkt" dar. Sie brachte damit zum Ausdruck, daß die traditionelle politische und militärische Expansionskraft Deutschlands sich in diesem Zeitraum auf das wirtschaftliche Gebiet übertragen habe.[539]

Andererseits schlug das Auswärtige Amt im Gegenzug dazu vor, mit Brasilien zusammenzuarbeiten, obwohl die westdeutschen Möglichkeiten zur Entwicklungshilfe noch ziemlich beschränkt seien. Es gab auch den Wunsch, ein kulturelles Abkommen zu schließen. Außerdem sollte der Handelsaustausch beider Länder verbessert werden.[540] Politische Kreise in Bonn werteten den Besuch Brentanos in Brasilien als ein Zeichen der bundesdeutschen Bemühungen, sich auch um Beziehungen zu Ländern zu kümmern, die nicht direkt zum engeren westlichen Bündnissystem gehörten. Heinrich von Brentano sprach in Brasilien vor allem über die Ausbreitung des Kommunismus in der Welt. Wenn der Kommunismus sich in Südamerika etablieren könnte, sei dies für Europa gefährlich. Dies würde den Verlust des bestehenden Gleichgewichts bedeuten. Der Kampf gegen den Kommunismus sei nicht nur eine politische und wirtschaftliche Frage, sondern

---

538 MRE. DAR. SCE. Bonn, Oficios Recebidos, Nr. 51. Brasilianischer Botschafter in Bonn, Abelardo Bueno do Prado, an den Bundesminister des Auswärtigen Amtes, Heinrich von Brentano (29.1.1960).

539 Vgl. die Zeitungen *Jornal do Comércio, Correio da Manhã* und *Diário de Notícias* vom 20. August bis zum 10. September 1960.

540 MRE. DAR. SCE. Bonn, Oficios Recebidos, Nr. 75. Bundesminister des Auswärtigen Amtes, Heinrich von Brentano, an den brasilianischen Botschafter in Bonn, Abelardo Bueno do Prado (11.2.1960).

auch eine moralische. Aber hierin seien die brasilianischen Vorstellungen mit der westdeutschen Meinung identisch.[541]

Symbolisch war die Abwesenheit des brasilianischen Außenministers, Horácio Lafer, während des offiziellen Teils des Brentano-Besuches in Brasilien.[542] Selbstverständlich wirkte seine Abwesenheit sich störend auf den Gesamtablauf der Reise aus. Die brasilianische Diplomatie hatte die panamerikanische Konferenz von San José in Costa Rica, wo sich der brasilianische Außenminister Ende August und Anfang September befand, als Priorität gesetzt.[543] Der bundesdeutsche Außenminister versicherte das Streben Westdeutschlands, der brasilianischen Entwicklung zu helfen. Aber die Bundesregierung betrachtete Brasilien in diesem Zeitraum als ein Land für Privatinvestitionen und nicht als ein Entwicklungsland wie Afrika oder Asien.[544]

Während die Diplomatie in den fünfziger Jahren eine fast unsichtbare politische Arbeit leistete und langwierige Verhandlungen über Abkommen führte, verhandelten die privatwirtschaftlichen Vertreter mit den internationalen Akteuren über die Anlage ihres Kapitals in der westlichen Welt, sowohl in den Industrieländern als auch in den Entwicklungsländern. Diese diplomatischen Verhandlungen und Abkommen konnten nicht immer in die Tat umgesetzt werden, immer öfter waren neue Entscheidungen erforderlich. Auf diese Weise standen die Resultate des diplomatischen Dialogs zwischen den Außenministerien beider Länder auf schwachen Füßen.

Das Ergebnis der Verhandlungen zwischen den Vertretern der Wirtschaft war wertbeständiger, wenn auch die westdeutschen Unternehmen und die Bemühungen des westdeutschen Botschafters in Brasilien im wirtschaftlichen Bereich nicht immer erfolgreich waren.[545] Nach dem Wiederaufbau der Bundesrepublik, wegen

---

541 AA-PA. Ref. 415, Bd. 295. Aufzeichnung über die Besprechung zwischen dem Bundesminister von Brentano und dem brasilianischen Außenminister Horácio Lafer, Rio de Janeiro (7.9.1960).

542 Heinrich von Brentano war zwischen 29. August und 7. September in Brasilien. Danach besuchte er Mexiko, wo er vom 8. bis zum 20. September blieb.

543 Auf der Konferenz von San José in Costa Rica (vom 22. bis zum 29. August 1960) wurde die Frage der kommunistischen Intervention auf dem amerikanischen Kontinent diskutiert. Am Ende der Konferenz wurde die Deklaration von San José genehmigt. Sie verurteilte jede Intervention von außerhalb des Kontinents in amerikanische Fragen und äußerte, daß jedes nicht-demokratische Regime gegen die amerikanischen Prinzipien sei. Aber diese Deklaration nannte nicht den Fall Kuba. Vgl. dazu Gordon Connel-Smith, El sistema interamericano, México 1971, S. 290-294.

544 MRE. DAR. SCE. Bonn, Ofícios Recebidos, Nr. 252. Brentano zu Besuch in Brasilien. Frankfurter Allgemeine Zeitung (27.8.1960).

545 Vgl. dazu Kapitel 3 dieser Arbeit.

der Ausdehnung multinationaler Investitionen und wegen der brasilianischen Steuervergünstigungen für ausländische Industriebetriebe floß nach Brasilien ein großer Teil der westdeutschen Auslandsinvestitionen.

Auf der einen Seite bewiesen die politischen Rückschritte der westdeutsch-brasilianischen Beziehungen, daß die Bundesrepublik Deutschland keiner einheitlichen Konzeption der Politik gegenüber Brasilien folgte. Auf der anderen Seite belegen sie teils die Zerbrechlichkeit und die Widersprüchlichkeit der brasilianischen Außenpolitik und teils ihre Prioritäten für das Bündnis mit den USA.[546]

4.3 Die Rolle der brasilianischen Diplomatie in den Beziehungen zwischen Brasilien und der Bundesrepublik Deutschland

Im Rahmen des Ost-West-Konflikts hatte für die brasilianische Außenpolitik die Durchsetzung einer wirtschaftlichen Entwicklung auf dem Schauplatz des Kalten Krieges Priorität. Die brasilianische Regierung bemühte sich gegenüber den Industrieländern, ihre Interessen auf politischem Weg zu erreichen. Für die brasilianische Regierung und die brasilianische Diplomatie war Brasilien ein demokratischer Staat mit christlichen und liberalen Traditionen. Das Land war mit den anderen Nationen des amerikanischen Kontinents am engsten verbunden, und seine Entwicklung sollte von der Stabilität der gesamten kontinentalen Hemisphäre abhängen. Um sich gegen die Bedrohung durch den totalitären Imperialismus zu schützen, schloß Brasilien mit Nationen, welche die gleiche Überzeugung vertraten, Pakte zur gegenseitigen Hilfeleistung. Brasilien betrachtete sich als Bestandteil der freien westlichen Welt. Im Rahmen dieser grundsätzlichen Verpflichtungen sollte der brasilianische Staat eine aktive Außenpolitik zur Sicherung des Friedens gegenüber der kommunistischen Bedrohung und zur friedlichen Beilegung aller internationalen Konflikte führen.[547]

Durch die Errichtung der brasilianischen Botschaft[548] im Juni 1951 in Bonn wurden die politischen Beziehungen zwischen Brasilien und der Bundesrepublik

---

546 Vgl. Vasco Leitão da Cunha, Diplomacia em alto-mar: depoimento ao CPDOC, Rio de Janeiro 1994, S. 17-180.

547 Vgl. Juscelino Kubitschek de Oliveira, Homenagem do Presidente Kubitschek às missões diplomáticas no Brasil, in: Brasil. Discursos Presidenciais – 1956, Rio de Janeiro 1958, S. 16-19.

548 Zwischen dem 17.4. und dem 7.11.1951 war Roberto Jorge Guimarães Bastos als Geschäftsträger der diplomatische Vertreter Brasiliens in Bonn. Der erste Botschafter in Bonn war Luís Pereira Ferreira de Faro Júnior. Dort arbeitete er vom 19.11.1951 bis zum 27.4.1955. Außerdem dienten Elizabeth Naether-Wolfarth und Wilhelm Anton Bergmann ab 1951 als Mitar-

Deutschland wiederhergestellt. So konnte das brasilianische Außenministerium Informationen über die westdeutsche Republik sammeln, die innenpolitischen Fragen Deutschlands genauer beobachten und sich mit den Beziehungen beider Länder beschäftigen.

Trotz dieser Wiederbelebung der diplomatischen Beziehungen bedeutete die enge Verbindung Brasiliens mit den Vereinigten Staaten eine Behinderung der Entwicklung des politischen Verhältnisses zwischen der brasilianischen und der westdeutschen Regierung. Auch konnte die wirtschaftliche Lage der Bundesrepublik bis in die Mitte der fünfziger Jahre keine Hoffnungen Brasiliens auf ein ökonomisches Engagement Deutschlands in Entwicklungsländern wie Brasilien wecken.[549] Die brasilianische Regierung erstrebte im Laufe der fünfziger Jahre eine enge Kooperation mit den kapitalistischen Industrieländern, welche die gewünschten Resultate im Bereich ihrer Wirtschaftsentwicklung erbracht und Brasilien dazu verholfen hätten, ein integraler Bestandteil der Weltordnung zu werden. Mit der Konsolidierung der wirtschaftlichen Vorrangstellung der USA in der kapitalistischen Welt etablierte sich in Brasilien eine Außenpolitik mit automatischer Ausrichtung auf die westliche Welt unter der Führung der USA. Durch diese Verbindung sollte Brasiliens Bedeutung in Wirtschaft und Politik gestärkt werden. Das heißt, die brasilianische Regierung versuchte, von dem Ost-West-Konflikt zu profitieren.[550]

Die brasilianisch-westdeutschen Beziehungen konnten nach dem Zweiten Weltkrieg nach zwei Aspekten unterteilt werden. Einerseits kann man den Beziehungen zwischen den nichtstaatlichen Akteuren eine wichtige Stellung einräumen, da diese unter privatwirtschaftlichem Aspekt von Bedeutung waren. Andererseits ist das Verhältnis zwischen den Regierungen unter dem politisch-diplomatischen Aspekt in seiner protokollarischen und formellen Bedeutung zu betrachten. Die brasilianische Diplomatie vertrat und schützte die Interessen Brasiliens in Westdeutschland und blieb ein wichtiges Verbindungselement zwischen den Regierun-

beiter. Vgl. dazu Brasil. MRE. Departamento de Administração. Almanaque de Pessoal, Rio de Janeiro u. Brasília 1964 und 1972, S. 5 und 39. Die brasilianischen Konsulate wurden wie folgt gegründet: in Frankfurt a. M. (16.11.1948), in Düsseldorf (15.1.1952), in München (15.1.1952), in Hannover (4.12.1952), in Köln (4.12.1952). Am 2.2.1954 wurde schließlich das brasilianische Konsulat in West-Berlin eröffnet. Vgl. dazu Brasil. MRE. Missões diplomáticas e repartições consulares, Rio de Janeiro 1968.

549 OA. 53.03.05, Rolo 27-0310. Schreiben an Osvaldo Aranha, Rio de Janeiro (5.3.1953).
550 Im Prinzip spielte die brasilianische Diplomatie nach dem Zweiten Weltkrieg zwar eine wichtige Rolle in den multilateralen Organisationen, aber diese Diskussionen, vorwiegend im Bereich der UNO, hatten wenig mit der brasilianischen Problematik zu tun. Vgl. dazu The voice of Brazil in the United Nations (1946-1995), Brasília 1995, S. 49-106 und Juscelino Kubitschek de Oliveira, Pronunciamento aos diplomatas americanos no Brasil, in: Brasil. Discursos Presidenciais – 1958, Rio de Janeiro 1959, S. 242-248.

gen. Da die politische und wirtschaftliche Verbindung zwischen den europäischen Ländern und Brasilien – hauptsächlich Ländern wie Großbritannien, Frankreich und die Bundesrepublik Deutschland – nach dem Zweiten Weltkrieg an Bedeutung abnahm, verfolgte die brasilianische Regierung kein besonderes politisches Ziel in der Bundesrepublik.[551]

Dennoch bezog sich das brasilianische Interesse vor allem auf die Bundesrepublik und die Möglichkeiten, Außenhandel mit Rohstoffen und Agrarprodukten zu betreiben und westdeutsche Investitionen nach Brasilien zu ziehen. Deswegen beobachteten das brasilianische Außenministerium in Rio de Janeiro und die brasilianische Botschaft in Bonn mit erhöhter Aufmerksamkeit den Wiederaufbau und die Wirtschaftsentwicklung der Bundesrepublik Deutschland.[552]

Der enge Verhandlungsspielraum im Rahmen des Ost-West-Konflikts ließ Brasilien nur wenige Chancen, Einfluß auf die globalen politischen Entscheidungen zu nehmen. Für die brasilianische Regierung war es von Anfang an klar, daß die Außenpolitik Adenauers auf der bundesdeutschen Integration in der westlichen Welt, auf der Wiedervereinigung Deutschlands, auf der Annäherung an Frankreich und auf der Entwicklung der europäischen Gemeinschaft basierte. Zudem stimmte die Regierung in Bonn mit der US-Sicherheitspolitik und der US-Wirtschaftspolitik gegenüber Lateinamerika bzw. Brasilien überein. Nach brasilianischer Ansicht genoß die Bundesrepublik Deutschland, besser gesagt, ihre Außenpolitik auch den strategischen und politischen Schutz durch die US-Regierung.[553]

Von Anfang an spielte die innerdeutsche Spaltung für die Außenpolitik Brasiliens keine wichtige Rolle. Nur im Bereich des gesamten Interessenkonflikts und der brasilianischen Integration in die westliche Welt hatte die Deutsche Frage politische Relevanz für Brasilien. Was die deutsche Spaltung angeht, so ist für Brasilien zwischen der internationalen Konfrontation beider deutschen Staaten und der

---

551 MRE. DAR. SCE. Bonn, Oficios Recebidos, Nr. 480. Erster Sekretär Cláudio Garcia de Souza an den brasilianischen Außenminister Clementino de San Thiago Dantas, Vertrauliches Schreiben (5.12.1961).

552 MRE. DDD. AHRJ. Bonn, Oficios Recebidos, 1950-7.4.13. Leiter der brasilianischen Sondermission, Mário Pimentel Brandão an den brasilianischen Außenminister, Raul Fernandes. *Mês Econômico* (3.6.1950) und MRE. DAR. SCE. Bonn, Oficios Recebidos, Nr. 14. Brasilianische Botschaft an das brasilianische Außenministerium. *Mês Econômico* (11.10.1960).

553 MRE. DDD. AHRJ. Bonn, Oficios Recebidos, 1951-7.4.14. Leiter der brasilianischen Sondermission, Mário Pimentel Brandão an den brasilianischen Außenminister João Neves da Fontoura (9.3.1951); MRE. DAR. SCE. Bonn, Oficios Recebidos, Nr. 480. Zweiter Sekretär Amaral Sampaio an den brasilianischen Außenminister Clementino de San Thiago Dantas, Vertrauliches Schreiben (7.12.1961) und MRE. DAR. SCE. Bonn, Oficios Recebidos, Nr. 13. *Mês político*. Die Außenpolitik der Bundesregierung (13.12.1959).

wirtschaftlichen Rolle der Bundesrepublik in der westlichen Welt zu unterscheiden.[554]

Mit Aufmerksamkeit beobachtete die brasilianische Diplomatie die Rückkehr der Bundesrepublik in das Wirtschaftsleben und die wirtschaftliche Entwicklung Westdeutschlands. Man erwartete im Juni 1950, daß die Bundesrepublik ihre Ausgaben für die Besatzungskosten reduzieren könnte, und dann die Industrie, vor allem die westdeutsche Stahl- und Metallindustrie, einen großen Aufschwung nehmen würde. Auf diese Weise könnte Brasilien die Bundesrepublik mit Rohstoffen und Agrarprodukten versorgen.[555] Im Bereich der bilateralen Beziehungen versuchte die brasilianische Regierung, die Vergrößerung des Kaffeemarktes in Westdeutschland durch Einschränkung oder gar Eliminierung der Binnensteuer und durch Mannigfaltigkeit der Exportprodukte von Brasilien nach der Bundesrepublik Deutschland zu unterstützen.[556]

Anfang 1951 behauptete der Leiter einer Sondermission des brasilianischen Außenministeriums Mário de Pimentel Brandão: Die Kampagne gegen den Kaffeeverbrauch, die der US-Senator Gillete in den USA und in Europa führte, sei für Brasilien ein Ereignis von erheblicher Bedeutung in der Bundesrepublik.[557] Neben dem Engagement der brasilianischen Diplomatie bei der Bundesregierung für eine Veränderung der Kaffeesteuer sollte die brasilianische Regierung Werbung für Kaffee aus Brasilien in der Bundesrepublik Deutschland machen. Außerdem sollte sie für andere Produkte wie Reis, Tabak, Zuckerrohr und Kräutertee werben, um die brasilianische Ausfuhr in die Bundesrepublik zu fördern.[558]

---

554 MRE. DAR. SCE. Bonn. Brasilianische Botschaft in Bonn an das brasilianische Außenministerium. *Relatório Político* (9.6.1956); MRE. DAR. SCE. Bonn, Ofícios Recebidos, Nr. 313. Brasilianische Botschaft in Bonn an das brasilianische Außenministerium. *A doutrina Hallstein* (2.8.1961) und MRE. DAR. SCE. Bonn, Ofícios Recebidos, Nr. 480. Geschäftsträger Arnaldo Vasconcelos an den brasilianischen Außenminister Clementino de San Thiago Dantas, Vertrauliches Schreiben (27.12.1961).

555 MRE. DDD. AHRJ. Bonn, Ofícios Recebidos, 1950-7.4.13. Handelsattaché der brasilianischen Sondermission, Ezequiel Ubatuba, an den Leiter der brasilianischen Sondermission, Mário Pimentel Brandão. *Mês Econômico* (3.7.1950).

556 Die große Mehrheit der diplomatischen Korrespondenz zwischen der brasilianischen Botschaft in Bonn und dem brasilianischen Außenministerium bezog sich auf den Warenaustausch. Vgl. dazu die Unterlagen im historischen Archiv des brasilianischen Außenministeriums über die Beziehungen zwischen der Bundesrepublik und Brasilien (1950-1966).

557 Es gab eine Kampagne gegen den Kaffeeverbrauch Anfang der fünfziger Jahre in den USA und in Europa, die durch US-Senator Gillete geführt wurde. Ziel war eine Senkung des Kaffeepreises zu erreichen. MRE. DDD. AHRJ. Bonn, Ofícios Recebidos, 1951-7.4.14. Leiter der brasilianischen Sondermission, Mário Pimentel Brandão an den Außenminister João Neves da Fontoura (12.3.1951).

558 MRE. DDD. AHRJ. Bonn, Ofícios Recebidos, 1951-7.4.15. Mário Pimentel Brandão an den Außenminister João Neves da Fontoura (18.5.1951).

Im Jahre 1954 entfielen mehr als 70% der gesamten Ausfuhrerlöse auf Kaffee, Baumwolle und Kakao. Die industriellen Produkte machten nur einen geringen Anteil – im gleichen Jahre betrug er nur 0,7% – an den brasilianischen Ausfuhren aus.[559]

Die Diplomatie Rios beobachtete genau die deutsch-deutschen Beziehungen und die sowjetische Haltung gegenüber dem gesamtdeutschen Problem.[560] Die brasilianische Regierung betrachtete die Bundesrepublik Deutschland als alleinigen legitimen Vertreter Deutschlands. Bei den Vereinten Nationen setzten sich die brasilianischen Delegierten mit allem Nachdruck für das Selbstbestimmungsrecht des deutschen Volkes unter der Führung der westdeutschen Regierung ein.[561] Außerdem verurteilten sie die Zustände in der Deutschen Demokratischen Republik als neokolonialistisch. Die Diplomatie Brasiliens bezeichnete die Teilung Deutschlands als Tragödie und vertrat die Auffassung, daß die Wiedervereinigung unter der Dominanz der Bundesrepublik für die Erhaltung des Weltfriedens notwendig sei.[562]

In dieser Weise versuchte die brasilianische Regierung, die Bundesregierung an dem wirtschaftlichen Aufschwung Brasiliens zu beteiligen. Deswegen betonte die brasilianische Diplomatie ständig den Zusammenhang der Sicherheit Brasiliens im Rahmen des Kalten Krieges und seiner wirtschaftlichen Entwicklung. Nach Abschluß des wirtschaftlichen Wiederaufbaus der Bundesrepublik im Jahre 1956 erhoffte die brasilianische Regierung sich westdeutsche Unterstützung. Aus brasilianischer Sicht hatte die Bundesregierung die Pflicht, den Fortschritt von Ländern wie Brasilien zu fördern. Die diplomatische Vertretung Brasiliens erwartete, daß die Bundesregierung ein konkretes Angebot für das Projekt der brasilianischen Industrialisierung unterbreiten würde. Die brasilianische Regierung und ihre Di-

---

559 Im Allgemeinen erlebte der Außenhandel Brasiliens in den fünfziger Jahren kaum ein Wachstum. MRE. DAR. SCE. Bonn. Wirtschaftliche, finanzielle und kommerzielle Beziehungen Brasiliens – *Relações econômicas, financeiras e comerciais do Brasil* (1947-1967).

560 MRE. DDD. AHRJ. Bonn, Ofícios Recebidos, 1951-7.4.14. Leiter der brasilianischen Sondermission, Mário Pimentel Brandão an den Außenminister João Neves da Fontoura (3.7.1951).

561 Der DDR-Ministerpräsident Otto Grotewohl griff Brasilien als einen „Vasallenstaat der USA" in einer Rede vor der ostdeutschen Volkskammer an: die brasilianische UNO-Delegation sei dafür bekannt, daß sie die Wünsche der US-Regierung und der Bundesregierung in den Vollversammlungen der Vereinten Nationen in der gesamtdeutschen Frage energisch unterstütze. Vgl. dazu Grotewohl ataca o Brasil, in: *Correio da Manhã,* Rio de Janeiro (10.1.1954).

562 AA-PA. Abt. 3, Bd. 545. Botschaft der Bundesrepublik Deutschland in Rio de Janeiro an das Auswärtige Amt. Brasilianischer UN-Delegierter João Carlos Muniz (2.10.1952).

plomatie sahen in Brasilien das Land der Zukunft und in der Bundesrepublik Deutschland das Land des „Wirtschaftswunders".[563]

Innerhalb der diplomatischen Diskussion beider Länder über eine staatliche Investitions- und Kooperationspolitik ergaben sich jedoch immer neue Schwierigkeiten. Auch bei anderen Themen zeigte sich eine politische Stagnation in den Streitfragen zwischen der Bundesregierung und der brasilianischen Regierung: die Auswanderungspolitik, die Frage der diplomatischen Vertreter, die Rückgabe der deutschen Vermögen, die während des Zweiten Weltkrieges beschlagnahmt worden waren, und die See- und Luftverkehrsfragen beider Länder.[564]

Es gab nach dem Zweiten Weltkrieg prinzipiell zwei Möglichkeiten für die Deutschen, ins Ausland zu gehen. Ein Weg war die individuelle Einwanderung zu Verwandten oder wegen eines Stellenangebots im Ausland. Der andere Weg war die gelenkte Einwanderung mit der Unterstützung durch internationale Organisationen. Seit Ende des Zweiten Weltkrieges stand die brasilianische Diplomatie den internationalen Organisationen zur Verfügung, um die deutsche Auswanderung nach Brasilien im Rahmen der gelenkten Einwanderung zu fördern. Das brasilianische Außenministerium arbeitete mit dem Brasilianischen Einwanderungs- und Kolonisationsrat (*Conselho de Imigração e Colonização*) zusammen.[565]

Trotz dieses Bestrebens, die Auswanderung nach Brasilien zu forcieren, konnte man zwischen 1947 und 1951 kaum deutsche Facharbeiter, Techniker oder Bauern nach Brasilien holen. Nach Ansicht des brasilianischen Botschafters in Bonn, Abelardo Bueno do Prado, war die brasilianische Regierung in diesem Zeitraum über die Einwanderungsfrage in der Bundesrepublik gut informiert. Die diplomatischen Vertreter beschäftigten sich zwar ständig mit dem Thema, aber der Brasilianische Einwanderungs- und Kolonisationsrat vertrete keine einheitliche Einwanderungspolitik.[566] Ein Gesamtplan für die Einwanderer sei nicht erkennbar.[567]

---

563 MRE. DDD. AHRJ. Bonn, Ofícios Recebidos, 1950-7.4.13. Handelsattaché der brasilianischen Sondermission, Ezequiel Ubatuba, an den Leiter der brasilianischen Sondermission, Mário Pimentel Brandão. *Mês Econômico* (3.7.1950). Die Bundesregierung verlieh Juscelino Kubitschek im Jahre 1956 das Große Verdienstkreuz. Nach der Verleihung hielt er eine Rede über das Wirtschaftswunder in der Bundesrepublik. Vgl. dazu Juscelino Kubitschek de Oliveira, Brasil. Discursos Presidenciais – 1956, S. 101-102.

564 Vgl. dazu Kapitel 5 dieser Arbeit.

565 AA-PA. Abt. 2, Bd. 1889. Brasilianische Botschaft in Bonn an das Auswärtige Amt (26.9.1952).

566 MRE. DAR. SCE. Bonn, Ofícios Recebidos, Nr. 201. Brasilianische Botschaft in Bonn an das brasilianische Außenministerium. *Política imigratória*, Vertrauliches Schreiben (8.5.1956).

567 Hans Vacano behauptete, daß die Einwanderungspolitik Brasiliens selbst im eigenen Land stark kritisiert würde. AA-PA. Abt. 2, Bd. 1887. Legationssekretär Dr. Hans Vacano an das

Die Zusammenarbeit zwischen dem Einwanderungs- und Kolonisationsrat und dem Außenministerium scheiterte, als der Andrang von Flüchtlingen und deutschen Auswanderern Ende der vierziger Jahre und Anfang der fünfziger Jahre in der Bundesrepublik größer war.

1954 rief die brasilianische Regierung das „Nationale Institut für Einwanderung und Kolonisation" (*Instituto Nacional de Imigração e Colonização*) ins Leben.[568] Seitdem war die Einwanderungspolitik Brasiliens nicht mehr Aufgabe des Außenministeriums. Unter der Führung des Agrarministeriums sollte die Immigrationspolitik Brasiliens primär einer Verbesserung der Landwirtschaft dienen. Im Grunde genommen war das brasilianische Siedlungsamt aber nicht in der Lage, die Betreuung der Einwanderungspolitik zu übernehmen, da es nicht genügend organisiert war und nicht über eine ausreichende Zahl an Fachleuten verfügte.[569] Die Abwesenheit einer echten Immigrationspolitik in Brasilien machte die diplomatischen Mühen in der Bundesrepublik Deutschland fast unnütz. Obwohl die Vertreter Rios in Bonn in dieser Frage weiter in Verbindung mit der Bundesregierung standen, gab es kaum eine Chance, notwendige Arbeitskräfte aus der Bundesrepublik für Brasilien zu gewinnen.[570]

Andere Möglichkeiten für die brasilianische Regierung boten sich in bilateralen Abkommen mit der Bundesregierung oder bei der Förderung der individuellen Einwanderung.[571] Beide Varianten waren nicht erfolgreich. Auf westdeutscher Seite verbesserte sich die wirtschaftliche Lage allmählich. Der Wiederaufbau in Westdeutschland benötigte immer mehr Techniker, Facharbeiter und Handwerker. Die westdeutsche Bevölkerung konnte ihre berufliche Situation bzw. ihre Lebensqualität verbessern und wollte deswegen ihr Heimatland nicht mehr verlassen.

Auswärtige Amt. Deutsche Einwanderung nach Brasilien, mit besonderer Berücksichtigung der brasilianischen Einwanderungspolitik seit 1945 (20.12.1951).

568 Das Nationale Institut für Einwanderung und Kolonisation wurde im Jahre 1962 abgeschafft. Die Aufsichtsbehörde der Agrarpolitik *(Superintendência de Política Agrícola)* übernahm seine Aufgaben.

569 Das Institut für Einwanderung und Kolonisation behielt wenige Beamte in Italien, um von dort die europäische Auswanderung nach Brasilien zu forcieren. Sie sollten die anderen Länder Europas besuchen und Gespräche mit potentiellen Einwanderern führen. MRE. DAR. SCE. Bonn, Oficios Recebidos, Nr. 42. Brasilianische Botschaft in Bonn an das brasilianische Außenministerium (26.1.1955) und MRE. DAR. SCE. Bonn, Oficios Recebidos, Nr. 47. Institut für Einwanderung und Kolonisation in Rom an das brasilianische Außenministerium, Rom (15.3.1956).

570 MRE. DAR. SCE. Bonn, Oficios Recebidos, Nr. 290. Brasilianische Botschaft in Bonn an das brasilianische Außenministerium, Vertrauliches Schreiben (18.7.1955).

571 MRE. DAR. SCE. Bonn, Oficios Recebidos, Nr. 201. Brasilianische Botschaft in Bonn an das brasilianische Außenministerium. *Política imigratória*, Vertrauliches Schreiben (8.5.1956).

Schon in den fünfziger Jahren versuchte die Bundesregierung die Einwanderung nach Westdeutschland zu beschleunigen.[572]

Auf der brasilianischen Seite kamen bürokratische Schwierigkeiten hinzu. Die konsularischen Abteilungen hatten keinen Erfolg und konnten ihr Land in der Bundesrepublik nicht als attraktiv darstellen. Der brasilianische Arbeitsmarkt hatte nicht genügend Kraft, um die westdeutschen Arbeiter anzuziehen. Im Allgemeinen waren die Arbeits- und Lebensbedingungen für westdeutsche Facharbeiter in der Bundesrepublik besser als in Brasilien. Um Deutsche nach Brasilien zu holen, waren auch erhebliche Geldmittel erforderlich. Über diese verfügte aber weder das Agrarministerium noch das Außenministerium in Brasilien. Ein großer Anteil der Auswanderer, die Brasilien erreichten, wurde auf Kosten der internationalen Organisationen entsandt.[573] Letztendlich waren die landwirtschaftlichen Flächen in Brasilien bereits besiedelt und konnten nicht beliebig ausgedehnt werden. Im Hintergrund stellte sich auch eine Binnenwanderungstendenz in Brasilien als hemmend für eine Gesamtplanung ausländischer Einwanderung heraus.[574] Aus diesen Gründen bestand in Brasilien keinerlei Anreiz für westdeutsche Auswanderung.

Obwohl die westdeutsche Regierung an der Auswanderung nach Brasilien kein Interesse hatte und die brasilianische Regierung nur ihre Absicht aussprach, eine Einwanderungspolitik zu formulieren, wanderten circa 44.000 Personen (Deutsche und Flüchtlinge) von 1947 bis 1962 aus der Bundesrepublik Deutschland nach Brasilien aus. Das sind 2,9% der gesamten Auswanderung aus der Bundesrepublik. Die meisten Auswanderer aus der Bundesrepublik gingen nach dem Zweiten Weltkrieg in die USA, Kanada, Australien und Südafrika. Brasilien lag als Zielland auf dem fünften Platz.[575]

---

572 Im Jahre 1955 begann die Bundesregierung Gastarbeiter aus anderen europäischen Ländern in der Bundesrepublik aufzunehmen. Vgl. dazu R. Weber, The Employment of Aliens in Germany, in: International Migration, Geneva 1965, Bd. 1, S. 35-46.

573 In den Jahren 1952 bis 1955 wanderten 3.101 Westdeutsche nach Brasilien aus, die sich dort mit Unterstützung des Zwischenstaatlichen Komitees für Europäische Wanderung (CIME) ansiedelten. MRE. DAR. SCE. Bonn, Oficios Recebidos, Nr. 201. Brasilianische Botschaft in Bonn an das brasilianische Außenministerium. *Política imigratória*, Vertrauliches Schreiben (8.5.1956).

574 Vgl. Paul Hugon, Demografia brasileira, São Paulo 1973, S. 181-250.

575 Es gibt prinzipielle Unterschiede zwischen den Statistiken über Einwanderung und Auswanderung. Die im Herkunftsland erstellten Statistiken sind normalerweise nicht gleich den Statistiken des Aufnahmelandes. Gründe dazu sind die illegale Einwanderung, die Nachfolgewanderung und die Rückwanderung. Im Fall der deutschen Einwanderung ergaben sich auch die Probleme der deutschen Grenze, des sprachlichen Raumes und der Deutschstämmigen aus Osteuropa. MRE. DAR. SCE. Bonn, Oficios Recebidos, Nr.162.

Besondere Aufmerksamkeit wandten die Vertreter Rios in Bonn den Besuchern aus Brasilien in der Bundesrepublik Deutschland zu. Diese kamen nicht immer in offizieller Mission, hatten aber meistens das gleiche Interesse: Die Brasilianer strebten nach Investitionen aus der Bundesrepublik und nach Hilfsleistungen der Bundesregierung zugunsten der brasilianischen Wirtschaftsentwicklung. Die brasilianischen Diplomaten begleiteten stets die ökonomischen Vertreter Brasiliens in der Bundesrepublik, da dies auch zu ihren Aufgaben gehörte. Im Jahre 1951 war der Vizepräsident Brasiliens, João Café Filho, in der Bundesrepublik Deutschland. Der Besuch hatte zweifellos privaten Charakter. Aber Café Filho wollte von der Gelegenheit profitieren, dem Bundespräsidenten einen Höflichkeitsbesuch abzustatten. Vor allem besichtigte er Industrieunternehmen, besonders die Unternehmern der Schlüsselindustrien, die in Brasilien investieren wollten.[576] Er traf sich mit ungefähr 20 Vertretern aus Industrie- und Handelskreisen, die an den brasilianisch-westdeutschen Wirtschaftsbeziehungen interessiert waren. Am 16. August wurde Café Filho durch den Bundespräsidenten Theodor Heuss empfangen, der ihm zu Ehren ein Frühstück gab.[577]

Im Hinblick auf die Beschleunigung der wirtschaftlichen Entwicklung Brasiliens nahmen die Besuche brasilianischer Delegationen in Westdeutschland stetig zu.[578] Wegen der Steigerung der westdeutschen Privatinvestitionen und der Ausbreitung der industriellen Niederlassungen in Brasilien besuchte Juscelino Kubitschek Anfang des Jahres 1956 die Bundesrepublik, bevor er sein Amt als Staatspräsident Brasiliens antrat. Er erwartete für Brasilien die Zusage einer Kooperation mit Westdeutschland. Er war aber überzeugt, daß die freie Privatinitiative des westdeutschen Privatkapitals die wichtigste Rolle spielen könnte.[579]

Brasilianische Botschaft in Bonn an das Brasilianische Außenministerium. *A emigração da República Federal da Alemanha em 1962 e no pós-guerra – segundo os dados fornecidos pela Repartição Federal de Estatística da Alemanha Ocidental* (20.5.1963).

576 MRE. DDD. AHRJ. Bonn, Ofícios Recebidos, 1951-7.4.17. Brasilianische Sondermission bei der Alliierten Hohen Kommission an das brasilianische Außenministerium. *Visita de Café Filho à República Federal da Alemanha* (2.8.1951).

577 AA-PA. Abt. 3, Bd. 231. Auswärtiges Amt an die bundesdeutsche Botschaft in Rio de Janeiro. Besuch des brasilianischen Vizepräsidenten in Deutschland, Bonn (24.8.1951).

578 Zahlreich waren die Besuche führender Persönlichkeiten der brasilianischen Wirtschaft, die aus verschiedenen Gründen in die Bundesrepublik kamen. Vgl. dazu Geschäftsbericht der Deutsch-Brasilianischen Handelskammer in São Paulo (1.2.1955-15.8.1958) und Geschäftsbericht der Deutsch-Brasilianischen Handelskammer in São Paulo. Herausgegeben zu den Jubiläumsfeierlichkeiten Mai 1973.

579 AA-PA. Abt. 3, Bd. 1453. Botschaft der Bundesrepublik Deutschland in Rio de Janeiro an das Auswärtige Amt. Persönlichkeit und Programm des gewählten Präsidenten Kubitschek (14.10.1955).

Der Besuch des gewählten Präsidenten in Westdeutschland ging über den üblichen Rahmen konventioneller Freundlichkeit hinaus. Nach Ansicht der westdeutschen Botschaft in Rio de Janeiro war Kubitschek ausschließlich an dem Wirtschaftsaufbau Brasiliens interessiert. Bei einem Treffen in Düsseldorf lud Kubitschek westdeutsche Unternehmen zu Investitionen in Brasilien ein. Er versprach den ausländischen Privatinvestoren in Brasilien politische Stabilität, steuerliche Vergünstigungen und Sonderbedingungen. Kubitschek wurde durch den Bundespräsidenten Theodor Heuss und den Bundeskanzler Konrad Adenauer empfangen. Seiner Meinung nach gäbe es stärkere Möglichkeiten für technische Hilfsleistungen der Bundesregierung an Brasilien.[580] Außerdem fanden Besichtigungen der brasilianischen Delegation in der DEMAG, der Gutehoffnungshütte und bei Krupp statt. In seiner Autobiographie behauptete Kubitschek, daß er ein „finanzieller Vertreter" *(agente financeiro)* Brasiliens in der Bundesrepublik Deutschland gewesen sei.[581]

Im Oktober des gleichen Jahres wurde eine Reihe führender Persönlichkeiten Brasiliens im Bundesministerium für Wirtschaft in Empfang genommen. Ziel waren Gespräche mit Ludwig Erhard über die wirtschaftlichen Schwierigkeiten Brasiliens und über die Kaffeefrage.[582] Ende der fünfziger Jahre lag der Grundtenor der brasilianischen Besuche in der Bundesrepublik bei der Kreditfrage. Brasilien erwartete die Hilfe Bonns bei der Lösung seiner Ausfuhr- und Finanzierungsprobleme. Aber die Bundesregierung verweigerte entsprechende Gespräche innerhalb der bilateralen Beziehungen. Eine Hilfsmöglichkeit für Brasilien bestand nur auf multilateraler Ebene oder im Rahmen des Währungsfonds.[583]

Die wirtschaftlichen Schwierigkeiten Brasiliens Ende der fünfziger Jahre erforderten eine Veränderung der brasilianischen Außenpolitik. Die brasilianische Regierung fühle sich als Mitglied des westlichen Blocks mit besonderer Bindung an Lateinamerika und an die USA, aber sie wolle innerhalb des westlichen Blocks nicht „Satellit" sein, sondern als gleichberechtigtes Mitglied mitsprechen können. Deswegen behalte sich Brasilien vor, in Einzelfragen von seinen Verbündeten

---

580 AA-PA. Ref. 306, Bd. 23. Auswärtiges Amt an die Botschaft der Bundesrepublik Deutschland in Rio de Janeiro, Bonn (25.1.1956).

581 Vgl. Juscelino Kubitschek de Oliveira, Meu caminho para Brasília, Rio de Janeiro 1976, Bd. 2, S. 480.

582 Unter den Persönlichkeiten aus Brasilien befanden sich: der Finanzminister, José Maria Alkmin; der Staatssekretär der Finanzen des Staates Rio Grande do Sul, Flôres Soares und der Direktor des brasilianischen Kaffeeinstitutes, Cintra Leite. BA. B 102, 5916 – Heft 1. Wochenbericht für die Zeit vom 22. bis zum 27.10.1956 – Brasilien, Bonn (29.10.1956).

583 AA-PA. Ref. 415, Bd. 217. Aufzeichnung – Referat 415. Besuch des Leiters der handelspolitischen Abteilung im brasilianischen Außenministerium, Barbosa da Silva, und des Präsidenten der Nationalen Bank für die Wirtschaftsentwicklung, Roberto Campos, in Bonn, Bonn (3.4.1959).

abzuweichen.[584] Bis 1958 stand die brasilianische Außenpolitik für ihre prinzipielle Ausrichtung an der „westlichen Welt"; deshalb erkannte die brasilianische Regierung die Bundesrepublik Deutschland als einzigen deutschen Staat an.

Am 23. September 1958 unterschrieb die Regierung Kubitschek ein Handelsabkommen mit der Deutschen Demokratischen Republik. Ziel war, den Markt der DDR für brasilianische Produkte, hauptsächlich für Kaffee, zu erobern.[585] Obwohl die diplomatischen Äußerungen der brasilianischen Regierung die politische Annäherung zwischen Brasilien und den östlichen Staaten betonten, vermied es Rio, dieser wirtschaftlichen Vereinbarung politisches Gewicht zu geben. Nach der Meinung der brasilianischen Regierung fanden diese Verhandlungen nur zwischen Banken statt, betrafen aber nicht die zwei Staaten auf Regierungsebene.[586]

Vor diesem Hintergrund sind die Stellungnahmen über die Haltung der Regierung Kubitschek zu verstehen. Der ehemalige Finanzminister Osvaldo Aranha begrüßte die Initiative und verteidigte die Wiederbelebung der Beziehungen zwischen Brasilien und dem kommunistischen Block, hauptsächlich jene mit der UdSSR.[587] Seiner Ansicht nach bedeutete die Beziehung zu Osteuropa eine neue Möglichkeit für den Warenaustausch zwischen den Ländern. Aber er übte Kritik daran, daß es unmöglich sei, wirtschaftliche und kommerzielle Beziehungen mit kommunistischen Staaten anzuknüpfen, ohne mit diesen in diplomatischen Beziehungen zu stehen.[588] Die Begründung dieser Auffassung war: Da die Deutsche Demokratische Republik ein kommunistischer Staat sei, liege die ganze Produktion in der Hand des Staates. Wenn die brasilianische Regierung aber einen Warenaustausch

---

584 AA-PA. Ref. 306, Bd. 99. Botschaft der Bundesrepublik Deutschland in Rio de Janeiro an das Auswärtige Amt. Präsident Kubitschek definiert Brasiliens außenpolitische Haltung (2.1.1958).

585 Im Jahre 1956 gab es kaum Geschäftsbeziehungen zwischen der Deutschen Demokratischen Republik und Brasilien. 1958 betrug der Wert dieses Warenaustauschs 1,6 Millionen US-Dollar. 1959 belief er sich auf 5,2 Millionen US-Dollar. 1960 betrug er 22,2 Millionen US-Dollar. MRE. DAR. SCE. Bonn. Wirtschaftliche, finanzielle und kommerzielle Beziehungen Brasiliens – *Relações econômicas, financeiras e comerciais do Brasil*. Wirtschaftsbeziehungen zwischen Brasilien und Ostdeutschland – *Relações econômicas entre o Brasil e a Alemanha Oriental* (1947-1967).

586 Brasil. MRE. Relatório. Apresentado ao Presidente da República dos Estados Unidos do Brasil pelo Ministro de Estado das Relações Exteriores – 1958, Rio de Janeiro 1959, S. 195-196.

587 Unter den Ländern des Ostblocks hatte Brasilien Handelsbeziehungen mit Jugoslawien, Polen, Ungarn und der Tschechoslowakei. Vgl. dazu Bieber, Brasil e Europa. Um relacionamento flutuante e sem estratégia, in: Cervo (Hg.), O desafio internacional, S. 236-240.

588 Vgl. Osvaldo Aranha, Relações diplomáticas com a União Soviética, in: Revista Brasileira de Política Internacional, Rio de Janeiro 1958, Bd. 2, S. 18-29.

mit der Deutschen Demokratischen Republik einleiten wollte, sollte sie gleichzeitig den Staat anerkennen.[589]

Der brasilianische Warenaustausch mit der DDR und den anderen kommunistischen Ländern erschien als einzige Möglichkeit für die brasilianische Regierung, den Außenhandel auszuweiten. Im Rahmen dieser Politik betonten der Leiter der handelspolitischen Abteilung im brasilianischen Außenministerium, Barbosa da Silva, und der Präsident der Nationalen Bank für die Wirtschaftsentwicklung *(Banco Nacional de Desenvolvimento Econômico – BNDE)*, Roberto Campos, in Bonn:

> Es ist mit Enttäuschung vermerkt worden, daß die Bundesrepublik auf eine Erhöhung der Kaffeesteuer im Verhältnis zu der kürzlich erfolgten Zollsenkung nicht hat verzichten wollen, obwohl hierdurch nur ein Einnahmeausfall von rund 30 Millionen US-Dollar eingetreten war, was im Verhältnis zu dem Gesamtetat von 30 Milliarden DM nicht einmal 0,3% ausmacht. Brasilien erwartet nun von seinen westlichen Freunden Hilfe. Wenn ihm diese Hilfe versagt wird, ist eine wirtschaftliche Annäherung an den Osten unvermeidbar. Man hat sich dort sehr hilfsbereit gezeigt und wäre bereit, Brasilien bei seinen Wünschen weitgehend entgegenzukommen. In der Kaffeesteuerfrage hat Ostdeutschland von sich aus Zoll- und Steuerzugeständnisse angeboten. Der Ernst der Lage erfordert, daß offen gesprochen wurde. Und so muß betont werden, daß Brasilien eine Hilfe der Bundesrepublik zur Lösung seiner Ausfuhr- und Finanzierungsprobleme erwartet. Wenn die Verhandlungen mit der Bundesrepublik jedoch zu keinem Ergebnis kommen sollten, bleibt Brasilien keine andere Wahl als seine bisherige Wirtschaftspolitik zu überprüfen.[590]

Das Problem der Handelsbilanz zwischen den Ländern blieb mit der Erhöhung der Verbrauchssteuer auf Kaffee in der Bundesrepublik und mit der starken Konkurrenz zwischen der lateinamerikanischen und der afrikanischen Produktion bestehen. Auch konnte die brasilianische Wirtschaft ihre Produktpalette nicht erweitern. Trotzdem kämpfte die brasilianische Diplomatie für eine internationale Verbesserung des Austauschverhältnisses zwischen Rohstoffen und Industrieprodukten, sowohl auf bilateraler als auch auf multilateraler Ebene. Die brasilianischen Diplomaten berichteten, daß das Verhältnis Brasiliens zur Bundesrepublik durch die Förderung des brasilianischen Exports nach Westdeutschland an Intensität gewinnen könnte. Diese Analyse empfahl wirtschaftliche Anstrengungen des südamerikanischen Landes, um seine traditionelle Marktposition in der Bundesrepu-

589 Zur Diskussion der brasilianisch-ostdeutschen Handelsabkommen und der deutschen Frage vgl. Oliver Ónody, O convênio comercial Brasil-Alemanha Oriental e o problema germânico, in: Revista Brasileira de Política Internacional, S. 45-88.

590 AA-PA. Ref. 415, Bd. 217. Referat 415 – Aufzeichnung. Besuch des Leiters der handelspolitischen Abteilung im brasilianischen Außenministerium, Barbosa da Silva, und des Präsidenten der Nationalen Bank für die Wirtschaftsentwicklung, Roberto Campos, in Bonn, Bonn (3.4.1959).

blik Deutschland zurückzugewinnen und eine Exportsteigerung nach Westdeutschland zu erreichen.[591]

Doch die brasilianischen Vertreter bemerkten schnell, daß solch dringende Maßnahmen abhängig von den innenpolitischen Entscheidungen in Brasilien waren.
Die brasilianische Wirtschaftspolitik sollte die Qualität der brasilianischen Produktion verbessern. Die brasilianische Lösung des Kaffeeproblems auf dem internationalen Markt und in der Bundesrepublik sollte durch eine weitere Kaffee-
preissenkung durch die Erzeuger und durch eine bessere Produktion gefunden
werden. Schließlich sollte die Regierung Brasiliens alle bürokratischen Hemmnisse für den Außenhandel überwinden. Die Politik der Stützungskäufe der brasilianischen Regierung, die dem Pflanzer den Absatz seiner ganzen Ernte sicherte,
habe die unverkäuflichen Bestände stark ansteigen lassen und belaste die Regierung Brasiliens mit ständig wachsender Zunahme der Kosten.[592]

Der brasilianische Staat verfügte in vielen Bereichen der auswärtigen Beziehungen über ein Monopol. Er interessierte sich in diesem Zeitraum mehr für internationale Beziehungen zu anderen Staaten und Regierungen als zu nichtstaatlichen
Akteuren. Wie schon erwähnt, bedeutete Außenpolitik für das brasilianische Entwicklungsmodell im Laufe der fünfziger und sechziger Jahre immer stärker
Außenwirtschaftspolitik, was die Wichtigkeit der politischen Aktion in Wirt-
schaftsprozessen hervorhob.[593] Die brasilianische Regierung setzte in den fünfziger Jahren eine Außenhandelspolitik in Kraft, die eine bewußte Importsubstitu-
tionspolitik für nicht-dauerhafte Konsumgüter verfolgte. Der Agrarsektor wurde
vernachlässigt und die Agrarproduktion damit reduziert. Das Land sollte die brasilianische Rohstoff- und Agrarproduktion ausführen, nachdem der Binnenmarkt
versorgt war. Das war der Grund, warum die brasilianische Rohstoffproduktion

591 MRE. DAR. SCE. Bonn. Bericht der Arbeitsgruppe für die Beziehungen zwischen der
Bundesrepublik Deutschland und Brasilien, Vertrauliches Schreiben (6.1961).

592 Zusätzliche Informationen über die Politik der Marktintervention bei brasilianischem Kaffee
(Preisstützung) findet man bei Antônio Delfim Netto e Carlos Alberto de Andrade Pinto, O
café do Brasil. 20 anos de substituição no mercado, in: Brasil. Instituto Brasileiro do Café.
Ensaios sobre café e desenvolvimento econômico, Rio de Janeiro 1973, S. 299-339.

593 Trotz der Zahlungs- und Handelsabkommen zwischen der Bundesrepublik und Brasilien
verbot das Finanzministerium häufig die Einfuhrprodukte aus der Bundesrepublik. Am
9.10.1953 erließ die brasilianische Regierung die SUMOC-Instruktion Nr. 70. Die Importkontrolle wurde durch das System des Importagios und der Exportbonifikationen geleistet.
MRE. DDD. AHRJ. Bonn, Ofícios Recebidos, 1952-7.5.2. Brasilianische Botschaft in Bonn
an den brasilianischen Außenminister João Neves da Fontoura (22.4.1952); MRE. DDD.
AHRJ. Bonn, Ofícios Recebidos, 1952-7.5.2. Mês Econômico (1.7.1952) und MRE. DAR.
SCE. Bonn. Wirtschaftliche, finanzielle und kommerzielle Beziehungen Brasiliens – Relações econômicas, financeiras e comerciais do Brasil (1947-1967).

nicht ausreichte, um weiterhin Außenhandel mit der Bundesrepublik und anderen Ländern im großen Stil zu betreiben.[594]

Das brasilianische Außenministerium und seine Diplomaten spielten bei der Ausführung dieser Außenwirtschaftspolitik Brasiliens also eine wichtige Rolle. Aber sie hatten nicht die notwendige Kompetenz gegenüber anderen Fachministerien, Institutionen und amtlichen Abteilungen, diese Außenwirtschaftspolitik zu konzipieren und durchzusetzen. Das Außenministerium und seine Beamten wurden mehr und mehr durch die Aktionen der Wirtschaftsabteilungen und des Wirtschaftsministeriums beschränkt. Auf diese Weise wurden die diplomatischen Vertretungen Brasiliens lediglich als Instrument des Wirtschaftsministeriums benutzt.

Der Außenhandel Brasiliens unterlag der staatlichen Kontrolle, die auf dem Lizenzsystem und der Devisenzuteilung beruhte. Für den Bereich der auswärtigen Beziehungen hatten die folgenden Ministerien in den fünfziger Jahren Schlüsselpositionen in Brasilien: Das Finanzministerium, das Außenministerium und das Ministerium für Arbeit, Industrie und Handel. Aber die maßgeblichen Kontrollorgane waren die „Aufsichtsbehörde für Geld- und Kreditwesen" *(Superintendência de Moeda e Crédito – SUMOC)*, die „Nationale Bank für die Wirtschaftsentwicklung" *(Banco Nacional de Desenvolvimento Econômico – BNDE)* und die Brasilianische Bank *(Banco do Brasil)* durch ihre Handelsabteilung *(zuerst CEXIM* und später *CACEX).*[595] Außerdem spielten wirtschaftliche Institute wie das Brasilianische Institut für Kaffee *(Instituto Brasileiro do Café)* und das Institut für Zuckerrohr und Alkohol *(Instituto do Açúcar e do Álcool)* eine wichtige Rolle.[596]

Nach Ansicht der Deutsch-Brasilianischen Handelskammer verhinderten diese staatlichen Regulierungen ein Florieren des Außenhandels zwischen der Bundesrepublik und Brasilien. Der allgemeine Außenhandel Brasiliens sei von der Erteilung einer Lizenz der Handelsabteilung – CEXIM bzw. CACEX – abhängig. Die-

---

594 Vgl. Luiz Carlos Bresser Pereira, Desenvolvimento e crise, São Paulo 1968, S. 33-72 und Furtado, Teoria e política de desenvolvimento econômico, S. 139-187.

595 Zwischen 1941 und 1953 wurden die Ein- und Ausfuhr der staatlichen Kontrolle durch eine Handelsabteilung der brasilianischen Bank, die sogenannte CEXIM *(Carteira de Exportação e Importação),* unterworfen. Am 29.12.1953 trat an die Stelle der CEXIM die sogenannte CACEX *(Carteira de Comércio Exterior do Banco do Brasil)* als Kontroll- und Lizenzinstanz. Ab 1957 wurde der Rat für Zollpolitik *(Conselho de Política Aduaneira)* gegründet. Ziele des Rates für Zollpolitik waren das Zollsystem zu verwalten und eine Änderung des Zollgesetzes zu beantragen. Vgl. dazu Carlos von Doellinger, Política e estrutura das importações brasileiras, Rio de Janeiro 1977, S. 12-41 und Luciano Martins, Estado capitalista e burocracia no Brasil pós-64, Rio de Janeiro 1985, S. 156-165.

596 MRE. DAR. SCE. Bonn, Ofícios Recebidos, Nr. 251. Brasilianische Botschaft in Bonn an den brasilianischen Außenminister, Vicente Raó. Reexport von Kaffee aus Brasilien in die USA – *Reexportações de café brasileiro para os EUA,* Vertrauliches Schreiben (1.7.1954).

ses komplizierte System erschwere nicht nur den Warenaustausch beider Länder, sondern auch die Kontrolle des Handelsaustauschs.[597]

Das Bundesministerium für Wirtschaft in der Bundesrepublik stellte in einem Wochenbericht im Jahre 1955 fest: Die Gründe für den Rückgang der Einfuhren zwischen Brasilien und der Bundesrepublik Deutschland lägen zum Teil bei den westdeutschen Liberalisierungsmaßnahmen und dem starken Verfall der Preise von Kaffee und Kakao, welche die wichtigsten brasilianischen Ausfuhrgüter in die Bundesrepublik waren. Während der Rückgang der westdeutschen Ausfuhr nach Brasilien überwiegend eine Folge der restriktiven Maßnahmen der brasilianischen Wirtschaftsbehörden sei.[598]

Hélio Jaguaribes Meinung lautete, daß diese anderen Abteilungen – wie BNDE, CACEX – keine einheitliche brasilianische Außenpolitik verfolgen konnten. In den fünfziger Jahren hätte die Notwendigkeit bestanden, eine konsistente Außenpolitik Brasiliens zu formulieren. Zudem wäre es dringend nötig gewesen zu bestimmen, wer diese brasilianische Außenpolitik lenken sollte.[599]

Brasiliens Ziel waren industrielles Wachstum und Wirtschaftsentwicklung verbunden mit einer Ausdehnung des brasilianischen Binnenmarktes. Der brasilianische Staatsapparat wurde komplexer und die brasilianische Bürokratie vergrößert. Die Rollen der Beamten und Politiker in verschiedenen Funktionen waren verflochten und nicht immer koordiniert. Auf diesem Hintergrund gewann der brasilianischen Präsident im Bereich der Wirtschaftspolitik und der auswärtigen Politik immer mehr an Bedeutung. Die Außenpolitik wurde fast als eine direkte Diplomatie zwischen dem brasilianischen Präsidenten und anderen Staaten und deren Diplomaten gesehen.[600] Der Präsident ließ Entwürfe zur Außen-, Außenhandels-, Auswanderungs-, Sicherheits- und Technologiepolitik durch eigene staatliche Organisationen ausarbeiten.[601]

Obwohl es seit 1945 eine Hochschule für Diplomatie in Brasilien gab, arbeitete die brasilianische Diplomatie in den fünfziger Jahren noch nicht so professionell,

---

597 Die Handelskammer in São Paulo berichtete: „Während die Einfuhrbewilligung in Deutschland gleichzeitig die Zuteilung der benötigten Devisen verbürgt, verlangt das brasilianische System, daß nach Durchführung des Imports in einem weiteren Verfahren zur Bezahlung benötigte Devisenbeträge beantragt werden." Vgl. dazu Geschäftsbericht der Deutsch-Brasilianischen Handelskammer in São Paulo (8.1950-8.1952), S. 26.
598 BA. B 102, 58074. Wochenbericht für die Zeit vom 2.11. bis zum 4.11.1955 – Brasilien, Bonn (4.11.1955).
599 Vgl. Jaguaribe, O nacionalismo na atualidade brasileira, S. 221-225.
600 Vgl. Benevides, O governo Kubitschek. Desenvolvimento econômico e estabilidade política, S. 201-242.
601 Vgl. Ianni, Estado e planejamento econômico no Brasil, S. 126-131.

daß die brasilianische Außenpolitik als Instrument der Wirtschaftsentwicklung Brasiliens betrachtet werden konnte.[602] Trotz der Zielsetzung des Präsidenten Kubitschek im Jahre 1956 konnte die brasilianische Diplomatie die anderen Ministerien im Bereich der wirtschaftlichen Entwicklung Brasiliens nicht führen oder die auswärtigen Beziehungen Brasiliens nicht entscheidend fördern.[603] Und trotz der an sich ausgezeichneten Ausbildung der brasilianischen Diplomaten verkörperte das brasilianische Außenministerium in den fünfziger Jahren nur eine ineffiziente, konventionelle und behäbige Bürokratie. Ferner erhielten die diplomatischen Vertreter nur eine allgemeine Ausbildung. Es gab wenige diplomatische Beamte und kaum ökonomische Fachleute.[604]

Zusätzlich hatte das Itamaraty keinen amtlichen Organisationsplan vorbereitet, um die Außenwirtschaftspolitik Brasiliens betreiben zu können. Die Basis des Außenministeriums wurde im Laufe der fünfziger Jahre ständig umgestaltet.[605] Deswegen mußte das traditionelle Außenministerium Brasiliens mit einer jungen Außenhandelsbürokratie, die direkt in Verbindung mit dem Präsidenten stand, in

---

602 Im Jahre 1945 wurde das diplomatische Hochschulinstitut, das sogenannte Rio Branco-Institut, unter der Führung des Außenministeriums in Brasilien errichtet. Vgl. dazu Sérgio Bath, A formação do diplomata brasileiro, in: Revista Brasileira de Estudos Políticos, Belo Horizonte 1978, Bd. 47, S. 245-251.

603 Juscelino Kubitschek behauptete: „Mit der Zusammenarbeit und der engen Kooperation zwischen den öffentlichen Sektoren zum Zweck der wirtschaftlichen Entwicklung Brasiliens sollte das Itamaraty die wichtigste Rolle spielen. Seine Aufgabe soll es sein neue Märkte zu erobern und den Außenhandel auszudehnen. Das diplomatische Handeln soll unsere internationalen Beziehungen intensivieren." Vgl. dazu Juscelino Kubitschek de Oliveira, Mensagem ao Congresso Nacional, in: Brasil. Mensagens do Presidente da República ao Congresso Nacional, por ocasião da abertura da sessão legislativa de 1956, Rio de Janeiro 1956, S. 131.

604 Bis 1962 arbeitete nur ein Diplomat im Außenministerium bei der ökonomischen Abteilung, der sich mit dem Handel zwischen Brasilien und Europa, Asien, Afrika und Ozeanien beschäftigte. Vgl. dazu Roger Fontaine, Brazil and the United States, S. 69.

605 Zwischen 1930 und 1959 gab es verschiedene Veränderungen bei dem Organisationsplan des brasilianischen Außenministeriums. Unter anderem stieg das Ministerium für Arbeit, Industrie und Handel im Jahre 1930 die Verantwortung für die ökonomische und kommerzielle Abteilung des Außenministeriums. 1932 wurde es wieder ersetzt. 1934 wurde der Bundesrat für Außenhandel (Conselho Federal do Comércio Exterior) unter der Führung des brasilianischen Präsidenten gegründet. Um den Verlust für das Itamaraty zu ersetzen, wurde 1938 eine ökonomische und kommerzielle Abteilung beim Außenministerium ins Leben gerufen. 1946 wurde die ökonomische und konsularische Abteilung errichtet. 1956 ergab sich die Notwendigkeit, die amtliche Organisation des Außenministeriums zu erweitern. Die ökonomische und konsularische Abteilung wurde getrennt. Im Jahre 1958 wurde die ökonomische Unterabteilung für Europa, Asien, Afrika und Ozeanien errichtet. Vgl. dazu Castro, História da organização do Ministério das Relações Exteriores, S. 283-405.

Konkurrenz treten.[606] Überdies gab es in diesen Zeitraum einen ständigen politischen Kampf um höhere Posten am Außenministerium.[607]

Im internationalen Zusammenhang versuchte die brasilianische Diplomatie, bei den westlichen Industrieländern günstige Voraussetzungen für die brasilianische Wirtschaftsentwicklung zu schaffen. Doch fanden diese Bemühungen vor dem Hintergrund asymmetrischer Beziehungen statt. Ferner konnten die diplomatischen Vertretungen Brasiliens sich nur auf einem engen und festgelegten Weg im Rahmen der politisch-ideologischen Ausrichtung mit der westlichen Welt bewegen. Die Verhandlungen über eine nachhaltige Industrialisierung, über Außenhandel, Investitionen und Technologie waren stark an private Aktionen gebunden.[608] Die Privatinvestitionen wurden in Brasilien eher wegen der Attraktivität des brasilianischen Binnenmarktes getätigt und nicht wegen einer bewußten Politik der Diplomatie, die das multinationale Kapital angezogen hätte. Um eine gewichtige Position in der außenpolitischen Einflußsphäre Brasiliens wieder zu erlangen, versuchte das Itamaraty im Laufe der sechziger Jahre, seinen traditionellen und protokollarischen Stil zu überwinden und eine neue diplomatische Aktivität in bezug auf die ökonomischen und kommerziellen Tätigkeiten zu entfalten.[609]

---

606 Wegen der wirtschaftlichen Schwierigkeiten versuchte die brasilianische Regierung, eine gleiche Basis für die brasilianische Außenwirtschaftspolitik zu haben. Durch das Dekret Nr. 47.297, vom 28.11.1959 setzte sie eine Kommission für die Koordinierung der Außenwirtschaftspolitik Brasiliens *(Comissão de Coordenação da Política Econômica Exterior)* ein. Ziel war es Vorschläge für eine neue Außenwirtschaftspolitik zu formulieren. Die Kommission hatte zwölf Mitglieder aus verschiedenen Ministerien, Handelsabteilungen und Kontrollorganen des Außenhandels. Vgl. dazu Castro, História da organização do Ministério das Relações Exteriores, S. 405-406.

607 In den fünfziger Jahren gab es sechs Außenminister in Brasilien. Diese waren: João Neves da Fontoura (2.1951-6.1953), Vicente Ráo (7.1953-8.1954), Raul Fernandes (8.1954-11.1955), José Carlos de Macedo Soares (11.1955-7.1958), Francisco Negrão de Lima (7.1958-8.1959) und Horácio Lafer (8.1959-1.1961). In dieser Zeit arbeiteten auch sieben Staatssekretäre im Außenministerium. Vgl. dazu Brasil. MRE. Ministros de Estado e Secretários Gerais das Relações Exteriores, Brasília 1988, S. 25-27 und 34.

608 Die westdeutsche Botschaft in Rio de Janeiro berichtete am 8.4.1952, daß die brasilianische Regierung eine Wirtschafts- und Handelskommission zur Untersuchung der Ausweitungsmöglichkeiten für Handelsbeziehungen nach der Bundesrepublik entsandte. Die Kommission bestand aus etwa 20 Industriellen und Kaufleuten. AA-PA. Bestand 10 – PA 2, Bd. 246, Aktenzeichen 210-01/9. Botschaft der Bundesrepublik Deutschland in Rio de Janeiro an das Auswärtige Amt (8.4.1952). Außerdem spielte der öffentliche Sektor eine große Rolle in Brasilien. Öfter forcierte der brasilianische Staat die sogenannten „offset"-Verträge zwischen brasilianischen Unternehmen und solchen aus Industrieländern. Vgl. dazu Martins, Estado capitalista e burocracia no Brasil pós-64, S. 84-124.

609 Vgl. Paulo Tarso Flecha de Lima, A presença do Brasil no mercado internacional, in: Revista Brasileira de Estudos Políticos, Belo Horizonte 1978, Bd. 47, S. 229-244.

Da die brasilianischen Diplomaten viele schwierige Entwicklungsprobleme Brasiliens miteinbeziehen mußten, waren ihre politischen Wirkungen auf bilateraler und multilateraler Ebene nicht effektiv. Konkret heißt dies, daß die Diplomatie Brasiliens eine fast unsichtbare Arbeit im Rahmen der brasilianisch-bundesdeutschen Beziehungen leistete. Innerhalb des staatlichen Verhältnisses waren die diplomatischen Aufgaben der brasilianischen Vertretungen Anfang der fünfziger Jahre durch Formalität geprägt. Die Verhandlungen über die Handelsabkommen beider Länder waren mühsam. Weder politische Arbeit noch wirtschaftliche Zusammenarbeit konnten durch die brasilianische Diplomatie in den fünfziger Jahren im Bereich der brasilianisch-westdeutschen Beziehungen erreicht werden.

In diesem Zeitraum stellten die privatwirtschaftlichen Vertreter einen Teil ihres Kapitals für Brasilien bereit. Obwohl die brasilianische Diplomatie mit dem staatlichen Entwicklungsprojekt Brasiliens einverstanden war, mißlang ihr Versuch, einen entscheidenden Fortschritt in den Bereichen Politik, Wirtschaft, Auswanderung und Technologietransfer aus der Bundesrepublik zu erzielen. Das diplomatische Ziel Brasiliens war, den Export von Rohstoffen und Agrarprodukten, hauptsächlich von Kaffee, zu unterstützen. Auf diese Weise konnten die brasilianischen Beziehungen zurBundesrepublik Deutschland in den fünfziger Jahren keinen besonderen Beitrag für die Selbständigkeitsbemühungen Brasiliens gegenüber den USA leisten.[610]

---

610 Das Buch von Moniz Bandeira erklärt dagegen die Beziehungen zwischen der Bundesrepublik Deutschland und Brasilien unter der Perspektive, daß das Verhältnis der beiden Länder seit den fünfziger Jahren ideal und ergänzend war. Brasilien konnte die Bundesrepublik mit Rohstoffen und Agrarprodukten versorgen. Im Gegenzug hatte die Bundesrepublik die Möglichkeit, Brasilien mit Industrieprodukten und Kapitalinvestitionen auszustatten. Deswegen konnte die brasilianische Regierung an Autonomie gegenüber den USA gewinnen. Vgl. dazu Bandeira, Das deutsche Wirtschaftswunder und die Entwicklung Brasiliens. Die Beziehungen Deutschlands zu Brasilien und Lateinamerika (1949-1994).

5. Die politischen und ökonomischen Beziehungen zwischen Brasilien und der Bundesrepublik Deutschland Anfang der sechziger Jahre

5.1 Die brasilianische Außenpolitik und die Entspannungspolitik im Rahmen des Ost-West-Konflikts

Auch im Laufe der sechziger Jahre blieb die Basis des Ost-West-Konflikts bzw. des Kalten Krieges im internationalen System erhalten, obwohl die Jahre zwischen 1948 und 1953 als die Hochphase des Kalten Krieges bezeichnet wurden.[611] In diesem Zeitraum hatten die beiden Weltmächte – die USA und die UdSSR – die Möglichkeit, Atomwaffen zu bauen und zu testen. In den Ost-West-Beziehungen blieb die Bipolarität als Grundmuster im Rahmen des internationalen Verhältnisses bestehen. Beispiel dafür waren die Konsolidierung der 1949 gegründeten NATO *(North Atlantic Treaty Organization)*[612] und der Warschauer Pakt[613], der im Jahre 1955 errichtet wurde.

In der Entwicklung des Kalten Krieges zeigten sich offene Spannungen, aber auch Perioden der Entspannung. Außer dem Zeitraum von 1948 bis 1953 waren die anderen Höhepunkte des Kalten Krieges das Jahr 1956 mit den Unruhen in Ungarn und die dauerhafte Krise von 1958 bis 1962, besonders die Berlinkrise und die Kubakrise.[614] Zwischen Mitte der fünfziger und Ende der sechziger Jahre entwickelte die Sowjetunion ein bedeutendes Atompotential und große strategische Kapazitäten. Die USA verloren ihr nukleares Monopol, das sie bis Ende der vierziger Jahre besessen hatten. Die Sowjetunion schuf graduell einen Ausgleich im Bereich des Rüstungsstandes. Aus einer antagonistischen Bipolarität entwickelte sich eine kooperative Bipolarität zwischen den Blöcken. Die Beziehungen zwi-

---

611 Die Zeit zwischen Ende der vierziger und Anfang der fünfziger Jahre wurde als „Heißer Krieg" bezeichnet. In dieser Zeit mobilisierten die US-Regierung und die sowjetische Regierung eine große Menge von Ressourcen, um die materielle Struktur des Kalten Krieges zu finanzieren. Die Blöcke engagierten sich sehr für ihre allianzpolitischen und militärischen Interessen und die Unterstützung des Ost-West-Konflikts. Mit der Genfer Außenministerkonferenz (Oktober/November 1955) schloß die erste Phase der Ost-West-Entspannungspolitik ab. Auf dieser Konferenz bestanden die Westmächte darauf, Vereinbarungen über Abrüstung, europäische Sicherheit und die Frage der deutschen Wiedervereinigung zu regeln. Vgl. dazu Werner Link, Der Ost-West-Konflikt. Die Organisation der internationalen Beziehungen im 20. Jahrhundert, S. 156.

612 Vgl. Hans-Adolf Jacobsen (Hg.), Sicherheit und Zusammenarbeit. Analyse und Dokumentation, Köln 1973, S. 39-57.

613 Vgl. Jacobsen (Hg.), Sicherheit und Zusammenarbeit. Analyse und Dokumentation, S. 19-38.

614 Vgl. Maurice Vaisse, As relações internacionais desde 1945, Lisboa 1997, S. 56-80.

schen den kapitalistischen und den kommunistischen Staaten im Handel und im diplomatischen Bereich nahmen kontinuierlich zu.

Während der Perioden der Entspannung gewannen die Beziehungen zwischen den Großmächten an Intensität, um die direkte Konfrontation zu verringern,[615] da seit Ende der fünfziger Jahre ein atomares Patt zwischen den USA und der UdSSR bestand.[616] Außerdem fand in den sechziger Jahren eine Dispersion der Macht des internationalen Systems statt. Auch andere Staaten verfügten über atomares Potential.[617] Einerseits spielte die Entwicklung einiger westeuropäischer Staaten (Bundesrepublik Deutschland, Frankreich, Großbritannien und Italien) und anderer kapitalistischer Länder (Japan und Kanada) eine wichtige Rolle im wirtschaftlichen Bereich. Sie waren mit der westlichen Welt verbunden. Andererseits gewann die sogenannte Dritte Welt[618] durch ihren Beitritt zur UNO[619] und das Ori-

---

615 Vgl. Mir A. Ferdowsi, Kriege seit dem Zweiten Weltkrieg. Dimension – Ursachen – Perspektiven, in: Knapp und Krell (Hgg.), Einführung in die internationale Politik, S. 305-333.

616 Vgl. Demétrio Magnoli, Da Guerra Fria à Détente, São Paulo 1988, S. 48-51.

617 Hans Günther Brauch unterscheidet in den siebziger Jahren die Länder im internationalen System nach acht Rängen: 1) zwei Großmächte, 2) sechs Atommächte (USA, Sowjetunion, Frankreich, Großbritannien, China und Indien), 3) wirtschaftliche Mittelmächte (Japan, Bundesrepublik Deutschland, Frankreich, Großbritannien, Italien und Kanada), 4) Subimperien mit einer regionalen Führungsrolle (Brasilien, Iran, Ägypten, Indien, Indonesien, Algerien, Südafrika u. a.), 5) rohstoffreiche Entwicklungsländer der OPEC (*Organization for Economic Cooperation and Development*) und CIPEC (*Conférence intergouvernementale des pays exportateurs de cuivre*), 6) kleinere und mittlere Industriestaaten mit geringer Verhandlungsmacht, 7) Entwicklungsländer, die weder zu den rohstoffreichen noch zu den Ländern mit regionaler Führungsrolle zählen, aber auch nicht zu den ärmsten gerechnet werden, und 8) die ärmsten Entwicklungsländer. Vgl. dazu Hans Günther Brauch, Sozialwissenschaftliche Interventionsbegriffe und externe Einwirkungsphänomene im Bereich der internationalen Beziehungen, in: Simma und Blenk-Knocke (Hgg.), Zwischen Intervention und Zusammenarbeit, S. 88. Wichard Woyke unterteilt die Dispersion der Macht seit den siebziger Jahren in neun Machtzentren: Westeuropa, Japan, China, Blockfreienbewegung, islamische Länder, Gruppe der 77, transnationale Konzerne u. a. Vgl. dazu Wichard Woyke, Bipolarität und Multipolarität, in: Boeckh (Hg.), Internationale Beziehungen, S. 73 und 333.

618 Der Begriff „Dritte Welt" wurde ab 1949 benutzt und war verknüpft mit Vorstellungen eines entwicklungspolitischen Dritten Weges zwischen dem Kapitalismus und dem Kommunismus im Ost-West-Konflikt. In den fünfziger Jahren umfasste der Begriff die Länder in Asien und in Afrika, die nach diesem Dritten Weg suchten und die sich in der Blockfreiheit engagierten. In den sechziger Jahren wurde der Begriff Dritte Welt auf alle Entwicklungsländer ausgedehnt, d. h. auch auf die Länder in Lateinamerika und in der Karibik. Die Dritte Welt fügte strukturell unterschiedliche Länder zusammen. In diese Weise stand der Begriff einem heterogenen wirtschaftlichen Entwicklungsgrad gegenüber. Wegen der Heterogenität der Dritten Welt und der Schwierigkeiten dieser Staatengruppe bleibt die Diskussion über den Begriff und über die These vom Ende der Dritten Welt lebendig. Vgl. dazu Dieter Senghaas, Weltwirtschaftsordnung und Entwicklungspolitik, 2. Aufl., Frankfurt a. M. 1977; Ulrich Menzel, Das Ende der Dritten Welt und das Scheitern der großen Theorie, Frankfurt a. M. 1992 und Joseph Love, A construção do Terceiro Mundo, Rio de Janeiro 1998.

entierungskonzept der Blockfreienbewegung[620] an Bedeutung, obwohl die wirtschaftliche und militärische Schwäche der Länder der Dritten Welt deutlich war.

Trotz der militärischen und politischen Machtdispersion hatten die USA das Übergewicht im internationalen System. Die USA stellten eine internationale Macht dar, wogegen die Sowjetunion trotz ihres Besitzes an Interkontinental-Raketen eher eine regionale Macht blieb. Die Vereinigten Staaten hatten die Dominanz wegen zahlreicher Militärpakte mit ihren Bündnispartnern. Zudem hatten die US-Partner nur geringen Einfluß auf die US-Sicherheitspolitik und deren Ziele.[621]

Vor dem Hintergrund dieser globalen Entwicklungen behielten die USA im Laufe der sechziger Jahre ihre Sicherheitspolitik für den amerikanischen Kontinent bei. Größere Bedeutung hatten aber die politischen Themen für die US-Regierung. Washington unterstützte die Sicherheit, die Verteidigung von Souveränität und Integrität der amerikanischen Staaten und die solidarischen Aktionen im Falle einer Aggression von außen oder untereinander. Im Grunde genommen wollte die US-Regierung die politische Gemeinschaft der „westlichen Welt" und das kapitalistische Wirtschaftssystem auf dem amerikanischen Kontinent bewahren. Trotz dieser US-Außenpolitik verlangten die lateinamerikanischen Staaten eine weitere Förderung ihrer wirtschaftlichen Entwicklung. Aber die politischen Fragen erhielten insgesamt Priorität vor den lateinamerikanischen Wirtschaftsinteressen.[622]

---

619 Auf der Konferenz von San Francisco 1945 gab es 50 Teilnehmerstaaten in der UNO. Die Staaten Afrikas und Asiens, die nach dem Zweiten Weltkrieg unabhängig wurden, verdoppelten die Mitgliederzahl der UNO zwischen 1945 und den sechziger Jahren. Im Jahre 1973 hatte die UNO 135 Mitglieder. Vgl. dazu Volger, Geschichte der Vereinten Nationen, S. 247-253.

620 Der Begriff der Blockfreienbewegung entstand im Zuge der Dekolonisation nach dem Zweiten Weltkrieg. Einzelne Länder konstituierten sich vor dem Hintergrund der Konfrontation von Mitgliedsstaaten der NATO mit denen des Warschauer Paktes und nahmen eine gemeinsame Orientierung ihrer Außenpolitik gegenüber den Machtblöcken im Ost-West-Konflikt auf. Die erste Konferenz der Staatengruppe der Blockfreien fand 1961 in Belgrad statt. Ziele waren die Förderung einer Politik der Unabhängigkeit gegenüber den Machtblöcken in Ost und West, Nichtbeteiligung an Militärbündnissen und Unterstützung nationaler Unabhängigkeit-Bewegungen. Vgl. dazu Volker Matthies, Die Blockfreien. Ursprünge, Entwicklung, Konzeption, Opladen 1985 und Jean Ziegler, Gegen die Ordnung der Welt. Befreiungsbewegungen in Afrika und Lateinamerika, Wuppertal 1986.

621 Zwischen den USA und anderen Staaten wurden 42 Verteidigungsabkommen bis 1969 geschlossen und es gab in der Zeit 35 Militärpakte für Militär- und Ausbildungshilfe zwischen den USA und anderen Ländern. Zur gleichen Zeit gab es 14 Militär- und Verteidigungsabkommen zwischen der UdSSR und anderen Staaten. Vgl. dazu Heinrich von Siegler, Die Zusammenschlüsse und Pakte der Welt, Bonn 1969.

622 Ein Jahr nach der Enteignung von Großgrundbesitzern der *United Fruit Company* aus den USA und nach einem Agrarreformprogramm der Regierung Jacobo Arbenz in Guatemala rie-

Seit dem Ende des Zweiten Weltkrieges bestand ein Widerspruch zwischen der US-Außenpolitik für Lateinamerika und den Forderungen der lateinamerikanischen Länder gegenüber den USA. Für die US-Regierung war es klar, daß sich die Problematik auf dem lateinamerikanischen Subkontinent, hauptsächlich in wirtschaftlichen Fragen, vergrößerte. In den Jahren 1957 und 1958 war die wirtschaftliche Lage Lateinamerikas insgesamt katastrophal.[623] Diese Widersprüche zwischen den USA und den lateinamerikanischen Ländern erreichten nach Ansicht der US-Regierung den Höhepunkt, als der Vizepräsident Richard Nixon im Jahre 1958 Lateinamerika besuchte. Überall wurden Demonstrationen gegen die außenpolitische Haltung der USA gegenüber Lateinamerika organisiert. Diese Massenkundgebungen zeigten die Dimension der Verschlechterung der Beziehungen seit Ende der vierziger Jahre zwischen diesen Staaten.[624]

Danach bemühte sich die Regierung Eisenhower allmählich um politische Antworten auf die lateinamerikanischen Wirtschaftsprobleme. Die US-Außenpolitik begann eine internationale Organisation für den Kaffee zu unterstützen.[625] Sie

---

fen die USA eine Interamerikanische Konferenz ins Leben. Während dieser Interamerikanischen Konferenz in Caracas (vom 1. bis zum 28. März 1954) versuchten die lateinamerikanischen Staaten zu erreichen, daß die US-Außenpolitik der Wirtschaftsentwicklung des Subkontinents ein besonderes Interesse widmete. Die USA arbeiteten allerdings besonders für die Sicherheitspolitik der Region. So brachte die US-Diplomatie eine Resolution gegen die kommunistische Bewegung auf dem Kontinent ein. Diese Resolution billigte die Intervention der USA für den Fall, daß die Souveränität und Sicherheit der lateinamerikanischen Staaten in Gefahr seien. Im Juni 1954 gab es einen Putsch in Guatemala mit der Unterstützung des US-Geheimdienstes CIA. Vgl. dazu John Mecham, A survey of United States-Latin American Relations, S. 213-220 und James Dunkerley, Guatemala since 1930, in: Leslie Bethell (Hg.), The Cambridge history of Latin America, Cambridge 1990, Bd. 7, S. 211-249.

623 In den Jahren 1953/54 und 1957/58 litten die USA unter wirtschaftlichen Rezessionen. Da die lateinamerikanische Wirtschaft von dem US-Markt abhängig war, spiegelten sich diese Rezessionen stark in der lateinamerikanischen Wirtschaft wider. Infolge der Verschlechterung der Austauschbeziehungen und den US-Rezessionen verschärfte sich die wirtschaftliche Krise in Lateinamerika. Vgl. dazu Gordon Connell-Smith, Los Estados Unidos y la América Latina, México 1977, S. 216-256 und Mecham, A survey of United States-Latin American Relations, S. 189-199.

624 Vgl. Mecham, A survey of United States-Latin American Relations, S. 187-189.

625 Seit Mitte der fünfziger Jahre wurde der Kaffeepreis durch die afrikanische und mittelamerikanische Konkurrenz und durch die brasilianische Überproduktion auf dem internationalen Markt erschüttert. Im Jahre 1958 stieg die Kaffeeproduktion weiter, und der Kaffeepreis sank. Im September dieses Jahres bildeten 15 Kaffee-Export-Länder das „Lateinamerikanische Abkommen für den Kaffee" (*Convênio Latino-Americano do Café*). Brasilien sollte 40% seiner Produktion vom Markt zurücknehmen und Kolumbien 15%. Trotz dieser Maßnahmen sank der Kaffeepreis auf dem internationalen Markt weiter. 1959 nahm die Internationale Kaffee-Organisation *(Organização Internacional do Café)* ihre Arbeit auf. Jene lateinamerikanischen Länder, die Kaffee produzierten, nahmen an der Organisation teil. Portugal und Frankreich traten der Organisation an Stelle ihrer afrikanischen Kolonien bei. Jedes

akzeptierte das Vorhaben, eine Institution für interamerikanische Finanzen zu gründen und einigen sozialen Projekten in Lateinamerika mit staatlichen Darlehen aus den Vereinigten Staaten finanzielle Hilfe zukommen zu lassen.[626]

Der Erfolg der kubanischen Revolution im Januar 1959 beendete allmählich das strukturell abhängige Verhältnis Kubas von den USA.[627] Die erste konkrete Reaktion der US-Regierung im amerikanischen Rahmen war die Einberufung eine Konferenz. Zwischen dem 12. und dem 18. August 1959 fand in Santiago (Chile) eine Panamerikanische Konferenz, die sogenannte V. Versammlung der amerikanischen Außenminister, statt. Auf dieser Konferenz war das Hauptthema zwar die Unruhen in der Karibik. Die brasilianische Diplomatie konnte im Rahmen der Konferenz aber auch über die Verflechtung von politischer Stabilität und wirtschaftlicher Entwicklung zur Sprache bringen. Die Vertreter Rios waren überzeugt, daß die politischen und sozialen Unruhen eine enge Verbindung mit den wirtschaftlichen Problemen aufwiesen. Am Ende dieser Konferenz gaben die amerikanischen Diplomaten bekannt, daß sich die Existenz der nicht-demokratischen Regime im Widerspruch zu den Prinzipien der Organisation

---

Land sollte eine feste Kaffeequote pro Jahr exportieren. Anfangs war die US-Regierung gegen eine internationale Organisation für den Kaffee. Doch wegen der politischen und wirtschaftlichen Krise in Lateinamerika engagierten sich die USA für die Organisation. Vgl. dazu Antônio Delfim Neto, O problema do café no Brasil, São Paulo, 1966, S. 221-239 und Malan, Relações econômicas internacionais do Brasil (1945-1964), in: Fausto (Hg.), História geral da civilização brasileira, Bd. 11, S. 81-82.

626 Die Interamerikanische Entwicklungsbank *(Banco Interamericano de Desenvolvimento)* wurde 1959 durch die Organisation Amerikanischer Staaten (OAS) gegründet. Ziel war, die wirtschaftliche Entwicklung der lateinamerikanischen Länder sowie des Subkontinents zu fördern. Vgl. dazu Banco Interamericano de Desenvolvimento. Dez anos de luta pela América Latina, Rio de Janeiro 1971 und Sidney Dell, The Inter-American Development Bank, New York u. London 1972.

627 Ende 1956 begann unter Führung Fidel Castros einen Guerillakrieg gegen die Batista-Diktatur in Kuba. Drei Jahre später wurde Batista mit dem Sieg der kubanischen Revolution gestürzt. Im Februar 1960 schlossen Kuba und die UdSSR ein Abkommen. Dadurch kaufte die UdSSR kubanischen Zucker für vier Jahre, gab Kuba ein Darlehen von 100 Millionen US-Dollar und stellte der kubanischen Regierung technische Hilfe zur Verfügung. Im März 1960 billigte Eisenhower die militärische Ausbildung einer anti-castristischen Guerila mit der Unterstützung des US-Geheimdienstes CIA. Im Juli reduzierte die US-Regierung den Import der Zuckerquote aus Kuba und die kubanische Regierung verstaatlichte die US-Gesellschaften auf der Insel. Die sowjetische Regierung unterstützte das Regime Castros. Vgl. dazu Louis Perez, Cuba? (1930-1959) und Jorge Dominguez, Cuba since 1959, in: Bethell (Hg.), The Cambridge history of Latin America, Bd. 7, S. 419-508 und Leo Hubermann und Paul Sweezy, Cuba – Anatomía de una revolución, Habana 1960.

Amerikanischer Staaten (OAS) befinde und sie eine Bedrohung für die Harmonie und den Frieden auf dem Kontinent sei.[628]

Die kubanische Revolution stellte eine Gefahr für das interamerikanische System dar. Andere Panamerikanische Konferenzen, die sogenannten VI. und VII. Versammlungen der amerikanischen Außenminister, wurden zwischen dem 16. und 21. August und zwischen dem 22. und 29. August 1960 in San José (Costa Rica) einberufen. Hauptsächlich diskutiert wurde die Frage des kommunistischen Einflusses auf dem amerikanischen Kontinent. Die Deklarationen der Konferenzen besagte anschließend: Die amerikanischen Staaten sollten sich gegen jede Intervention von außerhalb des Kontinents wenden, und die amerikanischen Prinzipien sollten gegen jedes nicht-demokratische Regime stehen. Über den Kubafall gab es keine separate Deklaration.[629]

Die graduelle Entfernung Kubas von dem amerikanischen Sicherheitssystem zeigte seine Wirkung auf die US-Politik gegenüber Lateinamerika. Die US-Sorge wurde größer, daß andere Staaten Lateinamerikas sich ihrer politisch-ökonomischen Einflußsphäre entziehen könnten. In diesem Zusammenhang wurden Veränderungen der lateinamerikanischen US-Außenpolitik sichtbar. Im Bereich der Wirtschaft und der Gesellschaft entwarf das Grundprogramm der US-Regierung eine Entwicklungshilfe- und Sozialpolitik mit staatlichen Kreditleistungen.[630]

Diese Veränderungen wurden deutlich während der US-Regierung John F. Kennedy (1960-1963). Im Jahre 1961 konzipierte Washington ein Entwicklungsprogramm für Lateinamerika. In Punta del Este (Uruguay) unterzeichneten alle Mitgliedsländer der OAS, mit Ausnahme Kubas, die „Erklärung an die Völker Amerikas" und die Charta der „Allianz für den Fortschritt" *(Aliança para o Progresso)*.[631] Ziele waren, in Lateinamerika die demokratischen Institutionen zu stärken,

---

628 Vgl. Connell-Smith, El sistema interamericano, S. 285-287 und Brasil. Ministério das Relações Exteriores. Gestão do Ministro Horácio Lafer na Pasta das Relações Exteriores, Rio de Janeiro 1961, S. 5-23.

629 Vgl. Connell-Smith, El sistema interamericano, S. 290-294.

630 Vgl. Connell-Smith, Los Estados Unidos y la América Latina, S. 216-299.

631 Nach Ansicht der brasilianischen Diplomatie und einigen Autoren wurde die „Allianz für den Fortschritt" wegen der politisch-diplomatischen Aktionen Brasiliens durch die sogenannte Panamerikanische Operation *(Operação Pan-Americana)* entworfen, da sie eine Verknüpfung der Frage der Sicherheit vor dem Kommunismus in Lateinamerika mit dem Problem der Entwicklung behandelte. Vgl. dazu Brasil. MRE. Relatório. Apresentado ao Presidente da República dos Estados Unidos do Brasil pelo Ministro de Estado das Relações Exteriores – 1961, Rio de Janeiro 1962, S. 150; Cunha, Diplomacia em alto-mar: depoimento ao CPDOC, S. 210; John Dreier (Hg.), A organização dos Estados Americanos e a crise do hemisfério, Rio de Janeiro 1962, S. 94-98; Lincoln Gordon, Relações dos Estados Unidos com a América

die sozialen und ökonomischen Entwicklungen zu beschleunigen, die schulische Ausbildung zu verbessern, eine Agrarreform durchzuführen und die Einkommen zu steigern. Die US-Regierung versprach, die „friedliche Revolution der Hoffnung" mit mehreren Milliarden US-Dollar zu unterstützen.[632] Eigentlich zielte das Programm darauf, die antikommunistischen Regierungen in Lateinamerika zu stützen und die kubanische Regierung zu isolieren. Aber die Initiative setzte sich nicht fort. Von Beginn an schränkte das US-Parlament wegen des Defizits der Zahlungsbilanz in den USA die Ressourcen für die Allianz ein. Ab 1964 wurde diese wirtschaftliche Unterstützung aus den USA wegen der Kosten des Vietnamkrieges geringer.[633]

Im Bereich der politischen Aktionen unterstützten die USA den Ausschluß Kubas aus der OAS. Die kolumbianische Regierung berief die Panamerikanische Konferenz, die sogenannte VIII. Versammlung der amerikanischen Außenminister, ein. Die Versammlung fand zwischen dem 22. und 31. Januar 1962 in Punta del Este statt. Auf der Konferenz diskutierte man über die Verletzungen der Menschenrechte in Kuba und über die kubanischen Subversionen. Die Resolution unterstrich Schluß, daß der Marxismus und der Leninismus mit dem interamerikanischen System nicht vereinbar seien. Trotz der Enthaltung von Argentinien, Bolivien, Brasilien, Chile, Ecuador und Mexiko wurde Kuba aus der OAS ausgeschlossen. Nach der Konferenz übte die US-Diplomatie weiter Druck auf die lateinamerikanischen Staaten aus: Sie sollten ihrer Position folgen und die diplomatischen Beziehungen zu Kuba abbrechen.[634]

Die kubanische Krise und die Errichtungsphase der „Allianz für den Fortschritt" lagen in der Zeit der Regierungen Jânio Quadros (von Februar bis August 1961)[635] und João Goulart (1961-1964)[636] in Brasilien. Ende der fünfziger Jahre führten der Industrialisierungsprozeß und die Öffnung des Landes für ausländische Direktinvestitionen zu einer raschen Entwicklung der Wirtschaft in Brasilien. Aber dieser Wirtschaftsaufschwung brachte eine größere Auslandsverschuldung und soziale Probleme mit sich. Präsident Juscelino Kubitschek hinterließ seinen Nachfolgern

---

Latina, especialmente com o Brasil, in: Revista Brasileira de Política Internacional, Rio de Janeiro 1961, Bd. 15, S. 15; Cervo und Bueno, História da política exterior do Brasil, S. 290 und Thomas Skidmore, Politics in Brazil (1930-1964), S. 174.

632 Vgl. John Dreier (Hg.), The Alliance for Progress, Baltimore 1962.

633 Mit dem Vietnamkrieg ergab sich eine Veränderung der US-Außenpolitik gegenüber Lateinamerika. Das sicherheitspolitische Interesse der Vereinigten Staaten verlagerte sich von Lateinamerika nach Südostasien. Vgl. dazu Vaisse, As relações internacionais desde 1945, S. 111-120.

634 Vgl. Connell-Smith, El sistema interamericano, S. 225-230.

635 Vgl. Maria Victoria de Mesquita Benevides, O governo Jânio Quadros, São Paulo 1981 und Weffort, O populismo na política brasileira.

636 Vgl. Caio Navarro de Toledo, O governo João Goulart e o golpe de 64, São Paulo 1985.

viele Schwierigkeiten: Die ausländischen Privatunternehmen, hauptsächlich aus den USA, beherrschten die dynamischen Wirtschaftssektoren; die Inflation stieg rapid, und trotz der sich beschleunigenden Inflation erhielten die Arbeiter keine Lohnerhöhung.[637] Diese innenpolitische Krise wurde von einer politischen Mobilisierung begleitet. Die Koalitionsregierung konnte nicht fortgesetzt werden und zum ersten Mal seit 1945 gewann ein Kandidat der Oppositionspartei die Wahlen. Präsident Jânio Quadros trat in Brasilien ohne präzise formuliertes Regierungsprogramm an.[638]

Die ersten Maßnahmen der Regierung Quadros galten der Stabilisierung der Wirtschaft. Er bildete ein konservatives Kabinett[639] und bereitete ein Stabilisierungsprogramm[640] vor. Damit paßte das Programm zu seiner konservativen Vorstellung von Wirtschaftspolitik. Das Zahlungsdefizit sollte niedriger werden und die Kapitalinvestitionen aus dem Ausland sollten die brasilianische Wirtschaft beleben. Dafür entsandte die Regierung Jânio Quadros drei Sondermissionen, eine in die USA, eine nach Westeuropa und eine andere nach Osteuropa.

Im Mai 1961 verhandelte die Regierung mit Erfolg über die Verschuldung und die Gewährung neuer Kredite mit dem Internationalen Währungsfonds und mit den

---

637 Im Jahre 1961 lag das Wachstum der brasilianischen Wirtschaft bei 7%. Aber das Defizit der gesamten Zahlungsbilanz wies über 100 Milliarden US-Dollar auf, circa ein Drittel des erwarteten Staatsbudgets. Die brasilianische Auslandsverschuldung erreichte 3.800 Millionen US-Dollar, von denen 600 Millionen im Jahre 1961 zurückzuzahlen waren. Zwischen 1959 und 1960 erreichte die Inflation über 30% pro Jahr. Bei den makroökonomischen Angaben sollte man bemerken, daß die Arbeitslosigkeit und die Lebenshaltungskosten stiegen. Vgl. dazu Malan, Relações econômicas internacionais do Brasil (1945-1964), in: Fausto (Hg.), História geral da civilização brasileira, Bd. 11, S. 99-104 und Octávio Ianni, O colapso do populismo no Brasil, Rio de Janeiro 1987, S. 161-185.

638 Jânio Quadros (Nationale Demokratische Partei – UDN) wurde bei den Präsidentschaftswahlen am 3. Oktober 1960 zum Präsidenten von Brasilien und João Goulart (Brasilianische Arbeiterpartei – PTB) zum Vizepräsidenten gewählt. Obwohl Jânio Quadros kaum Verbindungen zur UDN hatte, wurde er als Kandidat der Partei unterstützt.

639 Die wichtigen Minister waren: Clemente Mariani (Finanzen), Oscar Pedroso (Justiz), Afonso Arinos de Melo Franco (Auswärtige Angelegenheiten), Odylio Denys (Krieg), Brigidio Tinoco (Arbeit) und João Agripino (Bergbau und Industrie). João Batista Leopoldo Figueiredo wurde zum Präsidenten der Brasilianischen Bank (Banco do Brasil) ernannt. Leopoldo Figueiredo war Präsident der Deutsch-Brasilianischen Handelskammer zwischen 1948 und 1966. Während er bei der brasilianischen Regierung arbeitete, war Humberto Monteiro sein Stellvertreter an der Handelskammer. Vgl. dazu Geschäftsbericht der Deutsch-Brasilianischen Handelskammer in São Paulo. Hg. zu den Jubiläumsfeierlichkeiten Mai 1973, S. 154-156.

640 Der Finanzminister Clemente Mariani setzte ein Stabilisierungsprogramm in Kraft. Ziel war das Zahlungsdefizit zu verringern. Dazu sollten die staatlichen Ausgaben und Kredite abgebaut werden. Die Ausfuhr sollte durch eine neue Devisenpolitik (SUMOC-Instruktion Nr. 204) unterstützt werden. Vgl. dazu Benevides, O governo Jânio Quadros, S. 48-58.

Haager Clubländern.[641] Im Gegensatz dazu entwickelten der Präsident Quadros und sein Außenminister Afonso Arinos de Melo Franco das Konzept der sogenannten „unabhängigen Außenpolitik" *(Política Externa Independente – PEI)*.[642] Diese Politik war nationalistisch geprägt und entsprach der Entfaltung der pragmatischen Orientierung Anfang der sechziger Jahre.[643] Es war klar, daß Brasilien kaum politischen Verhandlungsspielraum auf dem amerikanischen Kontinent hatte, um die ungünstigen Beziehungen mit den USA zu verändern. Im Grunde erzielte diese „unabhängige Außenpolitik" ein Zurückdrängen der wirtschaftlichen und politischen Vorherrschaft der privaten Investoren in Brasilien. Dabei wurde aber nicht auf das kapitalistische Entwicklungsmodell verzichtet.

Die „unabhängige Außenpolitik" strebte nach Freiheit im Bereich der Außenhandelspolitik überwiegend durch die geographische Ausdehnung der Handelsbeziehungen und nach einem größeren Verhandlungsspielraum Brasiliens gegenüber der US-Regierung. Dieses Konzept versuchte, eine Internationalisierung der brasilianischen Außenpolitik einzuleiten. In Übereinstimmung mit dem Motto „materielle Interessen kennen keine Doktrin" bemühte sich die brasilianische Regierung gleichzeitig um wirtschaftliche Verhandlungen mit den USA, mit der UdSSR und mit den Ländern des westlichen und östlichen Europas. Nach Auffassung der brasilianischen Regierung sollte die Außenpolitik Brasiliens endgültig zu einem Instrument der nationalen Entwicklungspolitik werden.[644]

Die Regierung suchte nach außenpolitischen Alternativen für Brasilien. Die „unabhängige Außenpolitik" zielte auf die Vorbereitung der Aufnahme diplomatischer Beziehungen zu den Ostblockstaaten, inklusive der Sowjetunion und der

---

641 Die Export-Import-Bank, die *National Economic Development Bank* und andere brasilianische Gläubiger aus den USA waren für die Verlängerung der brasilianischen Verschuldung und gewährten Brasilien neue Kredite. Die Regierungen von Belgien, Frankreich, der Bundesrepublik Deutschland, Großbritannien, Italien, den Niederlanden, Schweden und der Schweiz schlossen ein Abkommen über die Konsolidierung brasilianischer Schulden an diese Länder und über die Gewährung von *Stand-by-Krediten* durch diese Länder. AA-PA. Ref. 415, Bd. 232. Brasilienkredit. Sitzung der Europäischen Banken am 15.6.1961 in Paris, Frankfurt a. M. (19.6.1961).

642 Die sogenannte „unabhängige Außenpolitik" stellte die Orientierung der gesamten Regelungen der Außenpolitik Brasiliens zwischen 1961 und 1964 dar. Vgl. dazu Keith Storrs, Brazil's Independent Foreign Policy (1961-1964). Background, tenets, linkages to domestic politics and aftermath, Phil. Diss.; Cornell 1973; Jânio Quadros, Brazil's New Foreign Policy, in: Foreign Affairs, New York 1961-1962, S. 19-27 und Francisco San Thiago Dantas, Política externa independente, Rio de Janeiro 1962.

643 Während der Regierung Jânio Quadros stellte sich die „unabhängige Außenpolitik" als gefühlsbetont und ungeordnet dar. Während der Regierung João Goulart wurde sie systematisiert. Vgl. dazu João Luiz Ribeiro Fragoso, Notas sobre a política externa brasileira dos anos 50-70, in: Estudos Afro-Asiáticos, Bd. 10, S. 18-19.

644 Vgl. Quadros, Brazil's New Foreign Policy, in: Foreign Affairs, S. 27.

Volksrepublik China.[645] Grundzüge dieser brasilianischen Außenpolitik waren: Unterstützung der Entkolonialisierung in Afrika und Asien,[646] Achtung internationaler Verträge, Nichteinmischung in die inneren Angelegenheiten souveräner Staaten, Schaffung neuer Impulse für die panamerikanischen Beziehungen, Beseitigung aktueller Differenzen zur EWG und eine Aufrechterhaltung der freundschaftlichen Beziehungen zu Kuba. Zusätzlich bot dieses Konzept nach Ansicht des brasilianischen Außenministeriums die Möglichkeit, daß Brasilien eine Rolle in der Bewahrung der friedlichen Koexistenz spielen könnte. Das Land sei bereit, bei den Mitgliederländern der Blockfreienbewegung dem Konflikt zwischen Ost und West zu einer Lösung zu verhelfen. Außerdem verlangte Brasilien ein neues Verhältnis zwischen den Industrieländern und den Entwicklungsländern.[647]

Während Quadros konservative Wirtschaftsmaßnahmen im Inland durch konservative Minister einführte, verfolgte er eine autonome Außenpolitik. Diese Politik löste am Anfang eine Euphorie bei verschiedenen sozialen Sektoren der brasilianischen Gesellschaft aus. Man glaubte, daß Jânio Quadros die bestehenden Wi-

---

645 Im Februar 1961 knüpfte Brasilien diplomatische Beziehungen zu Bulgarien, Ungarn und Rumänien. Zwischen April und Mai gleichen Jahres besuchte unter der Führung von João Dantas eine brasilianische Delegation Albanien, Bulgarien, Jugoslawien, Rumänien, die Tschechoslowakei, Polen und die Deutsche Demokratische Republik, um über die Handels- und Kulturabkommen zu verhandeln. Im August 1961 schickte Brasilien unter der Führung des Vizepräsidenten João Goulart eine Handelsmission in die Volksrepublik China. Im November 1961 wurden die diplomatischen Beziehungen zwischen Brasilien und der UdSSR wiederaufgenommen. Vgl. dazu Brasil. MRE. Relatório. Apresentado ao Presidente da República dos Estados Unidos do Brasil pelo Ministro de Estado das Relações Exteriores – 1961, S. 53-59; Antônio Houaiss (Hg.), Brasil-URSS. 40 anos de estabelecimento de relações diplomáticas, Rio de Janeiro 1985 und Antônio Barbosa, Outros espaços: África do Norte, Oriente Próximo, Continente Asiático e Japão nas relações internacionais do Brasil, in: Cervo (Hg.), O desafio internacional. A política exterior do Brasil de 1930 a nossos dias, S. 333-351.

646 Brasilien war wegen der gesetzten Prioritäten der besonderen Beziehungen Frankreichs und Belgiens zu ihren überseeischen Gebieten und ehemaligen Kolonien im Rahmen der EWG für den Prozeß der Dekolonisation in Afrika und Asien. Außerdem wollte die brasilianische Regierung als Vermittlungsstelle zwischen der Ersten Welt und der Dritten Welt einnehmen. Das führte zu Problemen in den traditionellen Beziehungen zwischen Portugal und Brasilien, da Brasilien seine historischen Ansichten über die Afrika-Politik Portugals veränderte. Vgl. dazu Adolpho Bezerra de Menezes, Ásia, África e a política independente do Brasil, Rio de Janeiro 1961 und Letícia Pinheiro, Brasil, Portugal e a descolonização africana (1946-1960), in: Contexto Internacional, Rio de Janeiro 1989, Bd. 9, S. 91-111.

647 Afonso Arinos de Melo Franco (Brasilianischer Außenminister zwischen Februar und August 1961 und zwischen Juli und September 1962) hielt am 22. September 1961 eine Rede vor den Vereinten Nationen und sprach über eine getrennte Welt. Diese Aufteilung sei nicht nur in West und Ost (Ideologischer Konflikt) sichtbar, sondern auch in Nord und Süd (Sozialer und Ökonomischer Konflikt). Vgl. dazu: The voice of Brazil in the United Nations (1946-1995), S. 143-148.

dersprüche und Gegensätze überwinden könnte. In kurzer Zeit provozierte seine Regierung aber Proteste wegen ihrer Binnenwirtschafts- und Außenpolitik. Die Debatten über die Wiederbelebung der diplomatischen Beziehungen mit der Sowjetunion und den anderen kommunistischen Ländern verursachte eine starke Reaktion gegen seine Regierung.

Die Kubafrage stellte ein Problem zwischen Brasilien und den USA dar. Nach Ansicht der brasilianischen Regierung war Kuba der beste Vertreter einer autonomen Entwicklung auf dem Subkontinent. Im Bereich der panamerikanischen Konferenzen war Brasilien gegen die US-Forderungen. Die brasilianische Diplomatie forderte, daß Brasilien und die lateinamerikanischen Länder die kubanische Regierung nach der Revolution unterstützen sollten. Im Gegenzug sollte die Regierung Kubas ihre Neutralität im Ost-West-Konflikt gewährleisten.[648] Auf diese Weise könnte Kuba weiter mit den amerikanischen Ländern zusammenarbeiten. Die brasilianische Regierung hielt in dieser Auseinandersetzung an dem Prinzip der Souveränität und Nichtintervention fest.[649]

Diese Tendenz der brasilianischen Außenpolitik beschäftigte die Presse in Brasilien. Unterschiedliche politische Sektoren übten Kritik an der Regierung Quadros, sowohl an ihrer Innenpolitik als auch an ihrer Außenpolitik.[650] Am 25. August 1961 bot Präsident Quadros seinen Rücktritt an. Diese Meldung löste eine Krise aus. Die Militärs unter den Ministern weigerten sich, den Vizepräsidenten João Goulart als Nachfolger von Jânio Quadros zu akzeptieren. Zum damaligen Zeitpunkt unternahm der Vizepräsident gerade eine Reise in die Volksrepublik China.

---

648 Auf der Panamerikanischen Konferenz im Januar 1962 in Punta del Este schlug der brasilianische Außenminister San Thiago Dantas vor, daß Kuba neutral wie Finnland bleiben solle. Vgl. dazu Cunha, Diplomacia em alto-mar: depoimento ao CPDOC, S. 236-237.

649 Nach der gescheiterten Invasion in der Schweinebucht im April 1961 erklärte sich Jânio Quadros öffentlich für die Aufrechterhaltung der Souveränität und Nichtintervention auf dem Subkontinent. Vgl. dazu Afonso Arinos de Melo Franco, A alma do tempo. Memórias, Rio de Janeiro 1979, S. 909.

650 Die konservativen Gruppen, hauptsächlich die Fraktionen der Nationalen Demokratischen Union (UDN) und der Sozialdemokratischen Partei (PSD) und das Militär, protestierten nachdrücklich gegen Jânio Quadros. Der Höhepunkt der Proteste war nach der Ordensverleihung an den kubanischen Industrie- und Handelsminister Ché Guevara am 19. August 1961. Carlos Lacerda, der Parteifreund von Jânio Quadros war, kritisierte stark die Regierung mittels der Presse. Das Militär protestierte und basierte seine Proteste auf der Doktrin der brasilianischen Kriegshochschule *(Escola Superior de Guerra – ESG)*. Die Kriegshochschule formulierte eine Doktrin der „Nationalen Sicherheit", die einen permanenten Antagonismus zwischen dem demokratisch-christlichen Westen und dem kommunistisch-materialistischen Osten annahm. Sie akzeptierte keine Beziehungen zwischen Ost und West. Vgl. dazu die Zeitungen *Tribuna da Imprensa* (Juni bis August 1961); *O Estado de São Paulo* (Juni bis August 1961); das Magazin *O Cruzeiro* (Juni bis August 1961) und Golbery do Couto de Silva, Geopolítica do Brasil, Rio de Janeiro 1969.

Das Militär begründete seine Ablehnung mit dem Argument, João Goulart bringe die nationale Sicherheit Brasiliens in Gefahr. Zwischen dem 25. August und dem 7. September dauerte die politische Krise in Brasilien an. In diesem Zeitraum wurde ein Vorschlag im Parlament gebilligt, der die brasilianische Verfassung änderte, wodurch das Präsidialsystem in ein parlamentarisches System umgewandelt wurde. Am 7. September trat João Goulart sein Amt an und am nächsten Tag ernannte er Tancredo Neves (Sozialdemokratische Partei – PSD) zum Ministerpräsidenten.[651]

Auf Grund dieser Vorgeschichte schwebte die Regierung Goulart von Anfang an in einer labilen politischen Situation.[652] Im Bereich der Innenpolitik versuchte sie, die wirtschaftliche Stabilisierungspolitik in Gang zu bringen. Diese Politik strebte nach Konsolidierung der brasilianischen Wirtschaft, Kontrolle der Inflation, Durchführung der Basisreformen und nach günstigen Neuvereinbarungen über die Verschuldung Brasiliens im Ausland. Der Mißerfolg dieser Politik wurde erst im Jahre 1963 deutlich: Die Inflation stieg, die Wachstumsraten der brasilianischen Wirtschaft gingen zurück, und Auslandskapitals wurde aus Brasilien abgezogen. Im Jahre 1961 lag die Inflation bei 35%. 1962 erreichte sie 50% und 1963 78%. Das wirtschaftliche Wachstum sollte 7% pro Jahr erreichen, aber es lag im Jahre 1963 nur bei 1,6%. So wurde das Zahlungsbilanz- und Haushaltsdefizit ständig größer.[653]

Die sozialen Bewegungen in der brasilianischen Gesellschaft verschärften die politischen Mobilisierungen. Die konservativen Eliten Brasiliens warfen der Regierung eine populistische und gewerkschaftliche Allianz vor und organisierten sich, um ihre Interessen zu schützen.[654] Im Gegenzug etablierten sich die sozialen

---

651 Durch eine Volksabstimmung übernahm João Goulart im Januar 1963 sein Amt als Präsident. Vgl. dazu Almino Affonso, Raízes do golpe – da crise da legitimidade ao Parlamentarismo, Rio de Janeiro 1988.

652 Die Mehrheit der UDN (Nationale Demokratische Union) machte Opposition gegen die Regierung Goulart und verteidigte eine Militärdiktatur. Anfang stellten PSD/PTB (Sozialdemokratische Partei/Brasilianische Arbeiterpartei) eine Koalition und unterstützen die Regierung. Als die Regierung Goulart im März 1961 die Basisreformen (Agrar-, Finanz-, Verwaltungs-, Wahl- und Steuerreform) vorschlug, ging die PSD in die Opposition. Während die Mehrheit der PSD von der Regierung Abstand nahm, engagierte die PTB sich für die sozialen und politischen Reformen. In dieser Weise entwickelten sich starke politische Divergenzen gegenüber der Regierung in Brasilien. Vgl. dazu Maria Victoria de Mesquita Benevides, A UDN e o udenismo, Rio de Janeiro 1981, S. 113-143; Lúcia Hippólito, PSD – de raposas e reformistas, Rio de Janeiro 1985, S. 213-257 und Cibilis Viana, As reformas de base e a política nacionalista de desenvolvimento. De Getúlio a Jango, Rio de Janeiro 1980, S. 107-185.

653 Vgl. Roberto Macedo, Plano Trienal de Desenvolvimento Econômico e Social, in: Betty Mindlin Lafer (Hg.), Planejamento no Brasil, São Paulo 1975, S. 61.

654 Die Unternehmer, die Militärs, die Großgrundbesitzer und ein Teil der katholischen Kirche engagierten sich gegen die nationalistischen und linken Parteien, die sich für die sozialen

Sektoren durch Gewerkschaften und Arbeitnehmervertretungen und nahmen somit eine repräsentative Stellung in der politischen und gesellschaftlichen Ordnung des Landes ein.[655]

Im Rahmen der Außenpolitik setzte die Regierung João Goulart die „unabhängige Außenpolitik" fort. Sie veränderte die Haltung Brasiliens zur Investition ausländischen Kapitals und setzte Gesetzesinitiativen zur Begrenzung des Gewinntransfers in Kraft.[656] Es kam zur Nationalisierung ausländischer Betriebe: eine ITT-Tochtergesellschaft in Rio Grande do Sul wurde verstaatlicht. Die ausländischen Investitionen wurden knapp in Brasilien. Zwischen 1957 und 1961 stiegen die Investitionen um durchschnittlich 13%. Im Jahre 1963 dagegen nahmen sie nur um 3% zu. Wegen der politisch-ökonomischen Instabilität der Regierung Goulart und der sozialen Spannungen reduzierten sich die privaten Direktinvestitionen in Brasilien stark, sowohl die aus den USA als auch jene aus Westeuropa.[657] Innerhalb der brasilianischen Eliten argumentierte man immer vehementer gegen die Regierung Goulart. Ab Ende 1963 verschärfte die Regierung Goulart ihre innenpolitischen Maßnahmen und suchte unter stärkerer Mobilisierung der Gewerkschaften und Unterschichten ihre Reformenpolitik fortzuführen[658]

So vergrößerten sich die Schwierigkeiten zwischen Brasilien und den USA. In dieser Zeit gab es nach Ansicht der US-Regierung eine „linksradikale" Regierung in Brasilien, weswegen die USA die Regierung Goulart zu schwächen suchten. Die US-Regierung setzte eine Außenwirtschaftspolitik gegenüber Brasilien in Kraft, durch die Brasilien kaum öffentliche Darlehen und Kredithilfe aus den USA erhielt. Dadurch investierte das ausländische Privatkapital aus den USA, aus

---

Bewegungen einsetzten. Außerdem sahen diese Eliten die Regierung Goulart als kommunistisch an und glaubten, daß die nationalistischen Parteien auf den Sozialismus zielten. Vgl. dazu Dreifuss, 1964 – a conquista do Estado. Ação política, poder e golpe de classe, S. 161-360.

655 Die Gewerkschaftsbewegung beschäftigte sich Anfang der sechziger Jahre hauptsächlich mit den politischen Entscheidungen in Brasilien. Vgl. dazu Kenneth Paul Erickson, Sindicalismo no processo político brasileiro, São Paulo 1979, S. 138-203 und Ianni, O colapso do populismo no Brasil, S. 75-160.

656 Das Gesetz Nr. 4.131 vom 3. September 1962 beschränkte den Gewinntransfer und die Kapitalrückführungen, aber es wurde erst am 17. Januar 1964 durch das Gesetz Nr. 53.451 reglementiert. Außerdem gab es die Reformierung der SUMOC-Instruktion Nr. 113 durch die SUMOC-Instruktion Nr. 242 vom 28.6.1963. Vgl. dazu Viana, As reformas de base e a política nacionalista de desenvolvimento. De Getúlio a Jango, S. 147-161.

657 Vgl. Macedo, Plano Trienal de Desenvolvimento Econômico e Social, in: Lafer (Hg.), Planejamento no Brasil, S. 65.

658 Vgl. L. A. Moniz Bandeira, O governo João Goulart. As lutas sociais no Brasil, 6. Aufl., Rio de Janeiro 1983, S. 163-173.

der Bundesrepublik Deutschland und aus Großbritannien weniger in Brasilien.[659] Außerdem unterstützten die ausländischen Unternehmer konservative Politiker, hauptsächlich im Nordosten Brasiliens, und finanzierten Organisationen, die gegen die brasilianische Regierung arbeiteten.[660]

Die Auffassung Brasilias[661] in der Kubafrage und die Verhandlung über die brasilianische Auslandsverschuldung belasteten weiter die Beziehungen zwischen Brasilien und den USA. Außerdem verfocht die brasilianische Regierung durch ihre „unabhängige Außenpolitik" eine Initiative zum Aufbau einer gemeinsamen Linie der Entwicklungsländer auf der UNCTAD (UN-Konferenz für Welthandel und Entwicklung) gegen die US-Position. Seit der Konferenz von Genf (1962) engagierte sich die Diplomatie Brasiliens stark für die Abrüstung. Statt der Aufrüstung sollten die Industrieländer die Wirtschaftsentwicklung der Dritten Welt finanzieren.[662]

Der Aufbau diplomatischer und wirtschaftlicher Beziehungen Brasiliens mit den Ostblockländern führte zu einer Konfrontation mit den USA. Im Laufe der fünfziger Jahre konzentrierte sich das Interesse Westeuropas an Brasilien, besonders das der Bundesrepublik Deutschland, primär auf Investitionen und Handel. Die politischen Fragen und die militärische Sicherheit Brasiliens bzw. Lateinamerikas waren Aufgaben der USA. Im politischen Bereich interessierte sich die bundesdeutsche Regierung konkret für die diplomatische Expansion auf dem lateinamerikanischen Subkontinent. Ziel war, die Anerkennung der ostdeutschen Regierung zu verhindern. Bis Anfang der sechziger Jahre gewann die westdeutsche Außenpolitik gegenüber Lateinamerika einen Vorsprung durch die lateinamerikanische Unterstützung der Hallstein-Doktrin. Aber die Haltung der brasilianischen wie auch

659 Vgl. Geschäftsbericht der Deutsch-Brasilianischen Handelskammer in São Paulo (1963-1965), São Paulo 1965, S. 49-51.

660 Die Interessen der inländischen und ausländischen Unternehmer wurden Anfang der sechziger Jahre durch Organisationen wie das „Brasilianische Institut für demokratische Aktion" *(Instituto Brasileiro de Ação Democrática – IBAD)*, den „Oberrat der Herstellerklasse" *(Conselho Superior das Classes Produtoras – CONCLAP)* und das „Forschungsinstitut und soziale Untersuchung" *(Instituto de Pesquisas e Estudos Sociais – IPES)* in Brasilien unterstützt. Ziel war, ideologisch-politische Aktionen gegen die Linke durchzuführen und Vereinbarung zwischen den Unternehmerverbänden und den militärischen Oppositionskräften zu treffen. Vgl. dazu Dreifuss, 1964 – a conquista do Estado. Ação política, poder e golpe de classe, S 161-209.

661 Am 21. April 1960 wurde Brasilia als die neue Hauptstadt Brasiliens gegründet. Ab 1962 arbeitete der Zweiter Sekretär, Wilhelm von Keudell, in Brasilia als Vertreter der westdeutschen Botschaft in Rio de Janeiro. Erst im Jahre 1971 verlegte die westdeutsche Botschaft ihren Standort nach Brasilia. Vgl. dazu Brasil. MRE. Lista Diplomática 1962, S. 9 und Castro, História da organização do Ministério das Relações Exteriores, S. 448 und 496.

662 Vgl. Clodoaldo Bueno, A política multilateral brasileira, in: Cervo (Hg.), O desafio internacional. A política exterior do Brasil de 1930 a nossos dias, S. 76-91.

der kubanischen Regierungen gegenüber Osteuropa sollte den Alleinvertretungsanspruch der Bundesrepublik in Lateinamerika in Frage stellen.[663]

Folglich wurde das brasilianische Verhältnis gegenüber den USA und den westeuropäischen Ländern schlechter. Der IWF und der Haager Club veränderten ihre
Politik gegenüber Brasilien und gaben der brasilianischen Regierung kaum Kredit.
Die gemeinsame Opposition gegenüber der Regierung Goulart verschärfte sich.
Während die wirtschaftliche Krise sich verschlimmerte und die Politik Goularts
sich radikalisierte, führte das Militär einen Putsch durch. Der Militärputsch fand
am 31. März 1964 statt und war erfolgreich.[664]

Die folgenden Militärregierungen (1964-1985)[665] errichteten eine autoritäre Herr-
schaftsstruktur für die Sicherheit und Entwicklung des Landes, die gegen den
Kommunismus, die innenpolitische Subversion und den linken Nationalismus
stand. Die Vorbereitung einer militärischen Intervention wurde durch die Formulierung der „Doktrin der nationalen Sicherheit" angekündigt. Ziel war, die äußere
und innere Sicherheit als oberste Aufgabe für den Staat zu forcieren.[666] Auf diese
Weise wurden die traditionellen politischen Gruppen ersetzt. Die politische Stabilität wurde durch Repression gegen jede Opposition gesichert. Allmählich sollten
die Militärs, die Technokraten und die Unternehmer eine bedeutungsvolle Rolle in
den staatlichen Institutionen spielen.[667]

Die Regierung Castelo Branco (1964-67) gab die Neutralität auf und lehnte sich
am westlichen System an: Die Orientierung Brasiliens stehe mit dem Interesse

---

663 Im Jahre 1963 nahmen Kuba und die Deutsche Demokratische Republik diplomatische Beziehungen auf. Vgl. dazu Heinrich End, Zweimal deutsche Außenpolitik, Köln 1973, S. 48.

664 Vgl. Phyllis Parker, 1964 – o papel dos Estados Unidos no golpe de Estado de 31 de março,
Rio de Janeiro 1977; Hélio Silva, 1964 – golpe ou contra-golpe?, Rio de Janeiro 1975 und
Dreifuss, 1964 – a conquista do Estado. Ação política, poder e golpe de classe.

665 Während der Militärdiktatur Brasiliens gab es fünf militärische Präsidenten: Marschall Humberto de Alencar Castelo Branco (1964-67); Marschall Arthur da Costa e Silva (1967-1969);
General Emílio Garrastazu Médici (1969-1974); General Ernesto Geisel (1974-1979) und
General João Batista de Oliveira Figueiredo (1979-1985). Vgl. dazu Bernardo Sorj (Hg.), Sociedade e política no Brasil pós-64, São Paulo 1983.

666 Vgl. Alexandre de Barros, The brazilian military. Professional socialization, political performance and state building, Chicago, Phil. Diss., Chicago 1978; R. Schneider, The political
system of Brazil. Emergence of a modernizing authoritarian regime (1964-1970), New York
1971; Maria Helena Moreira Alves, Estado e oposição no Brasil (1964-1984), 5. Aufl.,
Petrópolis 1989, S. 33-138 und M. Fernández Baeza, Nationale Sicherheit in Lateinamerika,
Heidelberg 1981.

667 Vgl. Luiz Carlos Bresser Pereira, A sociedade estatal e a tecnoburocracia, São Paulo 1981;
Maria de Lourdes Covre, A fala dos homens. Análise do pensamento tecnocrático (1964-
1981), São Paulo 1983, S. 76-123 und Dreifuss, 1964 – a conquista do Estado. Ação política,
poder e golpe de classe, S. 417-455.

Lateinamerikas, dem des amerikanischen Kontinents und der westlichen Welt in Einklang.[668] Diese Außenpolitik wurde „Interdependenz-Doktrin" genannt, da ihr Konzept von einer automatischen Ausrichtung an den USA geprägt wurde.[669] Die brasilianische Diplomatie engagierte sich insbesondere für die bilateralen Beziehungen zu den USA und für die Interessen der „westlichen Welt" in den internationalen Organisationen. Diese Interdependenz sollte sowohl in der politischen Sphäre als auch in der kommerziell-wirtschaftlichen Sphäre erkennbar sein. Nach Ansicht der Regierung Castelo Branco konnten nur die USA die Sicherheit des Kontinents gewährleisten und die Stellung Brasiliens als potentielle Weltmacht mit der Option auf Nuklearwaffen unterstützen.[670] Obwohl die Außenpolitik Brasiliens auf der Anerkennung der Interdependenz zwischen den westlichen Staaten im Zusammenhang des Ost-West-Konflikts basierte, spielte Westeuropa für Brasilien nur eine Nebenrolle in diesem politischen Konzept.[671]

Das militärisch-politische System wurde dem ökonomischen Modell untergeordnet, das ein gefahrloses Investitionsklima aufbauen und auf die Kapitalinvestitionen in Brasilien ausgerichtet sein sollte. Im Bereich der Außenwirtschaftspolitik zielte der wirtschaftliche Regierungsplan *(Plano de Ação Econômica do Governo – PAEG)* darauf, den brasilianischen Export zu fördern und die ausländischen Investitionen zu unterstützen.[672] Die Regierung Castelo Branco beseitigte die Probleme, welche die Beziehungen zu den USA und den westeuropäischen Ländern im Bereich der Außenwirtschaftspolitik beeinträchtigt hatten. Der Regierungsplan leitete wirtschaftliche Maßnahmen zur Eindämmung der Inflation ein, die seit

---

668 Vgl. Humberto de Alencar Castelo Branco, A diplomacia da revolução brasileira, Brasília 1964.

669 Der brasilianische Botschafter in den USA zwischen Juni 1964 und Oktober 1965, Juracy Magalhães, behauptete im Jahre 1964 vor der US-Brasilianischen Handelskammer in São Paulo: „Was gut für die Vereinigten Staaten ist, ist gut für Brasilien". Vgl. dazu Juracy Magalhães, Minha experiência diplomática, Rio de Janeiro 1971, S. 275.

670 Während Vasco Leitão da Cunha (6.4.1964-12.7.1965) und Juracy Magalhães (17.1.1966-15.3.1967) Außenminister der Regierung Castelo Branco waren, verteidigte die brasilianische Außenpolitik die Weltanschauung der USA im Bereich des Ost-West-Konflikts. So brach Brasilien im Mai 1964 die politisch-diplomatischen Beziehungen zu Kuba ab und hielt sich von den Ostblockländern politisch fern. Vgl. dazu Entrevista do chanceler Vasco Leitão da Cunha sobre política exterior brasileira, in: Revista Brasileira de Política Internacional 1964, Bd. 27, S. 591-598 und Tânia Quintaneiro, Cuba-Brasil. Da revolução ao golpe (1959-1964), Belo Horizonte 1988.

671 Vgl. Brasil. Discursos Presidenciais – 1964, No Palácio do Planalto, saudando o Presidente Heinrich Lübke, da República Federal da Alemanha, em sua visita ao Brasil, Rio de Janeiro 1965, S. 99-100.

672 Vgl. Brasil. Ministério do Planejamento e Coordenação Econômica. Programa de Ação Econômica do Governo – 1964-1966. Documento Nr. 1, Rio de Janeiro 1964, S. 15 und Celso Martone, Análise do Plano de Ação Econômica do Governo – PAEG (1964-1966), in: Lafer (Hg.), Planejamento no Brasil, S. 69-89.

langem vom IWF und den Haager Clubländern gefordert worden waren.[673] Kredite und Löhne wurden kontrolliert. Wichtiger noch war das neue Gesetz über Gewinntransfer und Investitionsgarantien für die ausländischen Unternehmer.[674] Gleichzeitig begannen die staatlichen und privaten Investitionen wieder nach Brasilien zu fließen, was nur selten während der Regierung Goulart der Fall war. Dennoch dauerte die Wachstumskrise in Brasilien bis 1967.

Trotz des raschen Aufschwungs der brasilianischen Wirtschaft in den fünfziger Jahren folgten auf die Industrialisierung Auslandsverschuldung und soziale Probleme. Die wachsende Internationalisierung der brasilianischen Wirtschaft zeigte Anfang der sechziger Jahre die Erschöpfung des industriellen Entwicklungsmodells Brasiliens. Die weitere Wirtschaftsentwicklung des Landes erforderte eine Neuausrichtung der Politik auf ein ökonomisches Modell, das den wirtschaftlichen Fortschritt in direkter Weise von der Investitionsmenge, von der Produktivität des Kapitals und von der sozialen Wohlfahrt abhängig machte. Diese Elemente wurden Anfang der sechziger Jahre von einem starken Nationalismus und binnenländischen Interessen in Brasilien geprägt.

Als Folge dieser Entwicklung stellte sich eine Verknappung des Kapitals aus den USA und aus den europäischen Industrieländern bzw. der Bundesrepublik Deutschland in Brasilien ein. So versuchte die Regierung in Brasilia, eine offene Außenpolitik gegenüber den Industrieländern und gleichzeitig gegenüber den kommunistischen Ländern zu betreiben. Außerdem bemühte sie sich um die Verteidigung der Blockfreienbewegung, die Auflösung der Kolonialherrschaft in Afrika und Asien und um die Aufrechterhaltung der freundschaftlichen Beziehungen zu Kuba. Die Außenpolitik Brasiliens führte nun Aktionen für multilaterale Außenbeziehungen durch. Als die brasilianische Regierung von ihren politisch-ökonomischen Beziehungen zum Ostblock profitieren wollte und die „unabhängige Außenpolitik" etablierte, riskierte sie eine politische Konfrontation mit der US-Regierung und mit dem kapitalistischen System. Obwohl die Entspannungspolitik im Zusammenhang des Ost-West-Konflikts diese Gelegenheit bot, konnte Brasilien in den sechziger Jahren von dieser Chance nicht profitieren, um die Wirtschaftsentwicklung zu beschleunigen und den politischen Verhandlungsspielraum

---

673 Die Inflationsraten betrugen circa 80% im Jahre 1963 und 92% im Jahre 1964. Im Jahre 1966 errechnete man für ganz Brasilien eine Inflationsrate von 38%, 1967 von 23%. Vgl. dazu Rubens Penha Cysne, A economia brasileira no período militar, in: Gláucio Ary Dillon Soares (Hg.), 21 anos de regime militar, Rio de Janeiro 1994, S. 236.

674 Die Beschränkungen ausländischer Investitionen wurden durch das Gesetz Nr. 4.390 vom 29.8.1964 und durch das Dekret Nr. 55.762 vom 18.2.1965 in Brasilien aufgehoben und für die ausländischen Investitionen galten fortan die gleichen Regeln wie für die inländischen. Außerdem trat die SUMOC-Instruktion Nr. 289 vom 24.1.1965 in Kraft: Sie erlaubte Darlehen von ausländischen Unternehmen an ihre Tochtergesellschaften. Vgl. dazu Rubem Medina, Desnacionalização. Crime contra o Brasil?, Rio de Janeiro 1970, S. 60-67.

gegenüber den Industrieländern, den lateinamerikanischen Staaten und den Ost-blockstaaten auszudehnen.

Während der ersten Militärregierung rechnete Brasilien noch einmal mit einer Wirtschafts-, Entwicklungs- und Militärhilfe aus den USA. Diese Erwartungen in die US-Kooperation wurden nur zum Teil erfüllt, und die enge Beziehung zwischen Brasilien und den USA brachte keinen größeren Verhandlungsspielraum für Brasilien, weder gegenüber den lateinamerikanischen Ländern noch gegenüber dem internationalen System. Die Fehlschläge der „unabhängigen Außenpolitik" und der „Interdependenz-Doktrin" machten deutlich, daß Brasilien nicht die Kapazität hatte, das internationale System maßgeblich zu beeinflussen. Die Abhängigkeit seines Wirtschaftssystems und die ungünstige Position seiner Außenpolitik ließen das Land innerhalb des internationalen Systems verwundbar bleiben, und verminderten die Chancen Brasiliens, nach Macht zu streben und diese für sich zu nutzen.

5.2 Die Entwicklungspolitik im Rahmen der politisch-diplomatischen Beziehungen zwischen Brasilien und der Bundesrepublik Deutschland

Nach wie vor spielten die politischen Beziehungen zu Brasilien Anfang der sechziger Jahre für die Bonner Regierung nur eine Nebenrolle. Im Allgemeinen verfolgte die Bundesregierung in diesem Zeitraum nur eine Politik für ganz Lateinamerika. Das westdeutsche Hauptziel für den Subkontinent war die Bewahrung der lateinamerikanischen Länder in der westlichen Welt. Die Bonner Regierung hatte Interesse an der politischen, wirtschaftlichen und sozialen Stabilisierung sowie an der Bekämpfung des Kommunismus in diesen Ländern. Im Rahmen des internationalen Einsatzes gegen den Ostblock sollten diese Ziele durch die Intensivierung der politischen und menschlichen Beziehungen und den Ausbau des Warenaustausches erreicht werden. Wirtschaftshilfe wie auch die Kultur- und Öffentlichkeitsarbeit für Lateinamerika sollten geleistet werden.[675]

Das Auswärtige Amt beobachtete seit Anfang der sechziger Jahre einerseits die sogenannte „unabhängige Außenpolitik" Brasiliens und die geographische Ausdehnung ihrer diplomatischen und wirtschaftlichen Beziehungen mit den Ostblockländern, da die Einstellung der brasilianischen Regierung gegenüber Osteuropa den Alleinvertretungsanspruch der Bundesrepublik in Lateinamerika bedro-

---

675 Vgl. Akten zur Auswärtigen Politik der Bundesrepublik Deutschland (1963), München 1994, Dok. Nr. 443. Aufzeichnung des Legationsrats I. Klasse Meyer-Lohse, Vertrauliches Schreiben (2.12.1963).

hen konnte. Andererseits betrachtete das Auswärtige Amt die Innenpolitik Brasiliens unter dem Gesichtspunkt ihrer politischen und wirtschaftlichen Instabilität. Nach Ansicht der Bundesregierung bestand eine große Gefahr, daß Brasilien ein kommunistisches Land werden könnte.[676] Wegen der Verdichtung der bundesdeutschen Direktinvestitionen in Brasilien versuchte die Bonner Diplomatie, die politischen und wirtschaftlichen Interessen der Bundesrepublik in Brasilien zu schützen.

Bonns Botschaft in Rio de Janeiro hatte das Programm der Regierung Jânio Quadros von Anfang an im Auge. Quadros wolle ohne Rücksicht auf Ideologien mit allen Staaten Handel treiben, so ein Bericht aus Rio vom Oktober 1960.[677] Im März 1961 fanden bilaterale Verhandlungen des Auswärtigen Amtes mit dem Sondervertreter der Regierung Quadros, Roberto Campos, statt. Auf der brasilianischen Seite rechnete man mit Krediten für die Begleichung der brasilianischen Schulden und auch mit Krediten für langfristige Darlehen in Höhe von 200 Millionen DM für brasilianische Entwicklungsprojekte aus dem westdeutschen Entwicklungsfonds. Die westdeutsche Seite wartete auf die Regelung offener Fragen wie deutsche Altvermögen, Flaggendiskriminierung, Besitztitel für deutsche Siedler in Brasilien, Intensivierung der Entwicklungshilfe, die in erster Linie in Form von technischer Hilfe geleistet werde, und Konsular- und Kulturabkommen.[678]

Der Botschafter der Bundesrepublik in Rio de Janeiro, Herbert Dittman, schrieb an den Bonner Ministerialdirektor, Hasso von Etzdorf, daß diese Besprechung wichtig für Brasilien sei. Nach seiner Meinung sollte die Bundesregierung bereit sein, Nachsicht mit der brasilianischen Regierung zu üben, wenn sie eine positive Haltung der Regierung Brasiliens erwarten wolte. Dittman behauptete, daß die bundesdeutschen Diplomaten im Ausland wegen den widersprüchlichen Erklärungen von Ministern und Politikern in der Bundesrepublik nicht wüßten, welche Linie die Bundesregierung z. B. in der Frage der Entwicklungshilfe verfolge. Die Botschaft in Rio erhalte vom Auswärtigen Amt und vom Finanzministerium nur

---

676 BA. B 102, 93733. Bundesminister des Auswärtigen Amtes, Heinrich von Brentano, an den Staatssekretär im Bundesministerium der Finanzen, Karl Maria Hettlage. Wirtschaftshilfe für Brasilien, Bonn, (20.5.1961) und Akten zur Auswärtigen Politik der Bundesrepublik Deutschland (1963), München 1994, Dok. Nr. 83. Staatssekretär Karl Carstens, z. Z. in Washington, an den Bundesminister Gerhard Schröder, Vertrauliches Schreiben (6.2.1963).
677 AA-PA. Ref. 415, Bd. 214. Botschaft der Bundesrepublik Deutschland in Rio de Janeiro an das Auswärtige Amt. Brasilianische Wirtschaftspolitik auf Grund der Richtlinien der Regierungspolitik des neu gewählten brasilianischen Präsidenten Jânio Quadros, Rio de Janeiro (27.10.1960).
678 AA-PA. Ref. 415, Bd. 232. Aufzeichnung des Leiters der Abteilung 4. Deutsch-brasilianische und multilaterale Verhandlungen über finanzielle Wirtschaftshilfe für Brasilien, Bonn (5.5.1961) und AA-PA. Ref. III/B 4, Bd. 15. Abschrift – Fernschreiben aus Rio de Janeiro Nr. 300 (22.9.1961).

mehr Absagen, auch die kleinsten Wünsche der brasilianischen Regierung auf dem Gebiet der technischen Hilfe würden nicht berücksichtigt. „Wir können von den Brasilianern kein Entgegenkommen erhoffen, wenn wir nicht bereit sind, auch von uns aus irgendwelches Entgegenkommen zu zeigen".[679]

Anfang Mai 1961 verhandelten die Mitglieder des Haager Clubs mit den brasilianischen Vertretern und betonten, daß eine Wirtschaftshilfe für Brasilien nur multilateral gegeben werden könne.[680] Ende Mai empfahl der Bundesminister des Auswärtigen Amtes, Heinrich von Brentano, dem Staatssekretär im Bundesministerium der Finanzen, zumindest eine Grundsatzerklärung über die Bereitschaft der Bundesregierung, eine Entwicklungshilfeleistng an Brasilien abzugeben. Die Gewährung des Kredites sollte noch nicht geprüft werden. Er halte die Abgabe der Absichtserklärung aus politischen Überlegungen für nötig: man wußte, daß Präsident Jânio Quadros die Absicht hatte, ein Mitglied der ostdeutschen Regierung zum Besuch in Brasilien einzuladen. Dieser Plan sollte nach westdeutschen Vorstellungen vereitelt werden.[681]

Während Roberto Campos nach Westeuropa gesandt wurde, reiste der Sonderbotschafter João Dantas zwischen April und Mai 1961 nach Osteuropa. Ziel war es, diplomatische Beziehungen zu Ungarn, Rumänien, Bulgarien, Jugoslawien und Albanien aufzunehmen. Zu Beginn der Reise kam die Nachricht, daß die Delegation in Osteuropa auch einen Besuch in Ostberlin machen wolle. Im Laufe des Monates Mai kursierten unterschiedliche Informationen darüber. Die brasilianischen Vertreter teilten mit, daß Brasilien auch nach für Absatz seine Produkte in der Deutschen Demokratischen Republik strebe. Die Mission solle ein Handelsabkommen zwischen Brasilien und der DDR abgeschlossen werden. Der Sonderbotschafter João Dantas werde allerdings Ostberlin nicht besuchen.

Das Auswärtige Amt beklagte sich über die widersprüchlichen Mitteilungen, welche die westdeutsche Botschaft in Rio de Janeiro von der brasilianischen Regierung über die Anwesenheit von João Dantas in der DDR erhielt. Auf Vorstellungen von Botschafter Dittman hin habe der brasilianische Außenminister Afonso

---

679 AA-PA. Ref. 306, Bd. 141. Botschafter der Bundesrepublik Deutschland in Rio de Janeiro, Herbert Dittman, an den Ministerialdirektor, Hasso von Etzdorf (15.3.1961).

680 AA-PA. Ref. 415, Bd. 232. Aufzeichnung des Leiters der Abteilung 4. Deutsch-brasilianische und multilaterale Verhandlungen über finanzielle Wirtschaftshilfe für Brasilien, Bonn (5.5.1961).

681 BA. B 136, 2974. Bundesminister des Auswärtigen Amtes, Heinrich von Brentano, an den Staatssekretär im Bundesministerium der Finanzen, Karl Maria Hettlage, Bonn, Persönliches Schreiben (20.5.1961).

Arinos folgendes versprochen: Die Wirtschaftsbesprechungen mit den Oststaaten sollten aufgebaut werden, ohne die Interessen der Bundesrepublik zu verletzen.[682]

Die Bundesregierung übte Kritik an der brasilianischen Haltung. Sie erwartete, daß der ostdeutsche Außenhandelsminister nicht eingeladen wurde, Brasilien zu besuchen.[683] Bundeskanzler Konrad Adenauer äußerte, Brasilien solle weiterhin die Bundesregierung als einzige politische Repräsentantin Gesamtdeutschlands anerkennen. Bei der Lenkung der Handelsbeziehungen mit der DDR solle Brasilien von Maßnahmen in den Gesprächen absehen, die allmählich die Sowjetische Besatzungszone Deutschlands als Staat anerkennen würden. Diese Verhandlungen würden gegen fundamentale Interessen der Bundesrepublik Deutschland verstoßen. Außerdem erinnerte die Bundesregierung an die laufenden Verhandlungen – mit dem Sondervertreter Roberto Campos –, in denen Bonn die Wünsche der brasilianischen Regierung auf wirtschaftlichem und finanziellem Gebiet erfüllten werde.[684]

Anfangs war der Aufenthalt von João Dantas in Ostberlin nach Auffassung der Regierung Quadros keine offizielle Mission, sondern ein privater Besuch. Er sei nicht bevollmächtigt, für die Regierung Brasiliens Abkommen abzuschließen. Später behauptete sie, daß Brasilien und die Deutsche Demokratische Republik nur ein Protokoll über die Ausweitung des Warenverkehrs unterschrieben hätten. Das Protokoll bedeute keine Verhandlung auf Regierungsebene.[685] In Wirklichkeit gab es Auseinandersetzungen zwischen dem Präsidenten Jânio Quadros, dem Außenminister Afonso Arinos und dem Staatssekretär des Außenministeriums Vasco Leitão da Cunha über die Aufgaben der Sondermission in Osteuropa. Einerseits gab der Präsident João Dantas Vollmacht, die offizielle Reise nach Osteuropa auf die DDR auszudehnen und im Namen seiner Regierung verschiedene Gespräche mit dem geschäftsführenden Außenhandelsminister in Ostberlin zu

682 AA-PA. Ref. 306, Bd. 144. Abteilung 3 an das Referat 306. Aufzeichnung. Verhältnis Brasiliens zur Bundesrepublik und zur SBZ, chronologische Darstellung der Vorgänge, Rio de Janeiro (30.5.1961).

683 MRE. DAR. SCE. Brasília, Ofícios Recebidos. Brasilianische Botschaft in Bonn an das brasilianische Außenministerium. Relações teuto-brasileiras. Audiência do Embaixador alemão no Brasil (23.6.1961).

684 AA-PA. Ref. 306, Bd. 144. Aide Mémoire. Der Bundeskanzler der Bundesrepublik Deutschland, Konrad Adenauer, hat den bundesdeutschen Botschafter in Brasilien beauftragt, seiner Exzellenz dem Herrn Präsidenten Jânio Quadros von Brasilien folgendes zur Kenntnis zu bringen, Rio de Janeiro (15.6.1961).

685 MRE. DAR. SCE. Brasília, Ofícios Expedidos. Brasilianisches Außenministerium an die brasilianische Botschaft in Bonn. Viagem do embaixador João Dantas a Berlin Oriental. Repercussão na República Federal Alemã, Sehr Eilig (9.6.1961).

führen. Andererseits wurde der brasilianische Außenminister vorher nicht darüber unterrichtet.[686]

Außerdem beschwerte sich das brasilianische Außenministerium bei dem westdeutschen Botschafter in Brasilien über die Erpressung der Bundesregierung. Man verstand nicht, warum die Bonner Regierung so scharf auf die Mission Brasiliens in der DDR reagierte, da sie im Fall Indiens eine Handelsvereinbarung mit der DDR akzeptierte. Überdies sei die brasilianische Regierung Mitglied der freien westlichen Welt und hoffe auf Verständnis für ihre Außenpolitik und für die Notwendigkeit des Grundsatzes, daß sich ein anderes Land in innere Angelegenheiten Brasiliens nicht einmischen solle.[687]

Nach Meinung der Bundesregierung konnte diese Haltung gegenüber Ostdeutschland den Alleinvertretungsanspruch der Bundesrepublik in Lateinamerika bedrohen. Falls Brasilien das Sowjetzonenregime Deutschlands anerkennen würde, sähe die Bundesregierung sich gezwungen, die Hallstein-Doktrin gegenüber Brasilien anzuwenden.[688] Der Präsident Jânio Quadros sicherte der Bundesregierung die Wahrung des Alleinvertretungsanspruchs zu. Unter dieser Voraussetzung fand die Bundesregierung die Aufklärung der brasilianischen Regierung ausreichend.

In diesem Zusammenhang und angesichts der ökonomischen Schwierigkeiten Brasiliens schlug der Bundesminister für Wirtschaft, Ludwig Erhard, vor, daß die Regierung Adenauer im Rahmen der Entwicklungshilfe unter Beteiligung anderer europäischer Staaten und der USA an einer Wirtschaftshilfe für Brasilien teilnehme. Bei anderen Maßnahmen sollte Westdeutschland die Erwartungen der Regierung in Brasilia erfüllen und für die nächsten beiden Jahre langfristige Kredite im Umfang von 200 Millionen DM für brasilianische Entwicklungsprojekte gewähren. Nach seiner Meinung nehme Brasilien als größtes Land Lateinamerikas in diesem Raum eine Schlüsselstellung ein. Die brasilianische Wirtschaftsstruktur weise große Unterschiede auf und der Nordosten Brasiliens habe eine Infrastruktur, die sich durchaus mit der von asiatischen Ländern vergleichen lasse. In diesem Gebiet seien die sozialen Spannungen enorm und man könne politische Strömungen bemerken, die eine so bedrohliche Entwicklung wie in Kuba befürchten ließen.[689]

---

686 Vgl. Cunha, Diplomacia em alto-mar: depoimento ao CPDOC, S. 221-224.
687 MRE. DAR. SCE. Bonn, Oficios Recebidos, Nr. 313. Brasilianische Botschaft in Bonn an den brasilianischen Außenminister Afonso Arinos. A doutrina Hallstein (2.8.1961).
688 AA-PA. Ref. 306. Bd. 144. Botschaft der Bundesrepublik Deutschland in Rio de Janeiro an das Auswärtige Amt. Dantas-Besuch in Ostberlin, Rio de Janeiro (8.6.1961).
689 AA-PA. Ref. III/B 4, Bd. 15. Bundesminister für Wirtschaft, Ludwig Erhard, an den Staatssekretär des Bundeskanzleramtes. Wirtschaftshilfe für Brasilien, Bonn (14.6.1961).

Dem stand die Haltung des Bundesministeriums der Finanzen entgegen. Das Ministerium erklärte, daß die öffentlichen Mittel der Bundesrepublik für Finanzkredite an Entwicklungsländer nicht ausreichten. Andere Länder, wie Indien und die afrikanischen Staaten, hätten weniger natürlichen Reichtum und wirtschaftlichen Fortschritt im Vergleich zu Brasilien. Außerdem herrschte noch die Überzeugung vor, daß die Notstandsgebiete im Nordosten Brasiliens nicht so bedürftig sein konnten, um die westdeutsche Kapitalhilfe zu bekommen. Jedes Land habe innerhalb seiner Landesgrenzen unterentwickelte Gebiete. Zuletzt behauptete das Ministerium, eine Finanzhilfe von 200 Millionen DM an Brasilien werde in Kürze das gleiche Verlangen bei anderen südamerikanischen Staaten hervorrufen.[690] Das Bundesministerium der Finanzen glaubte, daß die privaten westdeutschen Investitionen in Brasilien besser den wirklichen Bedürfnissen des Landes entsprächen. Brasilien stehe weit an der Spitze der Empfängerländer dieser zweckmäßigsten Form der westdeutschen Entwicklungshilfe.[691]

Die westdeutsch-brasilianischen Besprechungen über einen Bonner Finanzkredit aus öffentlichen Mitteln begannen erst im Jahre 1962. Zwischen September 1961 und Mai 1962 wurden für beide Seiten annehmbare Regelungen umrissen. Das Problem lag bei politischen und wirtschaftlichen Diskrepanzen über die Forderungen der brasilianischen und der westdeutschen Regierung. Die Vertreter beider Länder setzten ihre Forderungen immer höher, um die Verhandlungen abzuschließen.[692]

---

690 Im Jahre 1961 erhielten die asiatischen Länder 54,19% der gesamten Entwicklungshilfe in Höhe von 5,5 Milliarden DM aus der Bundesrepublik. Die afrikanischen Länder bekamen etwa 1,3 Milliarden (23%). Unter den lateinamerikanischen Ländern sollten nur Brasilien, Bolivien und Chile die Kapitalhilfe bekommen. MRE. DAR. SCE. Bonn, Oficios Recebidos, Nr. 105. Brasilianische Botschaft in Bonn an das brasilianische Außenministerium, Bonn (26.2.1962).

691 BA. B 136, 2974. Staatssekretär des Bundesministeriums der Finanzen an den Bundesminister des Auswärtigen Amtes. Finanzkredite aus öffentlichen Mitteln für Brasilien, Bonn (6.6.1961).

692 Die Deutsche Lufthansa Aktiengesellschaft beschwerte sich bei dem Bundesminister für Verkehr über große Verluste wegen des einen Wochendienstes nach Brasilien und verlangte zwei Wochendienste. Überdies wünschte sie, ihre beschlagnahmten Vermögen wieder zu bekommen. Die deutschen Reedereien, hauptsächlich die Hamburg-Südamerikanische Dampfschiffahrts-Gesellschaft, übten starken Druck auf die Bundesregierung aus, daß sie ein Protokoll über Frachtschiffahrt zugunsten der westdeutschen Reedereien einfügte. Es gibt viele Unterlagen über die See- und Luftverkehrsfragen sowohl in dem Auswärtigen Amt-Politischen Archiv als auch in dem Bundesarchiv – Koblenz. Zu den Beispielen: BA. B 108, 51829. Deutsche Lufthansa AG an den Bundesminister für Verkehr. Verhandlungen über eine multilaterale Wirtschaftshilfe an Brasilien, Köln (19.12.1961); BA. B 102, 93668. Hamburg-Südamerikanische Dampfschiffahrts-Gesellschaft an den Bundesminister für Wirtschaft, Hamburg, Streng Vertrauliches Schreiben (27.7.1962) und AA-PA. Ref. 415, Band

In Bonn herrschte die Vorstellung, daß der Entwicklungskredit aus der Bundesrepublik Deutschland vorteilhaft für Brasilien sei. Botschafter Hans Granow, der am 23. Mai 1962 als Leiter der westdeutschen Delegation in Brasilien ernannt wurde, zeichnete schon im 1961 auf:

> Nach unserem großzügigen Eingehen auf Brasiliens Wünsche auf Kreditgewährung und Entwicklungshilfe sind wir zu der Erwartung berechtigt, die unsere Botschaft in Rio de Janeiro aufgrund von Sondierungen im brasilianischen Außenministerium für begründet hält, daß die brasilianische Regierung jetzt bereit ist, eine Reihe von kontroversen deutschen Anliegen im Verhandlungswege einer befriedigenden Regelung zuzuführen. Es handelt sich dabei um Fragen aus folgenden, zum Teil seit Jahren anstehenden Regelungs- bzw. Abkommensprojekten: 1. Regelung einer Untersagung von Diskriminierungsmaßnahmen gegen die deutsche Schiffahrt (Flaggendiskriminierung); 2. Abkommen über die Freigabe des deutschen Vorkriegsvermögens in Brasilien [...]; 3. Kulturabkommen (Deutsch als Fremdsprache in brasilianischen Schulen und deutsche Privatschulen in Brasilien für deutsche Nichteinwanderer); 4. Konsularabkommen und 5. Abkommen über technische und wirtschaftliche Zusammenarbeit.[693]

Im Dezember 1961 schrieb der Bundesminister des Auswärtigen Amts, Gerhard Schröder, an den Staatssekretär des Bundeskanzleramts über das Entgegenkommen und die Großzügigkeit der Bundesrepublik Deutschland bei der Erfüllung der brasilianischen Wünsche auf Entwicklungshilfe. Er zählte eine Reihe von Fragen auf, die in diesen Verhandlungen zugunsten der Bundesrepublik berichtigt werden sollten. Auf der westdeutschen Seite umfaßte sie acht Punkte. Unter anderem sollte man über das Kapitalschutzabkommen und die Vereinbarungen zur Vermeidung von Doppelbesteuerung vorhandeln.

Auf der brasilianischen Seite stellte er zwei Interessen dar: einerseits den Abschluß von Abkommen über Projekte zur technischen Hilfe und Vereinbarung über die Einsetzung einer bundesdeutsch-brasilianischen Wirtschaftskommission. Andererseits sollte wegen der Erweiterung der westdeutschen Forderungen eine westdeutsche Delegation nach Brasilien gesendet werden. Die Verhandlungen sollten Anfang 1962 beginnen, und die westdeutsche Delegation sollte auch auswählen, welche Vorhaben in Brasilien durch diese Kredithilfe finanziert werden sollten.[694]

---

330. Ergebnisbericht. Besprechung Botschafter Granow mit Vertreter des Bundesministeriums für Verkehr, der Hamburg-Südamerikanischen Dampfschiffahrts-Gesellschaft und Verladern in Hamburg am 23.11.1961, Bonn (2.12.1961).

693 AA-PA. Ref. 415. Bd. 295. Aufzeichnung des Botschafters Granow. Verhandlung mit Brasilien über 5 Abkommen, Bonn (18.10.1961).

694 BA. B 136, 2974. Der Bundesminister des Auswärtigen Amtes an den Staatssekretär des Bundeskanzleramtes. Deutsch-brasilianische Verhandlungen über eine Gesamtbereinigung

Der Bundesminister für Wirtschaft Ludwig Erhard erhob Einspruch gegen den Vorschlag des Außenministers. Seiner Auffassung nach waren noch Datum und einzelne Besprechungspunkte zu diskutieren. Infolge der innenpolitischen Lage Brasiliens Ende 1961 sollte die Bundesregierung die Verhandlungen möglichst weit hinausschieben. Außerdem habe das Land die Empfehlungen des IWF fast vollständig mißachtet. Die anderen westdeutschen Wünsche sollten die Vereinbarung nicht erschweren, da sie nicht so dringend seien. Für das Bundesministerium für Wirtschaft sollten die langfristigen Kredite für Projekte der wirtschaftlichen und sozialen Infrastruktur, vornehmlich dem Nordosten Brasiliens, dienen.[695]

Brasilien erwartete langfristige Darlehen für eine wirtschaftliche und soziale Entwicklung. So sollten die Verhandlungen eine Vereinbarung über die Einsetzung der Gemischten Wirtschaftskommission und die Ausfüllung des Kapitalhilferahmens im Wert von 200 Millionen DM für einzelne Entwicklungsprojekte in Brasilien erzielen. Die brasilianische Regierung wollte die Entwicklungsprojekte allein überprüfen und die Besprechungen so bald wie möglich beginnen. Die Nachricht, daß die westdeutsche Regierung den größten Teil des 200-Millionen-DM-Darlehens im Nordosten investieren wollte, fand keine Zustimmung bei den brasilianischen Diplomaten.[696]

Die Auseinandersetzungen zwischen der Bundesrepublik Deutschland und Brasilien entstanden wegen unterschiedlicher Meinungen der Regierungen zur sogenannten Entwicklungspolitik als Entwicklungshilfe. Die brasilianische Regierung forderte Einkommens- und Technologietransfers aus den Industrieländern und eine gerechtere Weltwirtschaftsordnung. Sie war überzeugt, daß Entwicklungspolitik und Kredithilfe für die verbesserten Arbeitsbedingungen, die wirtschaftlichen Fortschritte und die soziale Sicherheit in Brasilien und in der Dritten Welt sorgen könnten. Die Kredite sollten einen niedrigen Zins haben und langfristig sein. Nach Meinung Brasiliens sollte die Außenhandelspolitik der Industrieländer Bestandteil ihrer Entwicklungspolitik sein. Die wirkungsvollste Hilfe für die Entwicklungsländer hänge von der Abnahme ihrer Exportprodukte ab. Die Bundesrepublik solle mehr Kaffee einführen, da Kaffee die Hälfte der Gesamtausfuhr Brasiliens bedeutete.

---

von unerledigt gebliebenen deutschen Anliegen zusammen mit brasilianischen Wirtschaftshilfewünschen, Bonn (5.12.1961).

695 BA. B 136, 2974. Der Bundesminister für Wirtschaft an den Staatssekretär des Bundeskanzleramtes. Deutsch-brasilianische Verhandlungen über eine Gesamtbereinigung von unerledigt gebliebenen deutschen Anliegen zusammen mit brasilianischen Wirtschaftshilfewünschen. Kabinettsvorlage des Bundesministers des Auswärtigen Amtes vom 5.12.1961, Bonn (19.12.1961).

696 MRE. DAR. SCE. Bonn, Telegramas Expedidos, Nr. 6.800. Brasilianisches Außenministerium an die brasilianische Botschaft in Bonn. Fundo alemão de auxílio aos países em desenvolvimento. Projetos brasileiros, Rio de Janeiro (5.1962).

Außerdem stand die Regierung Brasiliens der westdeutschen Haltung kritisch gegenüber, da sie kaum zwischen Privatinvestitionen und Kapitalhilfe unterschied. Die brasilianische Regierung wünschte Hilfe aus den staatlichen Programmen der Bundesrepublik ohne Kompensationskredit. So befürchteten die brasilianischen Vertreter, daß die westdeutsche Delegation andere wirtschaftspolitische Fragen von der Kapitalhilfe abhängig machte.[697] Die brasilianischen Delegierten nahmen an, daß die Bundesregierung keine Eile hatte, Brasilien die Kredithilfe einzuräumen. Die Bundesregierung lege in ihrer Entwicklungshilfe einen Schwerpunkt auf die afrikanischen und asiatischen Länder. Die Entwicklungs- und Sicherheitspolitik in Lateinamerika sei Aufgabe der Vereinigten Staaten.[698] Der andere Grund war die innenpolitische und wirtschaftliche Situation Brasiliens. Nach Ansicht der brasilianischen Botschaft in Bonn war das Bundesministerium für Wirtschaft überzeugt, daß die Regierung Goulart keine Kontrolle über die steigende Inflation, die ungedeckten Haushaltsausgaben und die Notenemission hatte.[699]

Die Bundesregierung sah in der Reorientierung der internationalen Politik Anfang der sechziger Jahre neue Aufgaben für sich selbst im Bereich der Entwicklungspolitik. Die Fragen der Sicherheit und Wohlfahrt in den Entwicklungsländern waren wichtig, aber von noch größerer Bedeutung waren die finanziellen und wirtschaftlichen Interessen der Bundesrepublik in Ländern wie Brasilien.[700] Bonn beschäftigte sich mit einer neuen entwicklungspolitischen Konzeption gegenüber den Entwicklungsländern und gründete dazu die Kreditanstalt für Wiederaufbau und das Bundesministerium für wirtschaftliche Zusammenarbeit.[701] Sie verfolgte Anfang der sechziger Jahre eine Entwicklungshilfepolitik mit außenpolitischem Profil, obwohl die westdeutsche Außenwirtschaftspolitik mit den Entwicklungsländern weiter eine untergeordnete Rolle spielte. Die Entwicklungshilfe der Bun-

---

697 MRE. DAR. SCE. Bonn, Oficios Recebidos, Nr. 60. Brasilianische Botschaft in Bonn an das brasilianische Außenministerium. Fundo alemão de auxílio ao desenvolvimento (7.2.1961); MRE. DAR. SCE. Bonn, Oficios Recebidos, Nr. 338. Brasilianische Botschaft in Bonn an das brasilianische Außenministerium. Auxílio alemão ao desenvolvimento, de 1950 a junho de 1962 (17.10.1962) und MRE. DAR. SCE. Bonn, Oficios Recebidos, Nr. 29. Brasilianische Botschaft in Bonn an das brasilianische Außenministerium. Resenha do auxílio alemão ao desenvolvimento (31.1.1963).

698 MRE. DAR. SCE. Bonn, Oficios Recebidos, Nr. 883. Brasilianische Botschaft in Bonn an das brasilianische Außenministerium. Programa alemão de auxílio aos países subdesenvolvidos (24.1.1961).

699 MRE. DAR. SCE. Bonn, Oficios Recebidos, Nr. 39. Brasilianische Botschaft in Bonn an das brasilianische Außenministerium. Cooperação econômica Brasil-RFA. Ida de delegação alemã ao Brasil (25.1.1961).

700 Vgl. Akten zur Auswärtigen Politik der Bundesrepublik Deutschland (1963), München 1994, Dok. Nr. 195. Aufzeichnung des Referats I B 2. Abstimmung der Politik gegenüber Lateinamerika, Vertrauliches Schreiben (15.6.1963).

701 Vgl. Manfred Glagow (Hg.) Deutsche Entwicklungspolitik. Aspekte und Probleme ihrer Entscheidungsstruktur, Saarbrücken 1983.

desrepublik für Lateinamerika versuchte auch, den Einfluß der DDR auf dem Subkontinent zu verhindern.[702]

Die westdeutsche Delegation sollte durch die Überprüfung der Kreditanstalt für Wiederaufbau die Projekte in Brasilien kontrollieren. Außerdem sollte die bundesdeutsche Entwicklungszusammenarbeit mit Brasilien von der amerikanischen Allianz getrennt werden. Der schlechte Ruf der US-Regierung und US-Firmen bei verschiedenen Schichten der brasilianischen Bevölkerung sollte die westdeutschen Bemühungen nicht beeinträchtigen.

Am 28. Mai 1962 begannen die Verhandlungen zwischen den Brasilianern und Westdeutschen durch die sogenannte Mission Granow in Brasilien.[703] Zur Diskussion standen hauptsächlich 9 Punkte. Neun Gemischte Ausschüsse sollten gebildet werden, um die Projekte und Forderungen zu behandeln:

1. Ausschuß für See- und Luftverkehrsfragen;
2. Ausschuß für Konsularfragen;
3. Rechtsausschuß der deutschen Altvermögen;
4. Ausschuß für Fragen des Kulturabkommens;
5. Ausschuß für Fragen der Doppelbesteuerung;
6. Ausschuß für Investitionsförderung;
7. Ausschuß für die Errichtung einer gemischten westdeutsch-brasilianischen Kommission;
8. Ausschuß für Kapitalhilfe;
9. Ausschuß für technische Hilfe.[704]

Die Ausfüllung des Brasilien zugesagten Kapitalhilferahmens machte Bonn von der Beseitigung der diskriminierenden Maßnahmen Brasiliens auf dem Gebiete des See- und Luftverkehrs, von der Regelung der Frage des Vorkriegsvermögens und von einer grundsätzlichen Zusage zum Abschluß eines Investitionsförderungsabkommens mit der brasilianischen Regierung abhängig. Nach Meinung der Bundesregierung ergab sich die Bedeutung der Flaggendiskriminierung aus der Tatsache, daß die Linie der Hamburg-Südamerikanischen Dampfschiffahrts-Gesellschaft durch die Maßnahmen der brasilianischen Regierung bedroht sei. Neben der Klärung der Restfragen des deutschen Vorkriegsvermögens betraf der Hauptpunkt die Vermögen von Versicherungsgesellschaften, Banken, Siedlungs-

---

702 Vgl. Akten zur Auswärtigen Politik der Bundesrepublik Deutschland (1963), München 1994, Dok. Nr. 195. Aufzeichnung des Referats I B 2. Abstimmung der Politik gegenüber Lateinamerika, Vertrauliches Schreiben (15.6.1963).

703 Die brasilianische Delegation hatte 8 Mitglieder und Vorsitzender war der Botschafter Dias Carneiro. Die Delegation aus der Bundesrepublik hatte 7 Mitglieder unter der Führung des Botschafters Hans Granow.

704 BA. B 108,11956. Agenda das conversações com a Missão Granow, Rio de Janeiro (28.5.1962).

gesellschaften und der Deutschen Lufthansa.[705] Im Bereich des Luftverkehrs handelte es sich um eine Erweiterung der Flugfrequenzen. Der Investitionsförderungsvertrag sei wichtig wegen der Ausdehnung der westdeutschen Investitionen in Brasilien und der zunehmend feindlichen Einstellung der brasilianischen Regierung gegenüber Auslandskapital.[706]

Brasilianische Prioritäten waren die Einrichtung der westdeutsch-brasilianischen Gemischten Wirtschaftskommission, die gemeinsame Auswahl der Entwicklungsprojekte in Höhe von 200 Millionen DM und die Ausarbeitung eines Grundsatzabkommens über die technische Hilfe. Die Delegation Brasiliens empfahl, daß die Vorhaben mit einer Verteilung des Darlehens von 50% für den Nordosten und 50% für die anderen Bundesstaaten unterstützt werden sollten. Die westdeutsche Kapitalhilfe sollte sich nicht einzelnen Großprojekten widmen, sondern möglichst breit verteilt werden.

Im Laufe der Besprechungen stellten die brasilianischen Vertreter Vorhaben teils mit kommerzieller Ausrichtung und teils mit sozialem Charakteristikum vor. Um die Kapitalhilfe zu bekommen, sollte die brasilianische Delegation die vorrangigen Projekte anordnen, da die Mission Granow nicht ermächtigt war, Pläne endgültig zu genehmigen. Eine andere brasilianische Schwierigkeit stellten die Bedingungen für die westdeutsche Kapitalhilfe dar. Zinssatz und Kreditfrist für kommerzielle Vorhaben seien höher im Vergleich zum Zins für soziale Entwicklungshilfevorhaben. Die Frage der Bedingungen sollte, nachdem die Entwicklungsprojekte begonnen hätten, von der Kreditanstalt für Wiederaufbau mit den brasilianischen Vertretern ausgehandelt werden.[707]

---

705 In westdeutschen Kreisen herrschten unterschiedliche Meinungen über die brasilianische Entschädigung für die enteigneten deutschen Eigentümer. Die Bonner Botschaft in Rio de Janeiro glaubte, daß das beschlagnahmte deutsche Vermögen grundsätzlich freigegeben worden sei. Insgesamt wurden die betroffenen Deutschen durch die brasilianische Vermögensregelung abgefunden. Der Vorsitzende der westdeutschen Delegation behauptete, daß die brasilianische Regierung in den Fragen der Bankvermögen und der diplomatischen Entschädigungen bisher entweder Ausflüchte gebraucht oder aber Angebote gemacht habe, die angesichts der brasilianischen Geldentwertung nur einen beschämenden Bruchteil der früheren Vermögenswerte darstellen. AA-PA. Ref. 415, Bd. 225. Botschaft der Bundesrepublik Deutschland in Rio de Janeiro an das Auswärtige Amt. Deutscher Vermögen im Ausland, Rio de Janeiro (10.1.1962) und AA-PA. Ref. III/B 4, Bd. 16. Botschafter Dietrich Freiherr von Mirbach an das Referat III/B 4. Deutsch-Brasilianische Verhandlungen über Kapitalhilfe, Bonn (12.11.1963).
706 BA. B 102, 160798. Der Leiter der Abteilung V. Brasilien-Besuch Außenminister San Thiago Dantas am 18.5. in Bonn, Bonn (16.5.1962).
707 BA. B 108, 11956. Ergebnisbericht über die Sitzung des Ausschusses für Kapitalhilfe am Sonnabend, dem 2.6.1962, Rio de Janeiro (4.6.1962).

Die Delegierten führten langwierige Verhandlungen über die Abkommen. Der Gegensatz zwischen den westdeutschen und brasilianischen Interessen bestand hauptsächlich in der Frage der Seeschiffahrtsbeziehungen. Die Bonner Vertreter verlangten, daß die unter dem westdeutschen Kapitalhilfekredit nach Brasilien gelieferten Güter unter freier Flaggenwahl transportiert werden sollten, um die westdeutschen Verkehrsunternehmen beteiligen zu können. Die Delegierten aus Brasilien forderten das Monopol für die brasilianische Schiffahrtsgesellschaft (*Lloyde Brasileiro*).[708] Aufgrund dieser unterschiedlichen Meinungen wurden die Delegationsverhandlungen unterbrochen, obwohl die Konsularprivilegienabkommen, die Grundsatzabkommen für technische Zusammenarbeit und die wichtigen Empfehlungen des Kulturabkommens schon fertig waren. Als Folge davon blieben die versprochenen Entwicklungskredite für Brasilien gesperrt.[709]

Einerseits sahen die brasilianischen Beauftragten den Entwurf der westdeutschen Delegation als Grund für die Krise um die Seetransportfrage. Nach brasilianischem Schiffahrtsgesetz hatte die *Lloyde Brasileiro* Priorität im Frachtgeschäft nach Brasilien. Brasilien verlangte Entwicklungshilfe aus der Bundesrepublik Deutschland ohne weitere Bedingungen. Das Land beklagte sich über die hohen Zinsen für die Kredithilfe der Bundesrepublik. Außerdem stellten die Besprechungen über die Vorkriegsvermögensfragen eine Belastung dar. Immer wenn die politisch-wirtschaftlichen Interessen der Bundesrepublik im Gegensatz zu Brasilien standen, verlange die Bundesrepublik die Bezahlung des Restes der beschlagnahmten Vermögen.[710] Deswegen schlug Brasilia vor, daß die ungelösten Fragen entweder durch die Diplomatie oder zwischen den Dampfschiffahrtsgesellschaften bereinigt werden sollten.[711]

Andererseits sollte nach bundesdeutscher Ansicht die brasilianische Regierung Entscheidungen treffen. Im Fall der Finanzhilfe sollte keine Präferenz der brasi-

---

708 Das brasilianische Dekret Nr. 47.225 von 1959 und die SUMOC-Anweisung Nr. 181 vom 22.4.1959 über die schiffahrtspolitische Auffassung bestimmten, daß die brasilianische Schiffahrtsgesellschaft bzw. die Schiffe unter brasilianischer Flagge Priorität bei den Importlizenzen für Einfuhren aus der Kredithilfe haben mußten. Vgl. dazu Brasil. Ministério da Viação e Obras Públicas. Comissão de Marinha Mercante. Legislação, Rio de Janeiro 1963, S. 75-77.

709 BA. B 108,11956. Übersicht über den Stand der deutsch-brasilianischen Verhandlungen bei deren Unterbrechung am 30. Juli 1962, Rio de Janeiro, Streng vertrauliches Schreiben (7.1962).

710 MRE. DAR. SCE. Bonn, Telegramas Expedidos, Nr. 9.559. Brasilianisches Außenministerium an die brasilianische Botschaft in Bonn. Negociações com a Missão Granow, Rio de Janeiro (26.7.1962).

711 MRE. DAR. SCE. Bonn, Telegramas Expedidos, Nr. 10.302. Brasilianisches Außenministerium an die brasilianische Botschaft in Bonn. Visita do Ministro da Cooperação Econômica da Alemanha ao Brasil, Rio de Janeiro (14.8.1962).

lianischen Flagge anerkannt werden. Die westdeutschen Transportunternehmen sollten nicht diskriminiert werden, da die Kapitalhilfe für Brasilien aus öffentlichen Mitteln der Bundesrepublik komme.[712] Nach Ansicht der Bonner Vertreter sollte der brasilianische Nordosten 70% der Anleihe wegen der kommunistischen Arbeiterbewegung in der Region erhalten. Über diese Frage gab es allerdings zunächst keinen Konsens.[713]

Im November 1962 ergriff das brasilianische Außenministerium die Initiative für eine Wiederaufnahme der Verhandlungen über die Gewährung westdeutscher Kapitalhilfe durch die Bundesregierung, ohne daß das Außenministerium in Brasilia eine Lösung für die Fragen des Seetransports und der beschlagnahmten Vermögen anbot. Die brasilianische Regierung wollte wissen, ob die Bundesregierung wirklich Kredithilfe für Brasilien ohne politische Bedingungen zur Verfügung stellen wollte. Sie fürchtete, daß die politische und wirtschaftliche Lage des Landes die Verhandlungen erschwerte. Die brasilianische Regierung übte ständig Druck auf den bundesdeutschen Botschafter in Rio de Janeiro, Gebhard Seelos, aus.[714]

Der diplomatische Ton Brasiliens wurde bestimmt durch Beschwerden und Enttäuschungen. Die Regierungspartner und die Opposition kritisierten die politische Meinung der Bundesrepublik.[715] Der brasilianische Industrie- und Handelsminister äußerte, die Westdeutschen wollten der Regierung Goulart nicht helfen, sondern sich jeden Dollar ihrer Kredite mit mindestens sechs Zugeständnissen bezahlen lassen. Der oppositionelle Ministerpräsident Carlos Lacerda von Guanabara meinte, die Bundesregierung wollte keine Hilfe aus gesamtpolitischer Auffassung gewähren, sondern nur risikolose Geschäfte tätigen.[716]

Der Delegationsleiter Granow hielt an dem Junktim zwischen Entwicklungshilfe und der Schiffstransportfrage weiter fest, obwohl sich der Botschafter Seelos in

---

712 BA. B 108,11956. Übersicht über den Stand der deutsch-brasilianischen Verhandlungen bei deren Unterbrechung am 30. Juli 1962, Rio de Janeiro, Streng vertrauliches Schreiben (7.1962).

713 BA. B 108, 11956. Vollsitzung der Deutschen und der Brasilianischen Delegation am Mittwoch, dem 1.8.1962 im Itamaraty, Rio de Janeiro (2.8.1962).

714 MRE. DAR. SCE. Bonn, Telegramas Expedidos, Nr. 12.185. Brasilianisches Außenministerium an die brasilianische Botschaft in Bonn. Negociações com a Missão Granow. Reinício das conversações, Rio de Janeiro (31.10.1962).

715 MRE. DAR. SCE. Bonn, Oficios Recebidos, Nr. 382. Brasilianische Botschaft in Bonn an das brasilianische Außenministerium. Reabertura das negociações Brasil-RFA, Bonn, Vertrauliches Schreiben (23.11.1962).

716 MRE. DAR. SCE. Bonn, Oficios Recebidos, Nr. 355. Brasilianische Botschaft in Bonn an das brasilianische Außenministerium. Relatório mensal da Embaixada do Brasil em Bonn (5.11.1962).

Rio de Janeiro besorgt zeigte über die weitere Entwicklung der westdeutsch-brasilianischen Beziehungen. Seelos erklärte in einem Schreiben an das Auswärtige Amt die Notwendigkeit, die Verhandlungen mit Brasilien weiter zu führen. Wegen der entscheidenden Rolle Brasiliens sollte die Bundesrepublik Unfreundlichkeiten und eine Schädigung von Einzelinteressen hinnehmen. Andernfalls stände die westdeutsche Politik gegenüber Brasilien im Begriff, nicht nur steril zu sein, sondern sich selbst zu schädigen.[717] Bundesminister Gerhard Schröder beschuldigte daraufhin den Botschafter, daß er sich die Argumentation der Brasilianer über die westdeutsche Behandlung der Entwicklungskreditefrage zu eigen mache.[718]

Die Schiffahrtsgesellschaften schlossen im April 1963 ein Abkommen über die Aufteilung der Frachterlöse. Die westdeutschen Lieferungen sollten je zur Hälfte auf brasilianischen und westdeutschen Schiffen verschickt werden. Erst im November gleichen Jahres unterzeichneten der brasilianische Industrie- und Handelsminister Egídio Michaelsen und Bundesaußenminister Gerhard Schröder ein Abkommen über die wirtschaftliche Zusammenarbeit zwischen der Bundesrepublik und Brasilien. Die Bundesregierung billigte bei der Kreditanstalt für Wiederaufbau ein Darlehen in Höhe von 200 Millionen DM für Entwicklungsprojekte in Brasilien. Mit Ausnahme der deutschen Vorkriegsvermögen gab es für beide Seite befriedigende Vereinbarungen, Erklärungen und Protokolle über die neun Punkte der sogenannten Mission Granow.[719]

Vom Gesamtbetrag der Kapitalhilfe sollte etwas mehr als die Hälfte zur Finanzierung von Projekten im Nordosten verwendet werden. Etwa 40 Millionen des Kredites sollten für die Entwicklung kleiner und mittlerer Handwerksbetriebe zur Verfügung stehen. Industrielle Einrichtungen sollten ebenfalls berücksichtigt werden. Die Laufzeit betrug zirca 15 Jahre, doch weitere Einzelheiten über Zins- und Tilgungsbedingungen wurden von westdeutscher Seite nicht genannt. Trotz der Abmachungen beider Länder waren die Unterlagen für die Vorhaben Ende 1964 noch nicht vollständig und konnten so im Kapitalhilfeausschuß nicht behandelt

---

717 AA-PA. Ref. 415, Bd. 330. Aufzeichnung. Besprechung über Fragen der deutsch-brasilianischen Schiffahrt und der deutschen Kapitalhilfe für Brasilien, Bonn (26.11.1962) und AA-PA. Ref. III/B 4, Bd. 14. Botschafter Seelos an den Bundesminister des Auswärtigen Amtes, Bonn (29.11.1962).
718 AA-PA. Ref. III/B 4, Bd. 14. Bundesminister des Auswärtigen Amtes an Botschafter Seelos, Rio de Janeiro (24.1.1963).
719 BA. B 136, 2974. Auswärtiges Amt an den Bundesminister für Wirtschaft. Brasilien. Protokoll über finanzielle Zusammenarbeit; Protokoll über den Seeverkehr; Rahmenabkommen über technische Zusammenarbeit vom 30.11.1963, Bonn (4.2.1964).

werden. Im Jahre 1965 wurden die Entwicklungshilfevorhaben gebilligt; mit ihrer Realisierung wurde erst 1966 begonnen.[720]

Während der komplizierten Verhandlungen gab es mehrfache Bemühungen der brasilianischen Vertreter, die Schwierigkeiten zu beheben. Der brasilianische Außenminister San Tiago Dantas besuchte im Mai 1962 die Bundesrepublik. Ziel war die Abschaffung der westdeutschen Kaffeesteuer, die Freigabe des Darlehens von 110 Millionen US-Dollar durch das europäische Bankenkonsortium und die Regelung der EWG-Auswirkungen für den brasilianischen Export. Selbstverständlich erörterte er die brasilianische Wirtschaftsentwicklung und die Bedeutung der westdeutschen Entwicklungshilfe für das Land. Im Allgemeinen war seine Argumentation geschickt. Er sprach über ein gestärktes und fortschrittliches Lateinamerika an der Seite eines starken Europas. Außerdem überbrachte Dantas dem Bundespräsidenten die Einladung des Präsidenten Goulart, Brasilien zu besuchen.[721]

Der Besuch San Thiago Dantas' fiel in die Zeit einer tiefen politischen, wirtschaftlichen, sozialen und finanziellen Krise. Diese Schwierigkeiten blieben naturgemäß nicht ohne Rückwirkungen auf die wirtschaftlichen und politischen Kreise in Westdeutschland. Nach bundesdeutscher Meinung brachte der Rücktritt des Präsidenten Quadros Brasilien nicht nur schwere politische Spannungen, sondern gefährdet auch die Devisenlage und die Konsolidierung der Staatsfinanzen. Die Regierung des Präsidenten João Goulart unterstütze einen Gesetzentwurf gegen das Auslandskapital. Preiserhöhung, Inflation und kein vernünftiges wirtschaftliches Konzept seien im Moment bezeichnend für die Wirtschaftslage Brasiliens. Außerdem glaubte die Bonner Regierung, daß die ohnedies schon schwierige Lage Brasiliens von rechts- und linksradikalen Kreisen ausgenützt werde. Die Arbeiterbewegung verstärke ihre Aktivität im Nordosten Brasiliens. Wenn die Regierung Goulart die drängenden Wirtschafts- und Sozialprobleme nicht in An-

720 AA-PA. Ref. III/B 4, Bd. 16. Leiter der Abteilung III an den Staatssekretär des Bundeskanzleramtes. Kapitalhilfe für Brasilien, Bonn (13.11.1964); BA, B 213, 665. Bundesminister für Wirtschaft an das Auswärtige Amt. Brasilien-Kapitalhilfe, Bonn (15.12.1965) und MRE. DAR. SCE. Bonn, Oficios Expedidos, Nr. 1.322. Brasilianischer Außenminister Juracy Magalhães an den brasilianischen Botschafter in Bonn, Fernando Ramos de Alencar. Instruções para o novo Embaixador em Bonn (12.4.1966).

721 AA-PA. Ref. 415, Bd. 336. Aus dem Wirtschaftsreferat Middelmann. Besuch des brasilianischen Außenministers San Thiago Dantas, Bonn (7.5.1962) und Bulletin des Presse- und Informationsamtes der Bundesregierung, Nr. 95. Internationale Zusammenarbeit zur Erhaltung der Freiheit, Bonn (23.5.1962).

griff nehme, müsse man entweder mit einer Militärdiktatur oder mit einer kommunistischen Herrschaft rechnen.[722]

Angesichts dieser innenpolitischen Lage wurden die Staatsbesuche des brasilianischen Präsidenten João Goulart in Bonn und des Bundespräsidenten Heinrich Lübke in Brasilia verschoben. Mitte des Jahres 1963 versuchte der brasilianische Präsident Goulart, die Bundesrepublik zu besuchen. Wegen der politischen Krise in Brasilien wurde sein Staatsbesuch in Bonn nicht akzeptiert.[723] Die für Herbst 1963 geplante Reise von Lübke nach Südamerika wurde auf Empfehlung des westdeutschen Botschafters Seelos und wegen der innenpolitischen Lage der Bundesrepublik auf einen anderen Zeitpunkt verschoben.[724]

Am 1. April 1964 informierte Botschafter Seelos das Auswärtige Amt, daß die offene Auflehnung einiger Bundesstaaten und von Teilen der Streitkräfte gegen Präsident Goulart eine schwierige Krisensituation auslöse.[725] Die Rede des neuen Präsidenten Humberto Castelo Branco registrierte er dagegen mit Zufriedenheit, da sie den Interessen der Bundesrepublik entgegen komme. Castelo Branco spreche sich für die Privatinitiative in der Wirtschaft aus. Andere Mitteilungen der Bonner Regierung bezeichneten die Militärherrschaft in Brasilien als das Regime, das den Verwaltungsapparat vollständig von den Kommunisten säubern konnte.[726] Nach dem Militärputsch wurden neue Verhandlungen im Rahmen der „Allianz für den Fortschritt" und des Internationalen Währungsfonds eingeleitet.[727]

Die Bundesrepublik Deutschland unterstützte die neue brasilianische Regierung im politischen Bereich und wollte wichtige bilaterale Fragen, die zwischen beiden Ländern in der Schwebe waren, klären. Bundespräsident Lübke kam am 11. Mai 1964 zu einem Staatsbesuch nach Brasilien. Die brasilianische Regierung profitierte von diesem ersten offiziellen Besuch eines ausländischen Repräsentanten. Außer der politischen Anerkennung für das Regime erwartete Castelo Branco

---

722 BA. B 102, 160798. Auswärtiges Amt an das Bundesministerium für Wirtschaft. Offizieller Besuch des brasilianischen Außenministers San Tiago Dantas in der Bundesrepublik vom 17. bis zum 19. Mai 1962, Bonn (14.5.1962).

723 BA. B 136, 2097. Über den Staatssekretär dem Bundeskanzler vorzulegen, Bonn (16.2.1963).

724 AA-PA. Ref. III/B 4, Bd. 22. Westdeutscher Botschafter an das Auswärtige Amt, Rio de Janeiro, Vertrauliches Schreiben (17.1.1963).

725 AA-PA. Ref. III/B 4, Bd. 14. Westdeutscher Botschafter an das Auswärtige Amt, Rio de Janeiro, Vertrauliches Schreiben (1.4.1964).

726 BA. B 136, 2974. Bundesministerium für Wirtschaft an die Mitglieder des Referentenausschusses für Kapitalhilfe. Brasilien, Bonn (8.10.1964).

727 AA-PA. Ref. III/B 4, Bd. 23. Bundesdeutsche Botschaft in Rio de Janeiro an das Auswärtige Amt. Beteiligung der Bundesrepublik an der „Allianz für den Fortschritt", Rio de Janeiro (11.6.1964).

private und öffentliche Kredite aus der Bundesrepublik, um die Entwicklung des Landes weiter zu fördern.[728]

Wirtschaftlich beurteilte die Bundesregierung die brasilianische Lage mit Skepsis – trotz der westlich-demokratischen Ausrichtung der Außenpolitik Brasiliens nach dem Putsch von 1964 und der Bereitschaft der US-Regierung, dem Militärregime zu helfen. Nach Auffassung der Bundesregierung hatte die Reise des Bundespräsidenten in Brasilien politische und kulturelle Abmachungen als Ziel. Aber die Gespräche über die Interessen der Bundesrepublik und Brasiliens drehten sich hauptsächlich um wirtschaftliche Probleme. Investitionsschutzabkommen, beschlagnahmte Vermögen, Schuldenkonsolidierung, drei Wochenflüge für die Lufthansa und Finanzabkommen wurden thematisiert. Außerdem meinte Lübke, daß die Sorge vor der Konkurrenz des europäischen Marktes in Südamerika im Schwinden sei. Hauptpunkte einer Diskussion über die kulturellen Beziehungen waren die Besteuerung deutschsprachiger kultureller Zeitschriften in Brasilien und ein Besuch in Porto Alegre, wo eine große deutsche Minderheit lebt.[729]

Obwohl es immer wieder Verhandlungen über die Frage der beschlagnahmten Vermögen, insbesondere durch die Mission Granow, gab, erstattete die brasilianische Regierung den deutschen Versicherungsgesellschaften erst am 14.9.1964 ihre Vermögen zurück.[730] Im Jahre 1968 erhielt die Deutsche Überseeische Bank auf besonderen Antrag ihre Betätigungslizenzen wieder. Die Vermögensrestitution, wie beispielsweise Geschäftsgrundstücke, blieb im Laufe der sechziger Jahre unerledigt.[731]

Als die Regierung Brasiliens das Dekret Nr. 4.530 vom 8.12.1964 erließ, enthielt die brasilianische Gesetzgebung keine spezifischen Bestimmungen über die Enteignung bzw. über die ausländischen Vermögen. Durch dieses Dekret löste die Regierung Castelo Branco die brasilianische Kriegsreparationskommission auf und übertrug die schwebenden Prozesse einer Kommission bei der Brasilianischen Bank *(Banco do Brasil).*[732] Nach Ansicht der Bonner Regierung war die mangeln-

---

728 Vgl. Brasil. Discursos Presidenciais – 1964, No Palácio do Planalto, saudando o presidente Heinrich Lübke, da República Federal da Alemanha, em sua visita ao Brasil, S. 99-100 und Rudolf Morsey, Heinrich Lübke. Eine politische Biographie, Paderborn u. München 1996, S. 384.

729 AA-PA. Ref. III/B4, Bd. 19. Aufzeichnung. Anlage zu Bericht der Botschaft der Bundesrepublik Deutschland in Rio de Janeiro. Besprechung über deutsch-brasilianische Wirtschaftsfragen im brasilianischen Außenministerium anläßlich des Besuchs des Herrn Bundespräsidenten am 13.5.1964, Rio de Janeiro (20.5.1964).

730 Vgl. LEX 1964, Regierungsdekret Nr. 4.403 vom 14.9.1964, S. 811-812.

731 Vgl. Ernst Günther Lipkau, Deutsche Auslandsbanken in Brasilien, in: Staden-Jahrbuch, São Paulo 1969, Bd. 17, S. 91.

732 Vgl. LEX 1964, Regierungsdekret Nr. 4.530 vom 8.12.1964, S. 1327-1328.

de Bereitschaft von Seiten Brasiliens, die Feindvermögen offen zu legen, das Haupthindernis für eine befriedigende Lösung der Vermögensfrage. Die galoppierende Inflation in Brasilien trug ebenfalls zum Stocken der Verhandlungen bei.[733] Die brasilianische Regierung vertrat dagegen den Standpunkt, daß schon ausreichend Ausgleichszahlungen für die deutschen Vorkriegsvermögen geleistet seien. Ende der sechziger Jahre hätten nur kleine Details gefehlt, um die Restfragen der beschlagnahmten Vermögen zu lösen.[734]

Um das brasilianische Entwicklungsmodell weiter zu fördern, suchte die Außenpolitik Brasiliens Anfang der sechziger Jahre nach neuen Wegen. Die „unabhängige Außenpolitik" Brasiliens bekam eine andere politische Orientierung. Die Regierung João Goulart versuchte, Verhandlungsspielraum Brasiliens zwischen den östlichen und westlichen Staaten zu gewinnen. Brasilien brauchte sowohl Investitionen und Wirtschaftshilfe als auch Lösungen für seine sozialen Probleme im Rahmen der Demokratie. Aufgrund der politischen und wirtschaftlichen Instabilität hatte Präsident Goulart auf der internationalen Ebene kaum Verhandlungsspielraum zwischen den Staaten des Ost- und Westblocks. Für die Vertreter der brasilianischen Politik war es klar, daß die westliche Welt bzw. die Bundesrepublik Deutschland im Vergleich mit der östlichen Welt bzw. der DDR eher in der Lage war, Brasilien zu unterstützen.

Während den im Jahre 1961 getrübten Beziehungen zwischen Brasilien und der Bundesrepublik gefährdete die brasilianische Außenpolitik die westdeutsche Lateinamerika-Politik, obwohl das brasilianische Vorhaben eines Handelsabkommens mit der ostdeutschen Regierung zugunsten einer Vereinbarung auf Bankenebene aufgegeben wurde.[735] Brasilien strebte eine Anerkennung seiner politischen Rolle auf der lateinamerikanischen Bühne an; deswegen forderte es ein verstärktes politisches Engagement der Bundesrepublik in Brasilien. Einerseits betrachtete die Bundesregierung Brasilien als ein nachgeordnetes Entwicklungsland. Andererseits erwartete Brasilien politische und wirtschaftliche Unabhängigkeit, um sein Wirtschaftsentwicklungsmodell durchsetzen zu können.

---

733 BA. B 136, 2933. Botschaft der Bundesrepublik Deutschland in Rio de Janeiro an das Bundeskanzleramt. Wert des beschlagnahmten deutschen Vermögens bzw. Liquidationserlöses, Rio de Janeiro (19.9.1963).

734 MRE. DAR. SCE. Bonn, Oficios Expedidos, Nr. 1.322. Brasilianischer Außenminister Juracy Magalhães an den brasilianischen Botschafter in Bonn, Fernando Ramos de Alencar. Instruções para o novo Embaixador em Bonn (12.4.1966).

735 Im Jahre 1963 nahm Kuba diplomatische Beziehungen zur DDR auf. So wurde der Alleinvertretungsanspruch der Bundesrepublik für die Deutschen in Lateinamerika gefährdet. Vgl. dazu Akten zur Auswärtigen Politik der Bundesrepublik Deutschland (1963), München 1994, Dok. Nr. 195. Aufzeichnung des Referats I B 2. Abstimmung der Politik gegenüber Lateinamerika, Vertrauliches Schreiben (15.6.1963).

Wegen des starken Nationalismus der Regierung Goulart folgte die Bundesregierung der US-Außenpolitik gegenüber Brasilien und den Interessen der westdeutschen Privatinvestoren im Land. Die brasilianisch-westdeutschen Beziehungen spielten nur eine zweitrangige politische Rolle für die Bonner Regierung. Dazu erschwerte die bundesdeutsche Diplomatie die politischen und wirtschaftlichen Verhandlungen beider Länder und arbeitete zugunsten der politischen Interessen der Privatunternehmen der Bundesrepublik in Brasilien. Nach dem Militärputsch legte die Regierung Castelo Branco allmählich die Auseinandersetzungen mit den kapitalistischen Ländern bzw. mit der Bundesregierung bei. Ab Ende der sechziger Jahre wurde das Engagement Bonns gegenüber Brasilien wieder größer. Während die politisch-diplomatischen Beziehungen beider Länder nur von schleppenden Fortschritten geprägt waren, florierten auf Grund der politischen Liberalisierung die westdeutschen Privatinvestitionen in der brasilianischen Wirtschaft.

5.3 Die brasilianische Wirtschaftsentwicklung, das Privatkapital und die wirtschaftlichen Beziehungen zwischen Brasilien und der Bundesrepublik Deutschland Anfang der sechziger Jahre

Obwohl die Prioritäten der brasilianischen Außenwirtschaftsbeziehungen, insbesondere der Außenhandelspolitik, Anfang der sechziger Jahre bei den neuen bilateralen Handels- und Zahlungsabkommen mit dem Ostblock lagen, bemühte die brasilianische Regierung sich um die Verbesserung und die Steigerung des Warenaustausches mit der Bundesrepublik. Notwendig war für die brasilianische Regierung die Umschuldung kurz- und mittelfristiger Handelsschulden Brasiliens bei der Bundesrepublik Deutschland. Im Jahre 1960 zeigten die brasilianischen Geschäftsbeziehungen mit der Bundesrepublik eine Zunahme der brasilianischen Ausfuhren nach Westdeutschland um 3,8 Millionen US-Dollar und eine Abnahme der brasilianischen Einfuhren aus der Bundesrepublik um 4,7 Millionen US-Dollar. Trotz dieser Erhöhung der brasilianischen Ausfuhren in die Bundesrepublik im Jahre 1960 stieg bei der Regierung Brasiliens von 1955 bis 1960 das Handelsdefizit auf eine Summe von 56,9 Millionen US-Dollar nach deutscher Statistik an. Nach brasilianischer Statistik lag das brasilianische Handelsdefizit in den gleichen Jahren mit der Bundesrepublik bei einer Höhe von 176,5 Millionen US-Dollar.[736]

---

736 Der Unterschied zwischen dem deutschen und dem brasilianischen Saldo beruhte darauf, daß die brasilianische Statistik Transitausfuhren, wie den über Holland verschifften brasilianischen Kaffee, nicht als deutsche, sondern als niederländische Käufe auswies. AA-PA. Ref. 415, Bd. 331. Botschaft der Bundesrepublik Deutschland in Rio de Janeiro an das Auswärtige Amt. Brasilianischer Außenhandel im Jahre 1960 – Anlage 3, Rio de Janeiro (27.6.1961).

Im Allgemeinen verfolgten die Regierung Jânio Quadros (1961) und die Regierung João Goulart (1961-1964) in ihrer Finanzpolitik eine Stabilisierung der Währung und eine Verbesserung des Außenhandels. Auf dem Gebiet der Außenwirtschaft trieben sie ohne Rücksicht auf Ideologien mit jedem Land der Welt Handel. Insgesamt betrug das brasilianische Handelsdefizit 1960 193 Millionen US-Dollar und 1961 58 Millionen US-Dollar. Eine Sondermission unter der Leitung von Roberto Campos sollte in Italien, Frankreich, England, Schweden, Belgien, Holland, in der Bundesrepublik und in der Schweiz verhandeln. Die brasilianisch-westdeutschen Verhandlungen sollten einen *Stand-by-Kredit* für die Zahlung der gängigen Handelsschulden bereitstellen, eine kurz- oder mittelfristige Konsolidierung der brasilianischen Verschuldung in den Jahren 1961 und 1962 gewährleisten, langfristige Darlehen für brasilianische Entwicklungsprojekte genehmigen und neue HERMES-Bürgschaften für längerfristige Bankkredite garantieren.[737]

Im Bereich der bilateralen Außenhandelsgespräche zwischen der Bundesrepublik Deutschland und Brasilien mußte die brasilianische Regierung zuerst über ihre Handelsschulden mit der Bundesregierung verhandeln. Dabei wurde ein Abkommen beider Länder über die Konsolidierung brasilianischer Handelsschulden in Höhe von 368 Millionen DM (etwa 92 Millionen US-Dollar) geschlossen. Das „Abkommen über die Konsolidierung brasilianischer Verbindlichkeiten aus Handelsgeschäften vom 22.9.1961" umfaßte die brasilianischen Zahlungen gegenüber der Bundesrepublik vom 1.6.1961 bis zum 31.12.1965.[738] Zusätzlich sollte die Bundesregierung etwa in gleicher Höhe Lieferkredite für die Finanzierung brasilianischer Einfuhren von Investitionsgütern ermöglichen. Die westdeutschen Banken beteiligten sich an den kurzfristigen Krediten für Brasilien mit 40 Millionen DM (10 Millionen US-Dollar) und an den *Stand-by-Krediten* für den *Banco do Brasil* mit 128 Millionen DM (32 Millionen US-Dollar).[739]

Hinter der Stabilisierungsfrage der brasilianischen Zahlungsbilanz blieb die Ausfuhrkapazität Brasiliens nachgeordnet. Da sich das Hauptziel des Industrialisierungsprozesses in den fünfziger Jahren auf den Binnenmarkt hin – auf die „importsubstituierende Industrialisierung" – orientierte, nahm die brasilianische Regierung kaum Rücksicht auf den Export. Deswegen lag das Problem der brasilia-

---

737 AA-PA. Ref. 415, Bd. 232. Aufzeichnung des Leiters der Abteilung 4. Deutsch-brasilianische und multilaterale Verhandlungen über finanzielle Wirtschaftshilfe für Brasilien, Bonn (5.5.1961); ferner Roberto Campos, A lanterna na popa. Memórias, Rio de Janeiro 1994, S. 391-414.

738 AA-PA. Ref. 415, Bd. 228. Anlage zum Bericht der bundesdeutschen Botschaft in Rio de Janeiro. Acordo entre os Estados Unidos do Brasil e a República Federal da Alemanha para a consolidação de compromissos comerciais, Rio de Janeiro (15.8.1961).

739 AA-PA. Ref. III/B4, Bd. 15. Abschrift – Fernschreiben der Botschaft in Rio de Janeiro Nr. 297 vom 21.9.1961, Rio de Janeiro (21.9.1961).

nischen Ausfuhr nach wie vor beim traditionellen Kaffee-Export. In den Jahren 1960 und 1961 machte die Kaffeeausfuhr Brasiliens über 50% des Gesamtexports des Landes aus.[740] Die brasilianischen Diplomaten und Politiker beharrten auf dem Standpunkt, daß die Regierung diesen Sektor weiter unterstützen solle. In diesem Sinne blieb die Forderung nach einer Senkung der Kaffeesteuer in der Bundesrepublik bei Gesprächspartnern in brasilianischen Behörden und bei den Wirtschaftsorganisationen aktuell. Auf jeden Fall versuchte die brasilianische Regierung, das Verhältnis der Preise beim Warenaustausch zwischen Entwicklungs- und Industrieländern zu verbessern und eine kompensatorische Finanzierung zu entwickeln.[741]

Die brasilianische Regierung betrachtete stets die westdeutsche Kaffeesteuersenkung als eine der Voraussetzungen für die wirtschaftliche Stabilität ihres Staates. Eine erfolgreiche Hilfe für Entwicklungsländer sollte in der Abnahme ihrer Exportprodukte bestehen. Die Abschaffung der Verbrauchssteuer auf Kaffee sollte den Verbraucherpreis in der Bundesrepublik um etwa ein Drittel senken und den deutschen Kaffeekonsum verdoppeln.[742] Inzwischen billigte die Bonner Regierung allmählich eine Änderung in Fragen der Kaffee- und Teesteuer. 1960 bestand zwischen dem Auswärtigen Amt und dem Bundesministerium für Wirtschaft eine Übereinstimmung darüber, daß die Kaffeesteuer von 3,60 DM auf 2,40 DM je Kilogramm Rohkaffee gesenkt werden sollte. Das Bundesministerium für Wirtschaft akzeptierte diese Maßnahme, da diese Steuerpolitik seit Jahren die Bundesrepublik politisch und wirtschaftlich in ihrem Spielraum gegenüber den Entwick-

---

740 Im Jahre 1961 führte Brasilien Kaffee im Wert von 710.386 Millionen US-Dollar aus, d. h. 50,63% des gesamten Exportes. Die brasilianischen Ausfuhr von Eisenerzen betrug 4,26%, von Baumwolle 7,82%, von Kakao 3,27% u. a. Vgl. Geschäftsbericht der Deutsch-Brasilianischen Handelskammer in São Paulo (1958-1962), S. 47.

741 AA-PA. Ref. 415, Bd. 331. Botschaft der Bundesrepublik Deutschland in Rio de Janeiro an das Auswärtige Amt. Brasilianischer Außenhandel im Jahre 1960, Rio de Janeiro (27.6.1961); BA. B. 136, 7263. Botschaft der Bundesrepublik Deutschland in Rio de Janeiro an das Auswärtige Amt. Kaffeesteuer, Rio de Janeiro (5.7.1961); AA-PA. Ref. 415, Bd. 336. Aus dem Wirtschaftsreferat Helmut Middelmann. Besuch des brasilianischen Außenministers João Dantas, Bonn (7.5.1962); BA. B. 136, 2921. Bericht über die 2. Jahrestagung des Wirtschafts- und Sozialrats (CIES) der Organisation der Amerikanischen Staaten (OEA) in São Paulo vom 11. bis zum 16. November 1963, Bonn (20.12.1963) und AA-PA. Ref. III/B4, Bd. 19. Aufzeichnung. Anlage zu Bericht der Botschaft der Bundesrepublik Deutschland in Rio de Janeiro. Besprechung über deutsch-brasilianische Wirtschaftsfragen im brasilianischen Außenministerium anläßlich des Besuchs des Herrn Bundespräsidenten am 13.5.1964, Rio de Janeiro (20.5.1964).

742 AA-PA. Ref. 415, Bd. 231. Brasilianische Botschaft in Bonn an das Auswärtige Amt. Aide Memoire, Bonn (27.3.1961) und MRE. DAR. SCE. Bonn, Oficios Recebidos, Nr. 183. Brasilianische Botschaft in Bonn an den brasilianischen Außenminister Afonso Arinos de Melo Franco. Visita do Embaixador Roberto Campos à Alemanha. Negociações financeiras teuto-alemãs, reservado (5.5.1961).

lungsländern beeinträchtigte. Nach Meinung der Bonner Regierung sollte diese Senkung nur in Kraft treten, wenn sie durch den Abbau der Handelsschranken und der hohen Abgaben die Absatzmöglichkeiten für Produkte der Entwicklungsländer erweitern konnte.[743]

Die Entscheidung des westdeutschen Parlaments über die Senkung der deutschen Kaffeesteuer im Februar 1961 wurde von Anfang bis Ende durch die brasilianische Regierung verfolgt. Das Parlament war gegen die Senkung der Kaffeesteuer.[744] Die Regierung Brasiliens war von dieser Resolution enttäuscht. Für Brasilien sei es wichtig, die gute Qualität des kolumbianischen Kaffees zu erreichen. Früher lag der brasilianische Anteil am westdeutschen Kaffeeimport bei rund 50%, er ging aber Anfang der sechziger Jahre auf 23% zurück.[745]

Die Frage der Kaffeesteuersenkung blieb in den Handelsbeziehungen zwischen beiden Regierungen aktuell. Das 1961 gegründete Bundesministerium für wirtschaftliche Zusammenarbeit schlug im Jahre 1963 eine Senkung der Kaffee- und Teesteuer von 10% vor. Dieses Ministerium hielt zwar eine Steuersenkung nicht für ein geeignetes Mittel der Entwicklungspolitik, aber aus außenpolitischen Gründen für erforderlich.[746] Während des Staatsbesuchs von Heinrich Lübke im Mai 1964 in Brasilien gab es eine Besprechung über die westdeutsch-brasilianischen Wirtschaftsfragen. Das Problem der Kaffeesteuer wurde wieder diskutiert, aber das Thema verlor langsam an Wichtigkeit. Das Arbeitsprogramm enthielt zehn Punkte, wobei die Kaffeesteuerfrage auf dem achten Platz rangierte.[747]

Wegen der Finanzlage Brasiliens und der Finanzverhandlungen mit der Bundesrepublik im Jahre 1961 sollte sich der brasilianische Warenaustausch mit der Bundesrepublik verändern. Notwendig war, daß Brasilien einen Außenhandelsüberschuß erwirtschaftete. Seit 1961 stieg die westdeutsche Einfuhr aus Brasilien, insbesondere der Import von Eisenerzen. Zwischen 1962 und 1966 hatte Brasilien eine positive Zahlungsbilanz mit Westdeutschland. Die wichtigen Ausfuhrwaren

---

743 BA. B 136, 7263. Der Bundesminister für Wirtschaft an den Staatssekretär des Bundeskanzleramtes. Senkung der Kaffee- und Teesteuer, Bonn (5.1.1962).

744 BA. B 136, 7263. Arbeitsgemeinschaft des deutschen Kaffeehandels an den Finanzausschuß des Deutschen Bundestages, Hamburg (11.4.1961).

745 BA. B 136, 7263. Botschaft der Bundesrepublik Deutschland in Rio de Janeiro an das Auswärtige Amt. Fernschreiben, Rio de Janeiro (10.7.1961).

746 BA. B 136, 7263. Referat 8. Künftige Arbeiten des GATT zur weiteren Förderung des Handels der Entwicklungsländer – Deutsche Kaffee- und Teesteuer, Bonn (3.10.1963).

747 AA-PA. Ref. III/B4, Bd. 19. Anlage zum Bericht der westdeutschen Botschaft in Rio de Janeiro. Besprechung über deutsch-brasilianische Wirtschaftsfragen im brasilianischen Außenministerium anläßlich des Besuchs des Herrn Bundespräsidenten am 13.5.1964, Rio de Janeiro (20.5.1964).

aus Brasilien waren Kaffee, Baumwolle, Eisenerze, Tabak, Sisal und Holz. Diese Produkte machten von 1962 bis 1964 etwa 80% des Gesamtexports Brasiliens in die Bundesrepublik aus. In diesem Zeitraum gewann der Eisenerzexport nach der Bundesrepublik an Wert und überholte den Kaffeeverkauf. Im Jahre 1965 nahm der Kaffee wieder die erste Stelle in der westdeutschen Einfuhr aus Brasilien ein. Insgesamt diversifizierte sich der brasilianische Export in die Bundesrepublik. Andere Waren wie Leder, Wolle, pflanzliches Öl und nicht spezifizierte industrielle Produkte wurden nach Westdeutschland exportiert. Unter den klassischen Ausfuhrwaren verringerte sich die westdeutsche Kakaoeinfuhr aus Brasilien.[748]

Tabelle 8: Westdeutsche Handelsbeziehungen mit Brasilien zwischen 1961 und 1966

Jahr	Einfuhr		Ausfuhr		Handels-
	Werte in Millionen DM	**v.H. der Gesamtein- fuhr**	**Werte in Millionen DM**	**v.H. der Gesamaus- fuhr**	**bilanz in Millio- nen DM**
1961	614,9	1,39	596,9	1,17	**- 18,0**
1962	659,1	1,33	556,0	1,05	**- 103,1**
1963	594,2	1,14	492,6	0,84	**- 101,6**
1964	707,7	1,20	364,0	0,56	**- 343,7**
1965	816,5	1,16	358,2	0,50	**- 458,3**
1966	831,8	0,74	596,0	0,74	**- 235,8**

Quelle: Statistisches Jahrbuch für die Bundesrepublik Deutschland 1964, 1966, 1967. Statistisches Bundesamt (Hg.), Wiesbaden u. Mainz, S. 326, 333, 319.

Der brasilianische Warenaustausch mit der Bundesrepublik reichte nicht aus, um eine insgesamt positive Außenhandelsbilanz Brasiliens zu erreichen. Der Rückgang der Deviseneinnahmen wurde besonders deutlich ab 1961. Die unterschiedliche Devisen- und Außenwirtschaftspolitik der brasilianischen Regierungen zwischen 1961 und 1966 zeigte eine abfallende Tendenz bei der brasilianischen Einfuhr. Außerdem wurden wegen des Risikos im allgemeinen Geschäft mit Brasilien und aufgrund der politischen Instabilität nach Auffassung der Exporteure mehr Förderungsmaßnahmen benötigt.

---

748 MRE. DAR. SCE. Bonn, Ofícios Recebidos, Nr. 132. Brasilianische Botschaft in Bonn an das brasilianische Außenministerium. Assuntos comerciais (1966) und MRE. DAR. SCE. Bonn, Ofícios Expedidos, Nr. 1.322. Brasilianischer Außenminister Juracy Magalhães an den brasilianischen Botschafter in Bonn, Fernando Ramos de Alencar. Instruções para o novo Embaixador em Bonn (12.4.1966).

Seit 1959 versuchten beide Länder, ein Kapitalschutzabkommen abzuschließen. Nach Anschauung der Bonner Regierung war das Hauptproblem im Verhältnis zu Brasilien in der Kreditfrage. Der Abschluß eines Kapitalschutzabkommens sollte als Grundlage für die Kapitalhilfe aus der Bundesrepublik an Brasilien dienen. Eine echte Kapitalhilfe für Brasilien sollte von einem neuen Haushaltsgesetz abhängen.[749] Der Interministerielle Ausschuß für Bundesbürgschaften und Garantien zeigte ab diesem Jahre mit Rücksicht auf die Devisenlage Brasiliens Zurückhaltung und trug dafür Sorge, daß das HERMES-System durch Großgeschäfte nicht wesentlich erhöht wurde. Daher wurden nur Geschäfte bis zur Höhe von 5 Millionen DM von der HERMES-Deckung übernommen. Ausnahme war die Lieferung der Hochöfen für die Eisen- und Stahlindustrie COSIPA (Companhia Siderúrgica de São Paulo) Ende des Jahres 1959.[750]

Zusätzlich wurde im HERMES-System oft vor allem die Frage des Preisrisikos diskutiert, da es primär von Bedeutung für Exporte des Kapitals in die Entwicklungsländer war. Es ging darum, wie hoch die Selbstbeteiligung der Exporteure sein sollte. Anfang der fünfziger Jahre betrug die Selbstbeteiligung 15% vom Ausfall. 1956 wurde sie auf 30% für die wirtschaftlichen und auf 20% für die politischen Risiken festgesetzt. Im Jahre 1963 wurden diese Prozentwerte wieder abgesenkt.[751]

Nach Meinung der brasilianischen Regierung war die Bundesregierung gegen ein Abkommen zur Regelung der westdeutschen Investitionen in Brasilien. Die Forderungen der Bundesrepublik Deutschland seien unannehmbar, da sie sich im Widerspruch zu den brasilianischen Gesetzen befänden. Außerdem böte die brasilianische Gesetzgebung ausreichend Sicherheiten für ausländische Investitionen.[752]

Wegen der Risiken für ihre Exporte nach Brasilien verlangten die westdeutschen Exporteure ab 1961 die Absicherung durch das HERMES-System. Sie hatten keinen Erfolg. So verringerten sich die brasilianischen Einfuhren seit 1962 aus der

---

749 AA-PA. Ref. 415, Bd. 217. Aufzeichnung. Besuch des Leiters der handelspolitischen Abteilung im brasilianischen Außenministerium, Barbosa da Silva, und des Präsidenten der brasilianischen Entwicklungsbank, Roberto Campos, Bonn (3.4.1959).

750 AA-PA. Ref. 306, Bd. 141. Referat 415 an das Referat 306. Beitrag der handelspolitischen Abteilung für die Instruktion des Botschafters Herbert Dittmann in Rio de Janeiro, Bonn (25.1.1960).

751 Vgl. Bellers, Außenwirtschaftspolitik der Bundesrepublik Deutschland (1949-1989), S. 132-134.

752 BA. B 108, 54565. Botschaft der Bundesrepublik Deutschland in Rio de Janeiro an das Auswärtige Amt. Schutz von Kapitalanlagen im Ausland. Rio de Janeiro (28.9.1960) und MRE. DAR. SCE. Bonn, Oficios Expedidos, Nr. 1.322. Brasilianischer Außenminister Juracy Magalhães an den brasilianischen Botschafter in Bonn, Fernando Ramos de Alencar. Instruções para o novo Embaixador em Bonn (12.4.1966).

Bundesrepublik im Vergleich zu den brasilianischen Ausfuhren in die Bundesrepublik.[753] Wie die Deutsch-Brasilianische Industrie- und Handelskammer im Jahre 1963 zeigte, stießen die Konsumwaren, Maschinen und elektrotechnischen Erzeugnisse in Brasilien auf immer höhere Importbarrieren. Nach Ansicht der Kammer gab es für eine Verstärkung des Warenaustausches beider Länder 21 Hemmnisse auf der brasilianischen Seite. Darunter waren die brasilianische Geldentwertung, die Bürokratie der Außenhandelsabteilung der Brasilianischen Bank *(CACEX – Banco do Brasil)*, die Lage der brasilianischen Häfen, Transportkosten durch die brasilianische Schiffahrtsgesellschaft (*Lloyde Brasileiro*), die Bestechung und die Beschränkung des Gewinntransfers und der Kapitalrückführungen.[754]

Einerseits verschlimmerte sich die Lage des bundesdeutsch-brasilianischen Außenhandels in den Jahren 1963 und 1964, als die politischen Schwierigkeiten in Brasilien ihren Höhepunkt erreicht hatten. Ende des Jahres 1963 wurden infolge der politischen Krise Brasiliens im Rahmen des HERMES-Systems kaum Genehmigungen für den westdeutsch-brasilianischen Außenhandel erteilt. Unter dem Militärregime wurde das brasilianische Auslandsgeschäft mit der Bundesrepublik allmählich wieder angekurbelt. Nach Bonner Ansicht war Brasilien seit Frühjahr 1964 außer Gefahr, kommunistisch zu werden. Die brasilianischen Reformen wie die Verringerung des Haushaltsdefizits, Steuererhebungen, Aufhebung der Subventionierung von Einfuhren, Förderung des Exports, Beseitigung der Diskriminierung ausländischen Kapitals wurden als bedeutend eingeschätzt, aber sie zeigten noch nicht die erwarteten Wirkungen.[755]

Wegen des multilateralen Abkommens im Rahmen der Europäischen Wirtschaftsgemeinschaft verringerte sich der bilaterale Außenhandel zwischen Brasilien und der Bundesrepublik. Brasilien lieferte im Jahre 1960 an die EWG-Länder Waren für etwa 249 Millionen US-Dollar und empfing im Gegenzug Importe für 294 Millionen US-Dollar. 1961 führte Brasilien in die EWG-Länder 313 Millionen US-Dollar aus. In den Jahren 1964 und 1965 gelang Brasilien eine positive Handelsbilanz mit den EWG-Ländern. Der Anteil der Bundesrepublik am Handelsverkehr zwischen Brasilien und der EWG betrug im Jahre 1964 rund 35,9% der brasilianischen Ausfuhr und 1965 circa 34,3%. Die bundesdeutsche Einfuhr aus

---

753 MRE. DAR. SCE. Bonn, Ofícios Recebidos, Nr. 274. Brasilianische Botschaft in Bonn an das brasilianische Außenministerium. Intercâmbio comercial Brasil-República Federal da Alemanha. Relatório da Confederação Alemã da Indústria e do Comércio (31.6.1963).

754 MRE. DAR. SCE. Bonn, Ofícios Recebidos. Brasilianische Botschaft in Bonn an das brasilianische Außenministerium. Situação econômica externa. Evolução do comércio exterior alemão (1964).

755 BA. B 102, 93670. Vermerk. Der Bundesminister für Wirtschaft. Ländergespräch „Brasilien" am 26. Januar 1965 im Bundesministerium für Wirtschaft, Bonn (10.2.1965).

Brasilien belief sich 1964 auf 49% der Gesamteinfuhr der EWG und 1965 auf 51,8%.

Tabelle 9: Brasilianischer Außenhandel mit den Ländern der Europäischen Wirtschaftsgemeinschaft (in Tausend US-Dollar)

EWG-Länder	Einfuhr		Ausfuhr		Handelsbilanz	
	1964	1965	1964	1965	1964	1965
BRD	92.214	86.270	133.594	141.254	+ 41.380	+ 54.984
Belgien/ Luxemburg	12.813	11.103	41.515	47.968	+ 28.702	+ 36.865
Frankreich	45.676	29.780	50.207	56.211	+ 4.531	+ 26.431
Italien	23.991	23.515	67.841	85.127	+ 43.850	+ 61.612
Holland	13.094	16.531	79.038	81.461	+ 65.944	+ 64.930
EWG	**187.778**	**167.199**	**372.195**	**412.021**	**+184.417**	**+244.822**

Quelle: Geschäftsbericht der Deutsch-Brasilianischen Industrie- und Handelskammer in São Paulo (1963-1965), São Paulo 1966, S. 58.

Eine Steigerung des brasilianischen Imports aus der Bundesrepublik war nur im Jahre 1966 wegen der Konsolidierung der brasilianischen Auslandsschulden und der Maßnahmen der HERMES-Exportkreditversicherung möglich.[756] Der Warenaustausch zwischen beiden Ländern konnte wieder florieren. 1966 erreichte die Einfuhr Brasiliens aus der Bundesrepublik den gleichen Wert des Jahres 1961. Pauschal verlor der westdeutsche Export nach Brasilien zwischen 1962 und 1966 für die bundesdeutsche Gesamtausfuhr an Bedeutung. Bei der brasilianischen Einfuhr aus der Bundesrepublik waren elektrotechnische Erzeugnisse wichtig, genauso chemische und pharmazeutische Produkte, Kraftmaschinen und Werkzeugmaschinen.[757]

Mit dem Scheitern des industriellen Entwicklungsmodells Brasiliens Anfang der sechziger Jahre folgte eine Periode wirtschaftlicher und politischer Instabilität. Der Rücktritt Quadros' im Jahre 1961 verschlechterte das Investitionsklima in

---

756 BA. B 102, 93665. An den Ministerialdirektor Reinhardt. Vermerk. Besprechungen mit einer brasilianischen Delegation über die Konsolidierung brasilianischer Handelsschulden am 1. und 2. Juni in Bonn, Bonn (30.5.1964).

757 MRE. DAR. SCE. Bonn, Oficios Expedidos, Nr. 1.322. Brasilianischer Außenminister Juracy Magalhães an den brasilianischen Botschafter in Bonn, Fernando Ramos de Alencar. Instruções para o novo Embaixador em Bonn (12.4.1966).

Brasilien. Insgesamt verringerte sich das Interesse der Privatinvestoren im Land.[758] Zwischen 1952 und 1959 investierte das westdeutsche Privatkapital circa 2,2 Milliarden DM im Ausland. Davon wurden etwa 20% in Brasilien angelegt. In den Jahren 1960 und 1961 investierte das Privatkapital aus der Bundesrepublik etwa 1,9 Milliarden DM im Ausland. Diesem enormen Anstieg der westdeutschen Auslandsinvestitionen entsprach die Kapitalanlage in Brasilien nicht. Von 1952 bis 1961 belief sich die Summe westdeutscher Investitionen in Brasilien auf circa 639,7 Millionen DM. Das heißt: etwa 15,5% der Gesamtprivatinvestitionen aus der Bundesrepublik waren in Brasilien angelegt.[759]

1961 bekam Brasilien 8,9% seiner Gesamtinvestitionen aus Westdeutschland und im Jahre 1962 7,5%. 1963 machten die westdeutschen Investitionen nur 7,3% der Bruttoinvestitionen in Brasilien aus. Die Unternehmen investierten in diesem Jahre etwa 7,8 Millionen US-Dollar auf brasilianischem Boden. Im Jahre des Militärputsches (1964) pendelte sich der Anteil westdeutscher Investitionen in Brasilien bei 4,8% ein. Nach diesem Absenken westdeutscher Privatinvestitionen in Brasilien besetzten deutsche Investoren von 1961 bis 1964 die vierte Stelle als Kapitalgeber nach den Unternehmen aus den USA, aus Italien und Großbritannien. In einer Höhe von 39,5 Millionen US-Dollar investierten die Vereinigten Staaten im Jahre 1963 etwa 37% des gesamten ausländischen Kapitals in Brasilien. Mit einem Anteil von rund 40% der Gesamtprivatinvestitionen in Brasilien investierten die Vereinigten Staaten im Jahre 1964 42,6 Millionen US-Dollar.[760]

Nach der Auffassung der Deutsch-Brasilianischen Industrie- und Handelskammer gab es zwei Gründe dafür: den Aufbau der verschiedenen Industriesektoren und die diskriminierenden Beschränkungen gegenüber ausländischen Investitionen.[761] Ein anderer Grund für die Investitionssenkung lag bei den möglichen Verstaatlichungsplänen wegen des steigenden Einflusses der nationalistischen Tendenz in der Regierung Goulart. Außerdem setzte SUMOC Investitionsbestimmungen in

---

758 Über die wichtige Dimension der Gesamtinvestitionen, die nach Brasilien flossen, liegen bisher noch keine exakten Zahlen vor. Die Registrierungspflicht würde eine ungefähre zahlenmäßige Feststellung ermöglichen. Infolge der Reinvestitionen, der Zuführung von Krediten, der Kapitalisierung von Lizenzgebühren und Zinsen sowie Rückführungen, die nicht immer kontrolliert wurden, sind genaue Zahlenangaben fast unmöglich. Insbesondere zwischen 1960 und 1964, da die Fluktuation der Gesetzesinitiativen zur Begrenzung des Gewinntransfers in Brasilien labil war.

759 MRE. DAR. SCE. Bonn, Ofícios Recebidos, Nr. 201. Brasilianische Botschaft in Bonn an das brasilianische Außenministerium. Investimentos privados alemães no exterior (22.5.1962).

760 Vgl. Brasil. IBGE. Estatísticas históricas do Brasil. Investimentos e reinvestimentos estrangeiros no Brasil, Rio de Janeiro 1990, S. 1-2.

761 Vgl. Geschäftsbericht der Deutsch-Brasilianischen Industrie- und Handelskammer in São Paulo (1958-1962), S. 115-118.

Kraft, die ausländische Investoren in bestimmenden Wirtschaftsbereichen ausschloß. Ein Engagement des ausländischen Kapitals wurde in den Bereichen der Ausbeutung von Bodenschätzen, der Erdölgewinnung und -verarbeitung, der internen Fluglinien und Küstenschiffahrt und des Fischfanges verboten. An einigen dieser verbotenen wirtschaftlichen Sektoren waren die Investoren aus der Bundesrepublik aber besonders interessiert.[762]

Nach Ansicht der Bundesregierung gab es in Regierungskreisen Brasiliens die Vorstellung, daß das Einströmen privater Auslandsinvestitionen weiterhin in jedem Falle gefördert werden solle. Trotzdem fürchtete die Bonner Regierung, daß die brasilianische Regierung gegen die Freizügigkeit privaten Auslandskapitals vorgehe. Deswegen bemühte sich die Bundesregierung um eine Intensivierung des Kapitalexports nach Brasilien und forderte gleichzeitig steuerliche Erleichterungen, die Übernahme von Garantien und den Abschluß von Kapitalschutzverträgen.

Im Grunde wurden die neuen ausländischen Kapital-Investitionen und die Reinvestitionen wegen des Risikos, daß sich die wirtschaftlichen Schwierigkeiten und die schweren politischen und sozialen Spannungen Anfang der sechziger Jahre in Brasilien verschärften, gestoppt. Die westdeutschen Unternehmen erhielten kaum mehr Genehmigungen der HERMES-Kreditversicherung, um westdeutsche Niederlassungen und Firmen in Brasilien abzusichern. Das wichtigste Problem in den westdeutsch-brasilianischen Investitionensverhandlungen stellten die Haltung Brasiliens zur Investition ausländischen Kapitals und die Gesetzesinitiativen zur Begrenzung des Gewinntransfers dar. Durch das Gesetz Nr. 4.131 vom 3. September 1962 beschränkte die brasilianische Regierung den Gewinntransfer und die Kapitalrückführungen.

Während der Reglementierung des Gesetzes, das am 17.1.1964 in Kraft trat, übte die Bonner Regierung Druck auf die Politik Goularts aus. Sie werde den westdeutschen Investitionen in Brasilien nur wieder Deckung gewähren, wenn die brasilianische Regierung für westdeutsche Unternehmen mindestens drei Zusicherungen leisten könnte. Die Nichtdiskriminierung ausländischen Kapitals im Vergleich zu nationalem Kapital, die Entschädigung für die Beschlagnahme ausländischer Investitionen – in diesem Fall wollten die westdeutschen Unternehmen die

---

762 BA. B 135, 2974. Der Bundesminister für Wirtschaft an die Mitglieder des Referentenausschusses für Kapitalhilfe. Brasilien, Bonn (8.10.1964).

Entschädigungssumme in D-Mark bekommen – und einen freien Transfer für Kapital und Produkte.[763]

Der brasilianische Botschafter in der Bundesrepublik, Carlos Sylvestre de Ouro Preto, war der Meinung, daß westdeutsche Investitionen im Wert von circa 25 Millionen US-Dollar nach Ausbleiben der Genehmigung der HERMES-Kreditversicherung zur Verfügung ständen. Diese Investitionen sollten ohne Garantie der brasilianischen Regierung keine Genehmigungen bekommen. Die Regierung Goularts informierte die Bundesregierung über die neue Behandlung ausländischen Kapitals. Drei Garantien wurden übermittelt. Erstens sollte ausländisches Kapital wie inländisches Kapital behandelt werden. Zweitens sollte das ausländische Kapital registriert werden, und die Transferbeschränkung sollte 10% des registrierten Kapitals betreffen. Drittens sollten die ausländischen Betriebe für den Fall der Nationalisierung in Übereinstimmung mit der brasilianischen Verfassung entschädigt werden. Schließlich behauptete sie, daß ausländische Investitionen jederzeit für die Entwicklung Brasiliens willkommen seien.[764]

Anfang der sechziger Jahren betrafen die westdeutschen Investitionen besonders fünf Branchen: Elektrotechnik, Maschinenbau, Fahrzeugbau, Chemie sowie Eisen- und Stahlerzeugung. Die Palette dieser Investoren umfaßte zahlreiche Großunternehmen. Die Mehrheit der Investitionen aus der Bundesrepublik wurde wegen der Verbindung von Absatzmarkt und der Zulieferindustrie im Bundesland São Paulo getätigt. Die bundesdeutschen Unternehmen stellten hauptsächlich für den Binnenmarkt her.[765]

Die westdeutschen Investoren verlangten zusätzlichen Schutz von Auslandsinvestitionen bei der Bundesregierung, die vor allem in Brasilien bedeutende Kapitalanlagen leistete. Sie bemühten sich um einen internationalen Investitionsschutz, da dieser eine der wichtigsten Voraussetzungen für eine verstärkte Anlagetätigkeit der Privatindustrie in den Entwicklungsländern sei. Die Bundesregierung sollte sich bei der brasilianischen Regierung dafür einsetzen, die Investitionsfreiheit privaten Auslandskapitals sicherzustellen.[766] Der Staatssekretär des Auswärtigen

---

763 MRE. DAR. SCE. Bonn, Oficios Recebidos, Nr. 13.620. Brasilianische Botschaft in Bonn an das brasilianische Außenministerium. Negociações financeiras com o governo alemão, Sehr Eilig (20.11.1963).

764 MRE. DAR. SCE. Rio de Janeiro, Oficios Expedidos. Brasilianisches Außenministerium an die brasilianische Botschaft in Bonn. Negociações financeiras com o governo alemão (26.11.1963).

765 BA. B 102, 160798. Das Auswärtige Amt an das Bundesministerium für Wirtschaft. Offizieller Besuch des brasilianischen Außenministers San Tiago Dantas in der Bundesrepublik vom 17. bis zum 19. Mai 1962, Bonn (14.5.1962).

766 AA-PA. Ref. 415, Bd. 327. Hermann J. Abs an Staatssekretär Karl Carstens, Frankfurt a. M. (12.3.1962).

Amtes Karl Carstens antwortete den Investoren, daß der brasilianische Gesetzentwurf über eine gesonderte Behandlung ausländischer Investitionen vom Auswärtigen Amt mit Besorgnis betrachtet werde. In Brasilien gäbe es neben den Verteidigern der weiteren Beteiligung privaten Auslandskapitals an der brasilianischen Wirtschaftsentwicklung auch viele Gegner.[767]

Anfang der sechziger Jahre beschwerten sich die Firmen Fried. Krupp, Siemens AG, Krauss-Maffei AG, Auto Union GmbH, Mannesmann AG und andere über das Finanzierungsschema für Investitionen in Brasilien bei der Botschaft und den Generalkonsulaten der Bundesrepublik Deutschland in Brasilien. Weiterhin versuchten sie Antworten auf die Fragen der Unternehmen und eine Lösung ihrer Probleme beim Auswärtigen Amt zu erhalten. Entweder sie suchten nach Informationen über die Lage in Brasilien oder sie beklagten sich über die Weigerung der HERMES-Versicherung, eine Ausfuhrgarantie in Brasilien zu erteilen. Eine andere Sorge der westdeutschen Unternehmen war die Konkurrenz der Firmen aus den USA, Großbritannien und Frankreich.[768]

Die Firma „Gebrüder Laurenz" schickte ein vertrauliches Schreiben an das Auswärtige Amt, in dem sie die Entwicklung der politischen Verhältnisse und das Risiko für ausländische Kapitalgeber in Brasilien gegeneinander abwogen. Man fragte, ob die westdeutschen Unternehmen Kapitalinvestitionen weiterhin in Brasilien einsetzen sollten.[769] Die Auto Union GmbH in Ingolstadt äußerte, daß der Schaden für die westdeutsche Industrie größer sei, wenn die Behinderung des Kapitalexports nach Brasilien aufrechterhalten würde. Die Auto Union erwartete wenigstens, daß die Deckung des politischen Risikos für eine Geschäftstätigkeit in Brasilien wieder zugesichert wurde. Die Unternehmen sollten dagegen nur das wirtschaftliche Risiko tragen.[770]

Die Siemens AG erwähnte 1965 die brasilianische Firma *Petrobrás,* die seit 1963 eine Lieferung für einen Raffinerieausbau erwartete. Die bundesdeutsche Bot-

---

767 AA-PA. Ref. 415, Bd. 327. Bundesdeutscher Staatssekretär Karl Carstens an Hermann J. Abs. Brasilianische Gesetzgebung über Auslandsinvestition, Bonn (1962).

768 BA. B 102, 93670. Escritório Técnico Comercial Krupp Ltda an das Generalkonsulat der Bundesrepublik Deutschland in São Paulo. Lokomotiv-Geschäft zwischen der Firma Fried. Krupp und der brasilianischen Gesellschaften Vale do Rio Doce S.A., São Paulo (4.2.1965); BA. B 102, 93677. Botschaft der Bundesrepublik Deutschland in Rio de Janeiro an das Auswärtige Amt. Companhia Siderúrgica Mannesmann, Rio de Janeiro (1.7.1965) und BA. B 102, 93670. Botschaft der Bundesrepublik Deutschland in Rio de Janeiro an das Auswärtige Amt. Ausfuhrgarantie MAN/Siemens, Fernschreiben, Rio de Janeiro (8.4.1965).

769 AA-PA. Ref. 415, Bd. 229. Firma Gebrüder Laurenz an das Auswärtige Amt. Privatinvestitionen in Brasilien, Ochtrup, Vertrauliches Schreiben (2.11.1961).

770 AA-PA. Ref. III/B 4, Bd. 18. Geschäftsführung Werner Hense (Auto Union GmbH) an den Bundesminister des Auswärtigen Amtes Gerhard Schröder, Ingolstadt (16.12.1963).

schaft in Rio de Janeiro nahm sich um die Interessen der Siemens AG an und bat die westdeutsche Regierung um Verständnis. Die staatliche *Petrobrás* warte seit zwei Jahren auf die Ersatzteile. Die Firma könne eine Absage in dieser Zeit nicht verstehen, da das erste Jahr der Militärregierung wirtschaftlich erfolgreich verlaufen, und die brasilianische Regierung auf Mithilfe des ausländischen Kapitals angewiesen sei. Außerdem könne diese harte Haltung der HERMES-Versicherung politische Rückwirkungen haben, äußerte Botschafter Gebhard Seelos. Das langfristige Geschäft zwischen der Siemens AG und *Petrobrás* könnte auch Gefahren wegen der Konkurrenz der Firmen *General Electric, Westinghouse* und *Thomson* mit sich bringen.[771]

Die Deutsch-Brasilianische Industrie- und Handelskammer war besorgt und übte Kritik an der brasilianischen Situation. Einerseits empfahl sie, daß Brasilien auf dem Gebiet der Finanzierung eine großzügige Haltung zeigen sollte, um wichtige Marktanteile nicht zu verlieren. Die Deutsch-Brasilianische Industrie- und Handelskammer setzte sich gegen die Diskriminierung des Auslandskapitals und gegen die anderen wirtschaftlichen und politischen Bestimmungen während der Regierung Goulart ein.[772] Der Leiter der Kammer, João Baptista Leopoldo de Figueiredo, spielte eine bedeutende Vermittlerrolle zwischen den Unternehmensverbänden und den Oppositionskräften der Regierung innerhalb der Streitkräfte.[773] Im Geschäftsbericht der Kammer für 1963-1965 schrieb Leopoldo de Figueiredo: Die Präsidentschaft der Kammer wollte nicht verhehlen, daß sie den Maßnahmen der Regierung Goulart mit erheblichen Bedenken gegenüberstand und das Abgleiten Brasiliens auf einen kommunistischen Kurs mit großer Besorgnis betrachtete.[774]

Andererseits war die Kammer für eine schnelle Liberalisierung der brasilianischen Wirtschaft nach dem Militärputsch in Brasilien. Finanzhilfe aus der Bundesrepublik sei notwendig für die bundesdeutschen Unternehmen in Brasilien. Nach ihrer Ansicht kämpfe die Militärregierung gegen die Inflation, fordere eine Steuerreform und liberalisiere die Einfuhr infolge der allgemeinen Devisenpolitik. Deswegen sollte die bundesdeutsche Regierung dem neuen Regime so bald wie möglich

---

771 BA. B 102, 93670. Botschaft der Bundesrepublik Deutschland in Rio de Janeiro an das Auswärtige Amt. Ausfuhrgarantie MAN/Siemens. Fernschreiben, Rio de Janeiro (8.4.1965).

772 BA. B 108, 54566. Botschaft der Bundesrepublik Deutschland in Rio de Janeiro an das Auswärtige Amt. Wachsendes Interesse der brasilianischen Wirtschaftsverbände an brasilianischer Innenpolitik. Rio de Janeiro (15.2.1962).

773 Der Bankier João Batista Leopoldo de Figueiredo, Präsident der Brasilianisch-Deutschen Industrie- und Handelskammer in São Paulo, übernahm die Leitung des „Forschungsinstituts und soziale Untersuchungen" *(Instituto de Pesquisas e Estudos Sociais – IPES)*. Vgl. dazu Dreifuss, 1964 – a conquista do Estado. Ação política, poder e golpe de classe, S. 161-209.

774 Vgl. Geschäftsbericht der Deutsch-Brasilianischen Industrie- und Handelskammer in São Paulo (1963-1965), S. 30-31.

Finanzierungsangebote machen, da die Regierung Castelo Branco höchste Anerkennung verdiene.[775]

Außerdem wandte sich das bundesdeutsche Generalkonsulat in São Paulo mit der
Information, daß die Export-Import-Bank der Vereinigten Staaten schon seit Ende
des Jahres 1964 eine neue Finanzierung für die Ausführung von wirtschaftlichen
Entwicklungsprojekten bereitstellen würde, an das Auswärtige Amt.[776] Ab Mai
1964 verhandelten die brasilianische und die bundesdeutsche Regierung vornehmlich über Finanz- und Investitionsförderungsabkommen und über die Doppelbesteuerung. Nach Auffassung der Bundesregierung sei die Regierung Castelo
Branco nicht in der Lage einen Vertrag über Investitionen, wie ihn Westdeutschland verlangte, anzunehmen. Die neue Regierung Brasiliens brächte keine Veränderung auf dem Gebiet des Eigentumsschutzes.[777]

Trotz der Förderungen des Schutzes für die westdeutschen Investitionen bei der
Bundesregierung befreite die HERMES-Versicherung die Ausfuhr- und Investi-
tionensgarantie für Brasilien im Gegensatz dazu nur ab 1966. Die Besprechung
beider Länder über das Investitionsförderungsabkommen scheiterte am 24.7.1964.
Für die brasilianische Seite waren die Forderungen der Bundesrepublik inakzep-
tabel, da die Bundesregierung einen besonderen Schutz für das westdeutsche Kapital in Brasilien verlangte.[778] Nach der Auffassung der Bonner Regierung sollte
die Militärregierung die mögliche Entschädigung westdeutschen Kapitals in Bar-
geld auszahlen.[779] Inzwischen setzte der Interministerielle Ausschuß in Bonn die
Übernahme von Garantien für Kapitalanlagen im Ausland in Höhe von 142 Mil-

775 Der ganze Geschäftsbericht der Deutsch-Brasilianischen Industrie- und Handelskammer in
   São Paulo von 1963 bis 1965 ist von besonderer politischer Bedeutung für das Engagement
   der Kammer im Militärregime ab 1964. Vgl. dazu Geschäftsbericht der Deutsch-
   Brasilianischen Industrie- und Handelskammer in São Paulo (1963-1965).
776 AA-PA. Ref. III/B 4, Bd. 21. Generalkonsulat der Bundesrepublik Deutschland in São Paulo
   an das Auswärtige Amt. Wirtschaftliche Zusammenarbeit USA mit Brasilien, São Paulo
   (25.11.1964).
777 BA. B 108, 54569. Botschaft der Bundesrepublik Deutschland in Rio de Janeiro an das Auswärtige Amt. Verhandlung über den Abschluß eines Investitionsförderungsvertrages sowie
   eines Doppelbesteuerungsabkommens mit Brasilien, Rio de Janeiro (14.5.1965).
778 MRE. DAR. SCE. Bonn, Ofícios Expedidos, Nr. 1.322. Brasilianischer Außenminister Juracy
   Magalhães an den brasilianischen Botschafter in Bonn, Fernando Ramos de Alencar. Instruções para o novo Embaixador em Bonn (12.4.1966).
779 MRE. DAR. SCE. Bonn, Ofícios Recebidos, Nr. 13.620. Brasilianische Botschaft in Bonn an
   das brasilianische Außenministerium. Negociações financeiras com o governo alemão, Sehr
   Eilig (20.11.1963).

lionen DM in Kraft.[780] Ende der sechziger Jahre flossen die westdeutschen Investitionen wieder nach Brasilien.

Die liberale Politik der brasilianischen Regierung in bezug auf ausländisches Kapital und ihre relative politische Stabilität unterstützten die westdeutschen Unternehmen zwischen 1955 und 1961 in Brasilien. Mit der Krise des industriellen Entwicklungsmodells Brasiliens und mit der politischen Instabilität ab 1961 verschlechterten sich die bisherigen Wirtschaftsbeziehungen zwischen der Bundesrepublik und Brasilien. Der gesamte Warenaustausch beider Länder wurde reduziert und die brasilianische Regierung hatte mehr und mehr Schwierigkeiten, Kredit für ihren Import zu bekommen. Besonders die privaten Banken und die Schwer- und Grundstoffindustrien aus der Bundesrepublik Deutschland verlangten bei der Bundesregierung Direktinvestitionen zur weiteren Deckung ihrer Geschäfte in Brasilien, obwohl Brasilien eine Zeit der politischen Unsicherheit durchmachte.

Angesichts der Gefahr der Nationalisierung ausländischer Betriebe in Brasilien verschärften die westdeutschen Unternehmen und Banken ihre ständigen Forderungen, daß Brasilien ein Kapitalförderungsabkommen mit der Bundesrepublik schloß. Einerseits wollte die brasilianische Regierung trotz der Wichtigkeit der westdeutschen Investitionen in Brasilien im Laufe der sechziger Jahre die Privatunternehmen kontrollieren. Andererseits wollte das westdeutsche Privatkapital in Brasilien kein Risiko eingehen. Die Bundesregierung beschränkte die Deckung der HERMES-Versicherung auf Investitionen in Brasilien.[781] Man muß darauf hinweisen, daß der größte Anteil westdeutscher Investitionen aus Privatkapital bestand und eine möglichst hohe Rendite erbringen sollte. So wurde das Privatkapital der Bundesrepublik Deutschland in Brasilien knapp. Nach Ansicht der Bundesregierung und der westdeutschen Unternehmen riskierte die Regierung Goulart eine politische Konfrontation mit dem kapitalistischen System.

Allmählich baute das Militärregime die brasilianische Entwicklungsbasis und ihr gutes Verhältnis zu den Privatinvestoren wieder auf. Obwohl die brasilianische Wachstumsrate zwischen 1964 und 1966 gering blieb, wurden nach Ansicht der Bonner Regierung wirtschaftliche Voraussetzungen und politische Stabilität für eine Wiederaufnahme der wirtschaftlichen Entwicklung Brasiliens geschaffen. In diesen Jahren stieg die Industrieproduktion in Brasilien um 3,4%. Die Bundesregierung versuchte während der ersten Militärregierung, die westdeutschen Privatinvestitionen in Brasilien weiter zu schützen.

---

780 BA. B 102, 93670. Vermerk. Der Bundesminister für Wirtschaft. Ländergespräch „Brasilien"
     am 26. Januar 1965 im Bundesministerium für Wirtschaft, Bonn (10.2.1965).

781 In den sechziger Jahren sah sich die bundesdeutsche Regierung wegen anderer Ereignisse
     gezwungen, ihre gesamten Auslandsausgaben zu überprüfen. Vgl. dazu Bellers, Außenwirtschaftspolitik der Bundesrepublik Deutschland (1949-1989), S. 259-281.

6. Die Rahmenbedingungen der Kulturbeziehungen zwischen Brasilien und der Bundesrepublik

6.1 Die Kultur- und Erziehungspolitik Brasiliens zwischen den dreißiger und sechziger Jahren

Zwischen 1930 und 1970 erlebte die brasilianische Gesellschaft einen tiefgreifenden Wandel. Die gesellschaftlichen Veränderungsprozesse Brasiliens wurden deutlich in einem starken Bevölkerungswachstum, einer zunehmenden Migrationsbewegung, einer Urbanisierung und in der Entstehung neuer städtischer Sozialverhältnisse.[782] Der brasilianische Staat schuf einerseits durch seine allgemeine Wirtschaftspolitik besonders günstige Voraussetzungen für die industrielle Produktion. Andererseits entstand ab den dreißiger Jahren eine neue nationale Mentalität durch staatliche Erziehungsreformen und andere kulturelle Aktivitäten. Die brasilianische Regierung ergriff hauptsächlich zwischen 1937 und 1945 viele Maßnahmen, um die Leitgedanke des Nationalismus zu verwirklichen und den Zentralismus des Staates zu fördern.[783]

Zielpunkt dieser Nationalisierungsmaßnahmen Brasiliens war, ein brasilianisches Bewußtsein zu entwickeln und die nationale Identität zu stärken. Nach Ansicht der brasilianischen Regierung brauchte die Gesellschaft wirtschaftliche und natürliche Ressourcen sowie ein Arbeitskräftepotential mit beruflicher Bildung, um eine neue, integrierte Nation zu gestalten. Mit Unterstützung von verschiedenen Gruppen der Oberschicht suchte die Regierung Getúlio Vargas, die nationale Integration Brasiliens unter Wahrung und Betonung der kulturellen Wurzeln Brasiliens zu fördern.

Obwohl die Verstädterung in den dreißiger Jahren noch gemäßigt war, nahm die Notwendigkeit für eine Kultur- und Erziehungspolitik zu. 1930 wurde das brasilianische Erziehungs- und Gesundheitsministerium gegründet. Im Bereich der Ausbildung sollte ein zentrales Erziehungsprogramm unter der Führung der kulturellen Eliten Brasiliens eingeleitet werden. Das Ministerium kümmerte sich um die Strukturen des Schulwesens, die Lerninhalte und die Unterrichtsmethoden. Das Erziehungsministerium förderte die Gymnasien und die Berufs- und Hochschulen am stärksten.[784] Der Staat investierte in die Verbesserung der Erziehung

---

782 Vgl. Neide Patarra, Dinâmica populacional e urbanização no Brasil, in: Fausto (Hg.), História geral da civilização brasileira, Bd. 11, S. 247-268.

783 Vgl. dazu Kapitel 1 dieser Arbeit.

784 Vgl. Celso de Rui Beisiegel, Educação e sociedade no Brasil após 1930, in: Fausto (Hg.), História geral da civilização brasileira, Bd. 11, S. 389-395.

der brasilianischen Eliten. Priorität hatte die gemeinsame Bildungsplanung für die brasilianischen Universitäten und Mittelschulen.[785] Die Grundschulen erhielten dagegen kaum Unterstützung und blieben in der Verantwortung der brasilianischen Bundesländer.[786]

1934 wurde die erste Universität in Brasilien gegründet, wobei hier die Initiative beim betreffenden Bundesland lag: die Universität von São Paulo. Ein Jahr später rief das Erziehungsministerium die Universität von Rio de Janeiro ins Leben. Im Laufe der Zeit verbesserten sie ihre Qualität, und allmählich beschäftigten sich die Universitäten auch mit Forschung und Lehre. In den Gründungsjahren der Universität von São Paulo arbeiteten dort junge Professoren aus Frankreich, wie der Historiker Fernand Braudel und der Anthropologe Claude Lévy-Strauss. Aus Deutschland kamen die Chemiker Heinrich Rheinboldt und Heinrich Hauptmann, die Zoologen Ernst Breslau und Ernst Marcus und die Botaniker Felix Rawitscher und Karl Ahrens.[787]

Das Erziehungsministerium bemühte sich um das Modell einer Erziehungspolitik für ganz Brasilien. Die Schulen sollten entweder öffentlich oder privat sein. An diesem Projekt nahmen auch Intellektuellen, Erzieher und die katholische Kirche teil. Die katholische Kirche verfocht die Rolle der privaten Schulen mit den Argumenten der Religiösität und des unterschiedlichen Lehrprogramms für Mädchen und Jungen. Die liberalen Erzieher befürworteten ein breites Schulsystem und eine nationale, konfessionslose Schule. Diese Schulen sollten für alle zugänglich, obligatorisch, kostenlos und unter Verantwortung des Staates sein.[788] Diese Diskussion dauerte bis zum Jahr 1961 an, bis das „Gesetz für die Richtlinien und Basis der nationalen Erziehung" *(Lei de Diretrizes e Bases da Educação Nacional)* in Kraft trat. Das Gesetz fand keine einheitliche Lösung für die Fragen des Erziehungsmodells in Brasilien; die private Erziehung mit ihrem stark katholisch geprägten Einfluß wurde aufrechterhalten.[789]

Die Entwicklung des brasilianischen Bildungssystems hatte Anfang der dreißiger Jahre zwei Schwierigkeiten zu bewältigen. Im Gegensatz zur regionalen Erzie-

---

785 Vor der Regierung Vargas gab es auf universitärer Ebene in Brasilien nur einzelne Fakultäten. Zum Beispiel die Juristische Fakultät in Recife und São Paulo, die Medizinische Fakultät in Rio de Janeiro und in Salvador und die Polytechnische Fakultät in Rio de Janeiro. Vgl. dazu José Antonio Tobias, História da educação brasileira, São Paulo 1972, S. 389.

786 Vgl. Simon Schwartzman (Hg.), Tempos de Capanema, São Paulo 2000, S. 189-268.

787 Vgl. Heladio Cesar Gonçalves Antunha, Universidade de São Paulo. Fundação e reforma, São Paulo 1974, S. 45-46.

788 Vgl. Simon Schwartzman (Hg.), Tempos de Capanema, S. 189-218.

789 Vgl. Danilo Lima, Educação, igreja e ideologia. Uma análise ideológica da elaboração da Lei de Diretrizes e Bases, Rio de Janeiro 1978 und Otaíza de Oliveira Romanelli, História da educação no Brasil (1930-1973), Rio de Janeiro 1978, S. 169-187.

hungsverwaltung sollte das Erziehungsministerium an einem gemeinsamen Erziehungsplan für Brasilien arbeiten. Zum zweiten sollte es die kulturelle Assimilation der fremdländischen Bevölkerungsteile in Brasilien fördern. Es handelte sich um eine Politik der Herstellung von Gleichheit in der brasilianischen Bevölkerung mittels Sprache, Kultur und Nationalität.

Für die kulturelle Assimilation ausländischer Einwohner verfochte die Regierung Vargas aus zwei Strategien. Im Rahmen des Strebens nach brasilianischer Nationalität wurden fremdsprachlicher Unterricht im Jahre 1938 und Rundfunksendungen, Zeitungen und Zeitschriften in Fremdsprachen 1941 auf dem ganzen brasilianischen Territorium verboten.[790] Nach Ansicht der Regierung Vargas sollten die ausländischen Gruppen innerhalb der brasilianischen Gesellschaft, hauptsächlich aber deren Kinder, einerseits Portugiesisch lernen und damit das neue Nationalbewußtsein und die Identität Brasiliens pflegen. Andererseits sollten sie mit ihren Traditionen – Sprache, Kultur, Geist, Loyalität gegenüber ihrer Heimat – brechen. Zusätzlich verbot die Regierung den Bau neuer Siedlungen mit Ausländern gleicher Nationalität. Einwanderer sollten nur bis zu 25% der gesamten Einwohnerzahl einer Gemeinde ausmachen, Brasilianer hingegen 30%.[791] Solche politischen Maßnahmen wie die Nationalisierung des Schulwesens, die Pressezensur und die gemischten Ansiedlungen trafen in den vierziger Jahren in verschiedenen Bundesländern Brasiliens große Einwandererkontingente, überwiegend die deutschen Gruppen.[792]

Die brasilianischen Regierungsvertreter hatten seit Anfang des zwanzigsten Jahrhunderts in Südbrasilien, Rio de Janeiro und Espírito Santo über die Entwicklung des deutschen Nationalgefühls in den deutschen Kolonien berichtet. Sie pflegten ihre nationale Tradition, Sprache und Kultur. Der brasilianischen Regierung gelang hier keine erfolgreiche Assimilationspolitik, um die deutschen Einwanderer an die neue kulturelle Umgebung anzupassen. Die brasilianischen Schulen in den deutschen Siedlungen waren in prekärem Zustand, weshalb sich die Deutschen um private Schulen für ihre Kinder mit Deutsch als Unterrichtssprache kümmerten. Wegen des religiösen Interesses förderten auch die katholischen und evangelischen Kirchen Schulen in den deutschen Gemeinden, und der Unterricht wurde überwiegend in deutscher Sprache gehalten. Nach Meinung vieler Deutscher waren Schule und Kirche die Grundsäulen der deutschen Kultur und Sprache im

---

790 Vgl. César Paiva, Die deutschsprachigen Schulen in Rio Grande do Sul und die Nationalisierungspolitik, Phil. Diss., Hamburg 1984.

791 Vgl. Maria Tereza Schorer Petrone, Imigração, in: Fausto (Hg.), História geral da civilização brasileira, Bd. 9, S. 97-98 und LEX 1945. Regierungsdekret Nr. 7.967 vom 18.9.1945, S. 497-512.

792 Vgl. Helena Bomeny, Três decretos e um ministério. A propósito da educação no Estado Novo, in: Dulce Pandolfi (Hg.), Repensando o Estado Novo, Rio de Janeiro 1999, S. 152.

Ausland, da die familiären Traditionen in engem Zusammenhang mit der Religion standen.[793]

Während des Zweiten Weltkrieges ergriff die brasilianische Regierung im Rahmen der nationalen Sicherheitspolitik weitreichende Nationalisierungsmaßnahmen. Damit verbunden waren die Verstaatlichung der Privatschulen, Enteignungen, Unterrichtsverbote, eine vollständige Nationalisierung des Unterrichtsprogramms und die Unterdrückung der ausländischen Sprachen. Gottesdienste in fremder Sprache sowie jede Art von Veröffentlichung in anderen Sprachen wurden untersagt.[794]

Eine andere Säule dieser gesellschaftlichen Veränderungsprozesse Brasiliens war die staatliche Unterstützung kultureller Entwicklungen. Da die brasilianischen Intellektuellen nach einem starken Nationalgefühl und einer Modernisierung der brasilianischen Gesellschaft strebten, sorgte das Erziehungsministerium nicht nur für die Erziehungsreform, sondern auch für die Förderung von Musik, Kunst und Literatur. Im Bereich der Kultur gründete die Regierung Vargas das „nationale Institut des Buches" *(Instituto Nacional do Livro)*, das „nationale Institut des Erziehungsfilmes" *(Instituto Nacional do Cinema Educativo)*, den „Dienst des historischen und künstlerischen Nationalerbes" *(Serviço do Patrimônio Histórico e Artístico Nacional)*, Bibliotheken und Museen.[795]

Bis 1930 wurde viel Kritik an den Interpretationen der Realität der brasilianischen Gesellschaft und ihrer Kultur geübt. Die Intellektuellen kritisierten den Rückschritt und die Rückentwicklung der brasilianischen Gesellschaft. Nach ihrer Meinung solle die Regierung die Nation in Ordnung bringen, um die wirtschaftliche und soziale Entwicklung zu unterstützen. Die ländliche Bevölkerung sei arm und faul. Die Schwarzen, Mestizen oder Mulatten seien sozial und wirtschaftlich diskriminiert. Die brasilianische Kultur solle die brasilianische Wirklichkeit widerspiegeln.[796]

---

793 Vgl. Manuel Diégues Júnior, Imigração, urbanização e industrialização, Rio de Janeiro 1964, S. 78-90.
794 Vgl. Harry Werner, Ein Überblick über die Auslandsschulbeziehungen der Bundesrepublik Deutschland zu Brasilien in der Zeit von 1945 bis 1985, in: Staden-Jahrbuch, São Paulo 1986/1987, Bd. 34/35, S. 50-53.
795 Vgl. Dicionário histórico-biográfico brasileiro, Bd. 1, S. 610.
796 Die brasilianischen Intellektuellen engagierten sich ab 1930 aktiv in der Politik Brasiliens. Sie gehörten meistens den sogenannten Amtseliten an und vertraten die autoritären Ideen. Zu diesem politischen Engagement vgl. Azevedo Amaral, A aventura política do Brasil, Rio de Janeiro 1935; Francisco Campos, O estado autoritário e a realidade nacional, Rio de Janeiro 1938; Francisco José de Oliveira Viana, Instituições políticas brasileiras. 3. Aufl., Rio de Janeiro 1973; Alceu Amoroso Lima, Elementos de ação católica, Rio de Janeiro 1938 u. a.

Nach der Ansicht der Intellektuellen hatte Brasilien weder eine „eigene Kultur" noch eine in der Welt anerkannte Kultur. Dafür sollten sie die brasilianische Realität besser kennen und ein Modell für den gesamten Staat entwickeln. Der brasilianische Staat versuchte, eine neue Mentalität zu gestalten. Die Nation war auf der Suche nach sich selbst. Deswegen entwarf er eine neue Gesellschaftsform. Die Brasilianer mußten das große Territorium Brasiliens in Besitz nehmen. Straßenbau, Städte und andere öffentlichen Infrastrukturinvestitionen sollten bisher periphere Regionen in die brasilianische Nation integrieren.[797] Die brasilianischen Gesellschaftsschichten sollten ohne Konflikt miteinander solidarisch umgehen. Ein neuer Bürger mit Nationalbewußtsein sollte entstehen. Ein positives Bild des brasilianischen Arbeiters sollte entworfen werden. Der Einfluß der aus dem Ausland bezogenen Ideen sollte im Bereich von Theorie, Politik und Kultur der brasilianischen Gesellschaft eingedämmt werden.[798]

Wegen der sich immer stärker beschleunigten Urbanisierung und wegen des Wachstums der brasilianischen Städte benutzte der Staat wirksame Instrumente, um das gesamte kollektive Leben zu regeln und die Nation zu disziplinieren. Einerseits übte die Regierung Zensur durch die „Behörde für die Presse und Propaganda" *(Departamento de Imprensa e Propaganda)* aus.[799] Verboten wurden Werke und kulturelle Produktionen, die nach Auffassung der Regierung gegen brasilianische Interessen verstießen. Andererseits machte die Regierung kulturelle Propaganda durch die verschiedenen Abteilungen des Erziehungs- und Gesundheitsministeriums und durch die „Behörde für die Presse und Propaganda". Da die Mehrheit der Bevölkerung weder schreib- noch lesekundig war, konzentrierte sich der Staat meistens auf Rundfunk, Illustrationen, Fotografien, Musik und Filme, um die brasilianische Identität zu gestalten.[800]

---

797 In diesem Zusammenhang wurden neue Städte wie Goiânia (1935) gegründet. Der Straßenbau wurde gefördert. Später wurde die Hauptstadt Brasilia geplant und gebaut. Neue Autobahnen wie Brasilia-Rio de Janeiro, Brasilia-Goiânia, Brasilia-Belém, Brasilia-Fortaleza, Brasilia-Acre spielten eine wichtige Rolle dabei, die verschiedenen Regionen Brasiliens zu verbinden. Vgl. dazu José William Vesentini, A capital da geopolítica, 2. Aufl., São Paulo 1987, S. 115-123.

798 Vgl. Lúcia Lippi Oliveira, As raízes da ordem: os intelectuais, a cultura e o Estado, in: Revolução de 30: seminário internacional, S. 505-526.

799 Diese „Behörde für die Presse und Propaganda" *(Departamento de Imprensa e Propaganda)* wurde 1939 gegründet. Im Jahre 1945 wurde sie aufgelöst und durch die „Nationale Behörde für Informationen" *(Departamento Nacional de Informações)* ersetzt. Vgl. dazu Dicionário histórico-biográfico brasileiro, Bd. 2, S. 1076-1079.

800 Vgl. Alcir Lenharo, Sacralização da política, Campinas 1986 und Angela de Castro Gomes, A invenção do trabalhismo, Rio de Janeiro 1988, S. 235-237.

Trotz der Zensur entwickelte sich in Brasilien im Zeitraum von 1930 bis 1945 eine moderne Poesie. Dichter wie Carlos Drummond de Andrade[801], Cecília Meireles[802], Vinícius de Moraes[803] u. a. veröffentlichten bedeutende Arbeiten. Die sogenannten regionalen Romane wurden verbreitet und übten stark Kritik an den sozialen Problemen in den verschiedenen Regionen Brasiliens. Die Romane des Regionalismus kritisierten in engagierter Weise die Herrschaft der Oligarchie im Nordosten Brasiliens und die traditionellen Großgrundbesitzer. Diese sozialen Gruppen sollten verhindert werden, da sie Armut, Hunger und subalterne Menschen hervorrief. Die Schriftsteller stellten auch die Konflikte der Mittelschichten am Anfang des Urbanisierungsprozesses dar und behandelten die Auseinandersetzung der brasilianischen Eliten.

Graciliano Ramos[804], José Lins do Rego[805], und Raquel de Queiróz[806] vertraten die Tendenz des regionalen Romans. Jorge Amado schilderte den Kampf zwischen den sozialen Schichten.[807] Érico Veríssimo beschrieb vor allem die Besiedelung des Bundeslandes Rio Grande do Sul. Seine Schriften haben individuelle

---

801 Carlos Drummond de Andrade (1902-1987) publizierte *Alguma poesia*, 1930; *Brejo das Almas*, 1934; *Sentimento do mundo*, 1940; *Confissões de Minas*, 1944; *A rosa do povo*, 1945. Vgl. dazu Iumma Simon, Drummond: uma poética do risco, São Paulo 1978.

802 Cecília Meireles (1901-1964) veröffentlichte in den Jahren 1939 und 1949 *Viagem, Vaga música, Mar absoluto* und *Retrato natural*. Vgl. dazu Alfredo Bosi, História concisa da literatura brasileira, 32. Aufl., São Paulo 1995, S. 460-463.

803 Vinícius de Moraes (1913-1980) war Diplomat und veröffentlichte *O caminho para a distância*, 1933; *Cinco elegias*, 1943; *Poemas, sonetos e baladas*, 1946 u. a. Vgl. dazu Bosi, História concisa da literatura brasileira, S. 458-460.

804 Graciliano Ramos (1892-1953) schrieb *Caetés*, 1933; *São Bernardo*, 1934; *Vidas Secas*, 1938; *Memórias do Cárcere*, 1953 u. a. Vgl. dazu Sônia Brayner (Hg.) Graciliano Ramos. Fortuna crítica, Rio de Janeiro 1977.

805 José Lins do Rego (1901-1957) publizierte *Menino de Engenho*, 1932; *Doidinho*, 1933; *Usina*, 1936; *Pedra bonita*, 1938; *Fogo morto*, 1943; *Cangaceiros* 1953 u. a. Vgl. dazu Bosi, História concisa da literatura brasileira, S. 397-400.

806 Raquel de Queiróz (1910-2003) schrieb *O quinze* (1930), *João Miguel* (1932), *Caminho de pedras* (1937), *As três Marias* (1939), *O galo de ouro* (1950), *Dora Doralina* (1975) und *Memorial de Maria Moura* (1992). Vgl. dazu Bosi, História concisa da literatura brasileira, S. 396.

807 Jorge Amado (1912-2001) publizierte ein großes Werk. Bücher wie *O país do carnaval*, 1931; *Jubiabá*, 1935; *Mar morto*, 1936; *Capitães da Areia*, 1937; *Terras do Sem-Fim*, 1942; *Seara vermelho*, 1946; *O mundo da paz*, 1951; *Os subterrâneos da liberdade*, 1953; *Gabriela, cravo e canela*, 1958; *Dona Flor e seus dois maridos*, 1967; *Tiêta do agreste*, 1976, *Tocaia grande*, 1984; *O sumiço da santa*, 1989 u. a. wurden veröffentlicht. Vgl. dazu Alfredo de Almeida, Jorge Amado. Política e literatura, Rio de Janeiro 1979 und Michael Rössner (Hg.), Lateinamerikanische Literaturgeschichte, Stuttgart 1995, S. 381-383.

Schicksale und die nachfolgenden Generationen zum Thema. Gegenstand sind immer wieder die deutschen Einwanderer aus brasilianischer Sicht.[808]

Viele Charakteristika des brasilianischen Bewußtseins und des Nationalmodells der dreiziger und vierziger Jahre behielten im Laufe der fünfziger und sechziger Jahre ihre Gültigkeit.[809] Zwischen 1946 und 1964 hatten die Brasilianer einen demokratischen Staat. Die sozialen Bewegungen in der brasilianischen Gesellschaft verschärften sich; allmählich entstanden politische Mobilisierungen. Die Utopie der nationalen Entwicklung verstärkte die Phase, in der Wirtschaft und Gesellschaft Brasiliens einen raschen Fortschritt erzielen sollten. Der brasilianische Staat lenkte zwischen 1946 und 1964 den Industrialisierungs- und Modernisierungsprozeß der brasilianischen Wirtschaft durch sein demokratisches System. Ab 1964 lebte Brasilien unter einer Militärdiktatur.

In diesem Zusammenhang veränderte sich ab den vierziger Jahren die Orientierung an ausländischen Vorbildern im Bereich der politischen und kulturellen Ideen in Brasilien. Der französische Einfluß verlor an Wichtigkeit. Die kulturellen Werte aus den USA ersetzten die kulturellen Traditionen aus Europa. Die brasilianischen Eliten richteten sich allmählich am ökonomischen und politischen System der Vereinigten Staaten aus. Nach dem Zweiten Weltkrieg errichtete die US-Regierung Institutionen zur Verstärkung der US-Hegemonie über den ganzen Subkontinent Lateinamerikas bzw. über Brasilien. Das Propagandamaterial des „American way of life" spielte in Film, Musik und Literatur als Ideologietransfer in dieser Kulturpolitik eine große Rolle. Trotz der guten diplomatischen Beziehungen zwischen Brasilien und den Vereinigten Staaten verhinderte der brasilianische Nationalismus in den fünfziger Jahren und Anfang der sechziger Jahre eine vollständige Verbreitung der US-Kultur in Brasilien. Die Intellektuellen suchten einen eigenen Weg für das Land.[810]

---

808 Érico Veríssimo (1905-1975) veröffentlichte zwischen 1949 und 1961 das Werk *O tempo e o vento* in drei Bänder. Außerdem wurde *Clarissa* (1933); *Música ao longe* (1935), *Um lugar ao sol* (1936), *O resto é silêncio* (1943), *O continente* (1949), *O retrato* (1951), *Noite* (1954), *Senhor embaixador* (1964), *Incidente em antares* (1971), *Solo de clarineta* (1973-76) u. a. publiziert. Vgl. dazu Flávio Loreiro Chaves, Érico Veríssimo. Realidade e sociedade, Porto Alegre 1976.

809 Zwischen 1930 und 1945 stellte der Nationalismus einen wichtigen Leitgedanken der Regierung in Brasilien dar. Nach dem Zweiten Weltkrieg forderten die Regierungen den Populismus, den Nationalismus und das wirtschaftliche Wachstum, obwohl auch die Linksparteien den Nationalismus verfochten. Vgl. dazu Weffort, O populismo na política brasileira.

810 Vgl. Antonio Pedro Tota, O imperialismo sedutor, Rio de Janeiro 2000.

251

Zwischen 1955 und 1964 stellte die Ideologie des ISEB *(Instituto Superior de Estudos Brasileiros)*[811] ein solides Fundament für den Entwurf nationalistischer Entwicklung in Brasilien dar. Nach Ansicht der Intellektuellen am ISEB sollten die unterentwickelten Länder eine eigene Entwicklungsideologie verfechten. Das bedeutete, daß die brasilianische Bevölkerung gemeinsam an der Entwicklung der Nation arbeitete und die Unterschiede zwischen den sozialen Schichten eingeebnet werden sollten. Diese Wirtschaftsentwicklung sollte schließlich zur Industrialisierung führen. Das Nationalbewußtsein aller Brasilianer sei der Motor des Veränderungsprozesses in der brasilianischen Gesellschaft in Richtung Fortschritt.[812]

Gleichzeitig entwickelten sich die Ideen der Modernisierung der brasilianischen Gesellschaft. Besonders in den fünfziger Jahren glaubte man, daß eine neue Zivilisation in Brasilien entstanden sei. In der kommenden Zivilisation werde sich die materielle Lebensqualität vom Niveau der Industrieländer realisieren und sich der besondere Charakter der tropischen Bevölkerung durchsetzen, wie Versöhnung, Fröhlichkeit und Kreativität. Diese Erwartung wurde durch das wirtschaftliche Entwicklungsmodell geprägt. Nach Ansicht der brasilianischen Regierung werde das Land bald in dem Kreis der reichen Nationen zu finden sein. Anfangs forcierten die intellektuellen, politischen und wirtschaftlichen Eliten Brasiliens die Bemühungen um die wirtschaftliche Entwicklung mit Industrien und sicheren Arbeitsplätzen für alle. Allmählich pflanzte sich diese Hoffnung in den verschiedenen brasilianischen Schichten fort. Das Motto lautete folgendermaßen: Zuerst sollte die brasilianische Wirtschaft wachsen, danach sollte der nationale Reichtum verteilt werden. So könnte die ganze Bevölkerung Brasiliens einen hohen Lebensstandard genießen. Die verschiedenen sozialen Schichten würden dann die Konflikte untereinander bewältigen.[813]

In der Theorie konnte die Regierung die Hindernisse beseitigen, die das wirtschaftliche Wachstum, den Wohlstand und den Lebensstandard der Bevölkerung in Brasilien hemmten. Es war eine „mobile Gesellschaft", in der alle die gleichen Möglichkeiten hatten. Es gäbe den Mythos der sozialen Mobilität durch Erzie-

---

811 Das ISEB *(Instituto Superior de Estudos Brasileiros)* wurde 1955 gegründet und wurde dem Erziehungs- und Gesundheitsministerium untergeordnet. Zwischen den Intellektuellen waren Álvaro Vieira Pinto, Cândido Mendes de Almeida, Guerreiro Ramos, Hélio Jaguaribe, Nelson Werneck Sodré, Roland Corbisier u. a. Vgl. dazu Dicionário histórico-biográfico brasileiro, Bd. 2, S. 1617-1619.

812 Vgl. Jaguaribe, O Nacionalismo na atualidade brasileira und Condições institucionais do desenvolvimento; Roland Corbisier, Formação e problema da cultura brasileira, Rio de Janeiro 1960 und Álvaro Vieira Pinto, Ideologia e desenvolvimento nacional, Rio de Janeiro 1959 und Consciência e realidade nacional, Rio de Janeiro 1960.

813 Vgl. João Manuel Cardoso de Mello und Fernando Novais, Capitalismo tardio e sociabilidade moderna, in: Lilia Schwarcz (Hg.), História da vida privada no Brasil, São Paulo 1998, Bd. 4, S. 560.

hung und Arbeit. Bald wurde die eigene Kultur Brasiliens durch ein neues Denken verändert.[814]

In den fünfziger und sechziger Jahren wandelten sich Wirtschaft und Sozialstruktur Brasiliens noch stärker. Die brasilianische Industrie stellte fast alle Arten von Produkten her. Das Wachstum der Bevölkerung wurde von einer beschleunigten Urbanisierung begleitet. Im Jahre 1950 lebten in Brasilien circa 51,1 Millionen Einwohner. Etwa 10 Millionen Einwohner wohnten in den Städten und die anderen auf dem Land. In den fünfziger Jahren wanderten 8 Millionen Personen in die Städte, also 24% der ländlichen Bevölkerung im Jahre 1950. In den sechziger Jahren zogen 36% der bäuerlichen Population in städtische Gebiete um – fast 14 Millionen Einwohner. Insgesamt betrug die brasilianische Bevölkerung 1960 etwa 70 Millionen.[815]

Obwohl 1950 nur ein Fünftel der Bevölkerung in den Städten lebte, erfolgte mit der Verstädterung eine Abwanderung der berufstätigen Bevölkerung aus der Landwirtschaft in die Industrie. Viele Brasilianer zogen vom Land in die Stadt, und das Bevölkerungswachstum war größer als das industrielle Wirtschaftswachstum. Mit der Weiterentwicklung der Infrastruktur, u.a. den Landstraßen, Elektrifizierung und eigenen Schulen in verschiedenen Regionen, wurden Arbeitsplätze und auch andere Möglichkeiten in der Landwirtschaft im Westen und Südwesten Brasiliens geschaffen.[816]

Die brasilianische Regierung versuchte weiter, das Schulsystem zu reglementieren. Zwischen 1942 und 1946 setzte die Regierung fünf Dekrete über die Erziehungspolitik Brasiliens in Kraft. Diese Regelungen blieben gültig bis 1961. Die Grundschule umfaßte im allgemeinen vier Jahre für die Kinder zwischen sieben und elf Jahren. Diese Schule sollte obligatorisch und kostenlos sein. In der Mittelschule hatten die Schüler fünf Möglichkeiten. Vier berufsbildende Schulen mit der Orientierung auf Industrie, Handel, Landwirtschaft und Grundschullehramt. Die fünfte Möglichkeit war das Gymnasium. Alle Schulabschlüsse berechtigten zum Studium an den Hochschulen.[817]

Die zwischen dem öffentlichen und privaten Erziehungssektor bestehenden Probleme wurden durch diese Gesetzgebung nicht gelöst, obwohl der Einfluß des Staates von 1945 bis 1964 im Bereich der Erziehung stärker wurde. Die Statistik

814 Vgl. Maria Sylvia Carvalho Franco, O tempo das ilusões, in: Chauí (Hg.), Ideologia e mobilização popular, S. 190-191.

815 Vgl. Thomas Merrick, A população brasileira a partir de 1945, in: Edmar Bacha (Hg.), A transição incompleta – Brasil desde 1945, Rio de Janeiro 1986, S. 62.

816 Vgl. Otávio Guilherme Velho, Frentes de expansão e estrutura agrária, Rio de Janeiro 1972.

817 Vgl. Romanelli, História da educação no Brasil (1930-1973), S. 153-165.

über die Schülerzahlen in der Grundschule wies eine progressive Tendenz auf. Untere Bevölkerungsgruppen ergriffen die Chance, mindestens die Grundschule zu besuchen, obwohl gleichzeitig auch viele wegen Armut, familiärer Schwierigkeiten und der Entfernung zwischen Schule und Wohnort die Grundschule verließen. Auf diese Weise besuchten 1966 nur circa 66% der Jugendlichen im Alter von sieben bis elf Jahren die Grundschule.[818]

Tabelle 10: Schülerzahlen der Grundschulen Brasiliens

Jahre	Gesamtbevölkerung	Schülerzahlen	v. Hundert
1940	41.236.315	3.068.269	7,4
1950	51.944.397	4.366.792	8,4
1960	70.119.071	7.458.002	10,6
1970	94.501.554	13.906.484	14,7

Quelle: Otaíza Oliveira Romanelli, História da educação no Brasil (1930-1973), Rio de Janeiro 1978, S. 62-64.

Der Ausbau der Mittelschulen machte im gleichen Zeitraum Fortschritt. Aber deren Wachstum war im Vergleich zur Entwicklung der Grundschulen gering. Problematisch war, daß nur wenige Jugendliche im Anschluß an die Grundschule auf die Mittelschule gingen. Einen großen Teil der Grundschüler machten Jugendliche aus, welche die Schule nach der Grundschule verließen.

Tabelle 11: Schülerzahlen der brasilianischen Mittelschulen

Jahre	Gesamtbevölkerung	Schülerzahlen	v. Hundert
1940	41.236.315	260.202	0,63
1950	51.944.397	477.434	0,91
1960	70.119.071	1.177.427	1,68
1970	94.501.554	4.989.776	5,28

Quelle: Otaíza Oliveira Romanelli, História da educação no Brasil (1930-1973), S. 62-64.

---

818 Vgl. Carlos Pasquale, O desenvolvimento do ensino primário e o Plano Nacional de Educação, São Paulo 1966, S. 27.

An den Universitäten Brasiliens wurden 1960 rund 93.202 Studenten immatrikuliert. In diesem Jahre studierten 44% der Studenten an privaten Hochschulen. 1965 gab es etwa 155.000 Studenten. 1970 betrug die Zahl der Studenten an den Hochschulen circa 425.478. Nur die Hälfte besuchte die öffentlichen Universitäten. Von 1965 bis 1970 stieg die Immatrikulation von circa 2% auf etwa 5% der Bevölkerung zwischen 20 und 24 Jahren.[819]

Der Analphabetismus blieb in den fünfziger und sechziger Jahren in Brasilien noch hoch. Die Quote der Analphabeten in der Bevölkerung über 15 Jahre sank in Brasilien von circa 56,17% im Jahre 1940 auf 33,01% im Jahre 1970.[820] Das brasilianische Erziehungssystem erreichte also nicht die ganze Bevölkerung. In den armen Bundesländern im Norden, Nordosten und Westen Brasiliens baute man kaum Schulen. In den ländlichen Gebieten und auch in der Peripherie der großen Städte konnte das Schulsystem die analphabetische Bevölkerung nicht erreichen. Im Allgemeinen war die Lage in manchen Bundesländern, wie São Paulo, Guanabara, Santa Catarina, Pernambuco und Rio Grande do Sul, besser.[821] Wichtig für die Senkung der Analphabetismus-Rate waren die sogenannten „Bewegungen für die Volkserziehung". Diese Organisationen kümmerten sich um die Erziehung der Erwachsenen und versuchten, importierte pädagogische Entwürfe durch brasilianische pädagogische Methoden gegen den Analphabetismus zu ersetzen.[822]

---

819 Vgl. Beisiegel, Educação e sociedade no Brasil após 1930, in: Fausto (Hg.), História geral da civilização brasileira, Bd. 11, S. 387.

820 Im Jahre 1920 machten die Analphabeten 75% der brasilianischen Bevölkerung aus. Vgl. dazu M. Lourenço Filho, Redução das taxas de analfabetismo no Brasil entre 1900 und 1960: descrição e análise, in: Revista Brasileira de Estudos Pedagógicos, Rio de Janeiro 1965, Bd. 100, S. 252.

821 Vgl. Beisiegel, Educação e sociedade no Brasil após 1930, in: Fausto (Hg.), História geral da civilização brasileira, Bd. 11, S. 401.

822 Die inländischen Unternehmer, Studenten, Arbeiter und ein Teil der katholischen Kirche engagierten sich für die nationalistischen und linken Parteien, die sich für die sozialen Bewegungen einsetzten. Ab Ende der fünfziger Jahre gründeten diese Sektoren das „Volkszentrum für Kultur" *(Centro Popular de Cultura)*, die „Bewegung der populären Kultur" *(Movimento de Cultura Popular)* und die „Bewegung der Basiserziehung" *(Movimento de Educação de Base)*. Vgl. dazu Aída Bezerra, As atividades em educação popular, in: Carlos Rodrigues Brandão (Hg.), A questão política da educação popular, São Paulo 1987, S. 16-39.

Tabelle 12: Analphabetismus in Brasilien zwischen 1940 und 1970

Jahre	Einwohner über 15 Jahre	Analphabeten über 15 Jahre	v. Hundert
1940	23.639.769	13.279.899	56,17
1950	30.249.423	15.272.432	50,48
1960	40.187.590	15.815.903	39,35
1970	54.336.606	17.936.887	33,01

Quelle: Otaíza Oliveira Romanelli, História da educação no Brasil (1930-1973), S. 75.

Die Urbanisierung und die wirtschaftliche Entwicklung waren in den fünfziger Jahren Voraussetzung für die kulturellen Bewegungen in Brasilien. Literatur, bildende Künste, Architektur, Museen, Sammlungen, Ausstellungen, Film, Musik und Theater suchten nach neuen Formen kultureller Äußerung mit dem Zweck, Kultur, Modernität und Entwicklung zu verbinden. Symbol dieser Phase war der Bau der neuen Hauptstadt Brasilia zwischen 1957 und 1960 im Zentrum von Brasilien. Das städtebauliche Konzept und die architektonische Qualität stellten die Spitze der wirtschaftlichen Entwicklung, der Modernität und der Zukunft Brasiliens dar.[823]

Mit dem Demokratisierungsprozeß nach 1945 entwickelte sich die Satire über die Politik und das Alltagsleben in Brasilien. Diese Art von Kritik beherrschte die Musik, hauptsächlich die Karnevalslieder. Durch das wirtschaftliche Wachstum und die Euphorie der fünfziger Jahre kam ein neuer Rhythmus in Mode, die sogenannte *Bossa Nova*. Die Musiker kamen aus Mittelschichten der brasilianischen Gesellschaft und studierten meistens an der Universität von Rio de Janeiro. Die *Bossa Nova* war beeinflußt von der US-Jazzmusik und von der musikalischen Avantgarde aus Europa. Dieser Rhythmus hatte zwei Tendenzen. Die einen kümmerten sich mehr um die Harmonie, arbeiteten an dem Liedtext und besangen die brasilianische Modernität. Andere beschäftigten sich mit den sozialen Unterschieden innerhalb der brasilianischen Bevölkerung.[824]

In Wirklichkeit aber konnte das brasilianische Entwicklungsmodell die Lage der verschiedenen sozialen Schichten nicht verbessern. Das wurde Anfang der sechziger Jahre klar. Die soziale Unsicherheit spiegelte die politische Instabilität nach dem Rücktritt des Präsidenten Jânio Quadros wieder. Die sozialen Unter- und Mittelschichten organisierten sich in Gewerkschaften und Arbeitnehmervertretun-

---

823 Vgl. Vesentini, A capital da geopolítica, S. 136.
824 João Gilberto, Tom Jobim, Sílvia Telles, Vinícus de Moraes und Nara Leão u. a. gehörten zur Gruppe der *Bossa Nova*. Vgl. dazu Ruy Castro, Chega de saudade. A história e as histórias da Bossa Nova, São Paulo 1990.

gen und nahmen so eine einflußreiche Position in der politischen und gesellschaftlichen Ordnung des Landes ein. Im Zuge dieser Entwicklung spielte der Protestsong eine wichtige Rolle. Diese Musik versuchte, den brasilianischen Rhythmus – *Choro*, *Frevo* und *Samba* – beizubehalten. Unter den Studenten florierte eine nationalistische Art von Musik, die jedes Merkmal der „kulturellen imperialistischen Invasion" zu eliminieren suchte. Die Musiker engagierten sich für das kritische Bewußtsein der Bevölkerung. Sie forderten soziale Gerechtigkeit und mehr politische Beteiligung. Dieses Musikangebot genoß einen guten Ruf bei den nationalistischen Intellektuellen und im allgemeinen Publikum.[825]

Bei der sogenannten „brasilianischen Volksmusik" hatten der Karneval und das Karnevalslied große Bedeutung. Man feierte das Karnevalsfest seit langem in Brasilien, aber erst in den fünfziger Jahren wurden die Samba-Schulen dabei integriert. Die städtischen Arbeiter und die nationalistischen Intellektuellen verkörperten den Prototyp des brasilianischen Volks. Trotz der Industrialisierung Brasiliens und der Bewegung für die soziale Gleichheit blieb ein großer Teil der brasilianischen Bevölkerung diskriminiert. Die Modernisierung in der brasilianischen Gesellschaft hielt den erheblichen Unterschied zwischen den sozialen Schichten Brasiliens aufrecht. Der Traum von einer besseren Zukunft, Fröhlichkeit und Kreativität der Tänzer während des Karnevals waren Symbol der Bevölkerung. Die sozialen Schichten erfuhren zwar eine Ungleichbehandlung, aber die brasilianischen Eliten eigneten sich die Volkskultur an.[826]

Im Gegensatz zu dem früheren regionalen Inhalt hatten die Romane dieser Jahre die urbane Umwelt zur Thematik. Die Zahl der Veröffentlichungen erhöhte sich. Bis 1930 war die Buchproduktion in Brasilien äußerst geringfügig. Die Schriftsteller konnten von ihrer Arbeit nicht leben. Sie waren hauptsächlich Beamte oder Lehrer. Deswegen gab es eine enge Verbindung zwischen der Entwicklung der Literatur und der brasilianischen Bürokratie.[827] Wichtige Schriftsteller und Dichter, die in den dreißiger Jahren schon bekannt waren, schrieben weiter. Drummond de Andrade, Jorge Amado, Érico Veríssimo, Marques Rebelo[828] und Gilberto Freyre[829] entfalteten ihre Begabung. Eine junge Generation von Schriftstelle-

---

825 Vgl. Heloísa Buarque de Holanda e Marcos Gonçalves, Cultura e participação nos anos 60. São Paulo 1982.

826 Vgl. Maria Isaura Pereira de Queiroz, Carnaval brasileiro. O vivido e o mito, São Paulo 1992.

827 Vgl. Sérgio Miceli, Intelectuais e classe dirigente no Brasil (1920-1945), São Paulo 1979, S. 129-187.

828 Marques Rebelo (1907-1973) brachte *Oscarina* (1931), *Três caminhos* (1933), *Marafa* (1935), *A estrela sobe* (1938), *Stela me abriu a porta* (1942), *O espelho partido I* (1959), *O espelho partido II* und *A mudança* (1963), *O espelho partido III* und *A guerra está entre nós* (1969) auf den Markt. Vgl. dazu Bosi, História concisa da literatura brasileira, S. 409-411.

829 Gilberto Freyre (1900-1987) war Soziologe und schrieb in literarischer Form über die brasilianische Gesellschaft und Kultur. Unter den Arbeiten von Freyre sind zu nennen: *Casa*

rinnen und Schriftstellern wie Lygia Fagundes Telles[830], Fernando Sabino[831], Autran Dourado[832], Otto Lara Resende[833], Adonias Filho[834], Clarice Lispector[835], Dalton Trevisan[836] und João Guimarães Rosa[837] schrieben über die menschlichen Konflikte und über die städtische Gesellschaft Brasiliens. Sie stellten ihre kritische Anschauung sozialer und intimer Beziehungen dar.[838] Im Jahre 1956 veröffentlichte João Guimarães Rosa eine der wichtigsten Publikation der brasilianischen Fiktion: *Grande Sertão: veredas.*

---

grande & senzala (1933), *Sobrados e mucambos* (1936), *O mundo que o português criou* (1940), *Interpretação do Brasil* (1947), *Ordem e progresso* (1959), *Vida, forma e cor* (1969), *Heróis e vilões no romance moderno* (1979) u. a. Vgl. dazu Carlos Guilherme Mota, Ideologia da cultura brasileira (1933-1974), São Paulo 1977, S. 53-83; Lourenço Dantas Mota (Hg.), Introdução ao Brasil, São Paulo 1999, Bd. 1, S. 215-234 und Lourenço Dantas Mota (Hg.), Introdução ao Brasil, São Paulo 2001, Bd. 2, S. 327- 336 und 357-384.

830 Lygia Fagundes Telles (*1923) veröffentlichte *Praia viva* (1944), *O cacto vermelho* (1949), *Ciranda de pedra* (1955), *Histórias do desencontro* (1958), *Verão no aquário* (1963), *O jardim selvagem* (1965), *Antes do baile verde* (1970) u. a. Vgl. dazu Bosi, História concisa da literatura brasileira, S. 420.

831 Fernando Sabino (1923-2004) veröffentlichte *O encontro marcado* (1956), *O homen nu* (1960), *O grande mentecapto* (1977) u. a. Vgl. dazu Guilhermo César, Poesia e prosa de ficção, in: Fausto (Hg.), História geral da civilização brasileira, Bd. 11, S. 452.

832 Autran Dourado (*1926) publizierte *A barca dos homens* (1961), *Uma vida em segredo* (1964), *Ópera dos mortos* (1967), *O risco do bordado* (1970) u. a. Vgl. dazu Bosi, História concisa da literatura brasileira, S. 422.

833 Von Otto Lara Resende (1922-1993) erschien *O lado humano* (1942), *Boca do inferno* (1958), *O retrato na gaveta* (1962), *O braço direito* (1963) u. a. Vgl. dazu Bosi, História concisa da literatura brasileira, S. 420.

834 Adonias Filho (1915-1990) publizierte *Os servos da morte* (1946), *Memórias de Lázaro* (1952), *Corpo vivo* (1962) u. a. Vgl. dazu César, Poesia e prosa de ficção, in: Fausto (Hg.), História geral da civilização brasileira, Bd. 11, S. 449.

835 Clarice Lispector (1926-1977) veröffentlichte *Perto de um coração selvagem* (1943), *A cidade sitiada* (1949), *Alguns contos* (1952), *Laços de família* (1960), *A legião estrangeira* (1964), *A paixão segundo G. H.* (1964), *Uma aprendizagem ou O livro dos prazeres* (1969) u. a. Vgl. dazu Samira Campedelli und Benjamin Abdala Jr. (Hgg.), Clarice Lispector, São Paulo 1981.

836 Dalton Trevisan (*1926) schrieb *Novelas nada exemplares* (1959), *Cemitério de elefantes* (1964), *A morte na praça* (1964), *O vampiro de Curitiba* (1965), *Desastres de amor* (1968) u. a. Vgl. dazu Bosi, História concisa da literatura brasileira, S. 421.

837 João Guimarães Rosa (1908-1967) beherrschte viele Sprachen, einschließlich Deutsch und Russisch. Er war Diplomat und arbeitete zwischen 1938-1942 als Konsul in Hamburg. Von Januar bis Oktober 1942 wurde er mit den anderen brasilianischen Vertretern in Baden-Baden interniert, als Brasilien Deutschland den Krieg erklärte. Guimarães Rosa publizierte *Sagarana* (1946), *Corpo de baile* (1956), *Grande sertão: veredas* (1956), *Primeiras estórias* (1962), *Tutaméia: terceiras estórias* (1967), *Estas estórias* (1969). Vgl. dazu Renaud Perez, Perfil de João Guimarães Rosa, in: Em memória de João Guimarães Rosa, Rio de Janeiro 1968, S. 23-36 und Nilce Sant'Anna Martins, O léxico de Guimarães Rosa, São Paulo 2001.

838 Vgl. Bosi, História concisa da literatura brasileira, S. 385-386 und 417-426.

Die Lyrik als Avantgarde der Literatur erlebte bis 1968 eine neue Blüte. Nach dem Militärputsch von 1964 setzte die Phase der stärksten Zensur und der Repression gegen die kulturellen Bewegungen erst mit dem Monat Dezember des Jahres 1968 durch den „Institutionellen Akt Nr. 5" *(Ato Institucional n° 5)* ein.[839] Carlos Drummond de Andrade, Vinícius de Moraes, João Cabral de Melo Neto[840], Ferreira Gullar[841], Haroldo de Campos und Augusto de Campos[842] zeigten der brasilianischen Gesellschaft die Realität. Sie gehörten zu verschiedenen Gruppen der modernen Lyrik. Fragen wie Kalter Krieg, Atomenergie, Dritte Welt, Kapitalismus, Rassenhaß, Hunger und Unterentwicklung waren Themen dieser Schriftsteller.

Einige Autoren beschäftigten sich mit der Volkskultur und dem Leben der brasilianischen Unterschichten. Sie machten die Folklore und die Volkskunde zum Thema, und eröffneteten das „Arena Theater" *(Teatro de Arena),* das „Werkstatt Theater" *(Teatro Oficina)* und die „Volkszentren für Kultur" *(Centros Populares de Cultura)* im Rahmen des brasilianischen Theaters. Trotz der schlechten Lage zeigten die Theaterregisseure, Schauspieler sowie die Verfasser von Theaterstücken – Ariano Suassuna, Gianfrancesco Guarnieri, Augusto Boal, Oduvaldo Vianna Filho, Ferreira Gullar und Dias Gomes – ein großes gesellschaftliches Engagement. Sie wollten mit ihren Theaterstücken national und politisch wirken.[843] Wegen der hohen Kosten von Theateraufführungen suchten viele Theater-

---

839 Vgl. Zuenir Ventura, 1968: o ano que não acabou, Rio de Janeiro 1988.
840 João Cabral de Melo Neto (1920-1999) war Diplomat. Er veröffentlichte *Pedra do sono* (1942), *O cão sem plumas* (1950), *Morte e vida severina* (1956), *Uma faca só lâmina* (1956), *Dois parlamentos* (1961), *Terceira feira* (1961), *A educação pela pedra* (1966), *A escola das facas* (1980), *Agrestes* (1985), *Crime na calle Relator* (1987) u. a. Vgl. dazu Antônio Carlos Secchin, João Cabral. A poesia de menos, Rio de Janeiro 1985.
841 Ferreira Gullar (*1930) engagiert sich für die Beseitigung der sozialen und politischen Schwierigkeiten Brasiliens. Besonders in den fünfziger und sechziger Jahren war er politisch sehr engagiert. Er publizierte *A luta corporal* (1954), *João Boa-Morte, Cabra marcado para morrer* und *Quem matou Aparecida* (1962), *Cultura posta em questão* (1965), *Vanguarda e Subdesenvolvimento* (1969), *Dentro da noite veloz* (1975), *Poema sujo* (1976) u. a. Vgl. dazu Mota, Ideologia da cultura brasileira (1933-1974), S. 229-239.
842 Haroldo de Campos (1929-2003) veröffentlichte *Auto do Possesso* (1950), *A arte no horizonte do provável* (1969), *Xadrez de estrelas* (1977) u. a. Augusto de Campos (*1931) publizierte *O rei menos o reino* (1951), *Viva vaia* (1949-1979), *Despoesia* (1980-1994), *Poesia de pedra e de alma* (2001) u. a. Vgl. dazu Bosi, História concisa da literatura brasileira, S. 475-482.
843 Ariano Suassuna (*1927) schrieb *O auto da compadecida* im Jahre 1956. Gianfrancesco Guarnieri (*1934) schrieb 1958 *Eles não usam Black-Tie.* 1959 wurde das Theaterstück *Chapetuba Futebol Clube* von Oduvaldo Vianna Filho inszeniert. Im Jahre 1960 wurden *O pagador de promessas* von Dias Gomes und *Revolução na América do Sul* von Augusto Boal geschrieben. Vgl. Décio de Almeida Prado, Teatro (1930-1980), in: Fausto (Hg.), História geral da civilização brasileira, Bd. 11, S. 552-572.

regisseure Kontakt zum Fernsehen. So verbanden sich Dramaturgie und Fernsehen in Brasilien.[844]

Darüber hinaus nahm das Interesse an der Filmproduktion in Brasilien zu. Im Jahr 1941 wurden in Brasilien nur vier Filme gedreht. Die „Atlantida Gesellschaft" in Rio de Janeiro *(Atlântida* – 1941*)* und das „Vera Cruz Filmstudio" in São Paulo *(Companhia Cinematográfica Vera Cruz* – 1949) waren moderne Filmgesellschaften und hatten sich als Ziel gesetzt, brasilianische Filme zu drehen und über US-Distributionsgesellschaften wie *Universal International* oder *Colombia Pictures* weltweit zu vertreiben. Die Filme stellten die populären Typen aus Rio de Janeiro dar. Die Filmstudios erhöhten die brasilianische Filmproduktion. Zwischen 1951 und 1955 wurden durchschnittlich 27 Filme pro Jahr gedreht. Diese modernen Produktionen spiegelten hauptsächlich die brasilianische Führungsschicht wieder. Im Zug der Kulturpolitik wurden auch das „Kunstmuseum von São Paulo" *(Museu de Arte de São Paulo* – 1947), das „moderne Kunstmuseum in São Paulo" *(Museu de Arte Moderna de São Paulo* – 1948) und das „zeitgenössische Kunstmuseum in Rio de Janeiro" *(Museu de Arte Contemporânea do Rio de Janeiro* – 1949) als Möglichkeit zur Manifestation für die brasilianischen Eliten gegründet.[845]

Die Schwierigkeiten der brasilianischen Filmgesellschaften waren trotzdem groß, da die US-Filmindustrie in der gleichen Zeit nach neuen Märkten suchte. Die US-Filmbranche trat mit der brasilianischen Filmproduktion in Wettbewerb, und die US-Gesellschaften vermarkteten in erster Linie ihre eigenen Filme. Bei dieser Konkurrenz wurde es in den fünfziger Jahren fast unmöglich, Filme in Brasilien zu drehen. So konzentrierten sich die brasilianischen Filmregisseure auf das Fernsehen. Ab den sechziger Jahren entzog das Fernsehen dem Kino auch große Teile seines Publikums.

Diese Entwicklung stürzte die Filmwirtschaft in eine Krise, und Anfang der sechziger Jahre begann eine neue Art des Films in Brasilien, die mit dem Schlagwort „Neuer Film" *(Cinema Novo)* umschrieben wurde. Fast ohne technische und finanzielle Ressourcen konnten jüngere Regisseure zeitkritische Spielfilme über die Armut im Nordosten Brasiliens drehen. Sie stellten das Großstadtleben in den Vordergrund und beschäftigten sich mit der städtischen Avantgarde und den Problemen der Mittelschichten. Ohne Studios und mit nur einer Kamera nahmen die Regisseure eine beeindruckende Bildfolge über die brasilianische Realität an loka-

---

844 Vgl. Flávio Silva, O teleteatro paulista na década de 50 e 60, São Paulo 1981.
845 Vgl. Ministério da Educação e Cultura. Alguns aspectos da vida cultural brasileira, Rio de Janeiro 1956.

len Schauplätzen auf. Diese Produktionen hatten einen guten Ruf bei der Kritik, fanden aber beim Publikum keinen Anklang.[846]

Die Massenmedien, überwiegend das Radio in den fünfziger Jahren und das Fernsehen in den sechziger Jahren, spielten auch eine große Rolle in den städtischen Agglomerationen. Seit den dreißiger Jahren erhielt die brasilianische Bevölkerung ihre Informationen durch das Radio. In den vierziger Jahren wurde das Rundfunkgerät zum wichtigen Massenmedium. Der Rundfunk in Brasilien strahlte mehrere Hörfunkprogramme mit Sendungen in den Bereichen Politik, Sport, Musik und auch Radiofestivals aus. In den sechziger Jahren wurde das Fernsehen das Zentrum der kulturellen Industrie in Brasilien. Es folgte den erfolgreichen Sendungen des Radio: Politik, Sport, Musikfestival und Fernsehserien standen dabei im Zentrum. Im Grunde handelte es sich in den fünfziger Jahren um eine Art bebildertes Radio. Das Fernsehprogramm dieser Zeit beherrschte wegen der hohen Zahl von engagierten Theater- und Literaturautoren im Fernsehen den kulturellen Diskurs des „Teletheaters". Anfang der siebziger Jahre wurde das Fernsehen durch Satellitenempfang in ganz Brasilien ausgestrahlt. So erreichte das Fernsehen alle Brasilianer, vom Landesinneren am Amazonas und in den *Favelas* bis zu den Luxuswohnungen in den Großstädten.[847]

Während der demokratischen Periode zwischen 1945 und 1964 entwickelte sich eine lebhafte Diskussion über Kultur und Tradition in Brasilien. Mittels verschiedener kultureller Aktivitäten versuchte man die neue brasilianische Gesellschaft mit ihren mannigfaltigen Realitäten widerzuspiegeln. Der brasilianische Staat unterstützte bestimmte Interpretationen der brasilianischen Gesellschaft. Die Ausdehnung der Massenmedien führte zu einer schnelleren Verbreitung dieser Informationen. Im Gegensatz zu den schriftlichen Quellen erreichten sie alle Menschen, inklusive die Gruppe der Analphabeten. Im Bereich der kulturellen Darstellungen gewann die Harmonie zwischen den sozialen Schichten und die Übereinstimmung über das wirtschaftliche und politische Modell Vorrang. So schuf Brasilien sich sein eigenes „Image" mit Eigenschaften wie Disziplin, Arbeitseifer,

---

846 Die genannten Regisseure des „Neuen Films" waren Álvaro Guimarães *(Moleques de rua)*, Joaquim Pedro de Andrade *(Macunaíma, o herói de mau caráter)*, Vladimir Herzog *(Marimbás)*, Léon Hirszman *(Maioria absoluta)*, Rui Guerra *(Os cafajestes)*, Nelson Pereira dos Santos *(Vidas secas* nach dem sozialen Roman von Graciliano Ramos*)* und Glauber Rocha *(Deus e o diabo na terra do sol)*. Vgl. dazu Maria Rita Galvão, Cinema brasileiro (1930-1964), in: Fausto (Hg.), História geral da civilização brasileira, Bd. 11, S. 497-500.

847 Im Jahre 1950 wurde das erste Fernsehprogramm in São Paulo gesendet. In Rio de Janeiro wurde das Fernsehen 1951 ausgestrahlt. Belo Horizonte wurde 1955 angeschlossen. Andere zentrale Städte bekamen die Übertragungsmöglichkeiten erst später. Im Jahre 1960 gab es 598.000 Fernsehgeräte in Brasilien und 1970 circa 4.584.000. Vgl. dazu Maria Elvira Bonavita Federico, História da comunicação. Rádio e TV no Brasil, Petrópolis 1982.

Ordnung und Zuverlässigkeit. Hauptziel der Regierung war, das Bild Brasiliens zu verbessern.

In diesem generellen Rahmen spielten Nationalismus und Nationalbewußtsein eine bedeutende Rollle. Das Land konnte nicht unterentwickelt bleiben. Die Regierung wollte das Vertrauen der Industrieländer zu Brasilien gewinnen. Wegen des Modells der abhängigen, assoziierten Entwicklung brauchten die Wirtschaftsentwicklung bzw. die Industrialisierung Brasiliens ein starkes Engagement des ausländischen Privatkapitals. Diese Stereotypen waren nützliche Voraussetzungen für die Industrialisierung und für das Wirtschaftswachstum Brasiliens. Dagegen blieben die brasilianischen Unterschichten außerhalb dieses wirtschaftlichen, gesellschaftlichen und kulturellen Entwicklungsprozesses Brasiliens. Da die ökonomische Entwicklung den erheblichen Unterschied zwischen den sozialen Schichten Brasiliens aufrechterhielt, verschärften sich die sozialen Proteste mit der Unterstützung einiger Schriftsteller, Dichter, Theaterregisseure, Musiker und anderer Intellektueller. Im Verlauf der Militärdiktatur führte die Regierung eine scharfe Zensur ein. Hauptsächlich ab 1968 hörte abgesehen von wenigen literarischen Ausnahmen die kulturelle Produktion innerhalb der gesellschaftskritischen Sektoren in Brasilien auf. Geblieben waren die Ideen des Nationalismus und des Nationalbewußtseins, allerdings in einer national-autoritären Version.

6.2 Der Kulturaustausch zwischen Brasilien und der Bundesrepublik

Die Wiederbelebung der Kulturbeziehungen zwischen Brasilien und der Bundesrepublik Deutschland entwickelte sich nach 1945 im Zusammenhang des bilateralen kulturpolitischen Austausches. Im Allgemeinen stand die internationale Kulturpolitik im Schatten anderer traditioneller Bereiche der Außenpolitik wie Diplomatie, Außenwirtschafts- und Sicherheitspolitik. Im Rahmen der überstaatlichen Beziehungen sollte Kulturpolitik ein wirksames Instrument für politische Entscheidungen und die Zusammenarbeit zwischen den Ländern sein. Auf brasilianischer Seite bedeutete Kulturpolitik gleich nach dem Zweiten Weltkrieg das Streben nach besseren Möglichkeiten, an der Weltwirtschaft und Weltpolitik teilzuhaben. Später verfolgte der Kulturaustausch mit der Bundesrepublik Deutschland die Absicht, Technik, Entwicklungshilfe und Wissen zu bekommen.

Anfang der fünfziger Jahre gab es eine Neuorganisation des brasilianischen Außenministeriums. Es gliederte sich in Politische, Wirtschafts-, Kultur-, Konsular- und Verwaltungsabteilungen.[848] Die Kulturabteilung war von der Politischen Abteilung abhängig, da das brasilianische Außenministerium kulturelle Aktionen im Rahmen der internationalen Beziehungen als politische Instrumente für die Kooperation zwischen den Ländern behandelte. 1961 wurden dann Kultur- und Informationsabteilung von der Politischen Abteilung getrennt. Beide blieben dem „Allgemeinen Sekretariat der Außenpolitik" *(Secretaria Geral de Política Exterior)* untergeordnet. Für die brasilianische Regierung spielte die Arbeit der Kulturabteilung keine besondere Rolle, deswegen hatten die brasilianischen Botschaften keinen Kulturattaché.[849]

Mit der Spaltung Deutschlands und dem Beginn des Ost-West-Konflikts gab es besondere Motive für die Bundesrepublik, Kulturbeziehungen mit verschiedenen Ländern zu pflegen. Auf westdeutscher Seite bedeutete ein Kulturaustausch mit Lateinamerika bzw. Brasilien, wieder gleichgestellt in der internationalen Welt mitzuwirken. Auf diese Weise versuchte die westdeutsche Regierung nach dem Zweiten Weltkrieg, ihre auswärtige Kulturpolitik als Beitrag zur kulturellen Selbstdarstellung, zur geistigen Ausstrahlung und zum kulturellen Austausch aufzubauen und zu entwickeln. Sie hatte das Ziel, das negative Deutschlandbild – Krieg, nationalsozialistische Herrschaft und Antisemitismus – zu überwinden.

In der Bundesrepublik sah man bei der Errichtung der Dienststelle für auswärtige Angelegenheiten beim Bundeskanzleramt im Jahre 1949 vier Abteilungen vor. Die Politische Abteilung umfaßte unter anderem die kulturellen Fragen. Mit der Wiederherstellung des Auswärtigen Amtes (1951) errichtete die Bonner Regierung eine Kulturabteilung; sie wurde häufig durch Mitarbeiter der Politischen Abteilung besetzt. Die diplomatischen Auslandsvertretungen der Bundesrepublik im Ausland hatten mindestens einen Kulturattaché. Sie sollten den allgemeinen Kulturaustausch im Ausland unterstützen.[850]

Nach Auffassung der Bundesregierung sollten kulturpolitische Maßnahmen im Ausland für Westdeutschland werben und Sympathien bei anderen Nationen wecken, besonders in Ländern, zu denen die diplomatischen Beziehungen lang unterbrochen waren. So sollte eine Verflechtung entstehen, in der Handel und Wirtschaft florieren konnten. Nach Ansicht des Bundespräsidenten Theodor

---

848 AA-PA. Fiche 00008-2, Bd. 163, B 90. Botschaft der Bundesrepublik Deutschland in Rio de Janeiro an das Auswärtige Amt. Neuorganisation des brasilianischen Außenministeriums. Ausbildung des diplomatischen Nachwuchses, Rio de Janeiro (19.7.1951).

849 BA. B 145, 3040. Vorläufige Liste der ausländischen Konsularischen Vertretungen in der Bundesrepublik Deutschland, Bonn (1.3.1952) und Castro, História da organização do Ministério das Relações Exteriores, S. 419 und 431.

850 AA-PA. Abt. 2, Bd. 10. Verwaltungsgeschichte der Politischen Abteilung 2, Bonn (1949-1951).

Heuss sollten die Auslandsbeziehungen im neuen Geist der internationalen Zusammenarbeit „freudiges Geben und freudiges Nehmen" auf kulturellem Gebiet
bedeuten.[851]

Vor dem Zweiten Weltkrieg war der Gedankenaustausch zwischen Deutschland
und Brasilien über informelle Kanäle konstant. In der Regel fand die Verbreitung
der deutschen Kultur in Brasilien eher wegen der in Brasilien lebenden Deutschen
als wegen der Brasilianer selbst statt. Im Gegensatz dazu lebten zu wenige Brasilianer in Deutschland, um eine erhebliche Rolle im bilateralen Kulturaustausch zu
übernehmen. Da Deutsche und Brasilianer in den vierziger Jahren kaum politische, soziale oder wirtschaftliche Verbindungen hatten, wurden erste Kontakte
beider Länder durch deutsch-brasilianische Kulturvereine und Gruppen wieder
hergestellt. Grundtenor war die Solidarität der Brasilianer und der Deutschstämmigen mit dem deutschen Volk und die weitere Betreuung der deutschen Kultur in
Brasilien.[852]

Durch Briefe und Zeitungen bekam das besetzte Deutschland Nachrichten über
die Solidarität einiger südamerikanischer Länder mit Deutschland. Man stellte
fest, daß, je ferner die Länder waren, sie um so mehr geneigt galten, nicht an ein
Ende Deutschlands, sondern an eine Neugestaltung der deutschen Nation zu glauben. Durch Vereine und Gesellschaften wurde das geistige Leben Deutschlands
auf dem Subkontinent wieder ins Gespräch gebracht. In Brasilien blieb die Sym-
pathie gegenüber der deutschen Kultur nach dem Ende des Nationalsozialismus
durch deutsch-brasilianische Vereine erhalten.[853] Die Goethe-Gesellschaft *(Sociedade Goetheana em São Paulo)* war nach 1945 die erste duetsche Kulturgesell-
schaft in Brasilien. Sie spiegelte nach Auffassung der Kultusministerien der Länder in der Bundesrepublik die bessere geistige Verbindung zwischen Brasilien und
der Bundesrepublik wider. Die Gesellschaft veranstaltete deutsche Abendsprach-
kurse. 1949 feierte die Goethe-Gesellschaft mit Unterstützung des brasilianischen

---

851 AA-PA. Fiche 00126-1, Bd. 126, B 90. Ansprache des Bundespräsidenten Prof. Dr. Theodor
     Heuss vor dem Institut für Auslandsbeziehungen am 2.12.1951 in Stuttgart, Stuttgart
     (2.12.1951).
852 Nach einem Aufruf der „Deutschlandhilfe" des brasilianischen „Hilfskomitees für das hun-
     gernde Europa" verschickten die Brasilianer im Mai 1946 92 Tonnen Nahrungsmittel und
     Textilien nach Deutschland. Bis 1948 versandten sie 4.226 Tonnen Hilfsgüter nach Deutsch-
     land. Vgl. dazu Ernst Gerhard Jacob, Grundzüge der Geschichte Brasiliens, Darmstadt 1974,
     S. 290.
853 BA. B 307, 115. Nachrichten und Betrachtungen. Mitteilungsblatt des Wiesbadener Arbeits-
     kreises e. V. (9.1949).

Erziehungs- und Gesundheitsministeriums in Brasilien den 200. Geburtstag Goethes.[854]

Außerdem verbreitete die 1931 gegründete Vereinigung „Pro Arte zur Pflege der Kunst, Literatur und Wissenschaft" deutsche Musik und deutsches Theater im ganzen Land. „Pro Arte" wurde 1946 wiederbelebt. Nach wie vor widmete sich diese Gesellschaft dem deutsch-brasilianischen Verhältnis und Diskussionen auf künstlerischem Gebiet. Man veranstaltete Konzerte, Theateraufführungen, Vorträge und Ausstellungen. Nach dem Zweiten Weltkrieg veröffentlichte „Pro Arte" wieder die zweisprachige Zeitschrift „Intercambio" über den westdeutsch-brasilianischen Kulturaustausch.[855]

Andere Initiativen, wie die Frederico-Mentz-Stiftung und die *Casa do Dr. Blumenau,* hatten die Einrichtung von Museen über die deutsche Einwanderung in Südbrasilien zum Ziel. Im Jahre 1946 wurde das Hans-Staden-Institut in Brasilien gegründet. Die Mehrheit der Gründungsmitglieder war deutschstämmig, wie zum Beispiel Egon Schaden und Karl Fouquet. Dieses Institut pflegte die geistigen Beziehungen zwischen Brasilien und der Bundesrepublik Deutschland, Österreich und der Schweiz, besonders die Wissenschaften und die populäre Grundlagenforschung. Es erforschte die Einwanderung von Deutschen und ihre wirtschaftlichen und kulturellen Auswirkungen auf die Entwicklung Brasiliens und publizierte zahlreiche Titel in deutscher und portugiesischer Sprache. Außerdem wurden im Institut Sprachkurse abgehalten.[856] Die deutschen und deutschstämmigen Bevölkerungsgruppen in Brasilien spielten in diesem Zusammenhang eine wichtige Rolle, da sie wie ein Verbindungselement zwischen der Bundesrepublik Deutschland und Brasilien wirkten.

Während des Zweiten Weltkriegs und danach interessierten sich die brasilianischen Akademiker am stärksten für eine Ausbildung in den Vereinigten Staaten. Die Zusammenarbeit mit den europäischen und besonders mit den westdeutschen Universitäten und Forschungszentren wurde auf punktuelle Themen reduziert und von den einzelnen beteiligten Professoren im gegenseitigen Interesse durchgeführt. Die wissenschaftlichen Beziehungen zwischen der Bundesrepublik und

---

854 AA-PA. Fiche 00026-3, Bd. 26, B 90. Der Kultusminister der Länder in der Bundesrepublik Deutschland an die Dienststelle für auswärtige Angelegenheiten, Bonn (15.1.1951).

855 Im Jahre 1932 wurde „Pro Arte" Außenstelle der Akademie zur wissenschaftlichen Forschung und zur Pflege des Deutschtums, die 1925 in München errichtet worden war. Die Tätigkeit von „Pro Arte" wurde in den Kriegsjahren unterbrochen. Vgl. dazu Jacob, Grundzüge der Geschichte Brasiliens, S. 289.

856 Das Hans-Staden-Institut war die Nachfolge des „Deutschen Vereins für Wissenschaft und Kunst", des „Archivs der deutschen Einwanderung" und der „Hans-Staden-Gesellschaft" in Brasilien angetreten. AA-PA. Fiche 000125-1, Bd. 125, B 90. Mitteilung des Institutes für Auslandsbeziehungen, Stuttgart (11.1951).

Brasilien wurden ab 1945 durch deutsche Professoren wiederbelebt, die entweder früher in Brasilien gearbeitet hatten oder an brasilianischen Themen interessiert waren.

Aus den Akten des Kulturreferates des Kultusministeriums Nordrhein-Westfalen wird deutlich, daß die beiden Länder allmählich einen lebendigen Forschungsaustausch unterhielten. Das Geographische Institut der Universität Bonn meldete engere Beziehungen zu dem Geographischen Nationalrat in Rio de Janeiro. Von 1946 bis 1950 weilte Professor L. Waibel, ein früheres Mitglied des Geographischen Institutes der Universität Bonn, mit einem Forschungsauftrag des Geographischen Nationalrats in Brasilien. Er führte Arbeiten über die künftige Landeserschließung Brasiliens durch. Das Geographische Institut von Bonn pflegte den Erfahrungsaustausch mit dem Museum in Curitiba und mit dem Institut der Biologischen und Technologischen Forschungszentren in Paraná. Außerdem teilten verschiedene Professoren aus Bonn mit, daß sie wieder Kontakte mit den deutschen Professoren, die in Brasilien tätig waren, hätten. Zum Beispiel mit dem Chemiker Heinrich Rheinboldt und dem Botaniker Felix Rawitscher in São Paulo.[857]

Im Sommer 1950 hielt sich Professor G. Pfeiffer aus Heidelberg in Brasilien auf. Professor W. Büngeler, Direktor des Pathologischen Institutes der Universität Kiel, war zwischen 1936 und 1942 an der Medizinischen Fakultät *(Escola Paulista de Medicina)* und als Direktor des staatlichen Lepraforschungsinstituts in São Paulo tätig. Nach Kriegsende bekam er Einladungen von brasilianischen Universitäten. Er war wesentlich an der Wiederaufnahme engerer kultureller Beziehungen zwischen Brasilien und der Bundesrepublik beteiligt.[858]

Die Besprechungen auf Regierungsebene über Kulturpolitik begannen 1949/1950, als George Merten, Verbindungsmann der deutsch-südamerikanischen Bank in Brasilien, mit dem brasilianischen Erziehungsminister Clemente Mariani sprach. Mariani behielt während dieser Unterhaltung die Entscheidung über die Wiederaufnahme kultureller Beziehungen beider Länder dem brasilianischen Außen- und Kriegsminister vor. In der Zwischenzeit sollten deutsche Wissenschaftler aus dem Bereich der naturwissenschaftlichen Fächer nach Brasilien eingeladen werden.

Der Erziehungsminister machte außerdem darauf aufmerksam, daß im Gegensatz zu Englisch und Französisch die deutsche Sprache in Brasilien wenig verbreitet

---

857 AA-PA. Fiche 00026-3, Bd. 26, B 90. Auszug aus Akten, die dem Kulturreferat vom Kultusministerium Nordrhein-Westfalen zur Kenntnisnahme übersandt wurden. Wissenschaftliche Beziehungen zwischen Deutschland und Brasilien, Bonn (8.3.1951).

858 AA-PA. Fiche 00026-3, Bd. 26, B 90. Prof. Dr. W. Büngeler an die Ständige Konferenz der Kultusminister. Deutsch-brasilianischer Kulturaustausch, Kiel (8.9.1950).

sei. George Merten regte einen Kulturaustausch zwischen beiden Ländern sowie konkret den Besuch westdeutscher Hochschulen durch brasilianische Studenten an. Ein einseitiges Verhältnis im kulturellen Austausch zwischen Brasilien und der Bundesrepublik sei zu vermeiden, und zwar im Hinblick auf die Entwicklung eines nationalen Selbstbewußtseins in Brasilien. In einem Bericht fragte Merten, ob die Bonner Regierung dieses Thema auf diplomatischer Ebene durch den brasilianischen Vertreter in der Bundesrepublik oder auf privater Ebene weiterverfolgen wollte. Falls die Bundesregierung den privaten Weg wähle, stünde Merten zur Verfügung.[859]

Nach Ansicht des Vorsitzenden der Kulturabteilung der Dienststelle für auswärtige Angelegenheiten, Rudolf Salat, sollten die kulturellen Beziehungen mit Ländern wie Brasilien durch private Aktionsgruppen verwirklicht werden, da diese Länder während des Naziregimes und des Krieges wesentliche Schwierigkeiten im Bereich der politischen und wirtschaftlichen Beziehungen mit Deutschland gehabt hatten. Die vertrauensvolle private Kooperation sollte die beste Voraussetzung für einen offiziellen beiderseitigen Kulturaustausch bieten. Auf westdeutscher Seite bestehe Interesse an Literatur, Kunst, Architektur und nicht nur an naturwissenschaftlichen Forschungen Brasiliens. Die Vorbereitung des wissenschaftlichen Austausches sollten die Kultusministerien und die Hochschulen beider Länder im Detail leisten, schlug Rudolf Salat vor.[860]

Zum ersten Mal verwirklicht wurden diese Ideen Anfang der fünfziger Jahre, als auf eine Empfehlung von Professor Friedrich Birzer (Universität Erlangen) hin die Besprechung eines westdeutsch-brasilianischen Gelehrtenaustauschs erfolgte. Der brasilianische Geologe Djalma Guimarães sollte in die Bundesrepublik eingeladen werden. Zusätzlich nehme Professor Birzer als Betreuer zwei brasilianische Studenten der Geologie auf.[861] Andere Initiativen hatten Vorträge in der Bundesrepublik zur Folge. Professor Henrique da Rocha Lima aus Brasilien referierte an der

---

859 AA-PA. Fiche 00026-3, Bd. 26, B 90. Ständige Konferenz der Kultusminister an das Bundeskanzleramt. Dienststelle für auswärtige Angelegenheiten – Kulturabteilung. Deutschbrasilianischer Kulturaustausch. Bericht aus Rio de Janeiro über Besprechung zwischen George Merten und dem brasilianischen Kultusminister Clemente Mariani, Bonn (22.8.1950).

860 AA-PA. Fiche 00026-3, Bd. 26, B 90. Kulturabteilung an den Herrn Regierungsdirektor Dr. von Heppe – Leiter der Hochschulabteilung der Schulbehörde der Hansestadt Hamburg, Bonn (24.7.1950).

861 AA-PA. Fiche 00026-3, Bd. 26, B 90. Bayerisches Staatsministerium für Unterricht und Kultus an das Bundeskanzleramt. Dienststelle für auswärtige Angelegenheiten. Deutschbrasilianischer Kulturaustausch, München (14.12.1950).

Universität Frankfurt a. M. über tropenmedizinische Probleme.[862] Professor Felix Rawitscher hielt an der Universität Bonn einen Vortrag über die „Probleme des Wasserhaushalts von Savanne und Urwald – neue Wege tropischer Landwirtschaft".[863]

Prekär war die finanzielle Lage der Dienststelle für auswärtige Angelegenheiten. Die Dienststelle war an der Wiederbelebung des westdeutsch-brasilianischen Kulturaustausches interessiert, aber sie hatte keine Mittel zur Unterstützung von Reisen und Aufenthalten brasilianischer Wissenschaftler in der Bundesrepublik zur Verfügung. Die Förderung von Wissenschaftlern als Gäste der Bundesrepublik gehörte zu den Aufgaben des Bundesministeriums des Innern. Um eine Verknüpfung zwischen den Behörden zu schaffen, empfahl die Dienststelle für auswärtige Angelegenheiten dem Bundesministerium des Innern, Vorträge, die für die wissenschaftlichen Beziehungen beider Länder von Bedeutung waren, zu veranstalten.[864]

Nach der diplomatischen Kontaktaufnahme zwischen Brasilien und der Bundesrepublik Deutschland im Jahre 1951 belebte die Diplomatie die bereits existierenden Kulturverbindungen zwischen den brasilianischen und westdeutschen Gesellschaften wieder. Neben dem wirtschaftlichen Interesse der westdeutschen Investoren in Brasilien schufen diplomatische Gespräche über kulturelle Kooperationen entsprechende Voraussetzungen.[865] Nach Auffassung der Bonner Regierung sollte die wirtschaftliche und kulturelle Entwicklung Brasiliens auch für die Bundesrepublik fürchtbar gemacht werden, da die Freundschaft beider Völker in Zukunft von außerordentlicher Bedeutung sei.[866]

Im Rahmen der Kulturbeziehungen zwischen Brasilien und der Bundesrepublik entwickelten sich im Laufe der fünfziger Jahre engere Kontakte beider Länder durch die westdeutsch-brasilianischen Vereine, durch Universitäten und Kulturin-

---

862 AA-PA. Fiche 00026-3, Bd. 26, B 90. Prof. Schloßberger an Dekan der Medizinischen Fakultät der Johann Wolfgang Goethe – Universität Frankfurt a. M., Frankfurt a. M. (19.4.1951).

863 AA-PA. Fiche 00026-3, Bd. 26, B 90. Kulturabteilung des Auswärtigen Amtes an das Sekretariat der Ständigen Konferenz der Kultusminister. Deutsch-brasilianischer Kulturaustausch, Bonn (30.4.1951).

864 AA-PA. Fiche 00026-3, Bd. 26, B 90. Referat der Kulturabteilung des Auswärtigen Amtes, Rudolf Salat, an das Bundesministerium des Innern. Deutsch-brasilianischer Kulturaustausch, Bonn (31.5.1951).

865 AA-PA. Abt. 2, Bd. 2203. Veröffentlicht durch das Presse- und Informationsamt der Bundesregierung. Gemeinsame Erklärung der Regierung der Bundesrepublik Deutschland und der Regierung der Vereinigten Staaten von Brasilien, Bonn (4.9.1953).

866 AA-PA. Abt. 3, Bd. 326. Aussprache des bundesdeutschen Botschafters in Rio de Janeiro, Fritz Oellers, vor der Industrie- und Handelskammer in Porto Alegre (1951).

stitute. Auf brasilianischer Seite verfügte die Regierung kaum über finanzielle und strukturelle Kapazitäten, die nationale Selbstdarstellung, die geistige Ausstrahlung und den kulturellen Austausch Brasiliens in der Bundesrepublik bekanntzumachen. Man kann behaupten, daß die kulturellen Beziehungen beider Länder in diesem Jahrzehnt eine „Einbahnstraße" waren.[867]

Auf westdeutscher Seite gab es kein Interesse an einem Kulturabkommen mit Brasilien. 1953 äußerte Rudolf Salat, warum die Bundesrepublik noch kein Kulturabkommen mit Brasilien ins Auge fasse. Der westdeutsche Missionschef sollte zuerst mit den anderen lateinamerikanischen Ländern eine einheitliche Linie über die westdeutsche Kulturpolitik gegenüber Lateinamerika vereinbaren. Wie im politischen Bereich verfolgte die Bundesregierung in diesem Zeitraum eine Kulturpolitik für ganz Lateinamerika, obwohl der Subkontinent im kulturellen Bereich keine einheitliche Region darstellte.[868]

Seit Beginn der offiziellen Beziehungen zwischen Bonn und Rio de Janeiro beteiligten sich die diplomatischen Vertretungen der Bundesrepublik an der Handels- und Kulturentwicklung beider Länder. Der westdeutsche Botschafter Fritz Oellers interessierte sich im Rahmen des Kulturabkommens für die Errichtung deutscher Schulen in Brasilien mit Unterstützung aus der Bundesrepublik. Er sorgte für westdeutsche Fachkräfte. Nach seiner Meinung wünschten die zahlreichen Spezialisten aus der Bundesrepublik, die Anfang der fünfziger Jahre nach Brasilien kamen, Deutsch als Unterrichtssprache für ihre Kinder. Im Gegensatz dazu schlug Rudolf Salat vor, daß die westdeutsche Industrie diese Aufgabe der brasilianischen Regierung überlassen sollte. Westdeutsche Facharbeiter und Ingenieure sollten nur nach Brasilien entsandt werden, wenn die dortige Regierung sich verpflichtete, für ihre Kinder Deutschunterricht zu erteilen. Insgesamt empfahl Salat nur die Gründung einer westdeutsch-brasilianischen Gesellschaft und stellte für sie eine monatliche Unterstützung bis zu 1.000 DM zur Verfügung. Außerdem versprach er, Bücher in deutscher Sprache nach Brasilien zu senden.[869]

Im Jahre 1938 hatte das Dekret zur Nationalisierung fremdsprachiger Bildungseinrichtungen etwa 1.300 Institutionen des deutsch-brasilianischen Schulwesens verboten. Darunter befanden sich kleine Siedlerschulen, die deutschen Oberrealschulen in São Paulo und Rio de Janeiro und das Lehrerseminar in São Leopoldo.

---

867 Vgl. Olaf Jacob, Die kulturellen und wissenschaftlichen Beziehungen der Bundesrepublik Deutschland zu Lateinamerika, in: Mols und Wagner (Hg.), Deutschland – Lateinamerika. Geschichte, Gegenwart und Perspektiven, Frankfurt a. M. 1994, S. 280.

868 AA-PA. Fiche 00028-1, Bd. 28, B 90. Aufzeichnung. Kulturbeziehungen zu Brasilien, Bonn (22.5.1953).

869 AA-PA. Fiche 00028-1, Bd. 28, B 90. Aufzeichnung. Kulturbeziehungen zu Brasilien, Bonn (22.5.1953).

Wegen des Mangels an deutschem Unterricht nach 1945 eröffneten entweder die privaten Initiativen oder religiösen Missionen die ehemaligen deutschen Schulen in Brasilien als brasilianische Vereine. Sie kümmerten sich um die Unterrichtsversorgung für Kinder mit deutscher Staatsangehörigkeit und Muttersprache. In den Siedlungsgebieten wurden auch die aufgelösten Schulen für die deutschstämmigen Kinder wieder errichtet. Im Jahre 1958 gab es in Brasilien circa 33 brasilianische Schulen mit supplementärem Deutschunterricht, darunter 24 evangelische Unterrichtsanstalten der Riograndenser Synode in Rio Grande do Sul.[870]

Für die Ausbreitung der westdeutschen Kultur in Brasilien veranlaßten der Botschafter Oellers und der Kulturattaché Werner Peiser Anfang der fünfziger Jahre eine deutschsprachige Sendung am Staatsrundfunk von Rio de Janeiro. Der Botschafter bat um neue Schallplatten und Tonbänder, die der Rundfunk verwenden konnte. Oellers berichtete über eine Ausstellung zur brasilianischen Architektur. Nach seiner Ansicht sollte diese Ausstellung auch in Westdeutschland gezeigt werden, wofür westdeutsche Organisationen um Unterstützung gebeten wurden. Die westdeutsche Botschaft in Rio de Janeiro informierte das Auswärtige Amt über Konzerte, Vorträge, Auszeichnungen und Ausstellungen aus der Bundesrepublik in Brasilien. Die brasilianischen und deutschsprachigen Zeitungen berichteten vom Konzert des Stuttgarter Kammerorchesters mit Hilfe von „Pro Arte". Die Ausstellung des „Gläsernern Menschen", die 1953 in Rio de Janeiro eröffnet wurde, fand in der Presse große Beachtung. Auf dem Gebiet der Literatur berichtete die Zeitung *Correio Paulistano* über „Doktor Faustus" von Thomas Mann. *A Gazeta* in São Paulo befaßte sich mit dem dramatischen Werk von Reinhold Schneider.[871]

Im Jahre 1951 gab es schon eine große Zahl von Zeitungen und Zeitschriften in deutscher Sprache in Brasilien. Einige Zeitungen wurden auf Deutsch und Portugiesisch veröffentlicht. Die wichtigsten Zeitungen waren die *Brasil-Post, Deutsche Nachrichten/Notícias Alemãs, Deutsches Wochenblatt/Semanário Alemão, Die Rio Seite/Jornal do Rio* und die deutsche Beilage der Zeitung *A Nação* aus Porto Alegre. Die Zeitschriften stellten meistens die Hauptgedanken entweder der evangelischen oder der katholischen Kirche dar. Das *Sonntagsblatt der Riograndenser Synode,* das *Gemeindeblatt für die deutsche evangelische Gemeinde in Rio de Janeiro, Kreuz im Süden,* der *Bote des Evangeliums* und *St. Paulusblatt* vertraten im *Blauen Blatt,* in den *Studien und Berichten* und in *Intercambio* die Annäherung zwischen Deutschen und Brasilianern in Brasilien und zwischen ihnen und

870 Vgl. Werner, Ein Überblick über die Auslandsschulbeziehungen der Bundesrepublik Deutschland zu Brasilien in der Zeit von 1945 bis 1985, in: Staden-Jahrbuch, Bd. 34/35, S. 50-54.

871 AA-PA. Fiche 00028-1, Bd. 28, B 90. Botschaft der Bundesrepublik Deutschland in Rio de Janeiro an das Auswärtige Amt, Rio de Janeiro (27.5.1953).

der Bundesrepublik Deutschland. Die deutschsprachige Presse hatte eine große Bedeutung für die Verbreitung der westdeutschen Kultur, da dieses Pressewesen die gleiche politische Orientierung wie die Bundesrepublik hatte.[872]

Trotz dieser Initiativen erwartete die brasilianische Regierung westdeutsche Beiträge zum brasilianischen Entwicklungsprogramm, besonders zur Bildungshilfe.[873] Ende der fünfziger Jahre begann die Bonner Regierung, ihre Kulturpolitik zu verändern. Die westdeutsche Diplomatie machte die Stärkung der kulturellen Präsenz der Bundesrepublik im Ausland in der Entwicklungszusammenarbeit zwischen der Bundesrepublik und den anderen Ländern zum Thema. Zum Kulturaustausch gehörten nicht nur der Informationstransfer von Wissenschaft und Kunst, sondern auch die intensive Verbindung zu anderen Staaten. Der Austausch von Gewerbelehrern sei genauso wichtig wie der Austausch von Universitätsprofessoren. Fachleute seien nicht weniger bedeutend als Tenöre.[874]

Im Jahre 1956 verhandelte das Auswärtige Amt über eine mögliche Entwicklungshilfe für Brasilien. Die Projekte beinhalteten die Errichtung eines landwirtschaftlichen Musterbetriebes in Teutônia und einer landwirtschaftlichen Fortbildungsschule in Horizontina, beide in Rio Grande do Sul. In Verbindung mit dem Bundeswirtschaftsministerium sollte das Auswärtige Amt auch Lehrkräfte und Stipendien an die geplanten Institute in Brasilien entsenden.[875] 1958 förderte die Bonner Regierung auch die Vorhaben für Landwirtschaftsschulen in Estrela und in Panambi (Rio Grande do Sul). Für die technische Ausbildung von sieben Brasilianern stellte sie circa 100.000 DM zur Verfügung.[876]

Trotz dieser Unterstützung bemühte sich die brasilianische Diplomatie, zu klären, ob die Bonner Politik den lateinamerikanischen Ländern bzw. Brasilien und ihren Entwicklungsprogrammen nicht mehr Priorität geben könnte. Von dem jährlichen 50-Millionen-DM-Fonds erhielten die Entwicklungsländer in Afrika und Asien seit 1956 79% der gesamten Summe. Die lateinamerikanischen Länder bekamen

872 AA-PA. Fiche 00125-1, Bd. 125, B 90. Mitteilungen des Institutes für Auslandsbeziehungen, Stuttgart (11.1951).

873 AA-PA. Abt. 2, Bd. 2203. Veröffentlicht durch das Presse- und Informationsamt der Bundesregierung. Gemeinsame Erklärung der Regierung der Bundesrepublik Deutschland und der Regierung der Vereinigten Staaten von Brasilien, Bonn (4.9.1953).

874 BA. B 307, 27. Niederschrift über die Sitzung des Programmausschusses des Goethe-Instituts, München (21.12.1961).

875 AA-PA. Ref. 306, Bd. 21. Referat 306 an den Botschafter der Bundesrepublik Deutschland, Herrn Werner Dankwort. Allgemeine Instruktion, Bonn (10.1956).

876 AA-PA. Ref. 415, Bd. 214. Referat 415 an das Referat 306. Instruktion für den neuen Botschafter in Rio de Janeiro, Bonn (19.7.1958).

nur 6%.[877] Diese Schwierigkeiten bildeten den Hintergrund für die Initiative im Jahre 1958, ein Kulturabkommen mit der Bundesrepublik zu schließen. Gegenstände dieses Abkommens sollten die Kulturinstitute, der deutsche und portugiesische Sprachunterricht, die technische und wissenschaftliche Zusammenarbeit, Stipendien und die Zulassung der Studenten sein.[878] Nach brasilianischer Ansicht war die technische Kooperation beider Länder der wichtigste Punkt. Nach Auffassung der Bonner Regierung war der Kernpunkt dieses Abkommensvorschlages die Formulierung einer rechtlichen Basis für den Deutschunterricht in den brasilianischen Schulen.[879]

Im Laufe der sechziger Jahre konzentrierten sich die Besprechungen beider Länder im Bereich der Kulturpolitik auf Bildungshilfe, Forschungsvorhaben, Deutschschulen, Kulturinstitute und -abkommen. Wegen der föderativen Struktur der Bundesrepublik war es für Bonn schwierig, ein Kulturabkommen mit Brasilien zu schließen, da die westdeutschen Bundesländer damit einverstanden sein mußten. Heinrich von Brentano forderte 1960, daß die Länder so bald wie möglich ihre Vorschläge zu dem Entwurf des Auswärtigen Amtes über dies Kulturabkommen machen sollten. Die brasilianische Regierung erwarte die Genehmigungen der Bundesländer schon seit zwei Jahren. Inzwischen bedauerte Brentano, daß die Verfassung wegen der Zustimmung der Bundesländer den schnellen Abschluß der kulturellen Vereinbarung verhinderte.[880]

Auf brasilianischer Seite lagen die Schwierigkeiten im Bereich des brasilianischen Erziehungsgesetzes. Obwohl die Regierung in Rio de Janeiro den Vorschlag gemacht hatte, ein Kulturabkommen zwischen Brasilien und Westdeutschland zu schließen, waren ausländische Schulen seit 1938 in Brasilien verboten. Die Verhandlungen konnten nicht befriedigend fortgeführt werden. Erst im Jahre 1961 wurde das brasilianische Erziehungsgesetz verändert. Durch das „Gesetz für die Richtlinien und Basis der nationalen Erziehung" *(Lei de Diretrizes e Bases da Educação Nacional)* erlaubte das brasilianische Erziehungsministerium ein flexibles Programm für die Schulen mit Unterschieden zwischen den verschiedenen Regionen Brasiliens. Seitdem konnten die brasilianischen Schulen Deutschunter-

877 MRE. DAR. SCE. Bonn, Oficios Recebidos, Nr. 32. Brasilianische Botschaft an den Außenminister Horácio Lafer. O programa alemão de auxílio aos países em desenvolvimento (26.1.1960).

878 MRE. DAR. SCE. Bonn, Oficios Recebidos, Nr. 301. Brasilianische Botschaft an das brasilianische Außenministerium. Conversações políticas. Intensificação econômica. Intercâmbio cultural. Viagem ao Brasil do ministro Federal dos Negócios Estrangeiros (10.1960).

879 AA-PA, Ref. 415, Bd. 214. Der Bundesminister des Auswärtigen Amtes an den Botschafter der Bundesrepublik Deutschland in Rio de Janeiro, Bonn (13.11.1958).

880 MRE. DAR. SCE. Bonn. Oficios Recebidos, Nr. 75. Bundesminister des Auswärtigen Amtes, Heinrich von Brentano an den brasilianischen Botschafter in Bonn, Abelardo Bueno do Prado (11.2.1960).

richt als Pflicht- bzw. Wahlfach unter den Fremdsprachen an den Mittelschulen anbieten. Erst 1972 ermöglichte eine neue Änderung des brasilianischen Erziehungsgesetzes, daß die interessierten Schulen Deutsch in allen Klassen als Pflichtfach einführen durften. Abhängig von den Vorkenntnissen der Schüler konnte Deutsch als Mutter-, Ergänzungs- oder Fremdsprache unterrichtet werden.[881]

Bei seinem Besuch 1960 in Brasilien wurde Bundesaußenminister Heinrich von Brentano auch vom Ministerialdirektor der Kulturabteilung des Auswärtigen Amtes, Dieter Sattler, begleitet. Ziel war, die Kulturabkommen beider Länder zu diskutieren. Die Verhandlungen entwickelten sich gut. Die Bonner Regierung vereinbarte die Errichtung landwirtschaftlicher Versuchsstationen bei Brasilia und erhöhte die Anzahl der Stipendien für brasilianische Studenten. Über das Kulturabkommen aber erzielten die Vertreter keine Verständigung.[882] Nach der Verabschiedung des Schulgesetzes von 1961 in Brasilien schlug die brasilianische Regierung vor, daß die Zulassung des Deutschunterrichtes als Wahlfach auf der Grundlage einer Gleichbehandlung des Portugiesischunterrichtes in der Bundesrepublik behandelt werden sollte.[883]

Bonn forderte zur Verstärkung auswärtiger Kulturpolitik die Zulassung des Deutschunterrichtes als Pflicht- und Wahlfach an brasilianischen Mittelschulen und neuen westdeutsch-brasilianischen Schulen, da das brasilianische Erziehungsgesetz von 1961 den Deutschunterricht in Brasilien erlaube.[884] Das Auswärtige Amt verlangte den Unterschied zwischen Deutsch als Fremdsprache in brasilianischen Schulen und deutschen Privatschulen in Brasilien für deutsche Staatsangehörige.[885] Das Goethe-Institut meinte, daß die Errichtung deutscher Schulen in Brasilien problematisch sei. Grund dafür war der Mangel an qualifizierten Lehrkräften. Trotzdem sollte die Bundesregierung von der Gelegenheit profitieren, daß, wenn sie wollte, die deutsche Sprache wieder eine größere Rolle spielte.

---

881 Vgl. Romanelli, História da educação no Brasil (1930-1973), S. 169-187 und Ferdinand Budweg, Deutsche Schule Santo Amaro – Colégio Humboldt (1916-1976), in: Staden-Jahrbuch, São Paulo 1975/1976, Bd. 23/24, S. 201.

882 AA-PA. Ref. 306, Bd. 96. Mitteilung über den Besuch des Bundesministers des Auswärtigen Amtes, Heinrich von Brentano, in Brasilien, Rio de Janeiro (5.9.1960).

883 BA. B 213, 711. Botschaft der Bundesrepublik Deutschland an das Auswärtige Amt. Ausschuß für Fragen des Kulturabkommen, Rio de Janeiro (14.6.1962).

884 BA. B 213, 711. Botschaft der Bundesrepublik Deutschland an das Auswärtige Amt. Ausschuß für Fragen des Kulturabkommen, Rio de Janeiro (14.6.1962) und BA. B 307, 28. Protokoll über die Sitzung des Pädagogischen Beirats des Goethe-Institutes am 21.7.1962, München (21.7.1962).

885 AA-PA. Ref. 415, Bd. 295. Aufzeichnung des Botschafters Granow. Verhandlung mit Brasilien über 5 Abkommen, Bonn (18.10.1961).

Dazu mußte die Bundesrepublik weiter Deutschlehrer ausbilden und die einheimischen Hochschulgermanisten fördern.[886]

Anfang der sechziger Jahre befanden sich die politischen und wirtschaftlichen Beziehungen zwischen der Bundesrepublik und Brasilien in einer schwierigen Phase. Bei der sogenannten Mission Granow wurden verschiedene Abkommen gemeinsam verhandelt. So blieb das Kulturabkommen abhängig von anderen Verhandlungen. Da die westdeutschen und brasilianischen Vertreter keine Übereinkunft über Themen wie Entwicklungskredite und Flaggendiskriminierung fanden, konnten sie das Kulturabkommen auch nicht schließen, obwohl der Entwurf dieses Abkommens im Jahre 1962 schon beiden Regierungen vorlag.[887] Offiziell schlossen die Bundesrepublik und Brasilien erst 1969 ein Kulturabkommen ab.[888]

Das Modell der neuen westdeutschen Schulen war die sogenannte Begegnungsschule. Die Schulen sollten dem Erhalt der deutschen Kultur dienen und der schulischen Betreuung deutschstämmiger Kinder, deren Eltern seit langem in Brasilien lebten, oder deutscher Kinder, deren Eltern für eine befristete Zeit in Brasilien tätig waren. Willkommen waren auch brasilianische Kinder, deren Familien zu den politisch-wirtschaftlichen Eliten gehörten und an der westdeutschen Kultur interessiert waren. Ziel war die Begegnung zweier Kulturen. Nach Ansicht der Bonner Regierung stellten die Begegnungsschulen eine wichtige Verbindung des kulturellen und interkulturellen Wissens dar. Sie verbreiteten die deutsche Sprache und das Deutschlandbild des „Landes des Wirtschaftswunders" in Brasilien, hauptsächlich bei den Mitgliedern der brasilianischen Führungsschichten. Außerdem sollte das Deutschtum in Lateinamerika bzw. in Brasilien ein besonders wichtiger Faktor der Bonner Politik sein. Die ostdeutschen Bestrebungen, auf deutsche und brasilianische Volksgruppen Einfluß zu gewinnen, sollten aufmerksam beobachtet und energisch bekämpft werden. Wichtige Aufgabe der Bundesregierung sollte die Förderung der deutschen Sprache als Bindeglied zur west-

---

886 BA. B 307, 29. Bericht über die Dienstreise nach Brasilien, Uruguay und Argentinien in der Zeit vom 1. bis zum 13. Dezember 1962.
887 AA-PA. Ref. 415, Bd. 326. Comunicado conjunto da delegação brasileira e alemã, Rio de Janeiro (8.8.1962).
888 Brasil. MRE. Coleção de Atos Internacionais, Nr. 644. Brasil-República Federal da Alemanha. Acordo geral de cooperação nos setores da pesquisa científica e do desenvolvimento tecnológico assinado em Bonn em 9.6.1969, Brasilia 1971; LEX 1970, Dekret Nr. 69 vom 22.10.1970, S. 1010-1013 und LEX 1971, Regierungsdekret Nr. 68.107 vom 25.1.1971, S. 60-63.

deutschen Wissenschaft und Forschung sein, aber auch zur Verstärkung der Wirtschaftsbeziehungen zwischen der Bundesrepublik und Brasilien.[889]

Ab 1963 förderte Bonn die Waldorf-Schule *(Escola Hygienópolis)* in São Paulo und das theologische Institut *(Instituto Preteológico)* in São Leopoldo. Im Jahre 1966 gab es drei Begegnungsschulen in Brasilien. Die Deutsche Schule Rio de Janeiro wurde 1965 vorwiegend für den Deutschunterricht gegründet. Das Humboldt-Gymnasium *(Colégio Humboldt)* in São Paulo wurde 1916 mit Hilfe von elf deutschen Familien errichtet. Im Jahre 1954 wurde es als brasilianische Schule wieder gegründet, und 1965 wurde die Schule mit öffentlichen Mitteln aus der Bundesrepublik finanziert. Das Porto Seguro-Gymnasium *(Colégio Visconde de Porto Seguro)* in São Paulo wurde 1878 errichtet; 1965 wurde es zu einer westdeutsch-brasilianischen Begegnungsschule. Allmählich wurden die Abschlüsse in diesen Schulen auch in der Bundesrepublik anerkannt. Außerdem betrachtete die Bonner Regierung Ende der sechziger Jahre die Waldorf-Schule in São Paulo, das Institut in São Leopoldo und die Deutsche Schule Panambi als westdeutsche Auslandschulen.[890]

Der westdeutsch-brasilianische Kulturaustausch war in den fünfziger und sechziger Jahren durch Asymmetrie gekennzeichnet. Auf brasilianischer Seite gab es Interesse an Kultur, Sprache, Bildung und Wissenschaft aus der Bundesrepublik, besonders wegen der brasilianischen Wirtschaftsbeziehungen mit Westdeutschland und der deutschen und deutschstämmigen Gruppen in Brasilien. Während von brasilianischer Seite der deutschen Zivilisation große Aufmerksamkeit entgegengebracht wurde, blieb umgekehrt der Einfluß brasilianischer Kultur in der westdeutschen Gesellschaft vollständig unbedeutend. Die Regierung Brasiliens war nach dem Zweiten Weltkrieg nicht in der Lage, eine eigene Kulturpolitik im Ausland zu fördern.

Brasilien zählte im Rahmen des Ost-West-Konflikts zu den Ländern, die kaum über finanzielle Mittel verfügten, ihre kulturellen Werte in fernen Ländern auszubreiten. Die brasilianische Diplomatie kümmerte sich fast nur um die politisch-diplomatischen Interessen Brasiliens. Das brasilianische Außenministerium versuchte, seinen politischen Verhandlungsspielraum im Hinblick auf sein Entwicklungsmodell gegenüber den Industrieländern zu vergrößern, aber im Bereich der Kulturpolitik verhielt sich Brasilien wie eine neue Nation, die noch kein Bild von

889 Vgl. Akten zur Auswärtigen Politik der Bundesrepublik Deutschland (1963), München 1994, Dok. Nr. 195. Aufzeichnung des Referats I B 2. Abstimmung der Politik gegenüber Lateinamerika, Vertrauliches Schreiben (15.6.1963).

890 Vgl. Werner, Ein Überblick über die Auslandsschulbeziehungen der Bundesrepublik Deutschland zu Brasilien in der Zeit von 1945 bis 1985, in: Staden-Jahrbuch, Bd. 34/35, S. 54.

sich selbst hatte. Die brasilianischen Regierungen in diesem Zeitraum erwarteten kulturelle Unterstützung von den Industrieländern, die bereits eine solide Kultur, Bildung und Wissenschaft verfügten. Außerdem rechneten sie mit der Zusammenarbeit auf dem Gebiet der Bildungshilfe aus Ländern wie der Bundesrepublik. Brasilien sollte sich dem kulturellen Einfluß aus der westlichen Welt öffnen, um seine eigene ökonomische Entwicklung voranzutreiben. Die brasilianische Regierung wollte die Industrieländer und ihre Zivilisation besser verstehen als umgekehrt. Deswegen war der Kulturaustausch zwischen Brasilien und der Bundesrepublik Deutschland eine „Einbahnstraße".

Im Gegensatz dazu hatte die Bonner Regierung Interesse daran, das Bild Deutschlands in Übersee zu verbessern. Sie konnte dabei von der großen Zahl von Deutschstämmigen und Deutschen in Brasilien profitieren. Die deutschen Einwanderer und die Deutschen in Brasilien behielten eine enge Verbindung mit der Bundesrepublik und pflegten mehr oder weniger die bundesdeutsche Kulturpolitik in Brasilien. Diese Möglichkeiten hatte Brasilien in der Bundesrepublik nicht. Zusätzlich konnte das westdeutsche Außenministerium durch die Veränderung des brasilianischen Erziehungsgesetzes die Basis seiner Bildungspolitik in Brasilien schnell forcieren. Ab 1961 durfte die Bonner Regierung westdeutschbrasilianische Begegnungsschulen in Brasilien gründen. Die Errichtung dieser Schulen beendete die diplomatischen Verhandlungen über ein Kulturabkommen beider Länder, da die wichtigsten westdeutschen Forderungen erfüllt wurden. Das formelle Kulturabkommen wurde erst im Jahre 1969 geschlossen, als eine andere Phase der Bonner Kulturpolitik begann.[891]

6.3 Die Säulen des Kulturaustausches zwischen Brasilien und der Bundesrepublik Deutschland

Anfänglich verfügte die Bundesrepublik kaum über finanzielle und strukturelle Fähigkeiten, ihre kulturellen Werte angemessen im Ausland zu vermitteln. Obwohl der Entwurf für den Aufbau des Auswärtigen Amtes eine Kulturabteilung enthielt, ließ Bonn im Bereich der Kulturbeziehungen der privaten Initiative soweit wie möglich den Vorrang. Allerdings kümmerte sich das Kulturreferat des Auswärtigen Amtes um Anfragen zum Unterrichts- und Universitätswesen und zu anderen kulturellen Organisationen. Der Grundgedanke basierte schließlich auf einer Mischung staatlicher und privater Trägerorganisationen. Die Bonner Regierung finanzierte die auswärtige Kulturpolitik hauptsächlich mit öffentlichen Mit-

---

891 Vgl. Nikolaus Werz, Auswärtige Kulturpolitik: Kontinuität oder Wandel?, in: Kurt Düwell und Werner Link (Hgg.), Deutsche auswärtige Kulturpolitik seit 1917, Köln, 1981, S. 247.

teln, aber über unabhängige Mittlerorganisationen. Diese kulturellen Mittlerorganisationen waren in den ersten Jahren der Bundesrepublik das Goethe-Institut, der Deutsche Akademische Austauschdienst, das Institut für Auslandsbeziehungen, die Alexander von Humboldt Stiftung, Inter Nationes, der Katholische Missionsrat, der Evangelische Missionsrat u. a.

Die deutsche Sprache wurde das wichtigste Element der westdeutschen Kulturpolitik. Ihre Vermittlung sollte das geschädigte deutsche Kulturprestige und -potential wiederherstellen. Die deutschen Sprachkurse am Goethe-Institut wurden so die wichtigsten Säulen der auswärtigen Kulturpolitik der Bundesrepublik. Das 1945 aufgelöste Goethe-Institut wurde 1951 wiedergegründet; im Bereich der Kulturpolitik des Auswärtigen Amtes hatte es die Pflege der deutschen Sprache im Ausland zum Ziel. Neben den kulturellen Erwartungen der Bundesregierung sollte das Institut besonders auf die Betreuung und Entwicklung des Deutschen in wirtschaftlich rückständigen Ländern achten. Außerdem stehe die Verbreitung der deutschen Sprache mit dem wissenschaftlichen Einfluß der Bundesrepublik Deutschland in enger Verbindung.[892]

Aufgaben des Goethe-Institutes waren zunächst die Einrichtung von Unterrichtsgelegenheiten zum Erlangen von Deutschkenntnissen, die Aus- und Fortbildung von Deutschlehrern und die Entwicklung wirksamer Unterrichtsmethoden. Außerdem sollte das Institut in der Bundesrepublik den Deutschunterricht für Ausländer fördern.[893] Ab 1961 wurde das Goethe-Institut mit dem Zusatz „Institut zur Pflege deutscher Sprache und Kultur im Ausland" versehen. Danach unterstützte es die Förderung des Deutschunterrichtes unter nicht-deutschen Völkern, die Ausbildungslehrgänge für künftige Deutschlehrer im Ausland, die Fachkurse für ausländische Germanisten, die Verbesserung der Unterrichtsmethoden und die Errichtung von mehreren Sprach- und Kulturinstituten.[894]

Die Besprechungen über die Gründung des Goethe-Institutes in Brasilien haben lang gedauert. Anfangs diskutierten die interessierten Teile, nämlich die westdeutschen Diplomaten, die Leiter der westdeutsch-brasilianischen Organisationen und das Goethe-Institut, über die Notwendigkeit, deutsche Sprachkurse mit direkter Unterstützung des Goethe-Institutes in Brasilien einzurichten. Auf Seiten der deutsch-brasilianischen Kulturgesellschaften in Brasilien wurde verlangt, daß die deutsche Kulturpflege vor allem die Akademiker und die Jugend der Führungs-

892 BA. B 307, 24. Sitzungen des Goethe-Institutes – 1952/1953, München (1953) und BA. B 307, 25. Das Goethe-Institut – 1952/1955, München (1955).

893 AA-PA. Fiche 00125-1, Bd. 125, B 90. Das Goethe-Institut zur Fortbildung ausländischer Deutschlehrer, München (o. D.).

894 BA. B 309, 30. Vertrag zwischen dem Auswärtigen Amt und dem Goethe-Institut zur Pflege deutscher Sprache und Kultur im Ausland e. V. Vorstandssitzung am 13.9.1963.

schichten Brasiliens fördern sollte. Die deutschstämmigen Gruppen in Brasilien und die Brasilianer sollten einen guten deutschen Sprachunterricht erhalten. Deutschstämmige und deutsche Dozenten in Brasilien begannen damit, Sprachstunden zu geben. Dafür bemühten sie sich um die Unterstützung der Bonner Regierung, des Goethe-Institutes und anderer westdeutscher Organisationen.[895]

Den kulturpolitischen Aktivitäten des Auswärtigen Amtes lag die Unterscheidung zwischen wissenschaftlichen Instituten und Kulturinstituten zu Grunde. Die wissenschaftlichen Institute sollten den Universitäten eingegliedert sein. Sie sollten an Fragen der deutschen Sprache, Literatur, Geschichte, Philosophie, Kunst usw. arbeiten. Die Kulturinstitute sollten sich um ein nicht-akademisches Publikum kümmern und eine nicht-wissenschaftliche Methode für den deutschen Sprachunterricht benutzen. Überdies führten sie Vorträge über deutsche Themen durch und veranstalteten Filmvorführungen und Theateraufführungen.[896]

Die Bonner Botschaft in Rio de Janeiro in Verbindung mit dem Goethe-Institut in München plante zuerst, selbständige Kulturinstitute in Rio de Janeiro, Curitiba, Belo Horizonte und São Paulo zu etablieren. Sie sollten Mittel von der Bundesregierung und Lehrkräfte des Goethe-Institutes erhalten. In São Paulo und in Rio de Janeiro mußte das Goethe-Institut mit dem Hans-Staden-Institut verhandeln. Beide sollten zusammenarbeiten, jedoch waren die Verhandlungen am Anfang wegen der Benennung des Instituts schwierig. Das Hans-Staden-Institut veranstaltete seit 1948 Sprachkurse für verschiedene Sprachen (Deutsch, Englisch, Französisch und Portugiesisch), vergab Diplome und wollte seinen Namen beibehalten. Außerdem wollte das Hans-Staden-Institut in São Paulo sein historisches Forschungszentrum mit dem Archiv des Deutschtums weiter behalten.

Eine andere Schwierigkeit betraf die politische Tendenz dieses Institutes in Brasilien. Nach Ansicht des Goethe-Institutes pflegte das Hans-Staden-Institut die deutschnationale Tradition. Das Hans-Staden-Institut war die Nachfolgerin des „Deutschen Vereins für Wissenschaft und Kunst", und seine Arbeit betraf vor allem die Interessen der deutschen Einwanderer und die Beziehungen zum Auslandsdeutschtum. Das Goethe-Institut wollte als selbständige Instituition agieren und nur Deutsch entsprechend seiner Prüfungsordnung unterrichten.[897] Die Rolle

895 AA-PA. Fiche 00028-1, Bd. 28, B 90. Deutsche Sprachkurse in Porto Alegre, Porto Alegre (5.6.1953).

896 AA-PA. Fiche 00028-1, Bd. 28, B 90. Auswärtiges Amt an die Botschaft der Bundesrepublik Deutschland in Rio de Janeiro. Brasilianisch-deutsche Gesellschaft und Deutsches Kulturinstitut, Bonn (25.6.1953).

897 BA. B 307, 39. Baron Leonhard von Richter an H. Brückmann, Geschäftsführer des Goethe-Institutes e.V. Frankfurt a. M. (2.12.1955).

des Goethe-Institutes und seiner Dozenten sollte die neue Tradition des Kulturaustausches begründen.[898]

Die Institutionen in São Paulo und in München unterbrachen im Juni 1954 die Verbindung. Das Hans-Staden-Institut hatte jedenfalls Erfolg. Im Durchschnitt besuchten 600 Teilnehmer seine Sprachkurse. Die deutschen Rundfunkkurse des Erziehungsministeriums Brasiliens, an denen sich das Institut beteiligte, hatten im ersten Semester über 350 eingeschriebene Zuhörer.[899] Ende 1955 begannen die Verhandlungen zwischen den Vertretern des Goethe-Institutes und des Hans-Staden-Institutes wieder. Im Jahre 1956 plante das Goethe-Institut, zwei Dozenten nach Brasilien zu entsenden. Obwohl es keinen Vertrag zwischen den Institutionen gab, sollte das Hans-Staden-Institut einen Dozenten aufnehmen. Der andere sollte in Belo Horizonte arbeiten.[900]

Mit Zustimmung des Auswärtigen Amtes und des Goethe-Institutes wurden vier Kulturinstitute in Brasilien errichtet, und zwar in Rio de Janeiro, Porto Alegre, Belo Horizonte und Curitiba. Das Auswärtige Amt finanzierte die Errichtung der Institute, subventionierte die Verwaltungskosten und vergab einen Zuschuß zu den kulturellen Veranstaltungen. Diese Institute wurden als Dozentur des Goethe-Institutes in München gegründet.[901] Das Institut in Curitiba wurde 1956 als *Instituto Cultural Brasileiro Germânico* gegründet. Im Mittelpunkt seiner Tätigkeit standen die Sprachkurse wegen des starken Einflusses der deutschen Bevölkerung in Paraná. Außerdem bot es Filmabende, Vorträge und weitere kulturelle Veranstaltungen an. Die anderen drei Institute wurden 1957 errichtet. In Rio de Janeiro arbeitete das *Instituto Cultural Brasil-Alemanha* unter dem Einfluß einer deutsch-brasilianischen Organisation in erster Linie im Bereich des Deutschunterrichts. Circa 400 Teilnehmer besuchten im ersten Semester die Kurse. Ebenfalls mit Sprachkursen beschäftigten sich die Institute in Porto Alegre *(Instituto Cultural Brasileiro-Alemão)* und Belo Horizonte *(Instituto Cultural Brasil-Alemanha)*.[902]

898 BA. B 307, 29. Bericht über die Dienstreise nach Brasilien, Uruguay und Argentinien in der Zeit vom 1. bis zum 13. Dezember 1962.

899 BA. B 307, 39. Aktenvermerk über die Unterredung zwischen Baron Leonhard von Richter (Goethe-Institut) und Dr. Karl Fouquet (Hans-Staden-Institut), São Paulo (9.11.1955).

900 BA. B 307, 39. H. Brückmann, Geschäftsführer des Goethe-Institutes e.V., an Baron Leonhard von Richter, München (11.5.1956).

901 Das Goethe-Institut in München machte einen Unterschied zwischen den Sprach- und Kulturinstituten und den Dozenturen an deutschen Institutionen im Ausland und an ausländischen Institutionen. BA. B 307, 27. Zusammenstellung der erforderlichen Zuwendungen der öffentlichen Hand für das Rechnungsjahr 1962, München, Vertrauliches Schreiben (18.12.1961).

902 AA-PA, Ref. 415, Bd. 214. Der Bundesminister des Auswärtigen Amtes an den Botschafter der Bundesrepublik Deutschland in Rio de Janeiro, Bonn (13.11.1958).

Im Jahre 1962 wurde das *Instituto Cultural Brasil-Alemanha* in Salvador gegründet.[903] Am 15. Juni 1966 wurde eine Dozentur des Goethe-Institutes in Recife eingerichtet. In Brasilia wurden die Voraussetzungen zur Gründung eines deutschen Kulturinstitutes im Jahre 1966 geschaffen. Als Argumente für die Errichtung des Institutes in Brasilia zählten die große Anzahl von Beamten und Abgeordneten und das fast völlig fehlende kulturelle Angebot in der neuen Hauptstadt Brasiliens. Die andere Erklärung zugunsten der Gründung einer Dozentur dieses Institutes war politisch. Die Bundesrepublik Deutschland gerate ins Hintertreffen gegenüber den anderen Ländern, wenn sie nicht sofort ein Kulturinstitut in Brasilia errichte.[904] Das *Instituto Cultural Brasil-Alemanha* in Brasilia wurde 1969/1970 ins Leben gerufen.

Das westdeutsche Generalkonsulat in São Paulo und die Botschaft in Rio plädierten für eine enge Verbindung zwischen dem Goethe-Institut und dem Hans-Staden-Institut in São Paulo. Der Geschäftsführer des Goethe-Institutes stellte 1959 fest, daß die Kooperation zwischen den beiden Organisationen nicht ausreiche. Keine wollte sich der anderen unterstellen. Nach seiner Ansicht sollte das Hans-Staden-Institut sich zu einem Deutsch-Brasilianischen Kulturinstitut entwickeln, obwohl das brasilianische Institut daran nicht interessiert sei. Das Hans-Staden-Institut wollte ein wissenschaftliches Zentrum bleiben und den Kulturaustausch zwischen Brasilien und der Bundesrepublik, Österreich und der Schweiz fördern. Es wollte zwar die Unterstützung des Goethe-Institutes haben, aber gleichzeitig unabhängig sein.[905]

Nach langwierigen Besprechungen gründete die Verwaltung des Hans-Staden-Institutes in São Paulo 1964 eine Abteilung für Sprachkurse in Zusammenarbeit mit dem Goethe-Institut in München. Das Institut wurde *Instituto Cultural Brasil-Alemanha/Dozentur des Goethe-Instituts-München* genannt. In dieser Zeit unterrichteten zwei Dozenten und 25 Lehrer und Lehrerinnen im Semester etwa 1.280 Schüler in 90 Kursen im Goethe-Haus *(Casa de Goethe)*. Es führte auch 18 Zweigstellen. Trotz der Verbindung beklagte sich der Präsident des Goethe-Institutes im Jahre 1964. Das Problem des Instituts in São Paulo sei die Abhängigkeit vom *Instituto Cultural Brasil-Alemanha*. Außerdem meinte er, daß die

903 BA. B 307, 190. Instituto Cultural Brasil-Alemanha, Salvador. 2. Halbjahresbericht 1966, Salvador (17.12.1966).
904 BA. B 307, 33. Bericht über meine Dienstreise (C. Wecker) nach Süd- und Mittelamerika vom 6. März bis zum 9. April 1966, Vertrauliches Schreiben (6.5.1966).
905 BA. B 307, 42. Niederschrift der kombinierten Sitzung des Vorstandes und Verwaltungsrates des Goethe-Institutes vom 31.1.1959, München (31.1.1959).

kulturelle Schicht der eingewanderten deutschen Juden und der brasilianischen Kreise diese Zusammenarbeit als nachteilig ansähen.[906]

Im Jahre 1966 blieb die Dozentur des Goethe-Institutes in São Paulo noch unter dem starken Einfluß der deutsch-brasilianischen Kulturvereinigung. Nach wie vor übten die Vorstände und Mitglieder dieser Organisation eine persönliche Führungsrolle aus. Ihre Vorstellungen über Kulturpolitik wichen in vielen Bereichen von der Auffassung des Goethe-Institutes über deutsche Kultur und kulturellen Austausch der Bundesrepublik ab. Trotzdem empfahl der Vorsitzende des Goethe-Institutes, C. Wecker, daß es politisch zumindest zum gegenwärtigen Zeitpunkt unklug sei, die traditionsreiche Verbindung zwischen der Dozentur des Goethe-Institutes und dem Hans-Staden-Institut zu beenden. Der neue Präsident des Hans-Staden-Institutes, Ernst Günter Lipkau, sei ein gebildeter Mann, der offensichtlich über außerordentliche Kenntnisse von Persönlichkeiten und Verhältnissen des öffentlichen Lebens wie des Wirtschaftslebens in der Bundesrepublik verfüge. So sei er an einer weiteren Zusammenarbeit mit dem Goethe-Institut interessiert.[907]

Die westdeutsch-brasilianischen Kulturinstitute boten auch Veranstaltungen im Bereich der Kultur und der Sprachkurse an. Schwerpunkte des Kulturprogrammes waren Konzerte, Filme, Theaterstücke und Vorträge über deutsche Themen im Rahmen der Poesie, Geschichte, Kunst, Theater und der Gesellschaft. Aus Porto Alegre berichtete das Institut über Ausstellungen, Konzerte, Vorträge und Filmabende. Erfolgreich waren die Vorträge im Jahre 1966 zu den Themen „Einführung in die Philosophie" und „Die zeitgenössische Philosophie". Der Referent war Professor Valerio Rohden, ein ehemaliger Stipendiat der Bundesrepublik.[908] Das Institut in Rio de Janeiro berichtete im Jahre 1967, daß die Gesamtzahl der Schüler in deutschen Sprachkursen bei 2.036 lag. Im Laufe dieses Jahres führte es 109 kulturelle Veranstaltungen durch, darunter 15 gemeinsam mit dem Goethe-Institut.[909] Das Institut in Salvador informierte das Goethe-Institut in München über sein vielseitiges Veranstaltungsprogramm. Im besonderen auf dem musikalischen Sektor spiele das Institut eine wichtige Rolle im kulturellen Leben der

---

906 BA. B 307, 171. Bericht an das Goethe-Institut des Herrn Präsidenten Botschafter a.D. Pfeiffer über seine Reise nach Montevideo, São Paulo und Rio de Janeiro (1.10.1964) und Staden-Jahrbuch, São Paulo, 1966, Bd. 14, S. 221.

907 BA. B 307, 33. Bericht über meine Dienstreise (C. Wecker) nach Süd- und Mittelamerika vom 6. März bis zum 9. April 1966, Vertrauliches Schreiben (6.5.1966).

908 BA. B 307, 189. Instituto Cultural Brasileiro-Alemão in Porto Alegre. Halbjahresbericht 1966, Porto Alegre (15.7.1966).

909 BA. B 307, 190. Instituto Cultural Brasil-Alemanha in Rio de Janeiro. Jahresbericht für das Jahr 1967, Rio de Janeiro (30.12.1967).

Stadt. Es organisierte einmal pro Semester Veranstaltungen mit Musikensembles aus den Bereichen Jazz, *Bossa Nova* und Volkslied.[910]

Problematisch für die gemeinsamen Veranstaltungen der westdeutsch-brasilianischen Institute waren die Organisationen und das Publikum. Im Bereich der Sprachkurse sei die Frage der Kontinuität von Bedeutung. Der Mangel an Deutschlehrern aus der Bundesrepublik stelle eine große Schwierigkeit dar. Häufig würden Klassen von einer brasilianischen Lehrkraft provisorisch übernommen. So könnte das Unterrichtsergebnis keine höhere Qualität aufweisen, und die Schülerzahl sank vorwiegend in Zentren wie Belo Horizonte und Recife erheblich.[911] Die Organisationen der Kulturprogramme zeigten weder Koordinierung noch Gesamtplanung. Obwohl die Zentralverwaltung des Goethe-Institutes im allgemeinen circa neun Monate vorher die Programmgestaltung versandte, erhielten die westdeutsch-brasilianischen Institute das Programm für die Organisationen zu kurzfristig. So litt der Erfolg der kulturellen Veranstaltungen an mangelnder Werbung.

Außerhalb eines engen Kreises Deutschsprechender nahmen die Institute ein nur geringes Interesse an diesen Darbietungen wahr, und die Veranstaltungen entsprachen nicht der Erwartung der Organisatoren. Es fehlten gute Aufführungen von internationalem Niveau. Eine andere Erklärung für die Mißerfolge der Aufführungen waren die hohen Eintrittspreise. Die wirtschaftliche und politische Krise in Brasilien forcierte die sozialen Schwierigkeiten in den sechziger Jahren unter den Brasilianern.[912] In diesem Zeitraum lag der Schwerpunkt des Kulturprogramms des Institutes bei der Musikarbeit, den Seminaren und den Ausstellungen. Die Theaterveranstaltungen z. B. litten am Ende der sechziger Jahre unter der Förderung dieser Bereiche und an den Schikanen der Zensur in ganz Brasilien. Theateraufführungen auf Deutsch kamen für die Mehrheit der brasilianischen Städte nicht in Frage. Nur wenige Leute konnten Deutsch verstehen, und zugleich hatten sie keine kulturellen Interessen an der Bundesrepublik Deutschland.[913] Die Ausstellungen stießen beim Publikum nicht auf Resonanz. Unter anderem mußten die Vorträge über „Probleme der deutschen Wirtschaft", die Dr. Armin Dorn hielt,

---

910 BA. B 307, 190. Instituto Cultural Brasil-Alemanha in Salvador. 2. Halbjahresbericht 1966, Salvador (17.12.1966).

911 BA. B 307, 190. Instituto Cultural Brasil-Alemanha. Dozentur des Goethe-Instituts-München. Halbjahresbericht vom 1.7. bis zum 3.12.1966, Rio de Janeiro (9.12.1966).

912 BA. B 307, 189. Aufstellung über die kulturellen Veranstaltungen im Jahre 1966, Belo Horizonte (15.12.1966).

913 BA. B 307, 189. Jahresbericht des Kulturprogrammes 1971, Porto Alegre (12.1971).

aus Mangel an Zuhörern in Porto Alegre eingestellt werden.[914] Die Verwaltungen der Kulturinstitute beklagten allgemein, daß das Publikumsinteresse gering sei.[915]

Der Deutsche Akademische Austauschdienst (DAAD) wurde 1950 wieder gegründet. Aufgaben waren die Förderung der internationalen Hochschulbeziehungen und des akademischen und wissenschaftlichen Austausches der Bundesrepublik mit dem Ausland. Seit Beginn seiner Tätigkeit bot der DAAD die Möglichkeit, die Bearbeitung der Anträge auf Bewilligung von Devisen für Studien- und Erziehungsaufenthalte zu übernehmen.[916] So konnten die ersten Professoren, Studenten, Lehrer und Schüler entweder in der Bundesrepublik oder im Ausland studieren. Im Jahre 1950 wählte die Abteilung Praktikantenaustausch 200 Ausländer, die in den Ferien westdeutsche Hochschulen und Forschungszentren besuchen konnten. 120 Deutsche gingen für eine Ferientätigkeit ins Ausland. Privilegiert wurde der Austausch unter den jungen Spezialisten, die künftig in die führende Schicht der Völker aufsteigen würden. Die Devisen für kulturelle Förderung wurden für alle Länder außerhalb der sowjetischen Einflußsphäre zu Verfügung gestellt.[917] Schwierig war es am Anfang, diese Devisen bei der Kulturabteilung des Auswärtigen Amtes zu besorgen und die Genehmigungen bei der Hohen Alliierten Kommission für die Zulassung ausländischer Studenten an westdeutschen Hochschulen zu erhalten.[918]

Entsprechend den Vorstellungen der Kulturabteilung des Auswärtigen Amtes sollte der DAAD am Anfang den weiter entfernten Ländern wenigstens ein Angebot für Studenten machen. Die wichtigen Länder wie USA, Kanada und Frankreich sollten eine größere Anzahl von Stipendien bekommen.[919] Im ersten Stipendienplan (1951/1952) des DAAD bekamen 25 Länder Stipendien. Großbritannien, Frankreich, USA, die Schweiz und Schweden erhielten jeweils zwei Stipendien. Zehn andere europäische Länder erhielten je ein Angebot. Bei den Überseeländern

914 BA. B 307, 189. Instituto Cultural Brasileiro-Alemão in Porto Alegre. Halbjahresbericht 1966, Porto Alegre (15.7.1966).

915 BA. B 307, 190. Casa de Goethe an das Goethe-Institut München. Halbjahresbericht 1966. São Paulo (30.12.1966).

916 Im April 1950 entsprachen die Genehmigungen von Studien- und Erziehungsaufenthalten für Westdeutsche im Ausland und die Bewilligung der Devisenmengen dem westdeutschen Haushaltsplan. AA-PA. Fiche 00411-2, Bd. 411, B 90. Deutscher Akademischer Austauschdienst – Tätigkeitsbericht II (vom 1.3. bis zum 10.4.1950), Bonn (4.1950).

917 AA-PA. Fiche 00411-2, Bd. 411, B 90. Niederschrift über die Gründungsversammlung des Deutschen Akademischen Austauschdienstes, Bonn (5.8.1950) und AA-PA. Fiche 00411-1, Bd. 411, B 90. Deutscher Akademischer Austauschdienst, Bonn (21.12.1950).

918 AA-PA. Fiche 00412-1, Bd. 412, B 90. DAAD an die Herren Rektoren der Westdeutschen und Westberliner Hochschulen, Bonn (23.11.1951).

919 AA-PA. Fiche 00412-1, Bd. 412, B 90. Herr Salat an Herrn Prof. Dr. Theodor Klauser, Vorsitzender des DAAD, Bonn (17.11.1951).

ging je ein Stipendium an Kanada, Südafrika, Indien, Pakistan, Indonesien, Ägypten, Argentinien, Mexiko, Chile und Brasilien. Die finanzielle Unterstützung sollte 250 DM pro Monat betragen. Die Laufzeit der Stipendien war auf neun bis zwölf Monate festgesetzt.[920] Der Präsident der Universität von Brasilien *(Universidade do Brasil)* bekam am 19.4.1951 das offizielle Angebot für ein Stipendium.[921]

Im zweiten Stipendienprogramm (1952/1953) stellte der DAAD 70 langfristige Stipendien und 30 Stipendien für Ferienkurse zur Verfügung. Er verlieh in Europa 50 Studienförderungen und in außereuropäischen Ländern 20. Brasilien bekam wieder ein Stipendium.[922] Der DAAD bot für das Hochschuljahr 1953/1954 92 Stipendien an. Brasilien erhielt drei Stipendien, genauso wie Argentinien und Uruguay.[923] Im Studienjahr 1964/1965 förderte allein der DAAD 1.918 ausländische Studenten an den westdeutschen Universitäten.[924] Schwierig für ein Studium brasilianischer Schüler in der Bundesrepublik war die Anerkennung der Abschlußzeugnisse. Die Abschlußzeugnisse der brasilianischen *Colégios* wurden nicht als gleichwertig mit einem westdeutschen Reifezeugnis anerkannt.[925]

Im Jahre 1966 verfügte der DAAD über Zweigstellen in London, New Delhi, Kairo und Paris; er plante, eine Koordinierungsstelle im Lauf dieses Jahres in Rio de Janeiro zu errichten. Außerdem fand ein Lektorentreffen des DAAD vom 17. bis zum 22. Juli 1966 in Bad Godesberg statt. Zwei brasilianische Vertreter, Lotte Hillert und Konrad Ackermann, nahmen an der Sitzung teil.[926]

Im Rahmen dieser Kultur- und Wissenschaftsbeziehungen bot die Universität von São Paulo durch die Goethe-Gesellschaft in São Paulo und den Senat der Freien Stadt Hamburg den westdeutschen Wissenschaftlern Stipendien an.[927] Seitdem

---

920 AA-PA. Fiche 00412-1, Bd. 412, B 90. DAAD an den Legationsrat Rudolf Salat. Bericht über die Tätigkeit des DAAD vom 1.1.1950 bis zum 31.3.1951, Bonn (8.12.1951).

921 MRE. DDD. AHRJ. Bonn, Ofícios Recebidos, 1951-7.4.14. Geschäftsträger der Brasilianischen Sondermission, Roberto Jorge Guimarães Bastos, an den Außenminister João Neves da Fontoura. Intercâmbio acadêmico. Bolsa de estudos (19.4.1951).

922 AA-PA. Fiche 00412-1, Bd. 412, B 90. Aufzeichnung – Vorstandssitzung des DAAD, Bonn (12.12.1951).

923 AA-PA. Fiche 00419-3, Bd. 419, B. 90. Jahresbericht über die Tätigkeit des DAAD vom 1. April 1952 bis zum 31. März 1953, Bonn (28.7.1953).

924 BA. B 307, 506. Deutscher Akademischer Austauschdienst – Haushaltsplanung 1966, Bonn (9.9.1966).

925 AA-PA. Fiche 00026-3, Bd. 26, B 90. Die Kultusminister der Länder in der Bundesrepublik Deutschland an die Dienststelle für auswärtige Angelegenheiten, Bonn (15.1.1951).

926 BA. B 307, 506. Deutscher Akademischer Austauschdienst – Haushaltsplanung 1966, Bonn (9.9.1966).

927 AA-PA. Fiche 00412-1, Bd. 412, B 90. DAAD an den Legationsrat Rudolf Salat. Bericht über die Tätigkeit des DAAD vom 1.1.1950 bis zum 31.3.1951, Bonn (8.12.1951).

blieb Brasilien eines der wenigen südamerikanischen Länder, das finanzielle Unterstützung zum Studium westdeutscher Studenten an brasilianischen Universitäten vergab. Allmählich errichteten einige brasilianische Universitäten Institute für deutsche Sprache und Literatur. 1958 waren fünfzehn westdeutsche Hochschullehrer und Lektoren an den Universitäten in Rio de Janeiro, São Paulo, Porto Alegre und Recife tätig.[928]

Die Kulturabteilung des Auswärtigen Amts erlaubte zwar bereits 1952, die Alexander von Humboldt-Stiftung wieder zu gründen, doch sie wurde erst am 10.12.1953 wiedererrichtet. Sie sollte hervorragenden wissenschaftlichen Jungakademikern des Auslandes die Möglichkeit bieten, ihre Ausbildung durch einen Studienaufenthalt in der Bundesrepublik weiterzuführen. Für die Stiftung war die Rolle dieser Akademiker im wissenschaftlichen und im politischen Leben ihres Landes wichtig. Mehrere Mitglieder ausländischer Missionen in Bonn waren Humboldt-Stipendiaten gewesen und hätten immer ihre Treue zur deutschen Kultur bekundet. Nach wie vor hatte die Stiftung Interesse an der Ausbildung der ausländischen Eliten, die in der Lage waren, die deutsche Kultur noch mehr zu verbreiten.[929]

Die ersten Stipendiaten der Alexander von Humboldt-Stiftung trafen zu Beginn des Wintersemesters 1953/1954 in der Bundesrepublik ein. Über die westdeutsche Botschaft in Rio de Janeiro bewarben sich brasilianische Studenten und Wissenschaftler um langfristige Stipendien der Bundesregierung, des DAAD und der Alexander von Humboldt-Stiftung. Im Jahre 1958 konnten 19 Stipendiaten aus Brasilien an den westdeutschen Universitäten studieren.[930] Im Sommersemester 1965 studierten 120 Brasilianer in der Bundesrepublik.[931]

Die Bonner Regierung unterstützte auch eine andere Art von wissenschaftlichen und kulturellen Beziehungen mit Brasilien. Entweder auf Wunsch von brasilianischen Universitäten oder auf Grund direkter Kontakte zwischen westdeutschen und brasilianischen Universitäten führten die westdeutschen Organisationen den Austausch von Professoren durch. Das Interesse war in verschiedenen wissenschaftlichen Bereichen groß. Westdeutsche Professoren waren hauptsächlich an Naturwissenschaften interessiert. Brasilianische Professoren interessierten sich

928 AA-PA, Ref. 415, Bd. 214. Der Bundesminister des Auswärtigen Amtes an den Botschafter der Bundesrepublik Deutschland in Rio de Janeiro, Bonn (13.11.1958).
929 AA-PA. Fiche 00430-1, Bd. 430, B 90. Aufzeichnung der Kulturabteilung. Alexander von Humboldt-Stiftung (27.3.1952).
930 AA-PA, Ref. 415, Bd. 214. Der Bundesminister des Auswärtigen Amtes an den Botschafter der Bundesrepublik Deutschland in Rio de Janeiro, Bonn (13.11.1958).
931 BA. B 145, 5086. Der Bundesminister für Wirtschaft an das Bundeskanzleramt. Brasilien, Bonn (13.6.1966).

vor allem für die technischen und philosophischen Gebiete. Die Studienaufenthalte für Professoren dauerten bis zu drei Monate. Die brasilianischen Universitäten bekamen zu ihrer Unterstützung auch Geräte und Bücher aus der Bundesrepublik. Ende der fünfziger Jahre erhielten das Institut für deutsche Sprache und Literatur, das Geographische Institut der Philosophischen Fakultät der Universität in Rio de Janeiro Buchspenden der Bundesregierung. Das Physikalische Institut der Katholischen Universität (Rio de Janeiro) sowie die Bibliothek der Hochschule für bildende Künste bekamen Bücher aus der Bundesrepublik. In São Paulo pflegten verschiedene kulturelle Institutionen Kontakte zu westdeutschen Universitätsfakultäten.[932]

Das Institut für Auslandsbeziehungen in Stuttgart spielte auch eine wichtige Rolle im Bereich der neuen Ausrichtung der auswärtigen Kulturpolitik nach dem Zweiten Weltkrieg. Die Bonner Regierung strebte eine vertrauensvolle Zusammenarbeit mit den anderen Völkern an. Das Institut war die Nachfolgerin des früheren Deutschen Auslandsinstituts und vertrat die Betreuung des Deutschtums im Ausland.[933] Sein Programm pflegte die kulturellen Beziehungen zu allen Völkern auf dem Gebiet der Wissenschaft, der Kunst, des Theaters, des Films u. a. Sein Winterprogramm 1951/1952 wies Vorträge und Arbeitsabende über internationale Themen auf. Die sogenannten Einwanderungsländer wurden von Referenten im Institut besonders berücksichtigt. Die USA, Kanada, Südafrika, Brasilien, Australien und Argentinien wurden behandelt.[934]

Zusätzlich führte die Bibliothek des Institutes für Auslandsbeziehungen eine Arbeit über das Thema „Der Deutsche im fremden Land" durch. Sie hatte zum Ziel, den westdeutschen Einwanderern im Ausland zu helfen. Die deutsch-brasilianische Bibliothek des Instituts umfaßte circa 9.000 Bände, die zusammen mit dem Geschichtsarchiv für Wissenschaftler und Studierende Informationsquelle bei Fragen der deutschen Einwanderung in Brasilien war. Das Referat für Druckschriften verteilte 1966 etwa 121.300 Exemplare von Zeitschriften und 480 Päckchen mit verschiedenen Drucksachen, die das westdeutsche Generalkonsulat zur Verfügung stellte. Überdies veranstaltete das Südamerikareferat dieses Institutes für Auslandsbeziehungen zwei Reisen von Singgruppen und eine Exkursion des Mozartchors, beide aus São Paulo, nach Europa.[935]

---

932 BA. B 145, 5086. Der Bundesminister für Wirtschaft an das Bundeskanzleramt. Brasilien, Bonn (13.6.1966).
933 AA-PA. Fiche 00126-1, Bd. 126, B 90. Kulturabteilung an Staatssekretär Hallstein. Aufzeichnung – Institut für Auslandsbeziehungen, Bonn (4.12.1951).
934 AA-PA. Fiche 00125-1, Bd. 125, B 90. Mitteilungen des Institutes für Auslandsbeziehungen, Stuttgart (11.1951).
935 Vgl. Staden-Jahrbuch, São Paulo, 1967, Bd. 15, S. 200.

Außerdem schuff die Bundesregierung Haushaltsansätze für die „Pflege kultureller, humanitärer und wissenschaftlicher Beziehungen zum Auslande" und die „Förderung des deutschen Schulwesens im Auslande sowie Pflege der Beziehungen zum Auslande auf dem Gebiete des Schul- und Erziehungswesens". Dieser Kulturfonds kümmerte sich im Bereich des Studienwesens in der Bundesrepublik nicht nur um die Interessen der westdeutschen Kultur, sondern auch um die der Industrie und des Handels. Im Zusammenhang mit der neuen Situation einer technisch-wirtschaftlichen Zusammenarbeit in der Nachkriegszeit dachte die Bonner Regierung an die Länder, die nicht in der Lage waren, Beträge für eine Ausbildung im Ausland bereitzustellen. Für die Verbreitung des deutschen Buches als Kulturträger gab es ebenfalls Mittel. Ziel war die Unterstützung deutscher Bibliotheken durch Spenden an die wissenschaftlichen Institutionen im Ausland. Im Bereich des Schul- und Erziehungswesens finanzierte der Schulfonds die westdeutschen Auslandsschulen.[936]

Allmählich unternahmen die brasilianischen Diplomaten in Bonn kleinere Initiativen, um die brasilianische Kultur in der Bundesrepublik zu verbreiten. Da die Regierung Brasiliens kaum Mittel hatte, um die brasilianische Kultur in der Bundesrepublik zu unterstützen, erlebte sie keine Verbreitung unter den Westdeutschen. Eine Ausnahme waren die Literaturübersetzungen beider Länder, obwohl der Anteil brasilianischer Werke am westdeutschen Buchmarkt geringer war als der der deutschsprachigen Werke in Brasilien. Dabei spielten die westdeutschen Verlage eine große Rolle. Sie veröffentlichten Übersetzungen brasilianischer Romane und Lyrik, und stellten diese Produktionen zur Verfügung. Neben den brasilianischen Veröffentlichungen in Deutschland vor dem Zweiten Weltkrieg wurden bekannte Werke aus Brasilien nach 1945 in der Bundesrepublik publiziert. Nach Ansicht von Walter Mettmann wurden circa 120 brasilianische Dichter und Schriftsteller zwischen 1892 und 1965 ins Deutsche übersetzt. Poesie und Erzählungen erschienen in Sammelwerken.[937] 1950 übersetzte und veröffentlichte der Germanist Wolfgang Kayser den Roman von Machado de Assis, „Die nachträglichen Memoiren des Bras Cubas" *(Memórias Póstumas de Brás Cubas).* Im folgenden Jahr erschienen Erwin G. Meyenburg „Dom Casmurro" *(Dom Casmurro)* und „Der Irrenarzt" *(O alienista)* des gleichen Dichters.[938]

---

936 AA-PA. Fiche 00127-2, Bd. 127, B 90. Begründung der Haushaltsansätze, Bonn (9.10.1950).

937 Vgl. Walter Mettmann, A literatura brasileira na Alemanha, in: II Colóquio de Estudos Teuto-Brasileiros, Recife 1974, S. 284.

938 Joaquim Maria Machado de Assis (1839-1908) schrieb *Memórias Póstumas de Brás Cubas* im Jahre 1881, *O alienista* 1882 und *Dom Casmurro* 1900. Vgl. dazu Rössner (Hg.), Lateinamerikanische Literaturgeschichte, S. 197-198 und Bosi, História concisa da literatura brasileira, S. 174-183.

Jorge Amados Werk wurde Anfang der fünfziger Jahre zuerst in der DDR übersetzt. Im Jahre 1959 gewannen seine Romane auch in der Bundesrepublik an Popularität. Unter anderem wurden „Die Auswanderer von São Francisco", 1952 *(Seara vermelho); „Tote See", 1959 (Mar morto)*; „Herren des Strandes", 1963 *(Capitães da areia);* „Gabriela wie Zimt und Nelken", 1963 *(Gabriela, cravo e canela);* „Die Abenteuer des Kapitäns Vasco Moscovo", 1964 *(O capitão-de-longo-curso);* „Nächte in Bahia", 1965 *(Os pastores da noite)* und „Dona Flor und ihre zwei Ehemänner", 1968 *(Dona Flor e seus dois maridos)* publiziert. Érico Veríssimo erfuhr zwischen 1953 und 1958 viele Übersetzungen. „Die Zeit und der Wind" *(O continente),* „Das Bildnis des Rodrigo Cambará" *(O retrato),* „Nacht" *(Noite)* und „Land der Gegensätze" *(México)* waren erfolgreich.

Guimarães Rosa kam ab 1964 auf den westdeutschen Buchmarkt mit der Übersetzung seines Romans „Grande Sertão" *(Grande Sertão: veredas).* Später erschienen „Corps de Ballet", 1965 *(Corpo de baile)* und „Erste Geschichten", 1968 *(Primeiras estórias).* Dichter aus dem Nordosten Brasiliens wie Graciliano Ramos und José Lins do Rego gewannen das westdeutsche Publikum durch die Werke: „São Bernardo", 1960 *(São Bernardo),* „Nach Eden ist es weit", 1966 *(Vidas secas)* und „Rhapsodie in Rot", 1958 *(Cangaceiros).* Auch zu erwähnen sind: Adonias Filho mit „Corpo Vivo", 1966 *(Corpo Vivo)* in Übersetzung von Meyer-Clason; Autran Dourado mit „Brandung", 1964 *(A barca dos homens)* und „Ein Leben im Verborgenen", 1967 *(Uma vida em segredo)* und Fernando Sabino mit „Schwarzer Mittag", 1962 *(O encontro marcado).*

Unter den Werken der modernen Poesie aus Brasilien waren die Übersetzungen von Meyer-Clason bedeutend. Er übersetzte Ende der sechziger Jahre die Lyrik von Carlos Drummond de Andrade, „Poesie" und von João Cabral de Melo Neto, „Poesie" und „Hund ohne Federn" *(O cão sem plumas).* Noch zu erwähnen wären „Die Reiher und andere brasilianische Erzählungen" (1967) und „Moderne brasilianische Erzähler" (1968). „Die Reiher und andere brasilianische Erzählungen" machten Erzählungen von Clarice Lispector, Raquel de Queiróz, Lygia Fagundes Teles, Dalton Trevisan und Marques Rebelo bekannt. 1962 schrieb Willy Keller die deutsche Version des Volksstückes aus dem Nordosten Brasiliens *O auto da compadecida* von Ariano Suassuna, unter dem Titel „Das Testament des Hundes oder das Spiel von unserer Lieben Frau der Mitleidvollen".[939]

Im Jahre 1966 regte der brasilianische Außenminister an, daß der Botschafter in Bonn, Fernando Ramos de Alencar, die brasilianische Literatur in der Bundesrepublik stärker förden solle. Die brasilianische Kultur sollte durch die neue Kultur-

---

939 Vgl. Mettmann, A literatura brasileira na Alemanha, in: II Colóquio de Estudos Teuto-Brasileiros, S. 283-296.

und Informationsabteilung des brasilianischen Außenministeriums unterstützt werden. Nach Auffassung des brasilianischen Außenministeriums sollte die Botschaft in Bonn die Schriftsteller, Dichter und ihre Übersetzungen auf Deutsch, hauptsächlich die Anthologien, in der Bundesrepublik verbreiten. Darunter sollten Essays und Erzählungen von verschiedenen Epochen der brasilianischen Literatur seien.[940]

Obwohl in Brasilien die literarischen Werke wegen des verbreiteten Analphabetismus kein breites Publikum fanden, gab es in den fünfziger und sechziger Jahren ein konstantes Interesse an der deutschen Literatur. Vor den dreißiger Jahren kauften die brasilianischen Verlage meistens entweder die übersetzten Werke aus Portugal oder die originären Bücher, da die Leser zu den zweisprachigen Eliten gehörten. Wegen der Urbanisierung wuchsen jene Gesellschaftsschichten, die kulturelle Werke pflegten und förderten, rapide an. Zwischen 1942 und 1970 wurde 94 deutschsprachige Autoren, die mit etwa 318 Titeln und Auflagen in Erscheinung traten, in Brasilien übersetzt. Häufig lag das gleiche Werk in mehrfacher Übersetzung vor. Die brasilianischen Verlage veröffentlichten sowohl deutsche Lyrik als auch Romane, Klassiker und Werke aus der Moderne.[941]

Intermezzo (Lyrisches Intermezzo) von Heinrich Heine wurde 1953 publiziert. Das Buch von Gertrud von le Fort „Hymnen an die Kirche" *(Hinos à igreja)* wurde 1957 auf den brasilianischen Buchmarkt gebracht. „Gedichte" *(Poesia 1871-1888)* von Friedrich Nietzsche erschien im Jahre 1958. Die Werke von Rainer Maria Rilke gelangten ab 1947 in die Buchhandlungen Brasiliens: *A canção de amor e de morte do porta-estandarte Cristovão Rilke* („Weise von Liebe und Tod des Cornets Christoph Rilke"), *Elegias de Duino* („Duineser Elegien") und *Poemas* („Gedichte, 1906-1926"). João Accioly veröffentlichte im Jahre 1954 *Poemas alemães* („Deutsche Gedichte"). Geir Campos stellte 1960 *Poesia alemã traduzida no Brasil* zusammen. Cleonice Berardinelli und Wira Selanski gaben *Pequena antologia de lírica alemã* 1960 heraus. Betty Margarida Kunz und Iris Strohschön übersetzten *Antologia do moderno conto alemão* („Deutsche Erzählungen aus zwei Jahrzehnten") im Jahre 1968. Hermann Hesses Werk gewann Anfang der siebziger Jahre an Popularität in Brasilien, obwohl „Der Steppenwolf" *(O lobo da estepe)*, „Demian" *(Demian. História da juventude de Emil Sinclair)* und „Siddhartha" *(Sidarta)* schon vorher übersetzt worden waren.

---

940 MRE. DAR. SCE. Bonn, Oficios Expedidos, Nr. 1.322. Brasilianischer Außenminister Juracy Magalhães an den brasilianischen Botschafter in Bonn, Fernando Ramos de Alencar. Instruções para o novo Embaixador em Bonn (12.4.1966).

941 Vgl. João Barrento (Hg.), Deutschsprachige Literatur in portugiesischer Übersetzung. Eine Bibliographie (1945-1978), Bonn 1978, S. 130-160.

Johann Wolfgang von Goethes Werk wurde in portugiesischer Sprache veröffentlicht: *Fausto* im Jahre 1943; *Clavigo: tragédias, Egmont: tragédia em cinco atos, Estela* 1949 und *Ifigênia em Táuride* im Jahre 1964. Zwischen 1943 und 1974 zählte man vier verschiedene Übersetzungen des *Fausto* in Brasilien. „Judith, Gyges und sein Ring" *(Tragédias: Judite, Giges e seu anel)* und „Die Nibelungen" *(Os nibelungos)* von Friedrich Hebbel wurden 1964 in Brasilien publiziert. Heinar Kipphardt hatte seine Arbeit „In der Sache J. Robert Oppenheimer" *(O caso Oppenheimer)* 1966 in Brasilien veröffentlicht. „Maria Stuart" von Friedrich von Schiller erschien in den Jahren 1946 und 1955 in zwei verschiedenen Übersetzungen auf Portugiesisch.

„Die Verfolgung und Ermordung Jean Paul Marats" von Peter Weiss wurde als *Perseguição e assassinato de Jean Paul Marat* 1966 publiziert. Verschiedene Bücher des Schweizers Friedrich Dürrenmatt wurde übersetzt: *A promessa, réquiem pelo romance policial,* 1961 („Das Versprechen"); *Visita da velha senhora,* 1963 („Der Besuch der alten Dame"); *A suspeita,* 1964 („Der Verdacht"); *Grego procura grega,* 1966 („Grieche sucht Griechin") und *Os físicos,* 1966 („Die Physiker") u. a. *O vigário* („Der Stellvertreter") von Rolf Hochhuth und *Morte de Danton* („Dantons Tod") von Georg Büchner wurden 1965 veröffentlicht.

Das Werk von Thomas Mann spielte eine große Rolle in Brasilien. Obwohl er nie in Brasilien war, glaubten einige Literaturwissenschaftler Brasiliens, daß sein Werk brasilianischen Einfluß aufweist.[942] Ab den dreißiger Jahren veröffentlichte der Verlag *Globo* aus Porto Alegre hauptsächlich anglo-amerikanische Literatur, aber wegen der großen Anzahl deutscher Einwanderer in Rio Grande do Sul widmete er den deutschen Autoren ebenfalls Übersetzungen. Thomas Mann, Lion Feuchtwanger, Rainer Maria Rilke und Erich Remarque waren Schriftsteller, die unter anderen übersetzt wurden.[943] *Os Buddenbrooks. Decadência duma família* erschien 1942 in erster Auflage in Brasilien. *A montanha mágica* („Der Zauberberg") wurde 1943 publiziert. Im Jahre 1947 wurde *José e seus irmãos* („Joseph und seine Brüder") veröffentlicht. Der Roman *Sua alteza real* („Königliche Hoheit") wurde Anfang der fünfziger Jahre in Brasilien übersetzt. *A morte em Veneza*

---

942 Die Mutter von Thomas Mann, Julia da Silva Mann, geborene Julia da Silva Bruhns, wurde im Jahre 1851 in Brasilien geboren. Sie war sieben Jahre alt, als ihr Vater und ihre Geschwister nach Deutschland umzogen. Vgl. dazu Dieter Strauss (Hg.), Julia Mann. Brasilien – Lübeck – München, Lübeck 1999 und Donald Prater, Thomas Mann: uma biografia, Rio de Janeiro 2000, S. 20-23.

943 Vgl. Laurence Hallewell, O livro no Brasil, São Paulo 1985, S. 318.

(„Tod in Venedig") und *Tônio Kröger* wurden 1934 zum ersten Mal in Brasilien veröffentlicht.[944]

Bedeutend war der Einfluß der übersetzten deutschen Kinder- und Jugendliteratur in Brasilien. 139 diese Titel konnten zwischen 1943 und 1970 in Brasilien gelesen werden. Die Erzählung von Gottfried Bürger *As aventuras do Barão de Münchhausen* („Des Freiherrn von Münchhausen wunderbare Reisen und Abenteuer") erschien in diesem Zeitraum in sieben Versionen. Die Erzählungen der Brüder Jakob und Wilhelm Grimm spielten eine große Rolle im Angebot für Kinder. *Os animais músicos* („Die Bremer Stadtmusikanten"), *A bela adormecida* („Dornröschen"), *A branca de neve e os sete anões* („Schneewittchen und die sieben Zwerge"), *O chapeuzinho vermelho* („Rotkäppchen"), *A gata borralheira* („Aschenputtel"), *O gato de botas* („Der gestiefelte Kater"), *O pequeno polegar* („Däumling") und *Joãozinho e Maria* („Hänsel und Gretel") waren unter den bekanntesten Märchen.[945]

Andere Exponenten der brasilianischen bzw. lateinamerikanischen Kulturverbreitung in der Bundesrepublik waren die interdisziplinären Institute. In den sechziger Jahren gab es in der Bundesrepublik eine ganze Reihe von Institutionen, die sich mit Lateinamerika befaßten. Ziel war, den Subkontinent besser kennenzulernen. Obwohl die Initiativen bei den westdeutschen Forschungszentren lagen, unterstützten sie die Zusammenarbeit mit den lateinamerikanischen Ländern. Z. B. das 1930 gegründete Ibero-Amerikanische Institut in Berlin, das Arnold-Bergsträsser-Institut in Freiburg, der Ibero-Club in Bonn, das 1962 gegründete Institut für Amerika-Kunde in Hamburg, der Ibero-Amerika-Verein in Hamburg (1916), die Deutsche Ibero-Amerikanische Stiftung in Hamburg, die deutsche Lateinamerika-Geschichtsforschung und die Deutsch-Brasilianische Gesellschaft in Bonn.[946]

Die Historiker Richard Konetzke und Hermann Kellenbenz beschäftigten sich gleich nach dem Zweiten Weltkrieg mit der deutschen Lateinamerika-Geschichtsforschung, welche die Kolonialzeit und die wirtschaftlichen Beziehungen zwischen Deutschland und Lateinamerika zum Thema hatte.[947] Die Deutsch-Brasilianische Gesellschaft in Bonn wurde 1960 ins Leben gerufen, erhielt aber kaum Unterstützung durch die brasilianische Regierung. Die brasilianische Bot-

---

944 Vgl. Barrento (Hg.), Deutschsprachige Literatur in portugiesischer Übersetzung. Eine Bibliographie (1945-1978), S. 146-147.

945 Vgl. Barrento (Hg.), Deutschsprachige Literatur in portugiesischer Übersetzung, S. 160-179.

946 BA. B 145, 5086. Der Bundesminister für Wirtschaft an das Bundeskanzleramt. Brasilien, Bonn (13.6.1966).

947 Vgl. Jacob, Die kulturellen und wissenschaftlichen Beziehungen der Bundesrepublik Deutschland zu Lateinamerika, in: Mols und Wagner (Hg.), Deutschland – Lateinamerika. Geschichte, Gegenwart und Perspektiven, S. 302.

schaft in Bonn schlug vor, daß neben der festen jährlichen Unterstützung das brasilianische Außenministerium einen Professor für die Gesellschaft finanzieren
sollte. Dies sollte helfen, die brasilianische Kultur durch Vorträge, Kurse, Bulle-
tins und vielleicht durch eine Zeitschrift über Brasilien zu verbreiten.[948] 1965
wurde die Arbeitsgemeinschaft Deutsche Lateinamerika-Forschung (ADLAF)
errichtet. Sie schloß Forschungsinstitute und Wissenschaftler aus unterschiedlichen Fachdisziplinen, die sich mit Lateinamerika beschäftigten, zusammen. Die
Kooperation zwischen diesem interdisziplinären Diskussionsforum und den brasilianischen Universitäten war von Anfang an intensiv, besonders mit den Universitäten in Rio Grande do Sul und Recife.[949]

Außerdem arbeiteten brasilianische Lektoren an den Universitäten in Köln, Heidelberg und Tübingen. Im Jahre 1961 beklagten sich die brasilianischen Diplomaten in Bonn über die prekäre Situation dieser Lektorate. Die Regierung Brasiliens
zeige bis jetzt kein Interesse für die brasilianischen Lektorate. Die Professoren
seien zwar Spezialisten auf dem Gebiet der deutschen Sprache und Literatur in
portugiesischer Übersetzung, aber sie verständen kaum etwas von der brasilianischen Kultur. Brasilien brauche in der Bundesrepublik berühmte und begabte
Professoren mit profunden Kenntnissen der brasilianischen Realität. Es fehle
ihnen auch an finanzieller Unterstützung, um brasilianische Bücher, Zeitungen
und Zeitschriften erwerben zu können.[950]

Nach Auffassung verschiedener Autoren war das Echo der westdeutschen Wissenschaften und Kultur im Laufe der fünfziger und sechziger Jahre in Brasilien
viel stärker ausgeprägt als umgekehrt.[951] Einerseits weckten Kunstausstellungen,
Theater, Film, Musik aus Brasilien kein Interesse bei den Westdeutschen. Der
westdeutsche Wunsch nach Informationen über Brasilien blieb wegen der geographischen Entfernung beider Länder und des schwachen politisch-wirtschaftlichen

---

948 MRE. DAR. SCE. Bonn, Oficios Recebidos, Nr. 480. Geschäftsträger Arnaldo Vasconcelos
     an den brasilianischen Außenminister Clementino de San Thiago Dantas, Vertrauliches
     Schreiben (27.12.1961).

949 Vgl. Helmut Schelsky, A cooperação teuto-brasileira nas ciências sociais e suas bases educa-
     cionais, in: II Colóquio de Estudos Teuto-Brasileiros, S. 41-51.

950 MRE. DAR. SCE. Bonn, Oficios Recebidos, Nr. 480. Zweiter Sekretär Amaral Sampaio an
     den brasilianischen Außenminister Clementino de San Thiago Dantas, Vertrauliches Schrei-
     ben (7.12.1961).

951 Vgl. Jacob, Die kulturellen und wissenschaftlichen Beziehungen der Bundesrepublik
     Deutschland zu Lateinamerika, in: Mols und Wagner (Hg.), Deutschland – Lateinamerika.
     Geschichte, Gegenwart und Perspektiven, S. 279-317; Nikolaus Werz, Auswärtige Kulturpo-
     litik und die kulturelle Präsenz Lateinamerikas in Deutschland, in: Lateinamerika Jahrbuch
     1995. Institut für Iberoamerikakunde, Hamburg 1995, S. 48-78 und Hermann Görgen, Deut-
     sche Außenpolitik in Lateinamerika, in: Helmut Reuther (Hg.), Deutschlands Außenpolitik
     seit 1955, Stuttgart 1965, S. 379-418.

Einflusses Brasiliens gering. In den Bereichen Kultur, Religion und Politik betrachtete die Bundesrepublik Brasilien als ein Land der westlichen Hemisphäre ohne Besonderheiten.

Außerdem gab es in diesem Zeitraum keine brasilianische Gemeinschaft in der Bundesrepublik, um wenigstens eine inoffizielle Verbreitung der brasilianischen Kultur zu fördern. Einwanderer übernahmen im allgemeinen eine Brückenfunktion im Rahmen der Kultur. Im Lauf der sechziger Jahre entwickelte die brasilianische Regierung ein gewisses Interesse an den Dozenturen an westdeutschen Universitäten, aber sie widmete ihnen keine größere Aufmerksamkeit. Die Verbreitung von brasilianischer Kultur und von Kenntnissen über Brasilien, überwiegend im Bereich der Soziologie, Geschichte und Literatur, hatten die Forschungszentren der westdeutschen Universitäten übernommen, und im Grunde gehörten sie zur westdeutschen Kulturpolitik zugunsten Lateinamerikas bzw. Brasiliens.

Andererseits zeigte die westdeutsche Kulturpolitik eine Aufnahmebereitschaft in Brasilien, besonders unter den Deutschstämmigen und den Deutschen. Obwohl die Kulturpolitik keine große Rolle für die Bundesregierung in Brasilien spielte, versuchte sie, durch ihre kulturellen Mittlerorganisationen und ihre Entwicklungshilfepolitik die deutsche Kultur bei den politischen und wirtschaftlichen Führungsschichten Brasiliens bekanntzumachen. Brasilien behielt den „Alleinvertretungsanspruch" der Bundesrepublik bei und das negative Deutschlandbild des Deutschen Reiches verschwand allmählich bei den Brasilianern, hauptsächlich innerhalb den brasilianischen Oberschichten. Genauso wie in die brasilianische Kultur- und Erziehungspolitik investierte die Bonner Regierung in die Verbreitung der deutschen Kultur – Sprache, Bildung, Wissenschaft, Literatur und Selbstdarstellung – bei den Mitgliedern der brasilianischen Eliten. Selbstverständlich hatte die Regierung Brasiliens Interesse an dieser Politik, da sie von dieser kulturellen Zusammenarbeit profitieren konnte.

Schluß

Diese Arbeit stellte die wirtschaftlichen, politischen und kulturellen Beziehungen zwischen der Bundesrepublik Deutschland und Brasilien nach dem Zweiten Weltkrieg bis zur Mitte der sechziger Jahre dar. Die Untersuchung vermittelte eine Übersicht über die bilateralen Beziehungen zwischen der Bundesrepublik und Brasilien, und zwar von der Wiederaufnahme der diplomatischen Verbindungen im Jahre 1951 bis etwa zum Jahre 1966. Dabei lag ein Schwerpunkt auf der Definition der Rolle Brasiliens wie der Bundesrepublik im Rahmen der internationalen Beziehungen. Es wurden dann die Wirtschaftsverträge sowie die entwicklungspolitischen Orientierungen und deren Auswirkungen auf beide Länder beurteilt, wobei hervorgehoben wurde, daß sich deren politische und sozio-wirtschaftliche Entwicklungen nicht im gleichen Rhythmus vollzogen. Aus dieser Perspektive wurden die Beiträge zu den bilateralen Beziehungen für die Entwicklung Westdeutschlands, insbesondere aber für die Brasiliens erforscht.

Im Untersuchungszeitraum zeigte sich, daß die Geschichte der westdeutsch-brasilianischen Beziehungen keine für beide Seiten nützliche Partnerschaft darstellte. Beide Länder hatten auf staatlicher Ebene nur wenige gemeinsame Interessen. Die Bundesrepublik Deutschland hielt bis zur Mitte der sechziger Jahre eine politische Verflechtung mit Brasilien aufrecht, ohne spezifische politisch-diplomatische Resultate diese Beziehungen anzustreben. Das Hauptinteresse der Bonner Regierung in Brasilien war, entsprechend ihren Zielen gegenüber ihren kapitalistischen Partnern, keine politisch-wirtschaftliche Rivalität aufkommen zu lassen.

Brasiliens Interesse bestand vor allem darin, Rohstoffe nach Westdeutschland zu liefern und Kapital wie Technologie aus der Bundesrepublik zu importieren. Die brasilianische Außenpolitik bemühte sich, die ausländischen Investitionen zu diversifizieren, um damit mehr Handlungsfreiheit für ihre wirtschaftliche Entwicklung zu erlangen. Um die Exportkapazität für Güter und Ausrüstungen auszuweiten, die für die wirtschaftliche Weiterentwicklung Brasiliens so unabdingbar waren, benötigte das Land nicht nur Kapital und Technologie; auch die Austauschklauseln im internationalen Handel mußten verändert und der brasilianische Auslandsmarkt erweitert werden.

Das Profil der Bonner Außenpolitik gegenüber Brasilien war geprägt von den Zielen eines Industrielandes; das bedeutete im Zeitraum der fünfziger und sechziger Jahre vor allem die Förderung des Exports hochentwickelter Investitionsgüter. Deshalb bestand kein großes Interesse daran, die Aufmerksamkeit auf Entwicklungsländer zu richten, die in diesem Zusammenhang keine nennenswerte Rolle spielten. Ohne in bezug auf Brasilien eine besonders extensive oder aktive

Außenpolitik zu betreiben, hielt sich in der bundesdeutschen Diplomatie die Vorstellung, daß die Handelsabkommen zwischen beiden Ländern vorteilhaft für Brasilien seien und die Bundesrepublik zum brasilianischen Entwicklungsprojekt ihren eigenen Beitrag leistete.

Während die brasilianischen Regierungen in den fünfziger und sechziger Jahren ständig versuchten, staatliche Darlehen und kontinuierliche Kredithilfe aus dem Ausland zu erhalten, wurden die staatlichen Anleihen durch Privatanleihen ersetzt. Der internationale Handel zwischen den kapitalistischen Industrieländern wurde verstärkt, während die Preise von Rohstoffen aus Entwicklungsländern, wie etwa Brasilien, sanken. Außerdem unterlagen die brasilianischen Produkte einem starken Wettbewerbsdruck durch Erzeugnis anderer Länder, so daß die fünfziger Jahre als eine Phase gekennzeichnet werden können, in der die Industrieländer die dem den Handel auferlegten Restriktionen beseitigten, um Rohstoffe und Artikel aus verschiedenen tropischen Ländern verstärkt zu importieren.

Seit dem Moment der Wiederbelebung des deutschen Brasilienhandels im Jahre 1947 bis in die Mitte der sechziger Jahre war die Bedeutung des brasilianischen Außenhandels für die Bundesrepublik gering. 1951/1952 konnte die brasilianische Ausfuhr nach Westdeutschland einen kleinen Anstieg verzeichnen, doch der reale Zuwachs war unbedeutend. Im gleichen Zeitraum erhielt Brasilien stets mehr Importgüter aus der Bundesrepublik als umgekehrt. Es gab zwei Hauptgründe für das brasilianische Handelsdefizit: Erstens war Brasiliens Importbedarf höher als der der Bundesrepublik. Zweitens hatte die Bonner Regierung die Möglichkeit, die in Brasilien verfügbaren Waren auch auf anderen Märkten zu kaufen.

Für die ersten sechs Jahre nach Kriegsende kann die Situation der westdeutschen Wirtschaft in Brasilien wegen der brasilianischen Beschlagnahme der deutschen Vermögen als Neubeginn dargestellt werden. In der Zeit ihrer wirtschaftlichen Erholung war die Bundesrepublik Deutschland nicht in der Lage, Kapital in Entwicklungsländer zu exportieren. Infolge der Beendigung des Wiederaufbaus der am Zweiten Weltkrieg beteiligten europäischen Staaten und der Expansion privatwirtschaftlicher Unternehmen aus Europa, aus den USA und aus Japan vollzog sich seit 1956 eine wesentliche Umgestaltung der Weltwirtschaft. Die westliche Wirtschaft investierte immer stärker in multinationale Konzerne. In diesem Zusammenhang stand auch die Internationalisierung der Produktion seit den fünfziger Jahren in Brasilien.

Die brasilianische Entwicklungspolitik wurde anfangs weitgehend mit Unterstützung staatlicher Investitionen geplant. Dies fand in der Periode der Nationalisierungspolitik statt, in der die oberen sozialen Schichten nach einem Abbau der außenwirtschaftlichen Abhängigkeit strebten. Ab 1954 entschloß man sich zu einer Revision der Haltung gegenüber den privaten ausländischen Investoren. Angesichts der sinkenden Weltmarktpreise für die wichtigsten brasilianischen Exportprodukte in der ersten Hälfte der fünfziger Jahre und der Annahme des abhängigen, assoziierten Entwicklungsmodells befaßte sich die brasilianische Regierung erneut mit der Liberalisierung der Wirtschaftspolitik. Diese Neuorientierung beruhte auf massiveren Eingriffen des Staates in die Wirtschaft, auf einer stärkeren Beteiligung des nationalen Privatkapitals und staatlicher Gelder am Industrialisierungsprozeß sowie auf den Investitionen ausländischen Kapitals. Diese Politik wurde bis 1962 beibehalten.

Zu Beginn der Regierungsperiode von João Goulart in Brasilien wurde die nationalistische Politik allerdings wieder belebt. Die Angst vor möglichen Verstaatlichungsplänen rief bei vielen Unternehmen und auf der politischen Ebene der Industrieländer eine große Unsicherheit hervor. Mit dem Militärputsch im Jahre 1964 endete diese Phase der brasilianischen Nationalisierungspolitik.

Nicht wegen der politischen Außenbeziehungen Westdeutschlands zu Brasilien, sondern weil die allgemeine außenwirtschaftliche Situation der Bundesrepublik Deutschland sich bis 1956 erheblich gebessert hatte, eröffneten viele westdeutsche Industriekonzerne in den folgenden Jahren Betriebe in Brasilien. Ein weiterer Grund war auch die politische Absicht der brasilianischen Regierung, im Jahre 1955 eine staatliche Regelung zugunsten der ausländischen Investitionen zu erlassen. Die Instruktion Nr. 113 der SUMOC (Aufsichtsbehörde für das Geld- und Kreditwesen) war für ausländische Investitionen die wichtigste Bestimmung. Diese steuerlichen Vergünstigungen wurden in einem Moment ermöglicht, in dem sich der brasilianische Staat für eine rapide industrielle Entwicklung durch die Zulassung und Förderung ausländischer Industrieniederlassungen entschieden hatte, um so den brasilianischen Binnenmarkt zu versorgen. Das war das Resultat der Einsicht, daß die brasilianische Elite internationale Investoren für ihr Entwicklungsmodell nur dann gewinnen konnte, wenn ihnen Sonderbedingungen eingeräumt wurden.

Vor diesem Hintergrund erlebten die bilateralen Beziehungen zwischen der Bundesrepublik und Brasilien ab Mitte der fünfziger Jahre einen stetigen Rückgang ihrer Intensität; und zwar bei den Handelsabkommen wie bei den Kontakten der diplomatischen Vertreter. Auch bei der Diskussion der beiden Länder über die staatliche Entwicklungshilfe- und Kooperationspolitik ergaben sich immer neue Schwierigkeiten. Obwohl die Wiederannäherung in den diplomatischen Beziehungen die Folge der Wiederaufnahme von Handelsbeziehungen war, sank der Einfluß der westdeutsch-brasilianischen Diplomatie in diesem Zeitraum. Dieses Feld wurde der Privatwirtschaft überlassen, die in den fünfziger Jahren großes Interesse am brasilianischen Markt zeigte.

Ein weiterer Gesichtspunkt der politischen Stagnation zeigte sich in der Systematisierung der Politik zwischen den beiden Ländern und in der Frage der Rückgabe der deutschen Vermögen, die während des Zweiten Weltkrieges beschlagnahmt worden waren. Bis Mitte der sechziger Jahre beschäftigte dieses Problem die Diplomatie beider Länder. Auf der einen Seite bewiesen die Rückschritte der bundesdeutsch-brasilianischen Beziehungen, daß die Bonner Regierung keine ausgeprägte Brasilien-Politik verfolgte. Auf der anderen Seite belegten sie die Instabilität der brasilianischen Außenpolitik, da Brasilien auf internationaler Ebene keinen Verhandlungsspielraum hatte.

Die westdeutsch-brasilianischen Beziehungen kamen hauptsächlich Anfang der sechziger Jahre zum Stillstand. Die politisch-diplomatischen Kontakte zwischen der Bundesrepublik Deutschland und Brasilien beschränkten sich weitestgehend auf diplomatische Dialoge über verschiedene Themen, doch waren die beiden Länder unfähig, ihre eigenen Interessen durchzusetzen. Vor diesem Hintergrund kann man behaupten, daß die traditionelle Diplomatie beider Länder nur ein Stein im Mosaik des internationalen Systems war. Belegbar ist auch, daß sich die finanzielle Expansion der westdeutschen Privatunternehmen in Brasilien bei einer relativen Autonomie des bundesdeutschen Staates vollzog, und dies erschwerte noch zusätzlich die politischen Verhandlungen der brasilianischen mit der westdeutschen Diplomatie.

Die existierenden Kulturverbindungen beider Gesellschaften, die eine entsprechend lange Tradition hatten, und die Solidarität und Kooperationsbereitschaft, die mehr und mehr an Bedeutung gewannen, spielten kaum eine Rolle bei den Bemühungen, die bilateralen Beziehungen zwischen der Bundesrepublik Deutschland und Brasilien anzukurbeln. Beide Staaten hatten Schwierigkeiten, die diplomatischen Dialoge und Verhandlungen in die Tat umzusetzen. Während die Bonner Außenpolitik an der Ausbildung und Vertiefung der Europäischen Wirtschaftsgemeinschaft mehr Interesse hatte und in ihren politisch-diplomatischen Beziehungen zu den Entwicklungsländern einen Schwerpunkt auf einige afrikanische und asiatische Länder legte, wollte die brasilianische Außenpolitik gegenüber der Bundesrepublik den wirtschaftlichen Entwicklungsprozeß Brasiliens durch neue Märkte, lebhafte Handelsbeziehungen und bundesdeutsche Entwicklungsarbeit in Brasilien beschleunigen. Die Diskrepanzen zwischen Absichten und praktischer Politik von Bundesrepublik und Brasilien machen auch verständlicher, warum die wirtschaftlichen, politisch-diplomatischen und kulturellen Beziehungen zwischen den beiden Ländern von 1949 bis 1966 nicht intensiv waren.

Obwohl auf politischer Ebene die bundesdeutsch-brasilianischen Beziehungen sich als nicht relevant erwiesen, waren die westdeutschen Privatunternehmen erfolgreich. Die Position Brasiliens als einem Land, das gute Chancen für westdeutsche Kapitalanlagen bot, war für diese privatwirtschaftlichen Beziehungen zwischen den beiden Ländern am bedeutendsten. Für Brasilien nahmen westdeutsche Investoren als Kapitalgeber nach den Unternehmen aus den USA im Laufe der fünfziger Jahre den zweitwichtigsten Platz ein. Für westdeutsche Kapitalanleger stand Brasilien zwischen 1952 und 1959 an der Spitze aller Investoren: etwa 20 % des gesamten deutschen Auslandskapitals war in Brasilien angelegt, insbesondere in den Sektoren Automobilbau, Chemie und Kapitalgüter. Diese Wirtschaftssektoren waren entscheidend für das brasilianische Entwicklungsmodell in diesem Zeitraum.

Abkürzungsverzeichnis

AA	Auswärtiges Amt
AA-PA	Auswärtiges Amt-Politisches Archiv
Abt.	Abteilung
ADAP	Akten zur Deutschen Auswärtigen Politik
ADLAF	Arbeitsgemeinschaft Deutsche Lateinamerika-Forschung
AEG	Allgemeine Elektrische Gesellschaft
AHK	Alliierte Hohe Kommission
AHRJ	Arquivo Histórico do Rio de Janeiro
AIB	Ação Integralista Brasileira
ASKI	Ausländer-Sonderkonto für Inlandszahlung
B	Bestand
BA	Bundesarchiv
Bd.	Band
BIRD	Bank of International Reconstruction and Development
BNDE	Banco Nacional de Desenvolvimento Econômico
CACEX	Carteira de Comércio Exterior do Banco do Brasil
CAPES	Coordenação de Aperfeiçoamento de Pessoal de Nível Superior
CEPAL	Comissão Econômica para a América Latina e o Caribe
CEXIM	Carteira de Exportação e Importação
CIES	Conselho Interamericano Econômico e Social
CIME	Zwischenstaatliches Komitee für Europäische Wanderung
CIPEC	Conférence Intergouvernementale des Pays Exportateurs de Cuivre
CONCLAP	Conselho Superior das Classes Produtoras
COSIPA	Companhia Siderúrgica de São Paulo
CPDOC	Centro de Pesquisa e Documentação de História Contemporânea do Brasil
DAAD	Deutsche Akademische Austauschdienst
DAR	Divisão de Arquivo

DDD	Divisão de Documentação Diplomática
DDR	Deutsche Demokratische Republik
ECE	Economic Commission for Europe
EG	Europäische Gemeinschaft
ESG	Escola Superior de Guerra
EWG	Europäische Wirtschaftsgemeinschaft
FDP	Freie Demokratische Partei
GATT	General Agreement on Tariffs and Trade
GEIA	Grupo Executivo da Indústria Automobilística
GEICON	Grupo Executivo da Indústria da Construção Naval
Hg.	Herausgeber
IBAD	Instituto Brasileiro de Ação Democrática
IBGE	Instituto Brasileiro de Geografia e Estatística
IDA	International Development Association
IGO	Internationale Gouvernementale Organisation
INGO	Internationale Nichtgouvernementale Organisation
IPES	Instituto de Pesquisas e Estudos Sociais
IRO	International Refugee Organization
ISEB	Instituto Superior de Estudos Brasileiros
ITT	International Telephone & Telegraph
IWF	Internationaler Währungsfonds
JEIA	Joint Export Import Agency
JK	Juscelino Kubitschek
LDP	Liberale Demokratische Partei
LEX	Coletânea de Legislação Federal e Marginália
MAN	Maschinenfabrik Augsburg-Nürnberg
MRE	Ministério das Relações Exteriores
NATO	North Atlantic Treaty Organization
NSDAP	Nationalsozialistische Deutsche Arbeiterpartei
OA	Arquivo Osvaldo Aranha

OAS	Organisation der amerikanischen Staaten
OPEC	Organization for Economic Cooperation and Development
PAEG	Plano de Ação Econômica do Governo
PCB	Partido Comunista do Brasil
PEI	Política Externa Independente
PSD	Partido Social Democrático
PTB	Partido Trabalhista Brasileiro
Ref.	Referat
RFA	República Federal da Alemanha
SBZ	Sowjetische Besatzungszone
SCE	Seção de Correspondências Especiais
SUDENE	Superintendência do Desenvolvimento do Nordeste
SUMOC	Superintendência de Moeda e Crédito
TIAR	Tratado Interamericano de Assistência Recíproca
u.	und
UDN	União Democrática Nacional
UdSSR	Union der Sozialistischen Sowjetrepubliken
UNCTAD	UN-Konferenz für Welthandel und Entwicklung
UNO	United Nations Organization
UNRRA	United Nations Relief and Rehabilitation
USA	United States of America
v.H.	von Hundert
VASP	Viação Aérea de São Paulo

Quellen- und Literaturverzeichnis

1. Ungedruckte Quellen

1.1 Auswärtiges Amt – Politisches Archiv (AA-PA), Bonn

Bestandssignatur: Abteilung 2
Bestandsbezeichnung: Politische Abteilung

Aktenband Nr. 234, 246, 281, 282, 1512, 1704, 1732, 1887, 1889, 1898, 1899, 2202, 2203.

Bestandssignatur: Abteilung 3
Bestandsbezeichnung: Länderabteilung

Aktenband Nr. 231, 232, 325, 326, 327, 388, 545, 940, 1008, 1054, 1453, 1458, 1459, 1460.

Bestandssignatur: Referat 306
Bestandsbezeichnung: Politische Abteilung – Länderreferat Mittel- und Südamerika

Aktenband Nr. 21, 26, 95, 96, 97, 99, 141, 144, 145, 147.

Bestandssignatur: Referat 415
Bestandsbezeichnung: Handelspolitische Abteilung – Südamerika

Aktenband Nr. 24, 25, 29, 30, 44, 51, 214, 215, 216, 217, 219, 222, 225, 226, 227, 228, 229, 231, 232, 295, 325, 326, 327, 330, 331, 324, 325, 326, 334, 336, 337.

Bestandssignatur: Referat III/B 4
Bestandsbezeichnung: Handelspolitische Abteilung – Mittel- und Südamerika

Aktenband Nr. 14, 15, 16, 18, 19, 21, 23.

Bestandssignatur: Bestand 90
Bestandsbezeichnung: Kulturpolitik, Grundsatzangelegenheiten

Fiche 00004-1/2, 00005-1, 00008-2, 00024-1/2, 00025-1/2, 00026-3, 00027-2, 00028-1, 00030-1/2, 001i5-3, 00125-1, 00126-1, 00127-2, 00167-1/2, 00285-1, 00411-1/2, 00412-1, 00413-1, 00414-1/2, 00415-1, 00419-3, 00430-1.

Bestandssignatur: Referat 506

Bestandsbezeichnung: Rechtsabteilung – Auslandsvermögen und -schulden
Aktenband Nr. 86.

Bestandssignatur: Referat 600/IV 1
Bestandsbezeichnung: Kulturpolitische Grundsatzangelegenheiten
Aktenband Nr. 537, 613, 614.

Bestandssignatur: Referat 602/IV 3
Bestandsbezeichnung: Kirchliche Beziehungen zum Ausland, Karitative Hilfe
Aktenband Nr. 357, 456.

Bestandssignatur: Referat 603/IV 4
Bestandsbezeichnung: Deutsche Schule im Ausland, Sprachförderung
Aktenband Nr. 90, 616, 1372.

Bestandssignatur: Referat 605/IV 6
Bestandsbezeichnung: Kunst, Film, Rundfunk, Fernsehen, Treuhandverwaltung
von Kulturgut
Aktenband Nr. 734, 802, 803, 1006, 1007, 1041, 1275.

Bestandssignatur: Referat 606/IV 7
Bestandsbezeichnung: Kulturinstitute, Buchwesen, Vereine
Aktenband Nr. 184.

1.2 Bundesarchiv (BA), Koblenz

Bestandssignatur: B 102
Bestandsbezeichnung: Bundeswirtschaftsministerium

Aktenband Nr. 1164 – Heft 2, 1343 – Heft 1, 1580 – Heft 1 und 2, 1789 – Heft 2,
2048 – Heft 2, 2285 – Heft 1 und 2, 5821, 5824, 5910 – Heft 1 und 2, 5915 – Heft
1 und 2, 5916 – Heft 1, 5989, 6076 – Heft 1, 6461 – Heft 1 und 2, 6833 – Heft 1,
6971 – Heft 2, 7376 – Heft 1, 18453 – Heft 1 und 2, 18464 – Heft 1, 2 und 3,
50836, 50841, 57585, 57669, 57785, 58071, 58073, 58074, 58181, 58843, 65732,
65744, 93665, 93668, 93670, 93677, 93678, 93733, 93979, 93684, 93733,
134567, 160798, 160796.

Bestandssignatur: B 108

Bestandsbezeichnung: Bundesverkehrsministerium

Aktenband Nr. 5820, 5821, 5822, 5823, 5824, 11955, 11956, 51829, 51830, 54565, 54566, 54567, 54568, 54569, 64722.

Bestandssignatur: B 116
Bestandsbezeichnung: Bundesministerium für Ernährung, Landwirtschaft und Forsten

Aktenband Nr. 8486.

Bestandssignatur: B 126
Bestandsbezeichnung: Bundesfinanzministerium

Aktenband Nr. 3037, 3038, 3345, 9125, 12448, 12449, 12450, 12451.

Bestandssignatur: B 134
Bestandsbezeichnung: Bundesministerium für Raumordnung Bauwesen und Städtebau

Aktenband Nr. 11495.

Bestandssignatur: B 136
Bestandsbezeichnung: Bundeskanzleramt

Aktenband 1255, 2097, 2247, 2519, 2921, 2931, 2933, 2974, 3345, 3577, 7263.

Bestandssignatur: B 138
Bestandsbezeichnung: Bundesministerium für Bildung, Wissenschaft, Forschung und Technologie

Aktenband Nr. 4360, 4361, 4479, 7594, 7647, 56850.

Bestandssignatur: B 145
Bestandsbezeichnung: Presse- und Informationsamt der Bundesregierung

Aktenband Nr. 47, 564, 1111, 1137, 1210, 1363, 1474, 1425, 2779, 3040, 3069, 4339, 4561, 4712, 5086, 5105, 6430, 6484.

Bestandssignatur: B 213
Bestandsbezeichnung: Bundesministerium für wirtschaftliche Zusammenarbeit

Aktenband Nr. 661, 665, 711, 712, 713, 714, 715, 716, 720.

Bestandssignatur: B 307

Bestandsbezeichnung: Goethe-Institut

Aktenband Nr. 19, 24, 25, 26, 27, 28, 29, 30, 31, 33, 39, 41, 42, 110, 115, 118, 171, 189, 190, 506, 7553.

1.3 Arquivo Histórico do Itamaraty (AHRJ), Rio de Janeiro

MRE. DDD. AHRJ. Bonn, Ofícios

1950-7.4.13, 1951-7.4.6, 1951-7.4.14, 1951-7.4.15, 1951-7.4.16, 1951-7.4.17, 1952-7.5.1, 1952-7.5.2, 1952-7.5.3, 1953-7.5.4, 1953-7.5.5, 1953-7.5.6, 1953-7.5.7, 1954-7.5.8, 1954-7.5.9, 1954-7.5.11, 1955-8.1.1, 1955-8.1.2, 1955-8.1.3, 1955-8.1.5, 1955-8.1.6, 1956-8.1.7, 1956-8.1.10, 1957-8.1.13, 1957-8.1.14, 1959-8.2.6.

1.4 Arquivo do Ministério das Relações Exteriores (MRE-DAR-SCE), Brasília

Ofícios Recebidos e Expedidos

Nr. 8 (29.1.1947), 147 (10.9.1947), 56 (10.4.1948), 154 (29.11.1948), 251 (1.7.1954), 42 (26.1.1955), 113 (17.3.1955), 132 (31.3.1955), 88 (4.5.1955), 290 (18.7.1955), 47 (15.3.1956), 201 (8.5.1956), Relatório Político (9.6.1956), 136 (12.1959), 32 (26.1.1960), 51 (29.1.1960), 75 (11.2.1960), 252 (27.8.1960), 14 (11.10.1960), 301 (10.1960), 338 (12.12.1960), 883 (24.1.1961), 39 (25.1.1961), 60 (7.2.1961), 183 (5.5.1961), 313 (2.8.1961), 480 (27.12.1961), 39 (6.2.1962), 79 (12.2.1962), 105 (26.2.1962), 201 (22.5.1962), 338 (17.10.1962), 355 (5.11.1962), 382 (23.11.1962), 29 (31.1.1963), 162 (20.5.1963), 274 (31.6.1963), 13620 (20.11.1963), 164 (29.4.1964), 256 (28.7.1964), 303 (12.7.1965), 1322 (12.4.1966), 479 (23.12.1966), 132 (1966).

Telegramas Recebidos e Expedidos

Nr. 98 (16.10.1956), 41 (20.6.1959), 6019 (12.7.1960), 816 (25.1.1961), 6315 (9.6.1961), 7420 (23.6.1961), 215 (8.1.1962), 5098 (18.4.1962), 6857 (23.5.1962), 6962 (24.5.1962), 6800 (5.1962), 9559 (26.7.1962), 10.302 (14.8.1962), 12185 (31.10.1962), 4087 (17.4.1963), 13969 (26.11.1963), 13445 (18.9.1964), 304 (7.1.1965), 3493 (3.3.1966), 13979 (3.8.1966).

1.5 *Arquivo Osvaldo Aranha (OA), Rio de Janeiro*

OA. 47.3.12, Rolo 23-0455; OA 47.3.18, Rolo 23-0456; OA 47.6.18, Rolo 23-0492; OA 47.7.28, Rolo 23-0507; OA 53.03.05, Rolo 27-0310; OA 54.5.29, Rolo 27-0477.

1.6 *Archiv für Christlich-Demokratische Politik der Konrad-Adenauer-Stiftung, Bonn*

Brasilien hofft auf höhere Kredithilfe, Telegramm (30.8.1960);
Wirtschaftshilfe für Brasilien, Telegramm (18.7.1961).

1.7 *Archiv der Deutsch-Brasilianischen Industrie- und Handelskammer – Arquivo da Câmara de Comércio e Indústria Brasil-Alemanha, São Paulo*

Hauptgeschäftsführung – Jahresberichte – Sammlung (1952-1953);
Hauptgeschäftsführung – Jahresberichte – Sammlung (1952-1954);
Generalversammlung der Deutsch-Brasilianischen Handelskammer in São Paulo (1954);
Assembléia Geral da Câmara de Comércio Brasil-Alemanha em São Paulo (1956);
Hauptgeschäftsführung – Jahresberichte – Sammlung (1959);
Verwaltungstätigkeit unserer Kammer (1960);
Außerordentliche Generalversammlung der Deutsch-Brasilianischen Industrie- und Handelskammer in São Paulo (1962);
Generalversammlung der Deutsch-Brasilianischen Industrie- und Handelskammer in São Paulo (1963);
Relatório da Diretoria da Câmara de Comércio e Indústria Brasil-Alemanha em São Paulo (1966).

2. Gedruckte Quellen

40 Jahre Außenpolitik der Bundesrepublik Deutschland. Eine Dokumentation. Hg. vom Auswärtigen Amt, Stuttgart u. Bonn 1989.

A revolução de 30. Textos e documentos, Brasília 1982, Bd. 2.

Akten zur Auswärtigen Politik der Bundesrepublik Deutschland (1949/1950). Aus dem Archiv des Auswärtigen Amts, München 1997.

Akten zur Auswärtigen Politik der Bundesrepublik Deutschland (1949-1966). Hg. im Auftrag des Auswärtigen Amts vom Institut für Zeitgeschichte, München 1989 ff.

Akten zur Deutschen Auswärtigen Politik (1918-1945). Aus dem Archiv des Auswärtigen Amts, Baden-Baden 1950 – Göttingen 1988.

Akten zur Vorgeschichte der Bundesrepublik Deutschland. Hg. im Auftrag des Bundesarchivs vom Institut für Zeitgeschichte, München 1976 ff.

Außenpolitik der Bundesrepublik Deutschland. Dokumente von 1949 bis 1994. Hg. aus Anlaß des 125. Jubiläums des Auswärtigen Amts, Köln 1995.

Brasil. Discursos Presidenciais (1956, 1958, 1964), Rio de Janeiro 1958 ff.

Brasil. Mensagens do Presidente da República ao Congresso Nacional 1951, 1956, 1958, 1959, 1960, 1961, 1962, 1963, 1964, 1965.

Brasil. Ministério da Viação e Obras Públicas. Comissão de Marinha Mercante. Legislação, Rio de Janeiro 1963.

Brasil. MRE. Relatório. Apresentado ao Presidente da República dos Estados Unidos do Brasil pelo Ministro de Estado das Relações Exteriores – 1958, Rio de Janeiro 1959.

Brasil. MRE. Relatório. Apresentado ao Presidente da República dos Estados Unidos do Brasil pelo Ministro de Estado das Relações Exteriores – 1961, Rio de Janeiro 1962.

Brasil. MRE. Relatório. Apresentado ao Presidente da República dos Estados Unidos do Brasil pelo Ministro de Estado das Relações Exteriores – 1949, Rio de Janeiro 1950.

Brasil. MRE. Relatório. Apresentado ao Presidente da República, Rio de Janeiro 1940, Bd. 1.

Brasil. MRE. Relatório. Apresentado ao Presidente dos Estados Unidos do Brasil pelo Ministro de Estado das Relações Exteriores – 1942, Rio de Janeiro 1944.

Die Auswärtige Politik der Bundesrepublik Deutschland, Köln 1972.

LEX. Coletânia de Legislação Federal e Marginália (1945-1971). Hg. v. Pedro Vicente Bobbio, São Paulo 1945 ff.

United Nations Conference on International Organization. Selected Documents. San Francisco April 25 to June 26-1945, Washington 1946.

3. Westdeutsch-Brasilianische Abkommen

Brasil. MRE. Coleção de Atos Internacionais, Nr. 300. Brasil-Alemanha. Ajuste comercial entre os Estados Unidos do Brasil e a Alemanha e protocolo anexo assinado em Bonn em 17.8.1950, Rio de Janeiro 1952.

Brasil. MRE. Coleção de Atos Internacionais, Nr. 402. Brasil-Alemanha. Acordo sobre comércio e pagamentos assinado no Rio de Janeiro em 1.7.1955, Brasília 1961.

Brasil. MRE. Coleção de Atos Internacionais, Nr. 412. Brasil-República Federal da Alemanha. Disposições complementares ao acordo sobre transportes aéreos regulares, assinado no Rio de Janeiro em 29.8.1957, Rio de Janeiro 1957.

Brasil. MRE. Coleção de Atos Internacionais, Nr. 440. Brasil-Alemanha. Ajuste sobre isenção de imposto de renda em empresas de navegação aérea assinado no Rio de Janeiro em 18.7.1958, Rio de Janeiro 1961.

Brasil. MRE. Coleção de Atos Internacionais, Nr. 517. Brasil-República Federal da Alemanha. Acordo básico de cooperação técnica, assinado em Bonn, em 30.11.1964, Brasília 1977.

Brasil. MRE. Coleção de Atos Internacionais, Nr. 644. Brasil-República Federal da Alemanha. Acordo geral de cooperação nos setores da pesquisa científica e de desenvolvimento tecnológico assinado em Bonn em 9.6.1969, Brasília 1971.

Brasil. MRE. Coleção de Atos Internacionais, Nr. 361. Brasil-Alemanha. Retificações do acordo sobre as convenções e os acordos a respeito de marcas de fábrica, propriedade industrial e direitos autorais concluídos no Rio de Janeiro a 4 de setembro de 1953, Rio de Janeiro 1955.

4. Jahresberichte

Geschäftsbericht der Deutsch-Brasilianischen Handelskammer in São Paulo. Hg. zu den Jubiläumsfeierlichkeiten Mai 1973, São Paulo 1973.

Geschäftsberichte der Deutsch-Brasilianischen Industrie- und Handelskammer in São Paulo zwischen 1948 und 1965, São Paulo 1949 ff.

5. Statistische Quellen

Brasil. IBGE. Anuário Estatístico do Brasil, Rio de Janeiro 1950 ff.

Brasil. IBGE. Estatísticas históricas do Brasil. Investimentos e reinvestimentos estrangeiros no Brasil, Rio de Janeiro 1990.

Brasil. IBGE. Estatísticas históricas do Brasil. Séries econômicas, demográficas e sociais de 1550 a 1988, Rio de Janeiro 1990.

Brasil. IBGE. Séries estatísticas retrospectivas, Rio de Janeiro 1986.

Brasil. Ministério da Fazenda. Serviço de Estatística Econômica e Financeira, Rio de Janeiro 1950.

Brasil. Ministério da Fazenda. Serviço de Estatística Econômica e Financeira, Rio de Janeiro 1951.

Statistisches Jahrbuch für Bayern (1952, 1955). Bayerisches Statistisches Landesamt (Hg.), München 1953/1956.

Statistisches Jahrbuch für die Bundesrepublik Deutschland (1952, 1953, 1954, 1955, 1956, 1957, 1958, 1959, 1960, 1961, 1962, 1966, 1967). Statistisches Bundesamt (Hg.), Wiesbaden u. Mainz 1953 ff.

6. Zeitungen und Zeitschriften

Brasil. Diário Oficial da União, Rio de Janeiro, 27.5.1947;
Bulletin des Presse- und Informationsamtes der Bundesregierung, Bonn 1950-1966;
Conjuntura Econômica, Rio de Janeiro 1948-1965;
Correio da Manhã;
Diário de Notícias;
Jornal do Comércio;

O Cruzeiro;
O Dia;
O Estado de São Paulo;
Tribuna da Imprensa.

7. Literaturverzeichnis

Abelshauser, Werner, Wirtschaft in Westdeutschland 1945-1948. Rekonstruktion und Wachstumsbedingungen in der amerikanischen und britischen Zone, Stuttgart 1975.

Ders., Die langen fünfziger Jahre. Wirtschaft und Gesellschaft der Bundesrepublik Deutschland 1949-1966, Düsseldorf 1987.

Abranches, Dunshee de, Rio Branco e a política exterior do Brasil (1902-1912), Rio de Janeiro 1945, Bd. 2.

Abs, Hermann, Außenpolitik und Auslandsschulden. Erinnerungen an das Jahr 1952, Konstanz 1990.

Adam, H., Der Einfluß der Industrie- und Handelskammern auf politische Entscheidungsprozesse, Frankfurt a. M. 1979.

Affonso, Almino, Raízes do golpe – da crise da legitimidade ao Parlamentarismo, Rio de Janeiro 1988.

Albertin, Lothar (Hg.), Politischer Liberalismus in der Bundesrepublik, Göttingen 1980.

Albrecht, Ulrich, Internationale Politik, 5. Aufl., München 1999.

Aleixo, José Carlos Brandi, Fundamentos e linhas gerais da política externa do Brasil, in: Revista Brasileira de Ciência Política, Brasília 1989, Bd. 1, S. 7-53.

Almeida, Alfredo de, Jorge Amado. Política e literatura, Rio de Janeiro 1979.

Almeida, José, A implantação da indústria automobilística no Brasil, Rio de Janeiro 1972.

Almeida, Paulo Roberto de, A economia da política externa. A ordem internacional e o progresso da nação, in: Revista Brasileira de Política Internacional, Rio de Janeiro 1996, Bd. 39, S. 110-119.

Altmann, Rüdiger (Hg.), Ludwig Erhard und seine Politik, Stuttgart 1985.

Altrichter, Helmut und Becker, Josef (Hgg.), Kriegsausbruch 1939. Beteiligte, Betroffene, Neutrale, München 1989.

Altvater, Elmar, Die Weltwährungskrise, Frankfurt a. M. 1969.

Alves, Maria Helena Moreira, Estado e oposição no Brasil (1964-1984), 5. Aufl., Petrópolis 1989.

Amaral, Azevedo, A aventura política do Brasil, Rio de Janeiro 1933.

Andrade, Manuel Correia de, 1930. A atualidade da revolução, São Paulo 1980.

Angermann, Erich, Die Vereinigten Staaten von Amerika seit 1917, 6. Aufl. München 1978.

Antunha, Heladio Cesar Gonçalves, Universidade de São Paulo. Fundação e reforma, São Paulo 1974.

Aranha, Osvaldo, Relações diplomáticas com a União Soviética, in: Revista Brasileira de Política Internacional, Rio de Janeiro 1958, Bd. 2, S. 18-29.

Araújo, João Pereira, Três ensaios sobre diplomacia brasileira, Brasília 1989.

Arruda, Antônio de, ESG – história de sua doutrina, São Paulo u. Brasília 1980.

Bacha, Edmar (Hg.), A transição incompleta – Brasil desde 1945, Rio de Janeiro 1986.

Baer, Werner, A industrialização e o desenvolvimento econômico do Brasil, 7. Aufl., Rio de Janeiro 1988.

Baeza, M. Fernández, Nationale Sicherheit in Lateinamerika, Heidelberg 1981.

Bahadir, Şefik Alp (Hg.), Kultur und Region im Zeichen der Globalisierung, Neustadt an der Aisch 2000.

Bahiana, Henrique Paulo, Aspectos da política exterior alemã, Rio de Janeiro 1964.

Baily, Samuel, The United States and the development of South America (1945-1975), New York 1976.

Banco Interamericano de Desenvolvimento. Dez anos de luta pela América Latina, Rio de Janeiro 1971.

Bandeira, L. A. Moniz, Presença dos Estados Unidos no Brasil. Dois séculos de história, 2. Aufl., Rio de Janeiro 1978.

Ders., O governo João Goulart. As lutas sociais no Brasil, 6. Aufl., Rio de Janeiro 1983.

Ders., Brasil-Estados Unidos. A rivalidade emergente (1950-1988), Rio de Janeiro 1985.

Ders., Das deutsche Wirtschaftswunder und die Entwicklung Brasiliens. Die Beziehungen Deutschlands zu Brasilien und Lateinamerika (1949-1994), Frankfurt a. M. 1995.

Baring, Arnulf, Außenpolitik in Adenauers Kanzlerdemokratie, München u. Wien 1969.

Barrento, João (Hg.), Deutschsprachige Literatur in portugiesischer Übersetzung. Eine Bibliographie (1945-1978), Bonn 1978.

Barros, Alexandre de, The brazilian military. Professional socialization, political performance and state building, Phil. Diss., Chicago 1978.

Bath, Sérgio, A formação do diplomata brasileiro, in: Revista Brasileira de Estudos Políticos, Belo Horizonte 1978, Bd. 47, S. 245-251.

Baumann, Hans, Außenhandel, Direktinvestitionen und Industriestruktur der deutschen Wirtschaft, Berlin 1977.

Becker, Josef (Hg.), Dreißig Jahre Bundesrepublik. Tradition und Wandel, München 1979.

Becker, Josef, Stammen, Theo und Waldmann, Peter (Hgg.), Vorgeschichte der Bundesrepublik Deutschland. Zwischen Kapitulation und Grundgesetz, München 1979.

Bellers, Jürgen, Außenwirtschaftspolitik der Bundesrepublik Deutschland (1949-1989), Münster 1990.

Ders., Politische Kultur und Außenpolitik im Vergleich, München 1999.

Benevides, Maria Victoria de Mesquita, O governo Kubitschek. Desenvolvimento econômico e estabilidade política, 3. Aufl., Rio de Janeiro 1979.

Ders., A UDN e o udenismo, Rio de Janeiro 1981.

Ders., O governo Jânio Quadros, São Paulo 1981.

Benz, Wolfgang (Hg.), Die Geschichte der Bundesrepublik Deutschland, Frankfurt a. M. 1989, 4 Bd.

Bernal-Meza, Raúl, As relações entre Argentina, Brasil, Chile e Estados Unidos. Política exterior e Mercosul, in: Revista Brasileira de Política Internacional, Brasília 1998, Bd. 41, S. 89-107.

Bernecker, Walther und Dotterweich, Volker (Hgg.), Deutschland in den internationalen Beziehungen des 19. und 20. Jahrhunderts, München 1996.

Bernecker, Walther und Fischer, Thomas, Rise and Decline of Latin American Dependency Theories, in: Itinerario, Leiden 1998, Bd. 22, S.25-43.

Bernholz, Peter, Außenpolitik und internationale Wirtschaftsbeziehungen, Frankfurt a. M. 1966.

Besson, Waldemar, Die Außenpolitik der Bundesrepublik, München 1970.

Bethell, Leslie (Hg.), The Cambridge history of Latin America, Cambridge 1990, Bd. 7.

Beyme, Klaus von und Czempiel, Ernst-Otto (Hgg.), Politikwissenschaft: eine Grundlegung, Stuttgart 1987.

Bielschowsky, Ricardo, Pensamento econômico brasileiro. O ciclo ideológico do desenvolvimento, Rio de Janeiro 1988.

BNDES. O capital estrangeiro na indústria brasileira. Atualidades e perspectivas, Rio de Janeiro 1988.

Bodemer, Klaus, Entwicklungshilfe – Politik für wen? Ideologie und Vergabepraxis der deutschen Entwicklungshilfe in der ersten Dekade, München 1974.

Ders., Europa occidental – América Latina. Experiencias y desafíos, Barcelona 1987.

Boeckh, Andreas (Hg.), Internationale Beziehungen, München 1994.

Boeckh, Andreas und Rouanet, Sérgio (Hgg.), Brasilien im Umbruch, Frankfurt a. M. 1996.

Boelcke, Willi, Die Waffengeschäfte des Dritten Reiches mit Brasilien, in: Tradition. Zeitschrift für Firmengeschichte und Unternehmerbiographie, München 1971, Bd. 16, S. 177-287.

Boselli, Luigi, Die Beziehungen zwischen der Europäischen Gemeinschaft und Lateinamerika. Auf dem Wege zu neuen Zielen?, in: Europa-Archiv. Beiträge und Berichte 1977, Bd. 32, S. 427-432.

Bosi, Alfredo, História concisa da literatura brasileira, 32. Aufl., São Paulo 1995.

Branco, Humberto de Alencar Castelo, A diplomacia da revolução brasileira, Brasília 1964.

Brandão, Ana Maria de Lima (Hg.), A revolução de 1930 e seus antecedentes, Rio de Janeiro 1980.

Brandão, Carlos Rodrigues (Hg.), A questão política da educação popular, São Paulo 1987.

Brasil. Ministério da Educação e Cultura. Alguns aspectos da vida cultural brasileira, Rio de Janeiro 1956.

Brasil. Ministério do Planejamento e Coordenação Econômica. Programa de Ação Econômica do Governo (1964-1966). Documento Nr. 1, Rio de Janeiro 1964.

Brasil. MRE. Almanaque de Pessoal. Departamento de Administração e Divisão de Pessoal, Rio de Janeiro u. Brasília 1964 ff.

Brasil. MRE. Gestão do Ministro Horácio Lafer na Pasta das Relações Exteriores, Rio de Janeiro 1961.

Brasil. MRE. Lista Diplomática, Rio de Janeiro u. Brasília 1952 ff.

Brasil. MRE. Ministros de Estado e Secretários Gerais das Relações Exteriores, Brasília 1988.

Brasil. MRE. Missões diplomáticas e repartições consulares, Rio de Janeiro 1968.

Brasil. MRE. Serviço Exterior e Organização Básica, Brasília 1987.

Brasil. MRE. Situação, recursos e possibilidades, Rio de Janeiro 1960.

Brayner, Sônia (Hg.), Graciliano Ramos. Fortuna crítica, Rio de Janeiro 1977.

Brummel, Hans-Jürgen, Brasilien zwischen Abhängigkeit, Autonomie und Imperialismus. Die Grundlinien der brasilianischen Außenpolitik 1964-1978 unter besonderer Berücksichtigung der Beziehungen zu Lateinamerika, Frankfurt a. M. 1980.

Budweg, Ferdinand, Deutsche Schule Santo Amaro – Colégio Humboldt (1916-1976), in: Staden-Jahrbuch, São Paulo 1975/1976, Bd. 23/24, S. 197-205.

Burns, Bradford, A history of Brazil, New York 1980.

Campedelli, Samira und Abdala Jr., Benjamin (Hgg.), Clarice Lispector, São Paulo 1981.

Campos, Edmundo, Em busca de identidade. O exército e a política na sociedade brasileira, Rio de Janeiro 1976.

Campos, Francisco, O estado autoritário e a realidade nacional, Rio de Janeiro 1938.

Campos, Roberto, Relações Estados Unidos-América Latina. Uma interpretação, in: Revista Brasileira de Política Internacional, Rio de Janeiro 1959, Bd. 8, S. 24-40.

Ders., A lanterna na popa. Memórias, Rio de Janeiro 1994.

Cano, Wilson, Desequilíbrios regionais e concentração industrial no Brasil (1930-1970), São Paulo 1985.

Cardoso, Fernando Henrique und Faleto, Enzo, Dependência e desenvolvimento na América Latina, 7. Aufl., Rio de Janeiro 1970.

Cardoso, Fernando Henrique, O modelo político brasileiro, São Paulo 1973.

Cardoso, Míriam Limoeiro, Ideologia do desenvolvimento. Brasil JK-JQ, 2. Aufl., Rio de Janeiro 1978.

Carone, Edgar, Revoluções no Brasil Contemporâneo (1922-1938), São Paulo 1975.

Carvalho, Delgado de, História diplomática do Brasil, Rio de Janeiro 1959.

Castro, Flávio Mendes de Oliveira, História da organização do Ministério das Relações Exteriores, Brasília 1983.

Castro, Ruy, Chega de saudade. A história e as histórias da Bossa Nova, São Paulo 1990.

Cervo, Amado Luiz (Hg.), O desafio internacional. A política exterior do Brasil de 1930 a nossos dias, Brasília 1994.

Cervo, Amado Luiz und Bueno, Clodoaldo, História da política exterior do Brasil, São Paulo 1992.

Chacon, Vamireh, História dos Partidos Brasileiros, Brasília 1985.

Chauí, Marilena (Hg.), Ideologia e mobilização popular, Rio de Janeiro 1978.

Chaves, Flávio Loreiro, Érico Veríssimo. Realidade e sociedade, Porto Alegre 1976.

Clay, Lucius, Entscheidung in Deutschland, Frankfurt a. M. 1950.

Comissão Mista Brasil-Estados Unidos para o desenvolvimento econômico. Relatório Geral, Rio de Janeiro 1954.

Connell-Smith, Gordon, El sistema interamericano, México 1971.

Ders., Los Estados Unidos y la América Latina, México 1977.

Corbisier, Roland, Formação e problema da cultura brasileira, Rio de Janeiro 1960.

Covre, Maria de Lourdes, A fala dos homens. Análise do pensamento tecnocrático (1964-1981), São Paulo 1983.

Cunha, Mário Vagner Vieira da, O sistema administrativo brasileiro (1930-1959), Rio de Janeiro 1963.

Cunha, Vasco Leitão da, Diplomacia em alto-mar: depoimento ao CPDOC, Rio de Janeiro 1994.

Czempiel, Ernst-Otto, Internationale Politik. Ein Konfliktmodell, Paderborn u. a. 1981.

D'Araújo, Maria Celina Soares, O Segundo Governo Vargas (1951-1954), 2. Aufl., São Paulo 1992.

Dantas, Francisco San Thiago, Política externa independente, Rio de Janeiro 1962.

Decca, Edgar, 1930. O silêncio dos vencidos, São Paulo 1981.

Delfim Neto, Antônio, O problema do café no Brasil, São Paulo 1966.

Delfim Netto, Antônio und Pinto, Carlos Alberto de Andrade, O café do Brasil. 20 anos de substituição no mercado, in: Brasil. Instituto Brasileiro do Café. Ensaios sobre café e desenvolvimento econômico, Rio de Janeiro 1973, S. 299-339.

Dell, Sidney, The Inter-American Development Bank, New York u. London 1972.

Deutsche Bundesbank. Die deutschen Direktinvestitionen im Ausland, in: Monatsberichte der Deutschen Bundesbank, Frankfurt a. M. Dezember 1965.

Dicionário histórico-biográfico brasileiro, Rio de Janeiro 1984, 4 Bd.

Diégues Júnior, Manuel, Imigração, urbanização e industrialização, Rio de Janeiro 1964.

Diniz, Eli, Empresário, estado e capitalismo no Brasil (1930-1945), Rio de Janeiro 1977.

Dinklage, Ludwig, Die deutsche Handelsflotte (1939-1945). Unter besonderer Berücksichtigung der Blockadebrecher, Göttingen 1971.

Doellinger, Carlos von, Política e estrutura das importações brasileiras, Rio de Janeiro 1977.

Doering-Manteuffel, Anselm, Die Bundesrepublik Deutschland in der Ära Adenauer. Außenpolitik und innere Entwicklung 1949-1963, 2. Aufl., Darmstadt 1988.

Dreier, John (Hg.), A organização dos Estados Americanos e a crise do hemisfério, Rio de Janeiro 1962.

Ders. (Hg.), The Alliance for Progress, Baltimore 1962.

Dreifuss, René Armand, 1964 – a conquista do Estado. Ação política, poder e golpe de classe, Petrópolis 1981.

Drekonja-Kornat, Gerhard, Grundmuster lateinamerikanischer Außenpolitik, Wien 1986.

Duroselle, Jean-Baptiste, Todo império perecerá. Teoria das relações internacionais, Brasília 2000.

Düwell, Kurt und Link, Werner (Hgg.), Deutsche auswärtige Kulturpolitik seit 1917, Köln 1981.

End, Heinrich, Zweimal deutsche Außenpolitik, Köln 1973.

Entrevista do chanceler Vasco Leitão da Cunha sobre política exterior brasileira, in: Revista Brasileira de Política Internacional 1964, Bd. 27, S. 591-598.

Erhard, Ludwig, Deutschlands Rückkehr zum Weltmarkt, Düsseldorf 1953.

Erickson, Kenneth Paul, Sindicalismo no processo político brasileiro, São Paulo 1979.

Escudé, Carlos, La Argentina vs. las grandes potencias. El precio del desafío, Buenos Aires 1984.

Fasbender, Karl, Economia social de mercado – um modelo transferível?, in: Traduções, São Paulo 1993, Bd. 4, S. 75-99.

Fausto, Boris (Hg.), História geral da civilização brasileira, São Paulo 1978 ff, Bd. 9, 10 und 11.

Ders., A revolução de 1930. Historiografia e história, São Paulo 1972.

Federico, Maria Elvira Bonavita, História da comunicação. Rádio e TV no Brasil, Petrópolis 1982.

Fenwick, Charles, A Organização dos Estados Americanos. O sistema regional interamericano, São Paulo 1965.

Ferreira, Jorge (Hg.), O Brasil republicano. O tempo do nacional-estatismo, Rio de Janeiro 2003.

Floto, Jobst-H., Die Beziehungen Deutschlands zu Venezuela (1933-1958), Frankfurt a. M. 1991.

Fonseca Júnior, Gélson (Hg.), Temas de política externa brasileira II, Rio de Janeiro 1994.

Fontaine, Roger, Brazil and the United States, Washington 1977.

Forjaz, Maria Cecília Spina, Tenentismo e a Aliança Liberal (1927-1930), São Paulo 1978.

Foschepoth, Josef (Hg.), Adenauer und die deutsche Frage, Göttingen 1988.

Fragoso, João Luiz Ribeiro, Notas sobre a política externa brasileira dos anos 50-70, in: Estudos Afro-Asiáticos 1984, Bd. 10, S. 5-29.

Franco, Afonso Arinos de Melo, A alma do tempo. Memórias, Rio de Janeiro 1979.

Frye, Alton, Nazi Germany and the American Hemisphere, London 1967.

Füllgraf, Frederico, A bomba pacífica. O Brasil e a corrida nuclear, São Paulo 1988.

Furtado, Celso (Hg.), Brasilien heute. Beiträge zur politischen, wirtschaftlichen und sozio-kulturellen Situation Brasiliens, Frankfurt a. M. 1971.

Ders., A hegemonia dos Estados Unidos e o subdesenvolvimento da América Latina, 3. Aufl., Rio de Janeiro 1978.

Ders., Teoria e política do desenvolvimento econômico, 9. Aufl., São Paulo 1986.

Ders., Transformação e crise da ecomonia mundial, Rio de Janeiro 1987.

Gambini, Roberto, O duplo jogo de Getúlio Vargas. Influência americana e alemã no Estado Novo, São Paulo 1977.

Garcia, Eugênio, A candidatura do Brasil a um assento permanente no Conselho da Liga das Nações, in: Revista Brasileira de Política Internacional, Rio de Janeiro 1994, Bd. 37, S. 5-23.

Gil, Federico, Latinoamerica y Estados Unidos. Dominio, cooperación y conflito, Madrid 1975.

Glagow, Manfred (Hg.), Deutsche Entwicklungspolitik. Aspekte und Probleme ihrer Entscheidungsstruktur, Saarbrücken 1983.

Gomes, Angela de Castro (Hg.), A invenção do trabalhismo, Rio de Janeiro 1988.

Ders., Getulhismo e trabalhismo, São Paulo 1989.

Ders., O Brasil de JK, Rio de Janeiro 1991.

Gordon, Lincoln, Relações dos Estados Unidos com a América Latina, especialmente com o Brasil, in: Revista Brasileira de Política Internacional, Rio de Janeiro 1961, Bd. 15, S. 13-30.

Grabendorff, Wolf und Nitsch, Manfred, Brasilien. Entwicklungsmodell und Außenpolitik, München 1977.

Grabendorff, Wolf und Roett, Riordan (Hgg.), Lateinamerika, Westeuropa, Vereinigte Staaten. Ein atlantisches Dreieck?, Baden-Baden 1985.

Grabendorff, Wolf, Brasilien. Entwicklungsmodell und Außenpolitik, München 1977.

Ders., Brasil y la República Federal de Alemania. ¿Un modelo para las relaciones entre el Primer y Tercer Mundo?, in: Estudios Internacionales, Santiago 1982, Bd. 57, S. 39-59.

Grewe, Wilhelm, Der Dritte Wirtschaftskrieg, Berlin 1940.

Großer, Alfred, Geschichte Deutschlands seit 1945, München 1974.

Guimarães, Samuel Pinheiro und Bandeira, L. A. Moniz (Hgg.), Brasil e Alemanha. A construção do futuro, São Paulo 1995.

Haas, Wilhelm, Beitrag zur Geschichte der Entstehung des Auswärtigen Dienstes der Bundesrepublik Deutschland, Bremen 1969.

Habel, Walter (Hg.), Wer ist wer?, Berlin 1967.

Hallewell, Laurence, O livro no Brasil, São Paulo 1985.

Halliday, Fred, Repensando as relações internacionais, Porto Alegre 1999.

Handtke, Werner, Privatinvestitionen in Entwicklungsländern, in: Außenpolitik. Zeitschrift für internationale Fragen, 1967, Heft 1, S. 85-91.

Hanrieder, Wolfram F., Die stabile Krise. Ziele und Entscheidungen der bundesrepublikanischen Außenpolitik 1949-1969, Düsseldorf 1971.

Ders., Deutschland, Europa, Amerika. Die Außenpolitik der Bundesrepublik Deutschland (1949-1994), 2. Aufl., Paderborn 1995.

Harms-Baltzer, Käte, Die Nationalisierung der deutschen Einwanderer und ihrer Nachkommen in Brasilien als Problem der deutsch-brasilianischen Beziehungen (1930-1938), Phil. Diss., Hamburg 1970.

Hastedt, Pedro, Deutsche Direktinvestitionen in Lateinamerika, Göttingen 1970.

Heideking, Jürgen, Geschichte der USA, Tübingen 1996.

Heidemann, Claus (Hg.), Beziehungen zu Ländern der Dritten Welt. Entwicklungspolitik und Entwicklungsplanung, Karlsruhe 1983.

Hemken, R., Sammlung der vom Alliierten Kontrollrat und der amerikanischen Militärregierung erlassenen Proklamationen. Gesetze. Verordnungen. Befehle. Die Proklamation Nr. 2 – Abschnitt III und das Gesetz Nr. 161.

Henning, Friedrich-Wilhelm, Das industrialisierte Deutschland 1914 bis 1990, München 1991.

Hesse, Helmut, Der Außenhandel in der Entwicklung unterentwickelter Länder unter besonderer Berücksichtigung Lateinamerikas, Tübingen 1961.

Hildebrand, Klaus, Vom Reich zum Weltreich. Hitler, NSDAP und koloniale Frage (1919-1945), München 1969.

Ders., Das Dritte Reich, München u. Wien 1979.

Hilton, Stanley, O Brasil e as grandes potências. Os aspectos políticos da rivalidade comercial (1930-1939), Rio de Janeiro 1977.

Ders., Brasil-Argentina. A disputa pela hegemonia na América do Sul, in: Revista Brasileira de Política Internacional, Rio de Janeiro 1982, Bd. 25, S. 77-90.

Hippólito, Lúcia, PSD – de raposas e reformistas, Rio de Janeiro 1985.

Hirsch-Weber, Wolfgang, Lateinamerika. Abhängigkeit und Selbstbestimmung, Opladen 1972.

Hirst, Mônica (Hg.), Ação e pensamento da política externa brasileira. O segundo governo Vargas – coletânea de textos, Masch., Rio de Janeiro 1982.

Holanda, Heloísa Buarque de und Gonçalves, Marcos, Cultura e participação nos anos 60. São Paulo 1982.

Houaiss, Antônio (Hg.), Brasil-URSS. 40 anos de estabelecimento de relações diplomáticas, Rio de Janeiro 1985.

Hubermann, Leo und Sweezy, Paul, Cuba – Anatomía de una revolución, Habana 1960.

Huf, Peter Michael, Die Entwicklung des bundesstaatlichen Systems in Brasilien, Frankfurt a. M. u. a. 1991.

Hüfner, K., Die Vereinten Nationen und ihre Sonderorganisationen, Bonn 1986.

Hugon, Paul, Demografia brasileira, São Paulo 1973.

Humphreys, R. A., Latin America and the Second World War, London 1982.

Hunsche, Karl Heinrich, Der brasilianische Integralismus. Geschichte und Wesen der faschistischen Bewegung Brasiliens, Stuttgart 1938.

Ianni, Octávio, Imperialismo na América Latina, Rio de Janeiro 1974.

Ders., A formação do Estado Populista na América Latina, Rio de Janeiro 1975.

Ders., Estado e planejamento econômico no Brasil, 4. Aufl., Rio de Janeiro 1986.

Ders., O colapso do populismo no Brasil, Rio de Janeiro 1987.

Industrie- und Handelskammern. Deutscher Industrie- und Handelstag, Frankfurt a. M. 1983.

Jacob, Ernst Gerhard, Grundzüge der Geschichte Brasiliens, Darmstadt 1974.

Jacobmeyer, Wolfgang, Vom Zwangsarbeiter zum heimatlosen Ausländer, Göttingen 1985.

Jacobsen, Hans-Adolf (Hg.), Deutschland und die Welt. Zur Außenpolitik der Bundesrepublik 1949-1963, München 1964.

Ders. (Hg.), Sicherheit und Zusammenarbeit. Analyse und Dokumentation, Köln 1973.

Jaguaribe, Hélio, Condições institucionais do desenvolvimento, Rio de Janeiro 1958.

Ders., O nacionalismo na atualidade brasileira, Rio de Janeiro 1958.

Ders., Problemas do desenvolvimento latino-americano, Rio de Janeiro 1967.

Ders., La dependencia político-económica de América Latina, México 1971.

Ders., Autonomia periférica y hegemonia céntrica, in: Estudios Internacionales, Santiago de Chile 1979, Bd. 46, S. 91-130.

Ders., La política internacional de los años 80. Una perspectiva latinoaméricana, Buenos Aires 1982.

Jerchow, Friedrich, Deutschland in der Weltwirtschaft 1944-1947, Düsseldorf 1978.

Jerofke, Hans-Christoph, Der Wiederaufbau der deutschen Wirtschaftsbeziehungen mit Südamerika nach dem Zweiten Weltkrieg. Die Genesis der vertraglichen Rahmenbedingungen 1949 bis 1958, Frankfurt a. M. 1993.

Jolowicz, Hans, Auslandsinvestitionen in Brasilien, Hamburg 1977.

Kalbitzer, Helmut, Entwicklungsländer und Weltmächte, Frankfurt a. M. 1961.

Kellenbenz, Hermann, Deutsche Unternehmer in Brasilien im 19. und 20. Jahrhundert, in: Lateinamerika Studien 4 – Aktuelle Perspektiven Brasiliens, München 1979, S. 55-79.

Kindleberger, Charles, Die Weltwirtschaftskrise, Nördlingen 1973.

Knapp, Manfred (Hg.), Die deutsch-amerikanischen Beziehungen nach 1945, Frankfurt a. M. 1975.

Ders. (Hg.), Von der Bizonengründung zur ökonomisch-politischen Westintegration, Frankfurt a. M. 1984.

Knapp, Manfred und Krell, Gert (Hgg.), Einführung in die internationale Politik, 3. Aufl., München 1996.

Krägenau, Henry (Hg.), Außenhandelsverflechtung Hamburgs und Entwicklungsperspektiven in wichtigen Partnerregionen, Hamburg 1991.

Krekeler, Heinz, Deutschlands Vertretung im Ausland, in: Politische Bildung – Schriftenreihe der Hochschule für Politische Wissenschaften, München 1952, Heft 26/27.

Ders., Die Außenpolitik. Eine Einführung in der Grundlagen der internationalen Beziehungen, München 1967.

Kucinski, Bernardo, O que são multinacionais, São Paulo 1991.

Kutzner, G., Die Organisation Amerikanischer Staaten, Hamburg 1970.

Lachmann, Werner, Entwicklungspolitik, München u. Wien 1994.

Lafer, Betty Mindlin (Hg.), Planejamento no Brasil, São Paulo 1975.

Lafer, Celso, Política externa brasileira. Três momentos, São Paulo 1993.

Langhammer, J. R. und Stecher, B., Der Nord-Süd-Konflikt, Würzburg 1980.

Lauerhass, Ludwig, Getúlio Vargas e o triunfo do nacionalismo brasileiro, Belo Horizonte 1986.

Lenharo, Alcir, Sacralização da política, Campinas 1986.

Leu, Hans-Joachim und Vivas, Freddy, Las relaciones interamericanas. Una antología de documentos, Caracas 1975.

Levine, Robert, The Vargas Regime, New York 1970.

Lima Sobrinho, Barbosa, A verdade sobre a revolução de outubro, São Paulo 1933.

Lima, Alceu Amoroso, Elementos de ação católica, Rio de Janeiro 1938.

Lima, Danilo, Educação, igreja e ideologia. Uma análise ideológica da elaboração da Lei de Diretrizes e Bases, Rio de Janeiro 1978.

Lima, M. Regina Soares de und Moura, Gerson, A trajetória do pragmatismo. Uma análise da política externa brasileira, in: DADOS – Revista de Ciências Sociais, Rio de Janeiro 1982, Bd. 23, S. 349-363.

Lima, Paulo Tarso Flecha de, A presença do Brasil no mercado internacional, in: Revista Brasileira de Estudos Políticos, Belo Horizonte 1978, Bd. 47, S. 229-244.

Link, Werner, Der Ost-West Konflikt. Die Organisation der internationalen Beziehungen im 20. Jahrhundert, Stuttgart 1980.

Lipkau, Ernst Günther, Deutsche Auslandsbanken in Brasilien, in: Staden-Jahrbuch, São Paulo 1969, Bd. 17, S. 73-99.

Ders., Brücke zwischen Brasilien und Deutschland, São Paulo 1993.

Lopes, Carlos, 1944-1994. 50 anos de Bretton Woods, in: Terceiro Mundo, dezembro 1993, S. 23-31.

Lourenço Filho, M., Redução das taxas de analfabetismo no Brasil entre 1900 und 1960: descrição e análise, in: Revista Brasileira de Estudos Pedagógicos, Rio de Janeiro 1965, Bd. 100, S. 249-272.

Love, Joseph, A construção do Terceiro Mundo, Rio de Janeiro 1998.

Magalhães, Juracy, Minha experiência diplomática, Rio de Janeiro 1971.

Magnoli, Demétrio, Da Guerra Fria à Détente, São Paulo 1988.

Maier, Klaus A. (Hg.), Westintegration, Sicherheit und deutsche Frage. Quellen zur Außenpolitik in der Ära Adenauer 1949-1963, Darmstadt 1994.

Malan, Pedro, Política econômica e teorias de balanço de pagamentos. Relações internacionais do Brasil no período de 1949-1979, Phil. Diss., Rio de Janeiro 1981.

Maltez, José Adelino, Curso de relações internacionais, São João do Estoril 2002.

Mantega, Guido, A economia política brasileira, 5. Aufl., Petrópolis 1990.

Marienfeld, Wolfgang, Konferenzen über Deutschland. Die alliierte Deutschlandsplanung und -politik (1941-1949), Hannover 1963.

Martins, Carlos Estevam, A evolução da política externa brasileira na década 1964-1974, in: Estudos CEBRAP, São Paulo 1975, Bd. 12, S. 53-98.

Martins, Luciano, Estado capitalista e burocracia no Brasil pós-64, Rio de Janeiro 1985.

Martins, Nilce Sant'Anna, O léxico de Guimarães Rosa, São Paulo 2001.

Matthies, Volker, Die Blockfreien. Ursprünge, Entwicklung, Konzeption, Opladen 1985.

Matz, Viktor, Entwicklungsländer im internationalen Konjunkturzusammenhang. Eine spektraanalytische Untersuchung am Beispiel der Wirkung außenhandelsindustrialisierter Nachfrageveränderungen den USA auf Brasilien, Kolumbien und Mexiko, Eul 1986.

Mecham, John, The United States and Inter-American Security, Austin 1962.

Ders., A survey of United States-Latin American Relations, Boston 1965.

Medina, Rubem, Desnacionalização. Crime contra o Brasil?, Rio de Janeiro 1970.

Menezes, Adolpho Bezerra de, Ásia, África e a política independente do Brasil, Rio de Janeiro 1961.

Menezes, Albene, Die Handelsbeziehungen zwischen Deutschland und Brasilien in den Jahren 1920-1950 unter besonderer Berücksichtigung des Kakaohandels, Phil. Diss., Hamburg 1987.

Menzel, Ulrich, Das Ende der Dritten Welt und das Scheitern der großen Theorie, Frankfurt a. M. 1992.

Merle, Marcel, Sociologia das relações internacionais, Brasília 1981.

Mettmann, Walter, A literatura brasileira na Alemanha, in: II Colóquio de Estudos Teuto-Brasileiros, Recife 1974, S. 283-296.

Miceli, Sérgio, Intelectuais e classe dirigente no Brasil (1920-1945), São Paulo 1979.

Mols, Manfred und Wagner, Christoph (Hgg.), Deutschland-Lateinamerika. Geschichte, Gegenwart und Perspektiven, Frankfurt a. M. 1994.

Mols, Manfred, El marco internacional de America Latina, Barcelona 1985.

Molt, Peter (Hg.), Lateinamerika. Eine Analyse seiner gegenwärtigen Probleme, Bonn 1965.

Moraes, Reginaldo (Hg.), Inteligência brasileira, São Paulo 1986.

Morsey, Rudolf (Hg.), Verwaltungsgeschichte. Aufgabe, Zielsetzungen, Beispiele, Berlin 1977.

Ders. Die Bundesrepublik Deutschland. Entstehung und Entwicklung bis 1969, 3. Aufl., München 1995.

Ders., Heinrich Lübke. Eine politische Biographie, Paderborn u. München 1996.

Mota, Carlos Guilherme (Hg.), Brasil em perspectiva, São Paulo 1969.

Ders., Ideologia da cultura brasileira (1933-1974), São Paulo 1977.

Mota, Lourenço Dantas (Hg.), Introdução ao Brasil, São Paulo 1999-2001, 2 Bd.

Motz, Walter, Die Regelung des Außenhandels in Deutschland von 1945-1949, Lörrach 1954.

Moura, Gerson, Autonomia na dependência. A política externa brasileira de 1935 a 1942, Rio de Janeiro 1980.

Ders., As razões do alinhamento. A política externa brasileira no após-guerra, in: Revista Brasileira de Política Internacional, Rio de Janeiro 1985, Bd. 28, S. 37-50.

Ders., Sucessos e ilusões. Relações internacionais do Brasil durante e após a Segunda Guerra Mundial, Rio de Janeiro 1991.

Murtfeld, Martin, Deutsche Kapitalhilfe für Brasilien, in: Staden-Jahrbuch, São Paulo 1969, Bd. 17, S. 101-108.

Niedhart, Gottfried (Hg.), Der Westen und die Sowjetunion, Paderborn 1983.

Ders., Internationale Beziehungen (1917-1947), München 1989.

Nitsch, Manfred, Brasilien sozio-okönomische und innenpolitische Aspekte des „Brasilianischen Entwicklungsmodells", München 1975.

Noack, Paul, Die Außenpolitik der Bundesrepublik Deutschland, 2. Aufl., Stuttgart 1981.

Nohlen, Dieter und Schultze, Rainer-Olaf (Hgg.), Politische Theorien, München 1995.

Nolte, Ernst, Deutschland und der Kalte Krieg, München u. Zürich 1974.

Oliveira, Juscelino Kubitschek de, Meu caminho para Brasília, Rio de Janeiro 1976, Bd. 2.

Oliveira, Lúcia Lippi, Estado Novo. Ideologia e poder, Rio de Janeiro 1982.

Ónody, Oliver, O convênio comercial Brasil-Alemanha Oriental e o problema germânico, in: Revista Brasileira de Política Internacional, Rio de Janeiro 1962, Bd. 17, S. 45-88.

Osterheld, Horst, Außenpolitik unter Bundeskanzler Ludwig Erhard 1963-1966. Ein dokumentarischer Bericht aus dem Kanzleramt, Düsseldorf 1992.

Paiva, César, Die deutschsprachigen Schulen in Rio Grande do Sul und die Nationalisierungspolitik, Phil. Diss., Hamburg 1984.

Pandolfi, Dulce (Hg.), Repensando o Estado Novo, Rio de Janeiro 1999.

Parker, Phyllis, 1964 – o papel dos Estados Unidos no golpe de Estado de 31 de março, Rio de Janeiro 1977.

Pasquale, Carlos, O desenvolvimento do ensino primário e o Plano Nacional de Educação, São Paulo 1966.

Paulus, Wolfgang, Die wirtschaftliche Entwicklung und Wirtschaftspolitik Brasiliens in der Phase des Übergangs zur Industriegesellschaft (1930-1945), Phil. Diss., Freiburg i. Breisgau 1967.

Pausenberger, Ehrenfried (Hg.), Entwicklungsländer als Handlungsfelder internationaler Unternehmungen, Stuttgart 1982.

Peláez, Carlos Manuel, História econômica do Brasil, São Paulo 1979.

Pereira, Luiz Carlos Bresser, Desenvolvimento e crise, São Paulo 1968.

Ders., A sociedade estatal e a tecnoburocracia, São Paulo 1981.

Perez, Renaud, Perfil de João Guimarães Rosa, in: Em memória de João Guimarães Rosa, Rio de Janeiro 1968, S. 23-36.

Pfetsch, Frank, Einführung in die Außenpolitik der Bundesrepublik Deutschland, Opladen, 1981.

Ders., Die Außenpolitik der Bundesrepublik 1949-1992. Von der Spaltung zur Vereinigung, 2. Aufl., München 1993.

Pinheiro, Letícia, Brasil, Portugal e a descolonização africana (1946-1960), in: Contexto Internacional, Rio de Janeiro 1989, Bd. 9, S. 91-111.

Pinto, Álvaro Vieira, Ideologia e desenvolvimento nacional, Rio de Janeiro 1959.

Ders., Consciência e realidade nacional, Rio de Janeiro 1960.

Pohl, Hans (Hg.), Adenauers Verhältnis zu Wirtschaft und Gesellschaft, Bonn 1992.

Pommerin, Reiner, Das Dritte Reich und Lateinamerika. Die deutsche Politik gegenüber Süd- und Mittelamerika 1939-1942, Düsseldorf 1977.

Prado, Maria Lígia, O populismo na América Latina, São Paulo 1981.

Prater, Donald, Thomas Mann: uma biografia, Rio de Janeiro 2000.

Prebisch, Raúl, El desarrollo económico de América Latina y algunos de sus principales problemas, New York 1950.

Prien, Hans-Jürgen, Evangelische Kirchwertung in Brasilien. Von den deutsch-evangelischen Einwanderergemeinden zur Evangelischen Kirche Lutherischen Bekenntnisses in Brasilien, Gütersloh 1989.

Proudfoot, M., European Refugees (1939-1952). A Study in Forced Population Movement, London 1957.

Puig, Juan Carlos, Doctrinas internacionales y autonomia latinoamericana, Caracas 1980.

Quadros, Jânio, Brazil's New Foreign Policy, in: Foreign Affairs, New York 1961-1962, S. 19-27.

Queiroz, Maria Isaura Pereira de, Carnaval brasileiro. O vivido e o mito, São Paulo 1992.

Quintaneiro, Tânia, Cuba-Brasil. Da revolução ao golpe (1959-1964), Belo Horizonte 1988.

Raithel, Roland, Wirtschaft und Außenpolitik. Der Bundesverband der deutschen Industrie e. V. als Faktor im außenpolitischen Entscheidungsprozeß der Bundesrepublik Deutschland, Phil. Diss., Erlangen-Nürnberg 1984.

Rapoport, Mario und Musacchio, Andrés, La Comunidad Europea y el Mercosur. Una evaluación comparada, Buenos Aires 1993.

Renouvin, Pierre e Duroselle, Jean-Baptiste, Introdução à história das relações internacionais, São Paulo 1967.

Reuther, Helmut (Hg.), Deutschlands Außenpolitik seit 1955, Stuttgart 1965.

Revolução de 30: seminário internacional, Brasília 1983.

Rodriguez, Octávio, La teoria del subdesarrollo de la CEPAL, Mexiko 1980.

Röhricht, Thomas, Deutsche Direktinvestitionen in Brasilien. Auswirkungen der Investitionstätigkeit bundesdeutsche Automobilkonzerne auf das Brasilianische Entwicklungsmodell, Köln 1982.

Romanelli, Otaíza de Oliveira, História da educação no Brasil (1930-1973), Rio de Janeiro 1978.

Rönnefarth, Helmuth und Euler, Heinrich (Hgg.), Konferenzen und Verträge, Würzburg 1959, Bd. 4.

Rössner, Michael (Hg.), Lateinamerikanische Literaturgeschichte, Stuttgart 1995.

Santos, Theotônio dos, Integração latino-americana. Forças políticas em choque, experiências e perspectivas, in: Revista Brasileira de Ciência Política, Rio de Janeiro 1989, Bd. 1, S. 71-90.

Saraiva, José Flávio Sombra, O lugar da África. A dimensão atlântica da política externa brasileira (de 1946 a nossos dias), Brasília 1996.

Scharf, Claus und Schröder, Hans-Jürgen (Hgg.), Politische und ökonomische Stabilisierung Westdeutschlands 1945-1949, Wiesbaden 1977.

Schelsky, Helmut, A cooperação teuto-brasileira nas ciências sociais e suas bases educacionais, in: II Colóquio de Estudos Teuto-Brasileiros, Recife 1974, S. 41-51.

Schmidt-Wulffen, Wulf (Hg.), Industrie- und Entwicklungsländer in der Weltarbeitsteilung. Industriestruktureller Wandel im Weltmaßstab, Stuttgart 1982.

Schmitt, Matthias, Deutsche Industrieinvestitionen im Ausland, in: Außenpolitik. Zeitschrift für internationale Fragen, 1967, Heft 7, S. 709-718.

Schneider, R., The political system of Brazil. Emergence of a modernizing authoritarian regime (1964-1970), New York 1971.

Schnitzlein, Hans, Deutsche Beteiligung an brasilianischen Unternehmungen, in: Staden-Jahrbuch, São Paulo 1956, Bd. 4, S. 191-196.

Schöllgen, Gregor, Die Außenpolitik der Bundesrepublik Deutschland. Von den Anfängen bis zur Gegenwart, München 1999.

Schröder, Hans-Jürgen (Hg.), Das Dritte Reich, die USA und Lateinamerika (1933-1941), in: Funke, Manfred (Hg.), Hitler, Deutschland und die Mächte. Materialien zur Außenpolitik des Dritten Reiches, Düsseldorf 1976, S. 359-362.

Ders., Marshallplan und westdeutscher Wiederaufstieg, Stuttgart 1990.

Schulze, R. (Hg.), Flüchtlinge und Vertriebene in der westdeutschen Nachkriegsgeschichte, Hildesheim 1987.

Schwarcz, Lilia (Hg.), História da vida privada no Brasil, São Paulo 1998, Bd. 4.

Schwartzman, Simon (Hg.), Estado Novo. Um auto-retrato, Brasília 1983.

Ders. (Hg.), Tempos de Capanema, São Paulo 2000.

Schwarz, Hans-Peter (Hg.), Vom Reich zur Bundesrepublik. Deutschland im Widerstreit der Außenpolitik Konzeptionen in den Jahren der Besatzungsherrschaft 1945 bis 1949, Neuwied 1966.

Ders. (Hg.), Handbuch der deutschen Außenpolitik, München u. Zürich 1975.

Ders., Adenauer und die Hohen Kommissare, München 1990.

Schwarz, Karl, Deutsche Auswanderung nach dem Zweiten Weltkrieg, in: Geographische Rundschau, München u. a. 1959, Bd. 11, S. 253-261.

Secchin, Antônio Carlos, João Cabral. A poesia de menos, Rio de Janeiro 1985.

Seifert, Hubertus, Die deutschen Direktinvestitionen im Ausland, Köln 1967.

Seitenfus, Ricardo, Brasiliens Weg in den Zweiten Weltkrieg. Einige historische Korrekturen, in: Jahrbuch für Bildung, Gesellschaft und Politik in Lateinamerika, Münster 1984, Bd. 12, S. 5-21.

Ders., O Brasil de Getúlio Vargas e a formação dos blocos (1930-1942), São Paulo 1985.

Senghaas, Dieter, Weltwirtschaftsordnung und Entwicklungspolitik, 2. Aufl., Frankfurt a. M. 1977.

Siegler, Heinrich von, Die Zusammenschlüsse und Pakte der Welt, Bonn 1969.

Silva, Alexandra de Mello e, A política externa de JK. A Operação Pan-Americana, Phil. Diss., Rio de Janeiro 1992.

Silva, Flávio, O teleteatro paulista na década de 50 e 60, São Paulo 1981.

Silva, Golbery do Couto e, Geopolítica do Brasil, Rio de Janeiro 1969.

Silva, Hélio, 1964 – golpe ou contra-golpe?, Rio de Janeiro 1975.

Silva, José Luiz Werneck da, As duas faces da moeda. A política externa do Brasil, Rio de Janeiro 1990.

Simma, Bruno und Blenk-Knocke, Edda (Hgg.), Zwischen Intervention und Zusammenarbeit, Berlin 1979.

Simon, Iumma, Drummond: uma poética do risco, São Paulo 1978.

Simonsen, Roberto, A controvérsia do planejamento na economia brasileira, Rio de Janeiro 1978.

Skidmore, Thomas, Politics in Brazil (1930-1964), London 1967.

Soares, Gláucio Ary Dillon (Hg.), 21 anos de regime militar, Rio de Janeiro 1994.

Sohn, K. H., Theorie und Praxis der deutschen Entwicklungshilfe, München 1972.

Sontheimer, Kurt, Die Adenauer-Ära. Grundlegung der Bundesrepublik, München 1991.

Sorj, Bernardo (Hg.), Sociedade e política no Brasil pós-64, São Paulo 1983.

Spanger, Hans-Joachim und Brock, Lothar, Die beiden deutschen Staaten in der Dritten Welt. Die Entwicklungspolitik der DDR – eine Herausforderung für die Bundesrepublik Deutschland?, Opladen 1987.

Steward, Dick, Money, marines and mission, Boston 1980.

Storrs, Keith, Brazil's Independent Foreign Policy (1961-1964). Background, tenents, linkages to domestic politics and aftermath, Phil. Diss., Cornell 1973.

Strauss, Dieter (Hg.), Julia Mann. Brasilien – Lübeck – München, Lübeck 1999.

Tavares, Maria da Conceição, Da substituição de importações ao capitalismo financeiro, 11. Aufl., Rio de Janeiro 1982.

Telma, Romeu R., Strategisches Management privatwirtschaftlicher Industrieunternehmen in Brasilien mit Hilfe computerfähiger Simulationsmodelle, Phil. Diss., Mannheim 1984.

The voice of Brazil in the United Nations (1946-1995), Brasília 1995.

Tobias, José Antonio, História da educação brasileira, São Paulo 1972.

Tobler, Hans W. und Bernecker, Walther (Hgg.), Handbuch der Geschichte Lateinamerikas, Stuttgart 1996, 3 Bd.

Toledo, Caio Navarro de, O governo João Goulart e o golpe de 64, São Paulo 1985.

Tota, Antonio Pedro, O imperialismo sedutor, Rio de Janeiro 2000.

Trindade, Hélgio, Revolução de 30. Partidos e imprensa partidária (1928-1937), Porto Alegre 1980.

Vaisse, Maurice, As relações internacionais desde 1945, Lisboa 1997.

Varain, Heinz Josef (Hg.), Interessenverbände in Deutschland, Köln 1973.

Vargas, Getúlio, A nova política do Brasil, Rio de Janeiro 1938.

Velho, Otávio Guilherme, Frentes de expansão e estrutura agrária, Rio de Janeiro 1972.

Ventura, Zuenir, 1968: o ano que não acabou, Rio de Janeiro 1988.

Vernant, Jacques, The Refugee in the Post-War World, London 1953.

Vesentini, José William, A capital da geopolítica, 2. Aufl., São Paulo 1987.

Viana, Cibilis, As reformas de base e a política nacionalista de desenvolvimento. De Getúlio a Jango, Rio de Janeiro 1980.

Viana, Francisco José de Oliveira, Instituições políticas brasileiras, 3. Aufl., Rio de Janeiro 1973.

Vizentini, Paulo, Relações internacionais e desenvolvimentismo. O nacionalismo e a política externa independente (1951-1964), Petrópolis 1995.

Volger, Helmut, Geschichte der Vereinten Nationen, München 1995.

Wagenmann, Bernhard A., Die Entwicklungsländer und der internationale Austausch von Gütern, Ideen, Kapital und Technologie, Sankt Gallen 1979.

Wasner, Albert, Internationalisierung von Mittelbetrieben. Eine unternehmenspolitische Untersuchung von Direktinvestitionen in Brasilien, Göttingen 1984.

Weber, R., The Employment of Aliens in Germany, in: International Migration, Geneva 1965, Bd. 1, S. 35-46.

Weffort, Francisco, O populismo na política brasileira, 2. Aufl., Rio de Janeiro 1980.

Werner, Harry, Ein Überblick über die Auslandsschulbeziehungen der Bundesrepublik Deutschland zu Brasilien in der Zeit von 1945 bis 1985, in: Staden-Jahrbuch, São Paulo 1986/1987, Bd. 34/35, S. 49-70.

Werz, Nikolaus, Auswärtige Kulturpolitik und die kulturelle Präsenz Lateinamerikas in Deutschland, in: Lateinamerika Jahrbuch 1995. Institut für Iberoamerikakunde, Hamburg 1995, S. 48-78.

Winkel, Harald, Die deutsche Wirtschaft seit Kriegsende. Entwicklung und Probleme, Mainz 1971.

Wirth, John, The politics of Brazilian development (1930-1954), Stanford 1970.

Wittelberger, Helmut, Beziehung zwischen wirtschaftlichem Wachstum und Außenhandel, Phil. Diss., Köln 1967.

Wöhlcke, Manfred, Brasilien – Diagnose einer Krise, München 1994.

Wolfsohn, Michael, Politik als Investitionsmotor? Deutsche Multis in Lateinamerika, Frankfurt a. M. 1985.

Woyke, Wichard (Hg.), Handwörterbuch Internationale Politik, Opladen 1980.

Wünsche, Horst F., Ludwig Erhards Gesellschafts- und Wirtschaftskonzeption. Soziale Marktwirtschaft als politische Ökonomie, Stuttgart u. Bonn 1986.

Wyneken, Klaus, Die Entwicklung der Handelsbeziehungen zwischen Deutschland und Brasilien, Phil. Diss., Köln 1958.

Ziegler, Jean, Gegen die Ordnung der Welt. Befreiungsbewegungen in Afrika und Lateinamerika, Wuppertal 1986.

Zimmermann, Julius, 50 Jahre Deutsch-Brasilianische Industrie- und Handelskammer in São Paulo, in: Staden-Jahrbuch, São Paulo 1973-1974, Bd. 21/22, S. 189-191.

Zoller, Rüdiger, Direktinvestitionen und wirtschaftliche Entwicklung. Zur Rolle der Auslandsinvestitionen in Brasilien, in: Lateinamerika Studien – Aktuelle Perspektiven Brasiliens, München 1979, S. 97-122.

MODERNE GESCHICHTE UND POLITIK
Begründet von Gerhard Schulz

Band 1 Ilse Maurer: Reichsfinanzen und Große Koalition. Zur Geschichte des Reichskabinetts Müller (1928-1930). 269 S., 1973.

Band 2 Udo Wengst: Graf Brockdorff-Rantzau und die außerpolitischen Anfänge der Weimarer Republik. 163 S., 1973. 2., unveränderte Auflage, 1986.

Band 3 Helmut Marcon: Arbeitsbeschaffungspolitik der Regierungen Papen und Schleicher. 530 S., 1974.

Band 4 Brigitte Wiegand: Krieg und Frieden im Spiegel führender protestantischer Presseorgane Deutschlands und der Schweiz in den Jahren 1890-1914, 431 S., 1976.

Band 5 Renate Köhne: Die Haltung der nationalliberalen Reichstagsfraktion zum Koalitionsrecht der gewerblichen Arbeiter 1890-1914. 416 S., 1977.

Band 6 Peter Ullmann: Tarifverträge und Tarifpolitik in Deutschland bis 1914. Entstehung und Entwicklung, interessenpolitische Bedingungen und Bedeutung des Tarifvertragswesens für die sozialistischen Gewerkschaften. 370 S., 1977.

Band 7 Heinrich Timmermann: Friedenssicherungsbewegungen in den Vereinigten Staaten von Amerika und in Großbritannien während des Ersten Weltkrieges. 264 S., 1978.

Band 8 Hans-Jürgen Müller: Auswärtige Pressepolitik und Propaganda zwischen Ruhrkampf und Locarno (1923-1925). Eine Untersuchung über die Rolle der Öffentlichkeit in der Außenpolitik Stresemanns. 1991.

Band 9 Jörg-Uwe Fischer: Admiral des Kaisers. Georg Alexander von Müller als Chef des Marinekabinetts Wilhelms II. 354 S., 1992.

weitergeführt ab Band 10 von Anselm Doering-Manteuffel, Udo Sautter und Andreas Wirsching

Band 10 Stefan Feucht: Die Haltung der Sozialdemokratischen Partei Deutschlands zur Außenpolitik während der Weimarer Republik (1918-1933). 550 S., 1998.

Band 11 Arne Hofmann: »Wir sind das alte Deutschland, Das Deutschland, wie es war ...". Der »Bund der Aufrechten" und der Monarchismus in der Weimarer Republik. 228 S., 1998.

Band 12 Nikolaus Back: »Zeitgemäßer Fortschritt". Die Weimarer Republik in der Provinz. Modernisierung im Widerstreit am Beispiel der Filder. Mit einem Vorwort von Anselm Doering-Manteuffel. 170 S., 1998.

Band 13 Bernhard Trefz: Jugendbewegung und Juden in Deutschland. Eine historische Untersuchung mit besonderer Berücksichtigung des Deutsch-Jüdischen Wanderbundes 'Kameraden'. 1999.

Band 14 Konstantina Botsiou: Griechenlands Weg nach Europa. Von der Truman-Doktrin bis zur Assoziierung mit der Europäischen Wirtschaftsgemeinschaft, 1947-1961. 1999.

Band 15 Benita von Behr / Lara Huber / Andrea Kimmi / Manfred Wolff (Hrsg.): Perspektiven der Menschenrechte. Beiträge zum fünfzigsten Jubiläum der UN-Erklärung. 1999.

Band 16 Karin Urselmann: Die Bedeutung des Barbie-Prozesses für die französische Vergangenheitsbewältigung. 2000.

Band 17 Ute Richter-Eberl: Ethnisch oder National? Aspekte der russlanddeutschen Emigration in Deutschland 1919-1969. 2001.

Band 18 Ansbert Baumann: Begegnung der Völker? Der Elysée-Vertrag und die Bundesrepublik Deutschland. Deutsch-französische Kulturpolitik von 1963 bis 1969. 2003.

Band 19 Ione Oliveira: Außenpolitik und Wirtschaftsinteresse. In den Beziehungen zwischen Brasilien und der Bundesrepublik Deutschland 1949–1966. 2005.

www.peterlang.de

Dimitrios K. Apostolopoulos

Die griechisch-deutschen Nachkriegsbeziehungen

Historische Hypothek und moralischer *Kredit*
Die bilateralen politischen und ökonomischen
Beziehungen unter besonderer Berücksichtigung
des Zeitraums 1958–1967

Frankfurt am Main, Berlin, Bern, Bruxelles, New York, Oxford, Wien, 2004. 364 S.
Europäische Hochschulschriften: Reihe 3
Geschichte und ihre Hilfswissenschaften. Bd. 997
ISBN 3-631-52665-2 · br. € 56.50*

Der Angriff der deutschen Wehrmacht gegen Griechenland am 6. April 1941 und die anschließende dreieinhalbjährige deutsche Besatzungszeit stellten das dunkelste Kapitel in dem Verhältnis zwischen Deutschen und Griechen dar. Im Zeichen dieses historischen Traumas stand die Wiederherstellung normaler bilateraler Beziehungen nach dem Zweiten Weltkrieg. Wichtig erscheint, Grundzüge, Strukturen sowie Kontinuitäts- und Diskontinuitätselemente für die Entwicklung der bilateralen Beziehungen von den 50er Jahren bis zum Militärputsch in Griechenland zu belegen, zur Debatte zu stellen und dabei die grundlegenden Handlungsmöglichkeiten Griechenlands und der Bundesrepublik Deutschland in der Realisierung ihrer politischen und wirtschaftlichen Vorhaben hervorzuheben.

Aus dem Inhalt: Der Neubeginn der griechisch-deutschen Beziehungen nach dem Zweiten Weltkrieg · Die Beziehungen während der ersten Nachkriegsjahrzehnte im Zusammenhang mit der Zypernfrage, der EWG-Assoziierung Griechenlands, dem Ost-West Konflikt und der Deutschen Frage · Der Einfluss der Kriegsverbrecherfrage, des Falles Merten, der Entschädigungsfrage, des deutschen Vorkriegsvermögens in Griechenland und der griechischen Gastarbeiter in der BRD · Die Entwicklung des deutsch-griechischen Warenverkehrs und der deutschen Wirtschaftshilfe an Griechenland · Der Militärputsch in Griechenland und die bilateralen Beziehungen nach 1967

Frankfurt am Main · Berlin · Bern · Bruxelles · New York · Oxford · Wien
Auslieferung: Verlag Peter Lang AG
Moosstr. 1, CH-2542 Pieterlen
Telefax 00 41 (0) 32 / 376 17 27

*inklusive der in Deutschland gültigen Mehrwertsteuer
Preisänderungen vorbehalten
Homepage http://www.peterlang.de